漢語字詞關係研究

HANYU ZICI GUANXI YANJIU

3

主編
趙岩

中西書局

圖書在版編目(CIP)數據

漢語字詞關係研究. 三 / 趙岩主編. -- 上海：中西書局，2025. -- ISBN 978-7-5475-2395-7

Ⅰ. H13

中國國家版本館CIP數據核字第2025C0Q520號

HANYU ZICI GUANXI YANJIU
漢語字詞關係研究(三)
趙岩　主編

責任編輯	田　穎
助理編輯	王濼雪
裝幀設計	黃　駿
責任印製	朱人傑

出版發行	上海世紀出版集團 中西書局(www.zxpress.com.cn)
地　　址	上海市閔行區號景路159弄B座（郵政編碼：201101）
印　　刷	浙江天地海印刷有限公司
開　　本	787毫米×1092毫米　1/16
印　　張	21.5
字　　數	420 000
版　　次	2025年2月第1版　2025年2月第1次印刷
書　　號	ISBN 978-7-5475-2395-7/H·161
定　　價	98.00元

本書如有質量問題，請與承印廠聯繫。電話：0573-85509555

目　錄

許慎《説文解字》的字詞關係處理 ………………………………………… 李運富（1）
試説漢字的"同符異位"現象 ………………………………………… 林志强（11）
漢字與漢語關係二題 ………………………………… 汪維輝　陳思捷（36）
漢語語義聚合與用字演變關係論析 ………………………………… 何余華（53）
沈兼士字詞關係思想探析 ………………………………… 張素鳳　翟廣嬌（68）
《漢書·藝文志》"《蒼頡》中正字"新探——兼談王國維輯《急就篇》入《蒼頡篇》的
　　相關問題 ………………………………………………………… 白軍鵬（84）
"咸"與"箴"字際關係考論——兼論《周易·咸卦》本義 ………… 黄甜甜（94）
清華簡《説命下》"𥁕"字考釋——兼論楚文字"爾"與"尔"的用字習慣差異
　　………………………………………………………………… 蘇建洲（102）
齊、燕文字"貣"字補議 ……………………………………… 李瑶　孫剛（114）
三種《陰陽十一脈灸經》異文用字比較 ………………………… 韋良玉（123）
西北漢簡人名考析（八題） ……………………………………… 魏宜輝（133）
釋甲骨文裏的"擯"之初文——兼説"兆"字源流 ……………… 鄔可晶（141）
堵（圖）字補説 ……………………………………………………… 吴國昇（167）
北大漢簡中{谷}{書}楚系用字遺存考辨 ………………………… 楊瑩（172）
也説《方言》"蠅，東齊謂之羊" ……………………………………… 游帥（182）
《懸泉漢簡（叁）》新見一枚典籍簡初探 ………………………… 張傳官（185）
從秦牘《酒令》看秦律與秦代的社會生活 ……………………… 張世超（190）
漢印與漢字職用史研究芻論 ………………………… 趙岩　銀麗瑋（194）
出土上古文獻中襲擊之{襲}歷時用字研究 …………………… 鄭舒婷（204）
"雞壁""雞辟"補説 ………………………………………………… 陳哲（212）

釋"由甲"——聯綿詞俗字探究一例 …………………………… 古廣政（217）
弘仁本《文館詞林》訛混俗字補證 …………………………… 梁春勝（228）
"胭脂"用字研究 ………………………………………… 馬　乾　周豔紅（250）
明清《幾何原本》漢譯本數學譯詞考察——以利瑪竇和徐光啓合譯本第一卷爲中心
　　　　　　　　　　　　　　　　　　　　　　　牛　振　宋仕麗（260）
古文研讀札記二則 …………………………………………… 孫超傑（281）
"嬾"字形義小考 ………………………………………………… 王　虎（288）
"席、蓆、藉、籍"字際關係考辨 …………………………… 吴亦琦（292）
《朱子語類》"般樣、一般、一樣、千般萬樣"及相關詞語探釋 …… 徐時儀（299）
"串"字有關的字用梳理 ……………………………………… 曾　良（318）
假詞考辨三則 ………………………………………………… 張文冠（332）
編後記 ……………………………………………………………………（339）

許慎《說文解字》的字詞關係處理*

李運富

鄭州大學文學院/國家語委科研機構"中華漢字文明研究中心"
("古文字與中華文明傳承發展工程"協同攻關創新平臺)

　　字詞關係是現代語言學和文字學共同研究的重要課題。在古代,語言和文字没有明確的分界,常常混爲一體,因而只有爲解讀書面文獻服務的、把"形音義"捆綁在一起的"小學",也叫"文字之學"。宋代晁公武《郡齋讀書志》說:"文字之學凡有三:其一體制,謂點畫有縱衡曲直之殊;其二訓詁,謂稱謂有古今雅俗之異;其三音韻,謂呼吸有清濁高下之不同。論體制之書,《說文》之類是也;論訓詁之書,《爾雅》《方言》之類是也;論音韻之書,沈約《四聲譜》及西域反切之學是也。三者雖各一家,其實皆小學之類。"① 可見古代學者把"形""音""義"三者並立,而没有"字""詞"對立的思想。在"形""音""義"三者中,《說文解字》(以下簡稱《說文》)被歸入"形書",即"論體制之書"。段玉裁在《說文》"元"字下注:"凡文字有義有形有音。《爾雅》已下,義書也;《聲類》已下,音書也;《說文》,形書也。凡篆一字,先訓其義,若'始也''顛也'是;次釋其形,若'从某''某聲'是;次釋其音,若'某聲'及'讀若某'是。合三者以完一篆,故曰形書也。"但《說文》不僅僅講"形",只是以"形"爲特色而已,所以段玉裁又在"一"字下注釋說:"《倉頡》《訓纂》《滂熹》及《凡将》《急就》《元尚》《飛龍》《聖皇》諸篇,僅以四言、七言成文,皆不言字形原委。以字形為書,俾學者因形以考音與義,實始於許。功莫大焉。"可見把《說文》看作"形書"是針對《倉頡》《爾雅》等書"皆不言字形原委"而言,《說文》不僅釋義、注音,而且析形,"合三者以完一篆",所以跟"不言字形原委"的《倉頡》《爾雅》等書不同,爲了突出《說文》的這種不同,才把它叫作"形書"。若從

---

*　本文爲國家社科基金重大項目"清代《說文》學新材料的普查、整理和研究"(21&ZD299)和國家古文字工程項目(G1426)的相關成果。

① 〔宋〕晁公武撰,孫猛校證《郡齋讀書志校證》,上海古籍出版社,1990年,第145—146頁。

《説文》本身而論,"先訓其義"才是重點,"俾學者因形以考音與義"進而正確解讀經書才是目的,所以《説文》的本質是講文字職用的,不只是"言字形原委"。講文字職用就必然涉及字詞關係,那麼許慎在《説文》中是如何處理字詞關係的呢?本文主要介紹這方面的情況。

一、許慎的"字""詞"觀念

許慎有沒有"字""詞"不同的觀念,這是首先要討論的。

《説文》子部:"字,乳也。从子在宀下,子亦聲。""字"的本義爲生育,先秦已引申爲名字的字。再引申指記録語言的文字符號,應該是到漢代了。但古人也常常用"字"來表示現代意義的{詞}[①],許慎在《説文》中使用的"字"很多時候也是相當於{詞}的,或者説是從字詞相關的角度來使用的。例如:

《説文》示部:"二,古文上**字**。"

《説文》言部:"謦,欬也。从言殸聲。殸,籒文磬**字**。"

《説文》鼎部:"鼎,三足兩耳,和五味之寶器也。昔禹收九牧之金,鑄鼎荆山之下,入山林川澤,螭魅蝄蜽莫能逢之,以協承天休。《易》卦:巽木於下者爲鼎,象析木以炊也。籒文以鼎爲貞**字**。凡鼎之屬皆从鼎。"

《説文》疋部:"疋,足也。上象腓腸,下从止。《弟子職》曰:'問疋何止。'古文以爲《詩·大疋》**字**,亦以爲足**字**,或曰胥**字**。一曰疋,記也。凡疋之屬皆从疋。"

《説文》林部:"棥,豐也。从林,爻。或説規模**字**。"

按,"二"與"上"、"殸"與"磬"、"鼎"與"貞"、"疋"與"足"與"胥",就文字形體而言,明明都是不同的,這裏却説甲字即乙字,應該不是就形體含義的字而言,而是指它們記録同一個詞。表示{足}義的"疋"與表示{大雅}義的"疋",表示{豐}義的"棥"與表示{規模}義的"棥",字形相同,許慎却説"疋"{足}以爲"疋"{雅}字、"棥"{草木豐}或以爲"棥"{規模}字,應該也是就所記詞不同而言。這種"字"面上與{詞}的混同,反映了許慎思想上區分字詞的潛意識,所以能把不同詞語詞義區别清楚,只是没有使用區别性的術語來表達而已。

説許慎能大致區别字與詞,是因爲許慎能區别語言與文字,這有兩個證據。一個是對單純複音詞不作單字訓釋,而是整個詞一起訓釋。如:

《説文》走部:"趑,**趑趄**,行不進也。从走次聲。""趄,**趑趄**也。从走且聲。"

《説文》虫部:"蝦,**蝦蟆**也。""蟆,**蝦蟆**也。"

---

① 本文用{ }表示詞項和詞義,以區别相應的字符或字形。

《説文》中還有"承篆連讀"例，其中有些也屬於單純詞的整體解釋問題。錢大昕《十駕齋養新録》卷四"《説文》連上篆字爲句"條説：

> 許君因文解義，或當疊正文者，即承上篆文連讀。如"昧爽，旦明也""肸響，布也""淑隘，下也"……"參商，星也""離黄，倉庚也""巂周，燕也"，皆承篆文爲句。……人部"佺"字下云"偓佺，仙人也"，"偓"字下云"佺也"，亦承上讀。宋刊本不疊"偓"字，汲古閣本初印仍其舊，而毛季斧輒增入"偓"字，雖與義未乖，而古書之真面目失矣。

段玉裁認爲此非《説文》本例，乃後人删隸寫重篆而致。即許慎原書篆字頭下隸書轉寫，字重而形不重。後世字頭正文同體，遂顯重贅，因而誤删，造成連篆讀例。張涌泉認爲，原書當在篆頭字下用重文符號，後抄漏符號，遂需連篆讀。① 據劉曉南統計，大徐本《説文》中有同部單純詞雙字疊出整體釋文者 78 例，單字疊出釋文者 12 例，因此他認爲《説文》存在雙音單純詞同部疊出例，而不必有"連篆讀例"。②

無論古書真面目是否連篆，許慎疊出單純詞整體解釋而不對單純詞作單字解釋，這説明他認識到這些是"多字詞"，是語言單位，不是文字系統的單字。

第二個證據是《説文》有"俗語""俗謂"的説法，也有單説"俗"的時候。説"俗語""俗謂"一定指向語言，不針對文字；如果涉及文字則只説"俗"，没有"語""謂"之類表示語言的詞。可見許慎能夠區别語言與文字。如：

《説文》聿部："聿，聿飾也。从聿从彡。**俗語**以書好爲聿。讀若津。"

《説文》歺部："殈，棄也。从歺奇聲。**俗語**謂死曰大殈。"

《説文》亦部："夾，盜竊襄物也。从亦，有所持。**俗謂**蔽人俾夾是也。弘農陝字从此。"

《説文》夲部："夲，所以驚人也。从大从羊。一曰大聲也。凡夲之屬皆从夲。一曰讀若瓠。一曰**俗語**以盜不止爲夲，夲讀若籋。"

《説文》马部："函，舌也。象形。舌體马马。从马，马亦聲。肣，**俗**函从肉、今。"

《説文》王部："皇，大也。从自。自，始也。始皇者，三皇，大君也。自，讀若鼻，今**俗**以始生子爲鼻子。"

許慎用"俗"作訓釋語的並不多，前面四例"俗語""俗謂"都是指稱語言音義現象，没有一個涉及字形。後面兩例則是就字形而言。"俗函从肉、今"，是説"肣"乃"函"的俗字。

---

① 張涌泉《〈説文〉"連篆讀"發覆》，《文史》2002 年第 3 輯。
② 劉曉南《〈説文〉連篆讀例獻疑》，《古漢語研究》1989 年第 1 期。

"今俗以始生子爲鼻子"好像在説詞語,實際上是説"鼻子"即"自子",因爲前文有"自,始也""自讀若鼻"的鋪墊。這説明他有語言意識,當然也有相應的文字意識。所以後來的徐鉉就把許慎隱含的"俗字"觀念發掘出來,用"俗作""俗別""俗別作""俗書""今俗以爲"等説法指稱文字現象,與"俗語""俗謂"等相對,用這兩套術語説明文字與語言有別。

古人也用"詞"這個字眼,但其含義跟現代的{詞}是不同的。《説文》言部:"詞,意内而言外也。从司从言。"許慎對"詞"的使用,既跟{字}相關,又跟{字}不形成對立。但不能因此判斷許慎完全没有{字}{詞}的概念,不懂得{字}{詞}的區分。張素鳳《許慎〈説文解字〉之"詞"觀探析》指出:

> 許慎把"詞"訓釋爲"意内而言外",概括了"詞"具有外在語音和内在意義兩個要素,這是各級語言單位的共同特點。至於"詞"到底指哪一級語言單位,《説文解字》没有明確界定。《説文解字》釋義中,以"詞"爲屬名的訓釋對象,既有虛詞又有實詞,説明許慎心目的"詞"不限於虛詞。《説文解字》以字爲訓釋單位,對合成詞的各個用字分別訓釋,對聯綿詞則進行整體訓釋,説明許慎對字與詞的不對應關係有清晰的認識;結合其對"詞"的義界"意内而言外",則其所言"詞"包括詞和語素兩種不同語言單位。《説文解字》的體例特點無法證明許慎所言"詞"是否包括更大語言單位,只能依據與許慎"詞"觀念有關的先秦文獻來分析、佐證。先秦兩漢文獻中"詞"主要指"文辭",包含詞、短語、句子、段落、篇章等多級語言單位,則許慎所言"詞"也應該包含各級語言單位。綜上,許慎所言之"詞"外延極大,不僅包括實詞與虛詞,還包括小到語素大到篇章的各級語言單位,是一個極其籠統的概念。許慎把各級有音有義的語言單位都籠統地稱作"詞",説明其對語言單位的認識還是籠統和綜合的,而没有進一步分析和劃分爲不同層次。[1]

我們基本認同張素鳳的觀點。許慎雖然没有明確論述"字""詞"的區別,也没有使用表達{字}{詞}概念不同的指稱術語,但從許慎解説文字的實際材料看,他應該具有粗略的字詞不同觀念,所以我們能夠在《説文》中發現各種不同的字詞關係處理方式。

二、"一詞多字"關係的處理

許慎在編撰《説文》時,搜集了當時所能見到的各種字形。經過整理,提取 9353 個[2]

---

[1] 張素鳳、葛海楠《許慎〈説文解字〉之"詞"觀探析》,《語文研究》2022 年第 3 期。
[2] 這個數字有爭議,與傳世文本的實際字頭數可能不符。這裏依《説文·叙》的説法。

字形作爲字頭,繫聯分别爲 540 部,同時發現有 1163 個"重文"。所謂"重文",就是跟某個"正文"字符(不一定作字頭,也不一定是小篆)使用功能重合的文字,這種現象就是多字同用,或者説一個詞可以用多個字來記録。

就來源而言,記録同一個詞的多個字可能是歷時關係,包括古文、籀文、古文奇字、篆文等。例如:

《説文》艸部:"蔺,艸之小者。从艸剡聲。剡,**古文**鋭字。讀若芮。"

《説文》辵部:"遬,牡茅也。从艸遬聲。遬,**籀文**速。"

《説文》儿部:"儿,仁人也。**古文奇字**人也。象形。孔子曰:'在人下,故詰屈。'凡儿之屬皆从儿。"

《説文》市部:"市,韠也。上古衣蔽前而已,市以象之。天子朱市,諸侯赤市,大夫蔥衡。从巾,象連帶之形。凡市之屬皆从市。韍,**篆文**市,从韋从犮。"(段注:"此爲篆文,則知市爲古文也。先古文後小篆,此亦二部之例。")

也可能是共時關係,如篆文中的"或"體。或體相當於現代説的異體字,正體與異體字功能相同,可以記録同一個詞。如下面的釋例中,"泟"是"沫"的或體,从肉此聲的字是"骴"的或體,中間不从回而只从口的字是"亶"的或體,這幾組字分别記録同一個詞。

《説文》水部:"沫,棠棗之汁也。从赤水。泟,沫**或**从正。"

《説文》骨部:"骴,鳥獸殘骨曰骴。骴,可惡也。从骨此聲。《明堂月令》曰:'掩骼薶骴。'骴**或**从肉。"

《説文》亶部:"亶,度也,民所度居也。从回,象城亶之重,兩亭相對也。**或**但从口。音韋。凡亶之屬皆从亶。"

就正字與重文的屬性關係而言,不全是異體字。沈兼士指出:"許書重文包括形體變易、同音通借、義通换用三種性質,非僅如往者所謂音義悉同形體變易是爲重文。"[①]這三種關係可以表述爲異體關係、本字與通假字關係、同義詞换讀關係,它們都是分别記録同一個詞或同一個義項的。例如:

(1)異體關係

《説文》木部:"櫫,承櫫也。从木般聲。鎜,**古文**从金。盤,**籀文**从皿。"

《説文》虫部:"螾,側行者。从虫寅聲。蚓,螾**或**从引。"

---

① 沈兼士著,葛信益、啓功整理《沈兼士學術論文集》,中華書局,1986 年。

(2) 本通關係

《説文》首部："馗，九達道也。……从九从首。逵，馗**或**从辵从坴。……"（方以智《通雅》以爲"馗"又作"頯"，"頯骨也"，與从"首"合，訓"九達道"應該是通假用法；重文"逵"从辵，跟道路相關，才是"九達道"義之本字。）

《説文》又部："叟，老也。从又灾。闕。傁，叟**或**从人。"（"叟"爲什麽"从又灾"，許慎不知而"闕"。按：甲骨文"叟"字與小篆同，从又持火於宀中，是"搜"的本字。"叟"訓爲"老"，應該是文獻中的同音借用，即通假。"傁"才是"年老的男人"意義的本字，从人叟聲。）

(3) 同義換讀

《説文》頁部："頫，低頭也。从頁，逃省。太史卜書，頫仰字如此。揚雄曰：人面頫。俛，頫**或**从人免。"（按：《過秦論》"俛起阡陌之中"，李善引《漢書音義》音免。《史記·倉公傳》"不可俛仰"音免。《龜策列傳》"首俛"索隱、正義皆音免。玄應書兩云"俛仰，無辨切"。《廣韻》："俛，亡辨切。俯俛也。"《玉篇》人部："俛，無辨切。俯俛也。"可見"俛"有俯首義而音免，跟"頫"音俯不同音而同義，許慎把兩字看成"或"體字，屬於同義換讀。）

《説文》糸部："續，連也。从糸賣聲。賡，**古文**續从庚貝。"（按：臣鉉等曰："今俗作古行切。"則"賡"與"續"不同音。《毛詩》"西有長庚"，傳曰："庚，續也。"庚即賡，是賡有續義，跟"續"同義。然則古文"賡"與篆文"續"可同義換讀。）

《説文》水部："瀾，大波爲瀾。从水闌聲。漣，瀾**或**从連。"（按："瀾"的本義指"大波浪"，如《孟子·盡心上》："觀水有術，必觀其瀾。"而"漣"則指"小波浪"，如《詩·魏風·伐檀》："河水清且漣猗。"二字同義而音不同，屬同義換讀字。）

就重文的分布而言，有同部重文，有異部重文。以上舉例都屬於同部重文，即在《説文》中屬於同一個部首，而且往往屬於同一個字頭。也有極少數分立字頭的，如水部：

沱，水也。从水臣聲。《詩》曰："江有沱。"

汜，水別復入水也。一曰：汜，窮瀆也。从水巳聲。《詩》曰："江有汜。"（臣鉉等案：前沱字音義同，蓋或體也。）

異部重文則分別放在不同的部，作爲不同的字頭，但它們的音義完全相同，記録的是同一個詞，所以也是功能重複的字。王筠《説文釋例》卷八設有"分別文、累增字"兩類，他説："此亦異部重文，以其由一字遞增也，別輯之。"例如：

《説文》夊部："复，行故道也。从夊，畐省聲。"

《說文》彳部:"復,往來也。从彳复聲。"
《說文》冄部:"冄,毛冄冄也。象形。凡冄之屬皆从冄。"
《說文》須部:"頿,頰須也。从須从冄,冄亦聲。"
《說文》頁部:"頁,頭也。从𦣻从儿。古文䭫首如此。"
《說文》𦣻部:"𦣻,頭也。象形。"
《說文》首部:"首(𩠐),𦣻同。古文𦣻也。巛象髮,謂之鬊,鬊即巛也。"
《說文》人部:"人,天地之性最貴者也。此籀文。象臂脛之形。"
《說文》儿部:"儿,仁人也。古文奇字人也。象形。孔子曰:'在人下,故詰屈。'"

上舉"復"與"复"音義同,"頿"與"冄"音義同,"首"與"𦣻""頁"音義同,"人"與"儿"音義同,但都不在同一部,是爲"異部重文",也都是分別記録同一詞的。

三、"一字多詞"關係的處理

"一字多詞"指一個字形可以分別記録幾個不同的詞語(詞義)。對這種字詞關係,許慎也不是用"字""詞"來對應表述,而是采用了其他表述方式。主要有:

(一)"一曰"類

許慎對字頭的形義訓釋往往是本用職能,除了跟形體相關的本義訓釋外,還有"一曰"體例。"一曰"的主要作用是存異説,往往反映某個字形可以記録多詞多義的關係。這些異説有的是對字形理據的另一種說法,那實際上就是同形字問題。也有跟字形没有直接關係的,可能是假借義或引申派生詞。段玉裁《説文》"禋"字注:"凡義有兩歧者,出'一曰'之例。""祝"字注:"凡'一曰'有言義者,言形者,言聲者。"説明"一曰"的主要作用是列出義、形、音各方面存在的另解異説,"以便廣異聞,多備識"。其中"言形者""言聲者"可能只是對形體的不同分析和一字異讀問題,不屬於一字多詞現象。

跟"一曰"注釋功用相當的還有"或曰""或説""又曰""一説"等。據統計,大徐本《說文》中用"一曰"注例762個,"或曰"注例29個,"或説"注例7個,"又曰"注例4個(其中3個屬於引文),"一説"注例1個。例如(只舉與多詞相關者):

《説文》玉部:"瑩,玉色。从玉,熒省聲。**一曰**石之次玉者。《逸論語》曰:如玉之瑩。"

《説文》艸部:"菿,萑之初生。**一曰**薍。**一曰**鵻。从艸剡聲。"

《説文》足部:"蹁,足不正也。从足扁聲。**一曰**拖後足馬。讀若蘋。**或曰**徧。"

《説文》水部："汽，水涸也。**或曰**泣下。从水气聲。《詩》曰：汽可小康。"

《説文》示部："祋，殳也。从殳示聲。**或説**城郭市里，高縣羊皮，有不當入而欲入者，暫下以驚牛馬曰祋。故从示、殳。《詩》曰：何戈與祋。"

《説文》曲部："曲，象器曲受物之形。**或説**：曲，蠶薄也。凡曲之屬皆从曲。"

《説文》木部："櫝，匱也。从木賣聲。**一曰**木名。**又曰**大梡也。"

《説文》水部："澥，郣澥，海之別也。从水解聲。**一説**：澥即澥谷也。"

上述各例都解釋了一個字的多種用法。如"踦"表示{足不正}即跛脚義是一個詞，表示{拖後足馬}義是另一個詞，用爲"徧(遍)"又是另一個詞。餘例可類推。

(二)"古文以爲某"

《説文》解説中有 11 處共 14 例"古文以爲某"的表述。段玉裁"屮"字注："凡云古文以爲某字者，此明六書之假借。以，用也。本非某字，古文用之爲某字也。如古文以洒爲灑掃字，以疋爲《詩》大雅字，以丂爲巧字，以臤爲賢字，以灷爲魯衛之魯，以哥爲歌字，以詖爲頗字，以囧爲醜字，籀文以爰爲車轅字，皆因古時字少，依聲託事。至於古文以屮爲艸字，以疋爲足字，以丂爲亐字，以俟爲訓字，以臭爲澤字，此則非屬依聲，或因形近相借，無容後人效尤者也。"一個字本來是記錄甲詞的，又借用記錄乙詞或丙詞，就形成了一字多詞的對應關係。段玉裁認爲"某以爲某"的借用包括同音借和形近借兩種情況。下面是許慎解釋的完整用例：

《説文》屮部："屮，艸木初生也。象丨出形，有枝莖也。**古文或以爲艸字**。讀若徹。凡屮之屬皆从屮。尹彤説。"

《説文》疋部："疋，足也。上象腓腸，下从止。《弟子職》曰：問疋何止。**古文以爲《詩》大疋字，亦以爲足字**，或曰胥字，一曰疋記也。凡疋之屬皆从疋。"

《説文》言部："詖，辯論也。**古文以爲頗字**。从言皮聲。"

《説文》臤部："臤，堅也。从又臣聲。凡臤之屬皆从臤。讀若鏗鏘之鏗。**古文以爲賢字。**"

《説文》目部："囧，目圍也。从䀠、厂。讀若書卷之卷。**古文以爲醜字。**"

《説文》丂部："丂，气欲舒出，勹上礙於一也。丂，**古文以爲亐字，又以爲巧字**。凡丂之屬皆从丂。"

《説文》可部："哥，聲也。从二可。**古文以为謌字。**"

《説文》日部："㬎，衆微杪也。从日中視絲。**古文以爲顯字**。或曰衆口皃。讀若唫唫。**或以爲繭**；繭者，絮中往往有小繭也。"

《説文》宀部："完，全也。从宀元聲。**古文以爲寬字。**"

《説文》人部:"俟,送也。从人夋聲。吕不韋曰:有侁氏以伊尹俟女。古文以爲訓字。"

《説文》大部:"奡,大白澤也。从大从白。古文以爲澤字。"(段注:"此説古文叚借也。叚借多取諸同音。亦有不必同音者。如用奡爲澤,用丂爲亏,用屮爲艸之類。")

(三)"讀若某""讀與某同"

《説文》說解中有 700 多例"讀若某"、35 例"讀與某同"的表述。例如:

《説文》玉部:"珣,石之次玉者。从玉句聲。讀若苟。"
《説文》玉部:"瑀,朽玉也。从玉有聲。讀若畜牧之畜。"
《説文》王部:"皇,大也。从自。自,始也。……自,讀若鼻,今俗以始生子爲鼻子。"
《説文》隹部:"雀,依人小鳥也。从小隹。讀與爵同。"
《説文》車部:"範,範軷也。从車,笵省聲。讀與犯同。"
《説文》心部:"悴,憂也。从心卒聲。讀與《易》萃卦同。"

段玉裁"皇"字下注:"此曰'自讀若鼻',言皇字所从之自讀若鼻,其音同也。"意思是"讀若"只是用來注音的。錢大昕不同意段玉裁的觀點,他在《潛研堂文集》中指出:"許氏所云'讀若'、所云'讀與同',皆古書假借之例,不特寓其音,即可通其字,音同而義隨之。"錢大昕認爲"讀若"注語是用來明假借的。嚴章福《〈說文校議〉議》序説:"許書言'讀若某''讀與某同',或言'讀若某某之某',皆謂假借,無關音切。……而世每謂許書但擬其音,無關形義,如後世音切,謬矣! 蓋許果以讀若爲音切,則九千三百五十三文,何字不當言'讀若',何以'讀若'者僅十分之一? 於此知許君'讀若'爲假借,非謂音切也。"可見嚴章福贊同錢大昕的説法,他們都認爲《說文》中"讀若""讀與某同"是表明假借字的。如果確實如此,那也就涉及"一字多詞"關係。例如"雀"本義指{麻雀},一種小鳥;而"讀與爵同",就是又可以用爲爵位之{爵},因此一個"雀"字就可以記錄{麻雀}和{爵}兩個詞。有的"讀若"不一定是指向假借字,也可能反而是本字。如"自"本義爲鼻子,因常假借爲自我的{自},就另造了後起本字"鼻"。許慎説"自讀若鼻",實際上是把"自"當作{自我}義的本用字,而把"鼻"當作{鼻子}義的本字,那麼"自讀若鼻"在漢代的用字習慣上也可以看作"謂假借"。當然,是否所有的"讀若""讀與某同"都是"謂假借"還很難説,因爲有的"讀若"字並没有发现文獻中實際假借的用例。

(四)"假借""借"

《説文·叙》"六書"之一:"假借者,本無其字,依聲託事,令長是也。"這個"假借"從用字的角度看，也反映了一字多詞的關係。比如"令"，本來是記錄{命令}這個詞的，又假借記錄表示{縣令}{令堂}的詞；"長"本來是記錄長短的{長}這個詞的，又假借記錄表示{長官}的詞。《説文》中屬於假借用字的現象很多，除前面提到的"古文以爲某""讀若""讀與某同"外，解説中也有直接指出假借用法的，例如：

《説文》韋部："韋，相背也。从舛口聲。獸皮之韋，可以束，枉戾相韋背，故<u>借以爲</u>皮韋。凡韋之屬皆从韋。𩏑，古文韋。"

"韋"字本來是記錄表示違背的{違}詞，因爲意義相關，又被借用爲表示皮革的{韋}詞，是一字記錄了二詞。

許慎眼裏的"假借""借"用，跟今天的理解並不相同，除了同音（音近）借用，意義引申、字形混同，他也是看作借用的。

（五）異字同形

《説文》中還有一種特殊的字詞關係，不一定是許慎有意爲之，但客觀上造成了同字異詞的現象。例如：

《説文》玄部："玄，幽遠也。黑而有赤色者爲玄。象幽而入覆之也。凡玄之屬皆从玄。𠔏，<u>古文玄</u>。"

《説文》申部："申，神也。七月陰气成體自申束。从臼自持也。……𠔏，<u>古文申</u>。"

按，這兩個字頭下的古文"𠔏"同形，既是"玄"字，又是"申"字，屬於兩個字頭，也是記錄兩個不同的詞。這種現象在現代叫作"同形字"，"同形字"實際上反映一字多詞問題。這種同形字在《説文》中並不多，不排除轉抄形訛的可能。

上文分析可見，許慎的《説文解字》雖然是"合（形音義）三者以完一篆"，但並非把"形音義三者"看作平列的固定關係，而是認識到語言與文字的二元對應關係，進而對"一詞多字"和"一字多詞"的字詞關係也有明確認識，所以自定體例和創設術語作了力所能及的表述。只是他對字詞關係的表述方式跟現代不同而已。

附記：本文主體内容跟《井岡山大學學報（社會科學版）》2024 年第 4 期發表的拙作《〈説文解字〉的"字用"思想發微》第二部分重合。

試說漢字的"同符異位"現象＊

林志強

福建師範大學文學院

一

　　兩個漢字構形部件相同但是排列組合不同的現象，我們稱爲"同符異位"，如"夘"和"多"，前者並列結構，後者上下結構；又如"杲"和"杳"，前者上"日"下"木"，後者上"木"下"日"。這裏的"同符"，又可分爲兩種情況：一是字内部件相同，如"夘"和"多"。二是字内部件不同，如"杲"和"杳"；但因"杲"和"杳"兩字都是从日从木，兩字互爲同符，所以我們也視爲"同符"字。由這兩種"同符"形成的"異位"字，也有兩種情況：一是音義相同，是一個字的不同寫法，如"夘"和"多"、"群"和"羣"；二是音義不同，是兩個漢字，如"杲"和"杳"、"棘"和"棗"。① 圖示如下：

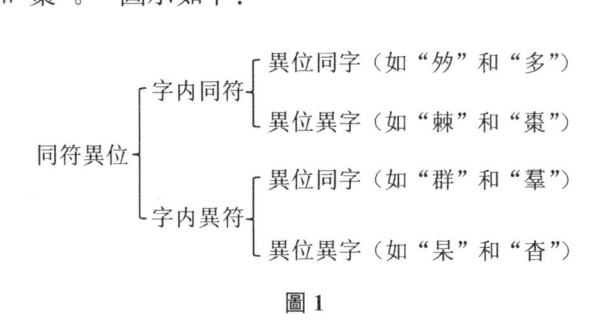

```
                    ┌ 字内同符 ┬ 異位同字（如"夘"和"多"）
                    │          └ 異位異字（如"棘"和"棗"）
     同符異位 ──────┤
                    └ 字内異符 ┬ 異位同字（如"群"和"羣"）
                               └ 異位異字（如"杲"和"杳"）
```

圖1

＊ 本文爲國家社科基金冷門"絕學"和國別史等重大研究專項項目"傳抄古文資料全編與傳抄古文研究"(2018VJX081)、全國高等院校古籍整理研究工作委員會資助項目(2021)和"古文字與中華文明傳承發展工程"的研究成果。

① 本文所涉及的音義不同的"同符異位"字例，是就一般情況而言，個別情況下，有些音義不同的"同符異位"，也屬於音義相同的同符異位，如王筠以爲"棗""棘"兩字 "以重並爲別"，"棗高而棘卑，且成叢也"，但也指出，"棗"亦稱"棘"，《周官》九棘是也。若果是棘，則太卑不可以表位。《魏風》"園有棘"，傳："棘，棗也。"(詳見本文附録2：王筠《説文釋例》所整理的"同符異位"漢字表。)又如，"吟"在個別情況下也同"含"，見下文。

漢字作爲表意體系的文字，其重要特徵就是形義統一或形義相關，形體構成具有理據性。但上述這種"同符異位"的漢字，偏旁構件相同，只是組合不同，而其音義則或同或異，構形和音義之間存在着不對稱現象。其中，同符異位而音義相同者，其實只是職用無別的異體關係，如上舉的"夘"與"多"、"群"與"羣"，此外還有"鵝"與"鵞"、"慚"與"慙"、"峰"與"峯"等。"裸"與"雜"也可歸於此類，只不過偏旁"衣"寫作"衣"，在寫法上有些變異而已。這種同符異位，是一字之間的同符異位，其理據相同，不會造成形義、音義關係理解上的分歧。王筠《説文釋例》在分析"體同音義異"的現象時，也順便歸納了《説文》中的此類文字。他認爲《説文》本身所録"古文""籀文""或體"造成的異體比較少，但大徐本和小徐本對比而言，因爲版本不同，造成的異體則比較多。他説：

> 至於盯昏、李杍、䐃䏍、䫶䫵、恒恖，迻其部位，而仍爲一字者，求之《説文》，甚寥寥也。
>
> 其爲二徐本不同者，齔齒、齹齒、蹶蹷、鶃鶃、唧咄、吻䏿、晢晰、睡睾、穧藁、魂覓、礐礐、䫶覓、駃駣、擎撖、擎撕、坪坒（《玉篇》作坒，引《説文》曰，地平也。亦作坪）、鏃鏗、杢銅、䜃銁、轚鐵是也。大徐平列而小徐重疊者多，小徐平列而大徐重疊者少也。至於"詞"，《字鑒》引作"䛐"，然李文仲，元人也，今所傳宋本，無一作䛐者，不知元時本何以獨異也（《佩觿集》：詞朗之字，是謂隸行。注曰：本作䛐朖。郭恕先，宋初人。蓋所據《説文》作䛐）。①

王筠的概括應該是符合實際的。漢字中這種左右或上下"迻其部位，而仍爲一字"的現象，是漢字異體字的主要類型之一，説明漢字偏旁部件的組合，有其靈活的一面。但是另一方面，即同符異位而音義不同者，其實是職用有別的兩個漢字，如上舉的"棘"與"棗"、"杳"與"杲"，此外還有"伐"與"戍"、"旻"與"旼"、"暜"與"期"等，這種同符異位不是一字異體，而是形義關係不同的兩個漢字，涉及漢字理據的重組或另構，説明"迻其部位"不是一律的"仍爲一字"。這其中的理據何在？爲什麼會有此種現象？很值得我們思考。本文重點探討的就是這種同符異位而音義不同的情況。

二

歷史上已有學者注意到同符異位而音義不同的漢字構形現象。比如鄭樵在《六書略》中，把"杳"與"杲"一類的漢字叫作"互體別聲轉注"，把"旻"與"旼"一類的漢字叫作

---

① 〔清〕王筠《説文釋例》卷八，中華書局，1987年，第191頁。

"互體別義轉注"。鄭樵所謂"互體",就是指兩個字偏旁相同而結構不同,即同符異位;所謂"別聲",就是指讀音不同;所謂"別義",則是指意義不同。至於他把此類漢字歸於六書之"轉注",是他特有的理解和分類,大家並不認同。但他關注到此種漢字現象,並收集了相當多的例子,還是值得肯定的。鄭樵《六書略》所整理的"同符異位"漢字表見附錄1。

《六書略》所收"互體別聲轉注"計126組,共涉及254字,[①]"互體別義轉注"計24組,共涉及48個字。兩類共計302字。鄭樵所收"別聲"的例子,是根據中古字書裏的讀音。但也有並不"別聲"的情況,如"鵠"與"鴰",兩者皆"洪孤切","谿"與"磎"也是同音,無從別聲。別聲類的各組字,意義也是有區別的,在這一點上其實又與"別義"難以區分。鄭樵所收"別義"的例子,如果根據其"別聲"的標準,也有讀音不同的情況,如"昔"與"期"等,這就與鄭樵自己所說的"聲異而義異者,曰互體別聲。義異而聲不異者,曰互體別義"[②]不夠吻合。另外,"忾"與"忥"既收在"別聲"類,又收在"別義"類。這些都說明,鄭樵的歸類是粗疏的,並不科學,不能作爲同符異位漢字類別劃分的基礎或標準,但他所收集的例子,經過補充,可以呈現此類特殊的漢字構形現象,是值得研究的。

對此種構形現象加以分類和研究的,還有清代著名學者王筠。王筠在《說文釋例》卷八《體同音義異》中集中論述了此種漢字構形現象。王筠對同符異位漢字的分類和分析見附錄2。

《說文釋例》按照象形、會意、形聲等六書結構對此類文字進行分類,共收9類[③]65組,共涉及133字。[④] 因其是就《說文》範圍進行整理,故所收總量比《六書略》爲少。其所收與《六書略》亦有同有異,相同者如"杲""杳""東","卟""占","含""吟","季""秄","襲""襱","暮""嘆"等,相異者如"棗""棘","伐""戍",前者是字内同符的例子,後者的同符需要從源流角度進行辨析,可補《六書略》收例之不足。

王筠對所收之例,是站在小篆的角度進行分析的,如分析"朮""市",曰:"篆作朮、市,皆可目爲从中、从八也。"分析"癶""步",曰:"皆从止、屮也。"分析"収""艸",曰:"皆从彐、又也。"分析"甸""佃",曰:"雖有勹、人之異,而勹亦由人變也。《左傳》'乘衷甸',《說文》引作'中佃'矣。"說明王筠更注意從漢字的原有結構進行分析,正因爲如此,他把

---

① 其中"杲東杳""本末朱"兩組各三個字,其餘每組兩個字,故爲254個字。
② 〔宋〕鄭樵《六書略·互體別聲轉注·序》,《通志二十略》,中華書局,1995年,第287頁。
③ 此9類爲"均爲指事者""此會意彼兼形者""兼會意象形,兩字同法,但以重並爲別者""一爲意兼形,一爲意兼聲者""一象形,一形聲者""並爲會意者""一會意,一形聲者""並爲形聲者""其他"。
④ 其中"本末朱""天立夫""杲東杳"兩組各三個字,其餘每組兩個字,故爲133個字。

在楷書階段看起來並不明顯的同符異位的"伐"和"戍"也收了進來,這是比鄭樵更精到的地方。

字內同符的例子,鄭樵收錄了"姎"和"姿",王筠收錄了"棗"和"棘"。此類字或稱"同符合體字"。前已述及,字內同符而異位也分兩種情況:一是形成一字異體,二是形成兩個漢字。陳偉武在《同符合體字探微》中對字內同符的"同符異位"作了簡要的分析,他指出:"構件相同、構造異位異向的同符合體字可以有各種不同的結果。或音義相同,如森與林、矗與龘、垩與壘、歺與多、譶與譶、厽與众。或音義部分相同,如炊與炎、孖與孨。或音義皆異,如鱻與鱻、畾與畾、誩與喜、庐與戶、牪與牟、姎與姿、叩與吕、夶與扶、厸與厽、燚與焱、驫與騳、呬與品、棘與棗、棥與森、叐與双等。"①陳偉武所收集的字内同符而"音義皆異"的例子,比鄭樵和王筠都要豐富,同時他以音義是否相同的角度進行分類,也完全適合本文所指的所有"同符異位"漢字的分析,把"同符異位"漢字從音義的角度進行整理分析,可以更清楚地爲看出字際關係、字詞關係和源流演變的各種情況,比鄭樵的"別聲""別義"、王筠的六書兼類都更具操作性。

三

對前人所收的"同符異位"而音義不同的漢字,我們還需要具體分析。大致可以分爲以下四種情況:

第一,有些例子是不成立的"同符異位",比如,鄭樵把"易"與"明"作爲"互體",乃是因爲根據《説文》引《祕書》"日月爲易"之説,顯然是不符合"易"字源流和結構的。"易"與"明"不論是古文字還是今文字,都構不成"同符異位"的關係。還有一些同符異位字的關係比較複雜,比如"友"與"叐"("友"的篆文隸定)是音義相同的同符異位,"叐"與"双"("雙"的簡俗體)又是音義不同的同符異位;②"椎"與"雈"(見於《集韻》和《四聲篇海》)是音義相同的同符異位,"椎"與"集"是音義不同的同符異位。

第二,有些例子的同符異位,是漢字演變造成的表面現象。例如,"東"作爲"杲"和"杳"的同符異位,是因爲《説文》引官溥説,分析爲"从日在木中"。其實"東"字甲骨文作""(《合》25362),本象口袋而扎束其口之形,是演變導致小篆和隸楷繁體看起來象

---

① 陳偉武《同符合體字探微》,《中山大學學報(社會科學版)》1997年第4期,第107頁。"誩",原文作"畾",排版之誤。

② 從古文字看,甲骨文"友"字作""(《合》20689),金文作""(麥方鼎,《集成》2706),基本都是並列的"又",所以"友"字也可以隸定爲"双",則"叐""双"又都是"友"字,是音義相同的同符異位。同時,根據古文字的構形,"(友)""(収)""(艸)"也是音義不同的同符異位。

"日"在"木"中。

又如"古"字甲骨文作"㕣"(《合》20149 正),是堅固之"固"的古字,上部本作"冊",象盾牌之形,以示堅固之意,下部之"口"爲區別性符號。① 後來上部的"冊"形逐漸綫條化,變成"十"字形。《説文》以爲从十、口,是以小篆爲分析對象的。② "叶"本爲"協"的異體,《説文》:"協,衆之同和也。叶,古文協从日。叶,或从口。"所以"古"和"叶"作爲同符異位的漢字,其實只是演變導致的表面現象。

又如"朶"字見於戰國文字,本作"朵"(《珍秦齋古印展》137)、"朵"(嶽麓三簡 77)等形,象禾穗下垂,左上一豎筆爲指事符號。小篆作"朶",上下割裂,隸定爲"朶",其中的"木"和"乃",③與"朻"字中的"木"和"乃",來源和功能各不相同,不算是真正的同符異位。

"某"字西周金文作"某"(禽簋,《集成》4041),戰國文字或作"某"(陶録 6·25·2)、"某"(清華三《祝辭》簡 1)、"某"(包山簡 12)。《説文》:"某,酸果也。从木、从甘。闕。某,古文某从口。"就小篆而言,其字从"甘",義與"酸果"相矛盾。從古文字來看,其所从之"甘",實爲从"口"形加點或横畫衍化而來(楚簡文字仍以作 口、甘 之形爲常,《説文》古文亦从口),實非甘甜之"甘",而"口"之所象,丁山以爲乃指果未熟,《説文闕義箋》云:"某上从 口 與从 甘 同……蓋果尚未熟之象。"高鴻縉《中國字例》亦云:"甘 象酸果,非甘字也。前人于説解甘下注一闕字,乃不得甘字之解之謂也。"總之,"某"字之"甘"非甘甜之"甘","某"字从木从甘,與"柑"字从木从甘,也不是實質上的"同符異位"。

同符異位涉及漢字形義關係的理解,以上諸例説明,如果不聯繫漢字的源流演變,同符之"符"就説不清楚,異位的理據也就難以明白。因此我們要重視從漢字源流的角度來看待同符異位現象。王筠在這一點上應該比鄭樵更爲進步。

第三,與第二類相反,有些漢字本來是同符異位的關係,但經過演變,表面上看起來就不像同符異位了。比如"伐"與"戍",二者都是从人从戈,只不過"戍"字的"人"符寫成一撇一點,且與"戈"旁連接起來,看起來好像是"戊"字加一點,一般人分析不出从人从戈。按,"伐"字甲骨文作"伐"(《合》248 正)、"伐"(《合》6476),从人从戈,其"人"和"戈"左右可互换,但突出特徵是戈鋒砍過人頭;"戍"字甲骨文作"戍"(《合》27970)、"戍"(《合》28046),也是从人从戈,其"人"和"戈"左右也可以互换,它與"伐"

---

① 裘錫圭《説字小記五·説吉》,《裘錫圭學術文集·金文及其他古文字卷》,復旦大學出版社,2012 年,第 416 頁。
② 《説文》:"古,故也。从十口,識前言者也。"
③ "朶"又隸定爲"朵",上部不是"乃"。

字不同之處是戈在人上,兩者是相分離的,象人持戈。所以就古文字而言,戈鋒砍過人頭的"伐"與戈在人上的"戍",是兩個字的同符異位。因是戈鋒砍過人頭,所以《説文》解釋"伐"是"擊也";因是象人持戈戍守邊境,所以《説文》解釋"戍"是"守邊也",兩字雖然同符,但同符之間的關係不同,意義也是有別的。《六書略》没有把"伐"與"戍"看成同符異位,大概是因爲以楷書來看,兩者不容易看出來;《説文釋例》把這個例子收進去了,是因爲王筠根據《説文》的分析,"'伐''戍'皆从人持戈也"。其實,從古文字的構形來看,《説文》分析兩者都是"从人持戈",也是不合適的。因爲從甲骨文看,"伐"中的"戈"是施事者,"人"是被戈所砍,是受事者;"戍"中的"人"是施事者,"戈"是爲人所持,是受事者。又如"棘"和"棗",在繁體字的範圍内,兩字的同符異位也是清楚的,但如果是簡化字"枣",以兩點表示相同的偏旁,就與"棘"構不成"同符"的關係。"本""末""朱"三字,楷體字形"朱"中的"木"與"本""末"中的"木"的寫法不完全一致,表面上也不像"同符異位",但古文字"朱"字作"✦"(《合》36743)、"✦"(即簋,《集成》4250)、"✦"(頌鼎,《集成》2857),一些有意仿古的隸書寫作"朱"(北海相景君銘),構形上確實都可與"本""末"構成同符異位的關係。《説文》把"朱"的結構分析爲"从木,一在其中";鄭樵認爲"本、朱、末同意,一在下爲本,在中爲朱,在上爲末。一無義也,但記其別耳";王筠把此三字歸爲"均爲指事者"一類,並曰:"本、末、朱,皆从木、一也。"這些看法都是有道理的。

　　第四,從源流角度最容易理解的,當然要算從古至今都是明顯的同符異位關係的文字。如"杲"和"杳",兩字都見於甲骨文,"杲"字作"✦"(《合》20592),"杳"字作"✦"(《屯》2682)。① "杲"字日在木上,會日出光明之意,故《説文》曰:"杲,明也。""杳"字日在木下,會日暮夜臨之意,故《説文》曰:"杳,冥也。"《管子·内業》:"杲乎如登於天,杳乎如入於淵。"對比很清楚。此二字"日""木"同符,以互爲上下會意,古今文字没有變形,自然是一脈相承的同符異位。

四

　　從漢字結構和形義關係的角度來説,像上舉"伐"與"戍"、"杲"與"杳"一類的會意結構的同符異位,其形義關係是比較好理解的。指事字的意義跟指事符號的位置相關,如上舉的"本""末""朱",鄭樵的分析也是理據顯明的。還有就是如王筠所舉的"一會意一

---

① 《合》20592:"杲,夕(多)疾。"辭殘,其義待考。參見黄德寬主編《古文字譜系疏證》,商務印書館,2007年,第805頁。《屯》2682:"己丑卜,翌日庚寅(?)其又杳于父[甲]。"其中之"杳",可能假借爲祭名。

形聲者",如"斯"與"芹"、"集"與"椎"。"斯"與"芹"雖然都是艸和斤,但"斯"是會意結構,以斤斷艸;①"芹"是形聲結構,从艸斤聲。"集"與"椎"雖然都是"隹"和"木",但"集"是"雧"之省,會意結構,會群鳥在木上之意;"椎"是形聲結構,从木,隹聲。因爲結構不同,形義關係也就不同。

最容易造成混淆的,是兩者都是形聲結構的同符異位,如"吟"與"含"、"怡"與"怠"、"忠"與"忡"等,在文獻中有時甚至會造成誤讀。這裏舉王念孫《讀書雜志·淮南子內篇第二》涉及"吟"與"含"相混的"吟德"條爲例:

> 吟德懷和。高注曰:"吟詠其德,含懷其和氣。"念孫案:吟非吟詠之吟,乃含字也。《原道篇》:"含德之所致也。"高彼注曰:"含,懷也。"此云"含德懷和",《本經篇》云"含德懷道",含、懷一聲之轉,其義一也。含字从口今聲,移口於旁,字體小異耳。若訓爲吟詠之吟,則與"懷和"不類矣。《漢書·禮樂志》:"靈安留,吟青黄。"服虔曰:"吟,音含。"是含字古或作吟也。

王念孫改讀高注吟詠之"吟"爲含懷之"含",可謂證據充分,其中也應是注意到了漢字同符異位的現象。

對於這類的同符異位,爲什麽會形成不同的字,記録不同的詞,王筠的解釋可能是最爲合理的。他説:

> 聖人正名百物而作文字,而事物之賾,非象形、指事、會意所能窮也,於是有形聲。文字至於形聲,而後不可勝用矣。有事君以忠者,即製"忠"字。有憂心忡忡者,即製"忡"字。設本作事君"以忡",憂心"忠忠",即亦永爲定體矣。惟定爲"以忠""忡忡",即不可交易、不可合併矣。②

也就是説,造字之初,某形代表某詞,約定俗成以後便成定式。即使從理據的角度來説,"忠"也可以表示"忡"的意思,"忡"也可以表示"忠"的含義,但約定以"忠"表忠信之"忠",以"忡"表憂心之"忡",二者雖然同符異位,也不再混淆。所以最重要的因素還是約定俗成。

同時我們也可以看到,許多同符異位的形聲字,雖然音理相同,但實際讀音往往有別,如"吟"是从口今聲,讀"魚音切","含"也是从口今聲,但讀爲"胡男切";"怡"是从心台聲,讀"與之切","怠"也是从心台聲,但讀爲"徒亥切";"忠"是从心中聲,讀"陟弓切",

---

① "折"字甲骨文作"🀀"(《合》7924),从斤,从斷木,會以斤斷木之意。金文作"🀀",《説文解字》古文作"🀀",皆訛从兩屮之形,故有"从斤斷艸"之説。
② 〔清〕王筠《説文釋例》卷八《體同音義異》,第191頁。

"忡"也是从心中聲,但讀爲"敕中切",這樣就比較有效地區別了兩個字詞關係。還有不少同符異位的形聲字,其中一個比較罕用,比如"睹"和"暑",前者比較少用;或者兩個都比較罕用,如"批"與"掌",這樣也就不容易引起誤會。還有的同符異位形聲字,其中一個是聲符省略造成的,如"唯"與"售",後者的"隹"是"雠"之省;"襲"與"襱",前者的"龍"是"龖"之省。這些因素加起來,也減少或抵消了同符異位造成的形義和形音關係的混淆。

以上對同符異位漢字複雜性的分析,只是隨機抽舉,挂一漏萬。但從中我們可以看出,同符異位與造字、用字的思維、漢字的演變、漢字的結構、漢字的形義關係、漢字的音義關係,以及其他相關漢字構形現象都有内在關聯。漢字的構形是一個複雜的系統,又是一個有序的邏輯世界。如果能對同符異位漢字進行全面整理和深入研究,既可窺見漢字世界的複雜性,也能體會漢字世界的自洽邏輯。

附　　錄

附錄1　鄭樵《六書略》所整理的"同符異位"漢字表

(一) 互體別聲轉注音義

1. 杲、東、杳

【杲】古老切。明也。从日在木上。

【東】从日在木中。

【杳】冥也。从日在木下。木,若木也,日之所升降。

2. 本、末、朱

【本】《説文》:"木下曰本。"本、朱、末同意,一在下爲本,在中爲朱,在上爲末。一無義也,但記其別耳。

【末】木上曰末。

【朱】《説文》:"赤心木,松柏屬。"一曰,丹也。

3. 易、明

【易】羊益切。《祕書》説:"日月爲易,象陰陽也。"

【明】日月並明。

4. 尖、夻

【尖】子廉切。鋭也。

【夻】以冉切。本廣末狹。

5. 觕、牛

【觕】坐五切。牛角直皃。

【牛】樞玉切。抵也。古作"牪"。

6. 告、吽

【告】牛觸人，角箸橫木，所以告人也。

【吽】於金切。牛鳴。

7. 呎、呔

【呎】胡化切。口大皃。

【呔】音大。嘗也。

8. 古、叶

【古】《說文》："故也。从十口，識前言者也。"

【叶】音協。眾口同也。

9. 卟、占

【卟】堅奚切。《說文》："卜以明疑也。"

【占】之廉切。《說文》："視兆問卜也。"

10. 听、𠮦

【听】魚其切。听嗞，口開皃。

【𠮦】陟列切。《博雅》："塞也。"

11. 啼、啻

【啼】《說文》："號也。"

【啻】《說文》："語時，不啻也。"

12. 唯、售

【唯】夷佳切。專辭。又愈水切。諾也。

【售】承呪切。賈去手也。

13. 吥、否

【吥】普溝切。吸也。

【否】不可也。

14. 吻、㖃

【吻】武粉切。《說文》："口邊也。"

【㖃】《說文》："恨惜也。"

15. 含、吟

【含】嗛也。

【吟】《說文》:"呻也。"又宜禁切。長詠也。

16. 嗼、暮

【嗼】末各切。《說文》:"噈嗼也。"一曰,定也。

【暮】蒙晡切。謀議也。

17. 啁、啁

【啁】陟交切。《說文》:"啁嘐也。"

【啁】時流切。膺也。

18. 叨、召

【叨】貪也。

【召】呼也。

19. 豅、躘

【豅】盧東切。豅蹈,行皃。

【躘】盧鐘切。躘踵,行皃。

20. 歲、躗

【歲】千歲切。過也。

【躗】姑衛切。僵也。一曰,跳也。

21. 䜏、譹

【䜏】翾規切。《說文》:"相毀也。"一曰,謔也。

【譹】土禾切。《方言》:"慧也。楚謂之譹。"或省。

22. 誋、諆

【誋】居之切。忌也。又渠記切。《說文》:"妄也。"引《周書》:"上不誋于凶德。"

【諆】丘其切。《說文》:"欺也。"

23. 䛐、謑

【䛐】咨邪切。咨也。

【謑】楚懈切。異言。

24. 瞖、譩

【瞖】壹計切。《博雅》:"詹也。"又户禮切。誠言也。

【譩】於其切。恨聲。

25. 眇、省

【眇】《說文》:"一目小也。"

【省】察也。

26. 晰、晳

【晣】之列切。目明也。
【晢】征例切。目美也。

27. 眂、昏

【眂】章移切。視也。又時利切。
【昏】呼昆切。目暗也。

28. 眶、盲

【眶】蒲光切。眶洋,仰視兒。
【盲】眉耕切。《說文》:"目無眸子。"

29. 相、眿

【相】思將切。《說文》:"省視也。"引《易》:"地可觀者,莫可觀於木。"《詩》曰:"相鼠有皮。"
【眿】莫目切。目不明也。

30. 䀹、䀏

【䀹】翹劣切。《說文》:"視高兒。"
【䀏】休必切。目深兒。

31. 鶠、雛

【鶠】於諫切。鴛屬。
【雛】朱惟切。鳥名。小鳩也。一名鵴鴀。

32. 鶘、鴼

【鶘】洪孤切。鵜鶘,好羣飛,沈水食魚。
【鴼】洪孤切,雞鴼,似鳩,青身白頭。

33. 鸛、鷥

【鸛】古玩切。《說文》:"小雀也。"《詩》:"鸛鳴于垤。"今按,鸛,水鳥之大者。
【鷥】呼官切。《爾雅》:"鷥鶛鵲鶒,如鵲短尾,射之,銜矢射人。"

34. 鸞、鶶

【鸞】鳥名。《說文》:"亦神靈之精,赤色,五采,雞形。鳴中五音,頌聲作則至。周成王時,氐羌獻之也。"
【鶶】謨還切。《山海經》:"有鳥如鳧,一翼一目,相得乃飛,名曰鶶。"或省。

35. 鶄、鵲

【鶄】咨盈切。鴱鶄也。
【鵲】倉經切。鵲鶴,鳥名,畜之以厭火。

36. 鸒、鸝

【鸔】蒲木切。鳥名。鸔,《説文》:"鳥鸔也。"

【鷃】薄報切。又北角切。水鳥,似鶂而短鶂。

37. 骴、觜

【骴】才枝切。又疾智切。《説文》:"鳥獸殘骨,骴骴可惡。"引《明堂月令》:"掩骼埋骴。"

【觜】蔣氏切。鳥骨。一曰,骨有肉也。

38. 胡、胢

【胡】牛頷垂也。

【胢】空胡切。《博雅》:"胢,膈朦也。"

39. 槩、概

【槩】許既切。平斗木。又居代切。

【概】古外切。杖也。又巨列切。杙也。

40. 槀、楪

【槀】質涉切。《説文》:"木葉搖白也。"

【楪】失涉切。《博雅》:"杖也。"

41. 棷、椒

【棷】甾尤切。木名。

【椒】將侯切。戯謂之椒。又甾尤切。《説文》:"木薪也。"

42. 朶、枘

【朶】都果切。《説文》:"木垂朶朶也。"

【枘】人枝切。木名。又如證切。一曰,止車木。

43. 枻、枼

【枻】以制切。楫謂之枻。

【枼】弋涉切。《説文》:"楄也。从世聲。"徐鉉謂从世非聲,改而爲枼。枼,穌合切。臣按,此即木葉象形,非聲也。

44. 根、梘

【根】《説文》:"木株也。"

【梘】下簡切。閫也。

45. 柅、屎

【柅】女夷切。絡枾。又女履切。《説文》:"木也,實如梨。"一曰,止車木。又乃禮切。

【屎】丑貳切。篲柄也。

46. 某、柑

【某】謨杯切。果名。《說文》:"梅也。"又莫後切。酸果也。

【柑】果名。似橘。又其淹切。以木銜馬口也。《春秋傳》:"柑馬而秣之。"

47. 栞、栞

【栞】丘寒切。又稽延切。入山刊木,以識道也。

【栞】經天切。屋櫨也。

48. 架、枒

【架】居迓切。杙也,所以舉物,或作"嫁"。

【枒】居牙切。《說文》:"枾也。淮南謂之柍。"

49. 森、棽

【森】木多皃。

【棽】居蔭切。承樽桉。

50. 暑、晵

【暑】熱也。

【晵】董五切。《說文》:"旦明也。"

51. 秄、季

【秄】祖似切。《說文》:"壅禾本。"

【季】《說文》:"少稱也。"

52. 縻、䌌

【縻】忙皮切。《說文》:"絼也。"

【䌌】謨加切。《廣雅》:"繹也。"

53. 襱、襲

【襱】盧東切。《方言》:"齊魯謂之襱,關西謂之袴。"一曰,裙也。又柱勇切。《說文》:"絝跨也。"

【襲】《說文》:"左衽袍。从衣䰜省聲。"籀作"襲"。

54. 袲、袳

【袲】乃可切。哀袲,衣皃。

【袳】敞尒切。《說文》:"衣張也。"

55. 袍、褒

【袍】《說文》:"襺也。"引《論語》:"衣弊縕袍。"又薄報切。衣前襟。

【褒】薄皓切。《說文》:"褱也。"

56. 袤、衿

【衾】袪音切。《説文》:"大被也。"

【衿】居吟切。衣系也。又其淹切。

57. 裹、裸

【裹】包束也。

【裸】袒也。

58. 袲、袔

【袲】倚可切。袲衺,衣皃。

【袔】口箇切。夾衣。又何佐切。《博雅》:"褠袖也。"

59. 褻、褹

【褻】《説文》:"私服。"引《詩》:"是褻袢也。"

【褹】倪祭切。《方言》:"複襦謂之筩褹。"

60. 褾、襃

【褾】彼小切。《説文》:"上衣也。从衣,从毛。古者衣裘,以毛爲表。"篆作"表"。

【襃】薄報切。衣前襟。一曰,褱也。

61. 砕、砅

【砕】子末切。水激石皃。

【砅】鄰知切。履石渡水也。又力智切。《詩》:"深則砅。"

62. 猑、屈

【猑】九勿切。結猑,西域獸名,食香,無毛,但自鼻有毛,廣寸,至尾,燒刺不能傷。

【屈】渠勿切。《埤倉》:"短尾犬也。"

63. 威、烕

【威】翾劣切。《説文》:"滅也,从火戌,火死於戌。陽氣至戌而盡。"引《詩》:"赫赫宗周,褒姒威之。"臣按,从火,从戌,戌,聲也,未必有義。又莫列切。

【烕】休必切。狂也,齊人語。

64. 谿、磎

【谿】《説文》:"山瀆无所通者。"

【磎】弦雞切。反戾也。《莊子》曰:"婦姑勃磎。"

65. 擘、擗

【擘】博戹切。《説文》:"撝也。"一曰,大指。

【擗】毗亦切。撫也。

66. 撕、摲

【撕】師咸切。芟也。《禮》:"有撕而播。"

【摮】在敢切。擊也。

67. 槿、摗

【槿】昨木切。劍也。

【摗】仕角切。刺也。

68. 奻、姣

【奻】居還切。說文:"訟也。"

【姣】古巧切。好也。

69. 娶、娵

【娶】逡遇切。《說文》:"娶婦也。"

【娵】遵須切。星名。《爾雅》:"娵觜之口,營室東壁也。"又葘尤切。

70. 娩、嬎

【娩】芳遇切。兔子。又孚袁切。

【嬎】孚萬切。《說文》:"生子齊均也。"

71. 娎、姼

【娎】許列切。《說文》:"娎嫉也。"又顯計切。喜也。

【姼】之列切。女字。

72. 媨、媰

【媨】在九切。《博雅》:"好也。"又以九切。醜也。

【媰】七六切。《說文》:"醜也。一曰,老嫗也。"

73. 壀、壁

【壀】普米切。壀堄,陴也。

【壁】必歷切。《說文》:"垣也。"

74. 壄、坱

【壄】祖果切。篆作"壄"。《說文》:"止也。从土,从伓。"古作"坐"。並象人據坐之形。又並徂卧切。

【坱】於九切。邑名。

75. 垢、垕

【垢】《說文》:"濁也。"一曰,塵也。或作"均"。

【垕】狠口切。《說文》:"山陵之厚也。"

76. 鏨、鐝

【鏨】財甘切。鑿也。又在敢切。

【鐝】鋤咸切。鐝鐝,銳進皃。又疾染切。

77. 㠱、䢄

【㠱】居之切。疾惪也。

【䢄】墋己切。長跽也。

78. 甃、䤒

【甃】初尤切。漉取酒也。

【䤒】字秋切。《說文》："繹酒也。从酉水半見其上。"

79. 恭、恐

【恭】居容切。肅也。

【恐】胡公切。戰慄也。

80. 忻、愾

【忻】聲夷切。喜皃。

【愾】許既切。癡皃。

81. 悲、悱

【悲】逋眉切。《說文》："痛也。"

【悱】憒也。

82. 惎、惎

【惎】渠之切。心有所繫也。

【惎】渠記切。《說文》："毒也。"

83. 怤、忦

【怤】芳無切。《說文》："思也。"一曰，悅也。

【忦】扶遇切。心附也。

84. 愈、愉

【愈】勝也，瘉也。

【愉】容朱切。《說文》："薄也。"引《論語》："私覿愉愉。"一曰，樂也，和也。

85. 忘、忙

【忘】武方切。《說文》："不識也。"又無放切。棄忘也。

【忙】謨郎切。心迫也。

86. 忲、忥

【忲】吐內切。緩也，忘也。

【忥】于求切。異也。尤，古作"忥"。

87. 懮、慯

【懮】於求切。《說文》："愁也。"

【愼】古文"順"字。

88. 愔、意

【愔】伊淫切。愔愔,安和也。

【意】《說文》:"从心,从音,察言而知意。"

89. 惦、忺

【惦】多忝切。静也。一曰,服也。又託協切。

【忺】癡廉切。忺憸,樂音不和。

90. 㤖、怙

【㤖】音固。專也。

【怙】後五切。《說文》:"恃也。"

91. 憞、懟

【憞】他昆切。憞悃,心不明也。

【懟】杜罪切。恨也。

92. 怡、怠

【怡】悦也。

【怠】慢也。

93. 懑、懣

【懑】母本切。煩也。

【懣】謨官切。忘也。

94. 悍、忓

【悍】性急也。

【忓】音奸。偽也。

95. 愔、忓

【愔】鄔版切。人名。漢有左愔。

【忓】古丸切。又古緩切。忓忓,無依也。

96. 懭、懬

【懭】口黨切。大意。又苦謗切。

【懬】苦晃切。懬悢,意不得也。又苦猛切。

97. 忉、忥

【忉】都勞切。忉忉,憂勞也。

【忥】魚既切。《說文》:"怒也。"

98. 忠、忡

【忠】《說文》:"欽也。"
【忡】《說文》:"憂也。"

99. 愍、怫

【愍】音弼。輔也。
【怫】芳未切。忿兒。

100. 恦、怒

【恦】尼交切。亂也。
【怒】恚也。

101. 忦、忿

【忦】苦怪切。恨也。又牛戒切。《說文》:"憂也。"
【忿】許介切。《說文》:"忽也。"引《孟子》:"孝子之心,不若是忿。"

102. 憝、慎

【憝】音嗔。怒也。
【慎】時刃切。《說文》:"謹也。"

103. 忍、忉

【忍】《說文》:"能也。"
【忉】而振切。心能於事也。

104. 惋、恐

【惋】烏貫切。驚歎也。
【恐】於袁切。䚘也。恚也。

105. 憾、慼

【憾】含歷切。憂也。
【慼】子六切。慭也。

106. 悬、恤

【悬】呼弦切。急也。
【恤】雪律切。憂也。

107. 愶、慸

【愶】託協切。靜也。
【慸】私列切。不安兒。

108. 恤、惑

【恤】乙六切。痛心也。
【惑】《說文》:"亂也。"

109. 忞、恰

【忞】迄及切。合也。《太玄》:"應而忞之。"又乞洽切。

【恰】乞洽切。《説文》:"用心也。"

110. 愀、愁

【愀】千遥切。色變也。《莊子》:"愀然變容。"又七小切。

【愁】鋤尤切。《説文》:"憂也。"又財勞切。揚雄有《畔牢愁》。

111. 愘、愁

【愘】居尤切。聚也。

【愁】巨九切。《説文》:"怨仇也。"

112. 感、慊

【感】不忘於心也。

【慊】丘廉切。慊㥘,意不安皃。

113. 悆、悇

【悆】羊茹切。《説文》:"忘也。嘾也。"引《周書》:"有疾不悆。"悆,喜也。

【悇】同都切。苦憂也。

114. 崟、嶜

【崟】咨林切。山高大皃。

【嶜】鉏簪切。嶜岑,高鋭皃。

115. 崖、崺

【崖】《説文》:"高邊也。"

【崺】魚羈切。崎崺,石危皃。

116. 岑、岭

【岑】鉏簪切。《説文》:"山小而高。"

【岭】其淹切。山名。

117. 崔、嶉

【崔】祖回切。《説文》:"大高也。"

【嶉】祖猥切。山皃。

118. 嵬、峗

【嵬】五灰切。《説文》:"高不平也。"

【峗】鄔毀切。山皃。

119. 棶、洴

【棶】疾郢切。陷也。

【洴】棄挺切。洴涏,小水皃。

120. 澼、𤅬

【澼】匹辟切。腸間水也。

【𤅬】匹智切。水中洲也。

121. 沸、浡

【沸】方未切。涫也。

【浡】敷勿切。灑也。

122. 蛁、螕

【蛁】紕招切。螵蛸也。或作"螵"。

【螕】賓彌切。又部迴切。蝨屬。

123. 蜑、蜒

【蜑】蕩旱切。蠻屬。

【蜒】夷然切。蟲名。《方言》:"燕北謂析易曰祝蜒。"

124. 蜃、蜄

【蜃】是忍切。蛤也。《説文》:"雉入海化爲蜃。"

【蜄】之刃切。動也。又時刃切。蛟屬。

125. 蠆、蠣

【蠆】丑邁切。《説文》:"毒蟲也。"

【蠣】力制切。《説文》:"蚌屬。似蠊微大,出海中,民食之。"一曰,雕百歲化爲蠣。或作"蠇"。

126. 蜇、蜥

【蜇】陟列切。蟄也。

【蜥】似絶切。鮂鰤,魚名。似蝤蛴,生海中。

(二)互體別義轉注音義

1. 榮、樤

【榮】乳捶切。垂也。

【樤】木名。

2. 旻、旼

【旻】眉貧切。《説文》:"秋天也。"

【旼】旼旼,和也。

3. 萁、期

【萁】居之切。《説文》:"復其時也。"

【期】《說文》:"會也。"

4. 猶、猷

【猶】《說文》:"玃屬。一曰,隴西謂犬子爲猶。"一曰,似麂,居山中,聞人聲豫登木,無人乃下。世謂不決曰"猶豫"。

【猷】道也。

5. 獒、獓

【獒】牛刀切。《說文》:"犬知人心,可使者。"引《春秋傳》:"公嗾夫獒。"

【獓】《山海經》:"三危之山有獸焉,牛身四角,豪如披蓑,名曰獓。"

6. 惷、憹

【惷】盧東切。惷忽,遽兒。

【憹】憹悸,多惡兒。

7. 愚、偶

【愚】元俱切。《說文》:"戇也。从心,从禺。禺,猴屬,獸之愚者。"

【偶】《說文》:"懽也。琅邪朱虚有偶亭。"

8. 愩、愿

【愩】愚袁切。測量也。

【愿】愨慎也。《周禮》:"上愿糾暴。"劉昌宗讀。

9. 懰、懰

【懰】力求切。懰慄,憂貌。一曰,怨也。或从留。

【懰】定意。

10. 憚、惫

【憚】下介切。忖度也。

【惫】傾心也。

11. 忥、忺

【忥】許迄切。癡兒。

【忺】喜也。

12. 挬、捒

【挬】郎達切。《博雅》:"擘也。"

【捒】撥捒,手披也。

13. 繴、繲

【繴】博尼切。《說文》:"繴謂之罿,罿謂之罬,罬謂之罦。捕鳥覆車也。"

【繲】織絲帶也。

14. 蜊、蛰

【蜊】良脂切。蛤蜊,海蚌也。

【蛰】蝛蛰,蟲名,似蝗,大腹,長角,食蛇腦。

15. 蠠、螈

【蠠】愚轅切。重蠠爲蠠。

【螈】《説文》:"蠑螈,蛇醫,以注鳴者。"即蜥蜴也。

16. 螚、蚁

【螚】匪父切。蟲名,食瓜者。

【蚁】王蚁,蟲名,蟾諸也。《爾雅》:"不蜩,王父。"

17. 坒、圮

【坒】毗至切。《説文》:"地相次,坒也。"

【圮】配合也。《太玄》:"陰陽圮參。"

18. 鎠、鏙

【鎠】巨兩切。鉛屬。

【鏙】以繩貫錢。

19. 嚨、嚾

【嚨】盧東切。喉也。

【嚾】大聲也。

20. 䛦、嗒

【䛦】魚戰切。傳言。

【嗒】弔失國曰嗒。

21. 攏、挈

【攏】盧東切。理也。

【挈】擊也。

22. 憚、鄲

【憚】徒案切。《説文》:"忌難也。"

【鄲】鄲狐,邑名,在洛南百五十里,秦遷周赧王於此。

23. 櫳、櫺

【櫳】盧東切。檻也。一曰,養獸圈。

【櫺】房室之疏也。又盧鍾切。

24. 樲、槷

【樲】相支切。《博雅》:"木下枝謂之椑樲。"

【槸】木薪。

附録 2　王筠《説文釋例》所整理的"同符異位"漢字表

1. 均爲指事者

本、末、朱："本""末""朱"皆從木、一也。

2. 此會意彼兼形者

天、立、夫："天",從一、大,會意。"立",從大立一之上,一,地也。"夫",從大而以一象先。

尹、丑："尹""丑"皆從又,從丿,尹以手握事,其義重又;丑以丿紐其手,其義重丿也。

3. 兼會意象形,兩字同法,但以重並爲別者

棗、棘："棗""棘"是也。棗高而棘卑,且成叢也。("多""夡"則重並無別○棗亦稱棘,《周官》九棘是也。若果是棘,則太卑不可以表位。《魏風》"園有棘",傳:"棘,棗也。")

4. 一爲意兼形,一爲意兼聲者

朮、市："朮""市",篆作 朮、市,皆可目爲從中、從八也。

5. 一象形,一形聲者

易、昒："易""昒"皆從日、勿也。(圖楷作習,與易、昒相似,而篆固不同。)

6. 並爲會意者

屮、屯："屮""屯"皆從中、一也。

古、叶："古""叶"皆從十、口也。

癶、步："癶""步"皆從止、㐄也。

奴、艸："奴""艸"皆從𠄌、又也。

伐、戍："伐""戍"皆從人持戈也。

卟、占："卟""占"皆從卜、口也。

訫、意："訫(信之古文)""意"皆從心、言也。

仄、厃："仄""厃"皆從厂、人也。

困、束："困""束"皆從囗、木也。

杲、杳、東："杲""杳""東"皆從木、日也。

干、仒："干""仒"皆從入、一也。

羊、白："羊""白"皆從入、二也。

坴、坴：屮部之"坴",土部封之古文"坴",其形且絶無別也。

7. 一會意,一形聲者

千、什："千""什"皆從人十也。

言、旨:"言""旨"(今作啻)皆從口、辛也。

甸、佃:"甸""佃"雖有勹、人之異,而勹亦由人變也。《左傳》"乘衷甸",《說文》引作"中佃"矣(《小司徒》注:"讀如衷甸之甸。"仍如今本)。

斯、芹:"斯""芹"皆從艸、斤也。

善、詳:"善""詳"皆從言、羊也。

妃、改:"妃""改"皆從女、己也。

拲、拱:"拲""拱"皆從手、共也。

沓、汩:"沓""汩"皆從水、曰也。

衍、洐:"衍""洐"皆從水、行也。

舩、侜:"舩""侜"皆從人、舟也。

集、椎:"集""椎"皆從木、隹也。

辵、征:"辵""征"皆從彳、止也。

美、羍:"美""羍"皆從大、羊也。

愚、偊:"愚""偊"皆從心、禺也。

8. 並爲形聲者

扯、掌。

訊、喑。

句、叫。

暮、嘆。

吟、含。

召、叨。

舊、瞳。

椒、粱。

柔、杼。

栞、枅。

柅、屎:柅(木名),屎(屎之重文,今本訛柅)。

櫐、櫳。

睹、暑。

旴、旱。

齋、穧。

季、秄。

諆、菩。

怡、㤿。

慕、㒞。

慨、㦎。

怒、㣈。

忿、忦。

恭、恭。

悍、㦝。

裹、裸。

襲、襹。

褱、袍。

屋、垢。

梓、榟：" 梓"從木，宰省聲；"榟"從木，辛聲，其形固同也。

細、𦁂：" 細"從糸、囟聲。總之古文"𦁂"，從古文糸，亦囟聲。今說解有訛，猝難見也。

蛾、蚍：蟲部之"蛾"，蟻之古文也。蚰部之"蚍"，蟲之或體也。大徐據《爾雅》"蛾羅，蠶蛾也"，謂虫部蛾為重出，非也。《玉篇》不收"蚍"，或蚰部蚍為重出耳（𧮫與誥之古文，當即一字，說別見）。

9. 未作分類者

色、卪："色"從人、從卪。"卪"下云："象人，卪在其下也。"但未直言從人耳。

漢字與漢語關係二題*

汪維輝

浙江大學漢語史研究中心/文學院

陳思捷

北京大學中國語言文學系

  由於漢字具有表意性,屬於至今仍在使用的一種"古典文字",①導致語言學界對"漢字與漢語究竟是什麽關係"這一根本性問題看法分歧,存在着種種錯誤或模糊的認識,諸如漢字是漢族人的"第二語言"、漢字不需要通過漢語就可以直接表達意思、漢語除了"音"和"義"外還有"形",等等。包括對於飽受争議的"字本位"理論,學界的認識也遠未達成一致。② 在具體的研究中,把漢字與漢語混爲一談的現象更是司空見慣。這些都説明,全面深入地把漢字與漢語的關係闡述清楚是十分必要的,只有在這個重大問題上取得科學的共識,才能使漢語漢字研究走在正確的道路上。

  漢字與漢語的關係頗爲複雜,非一篇文章所能説清,本文只談兩個問題:(1)漢字是漢族人的"第二語言"嗎?(2)漢字對漢語有哪些影響?

一、漢字是漢族人的"第二語言"嗎?

  關於語言和文字的關係,索緒爾的經典論述是:

---

* 本文爲國家社科基金重大項目"東漢至唐朝出土文獻漢語用字研究"(21&ZD295)和浙江大學漢語史研究中心自主項目"漢字與漢語的關係研究"階段性成果。
① 周有光《幾個文字學問題》説:"世界文字的歷史分爲三個時期:1. 原始文字,2. 古典文字,3. 字母文字。漢字不是原始文字,也不是字母文字;漢字的本質屬於古典文字。不是誰把漢字歸入古典文字之中,而是漢字本身屬於古典文字。"參見周有光《世界文字發展史(第三版)》,上海教育出版社,2011年,第400—401頁。
② 陸儉明和蔣紹愚先生對"字本位"理論都有深入的討論,值得參考。參見陸儉明《我關於"字本位"的基本觀點》,《語言科學》2011年第3期;蔣紹愚《漢語歷史詞彙學概要》,商務印書館,2015年,第1—54頁。

  語言和文字是兩種不同的符號系統，後者唯一的存在理由是在於表現前者。語言學的對象不是書寫的詞和口説的詞的結合，而是由後者單獨構成的。但是書寫的詞常跟它所表現的口説的詞緊密地混在一起，結果篡奪了主要的作用；人們終於把聲音符號的代表看得和這符號本身一樣重要或比它更加重要。這好象人們相信，要認識一個人，與其看他的面貌，不如看他的照片。①

但是索緒爾對漢字却發表過這樣的看法：

  我們説過，書寫的詞在我們的心目中有代替口説的詞的傾向，對這兩種文字的體系（引者按：指表意體系和表音體系）來説，情况都是這樣，但是在頭一種體系裏，這傾向更爲强烈。對漢人來説，表意字和口説的詞都是觀念的符號；在他們看來，文字就是第二語言。在談話中，如果有兩個口説的詞發音相同，他們有時就求助於書寫的詞來説明他們的思想。但是這種代替因爲可能是絶對的，所以不致象在我們的文字裏那樣引起令人煩惱的後果。漢語各種方言表示同一觀念的詞都可以用相同的書寫符號。②

  這段話常常被中國的語言學者用來作爲漢字可以超脱漢語而獨立表意的理論依據。但是從"對漢人來説""在他們看來"這樣的表述來看，這些敘述未必代表索緒爾自己的判斷，而僅僅是對漢人的語言文字觀的一種客觀描述。③ 在後來整理出版的《索緒爾第三次普通語言學教程》的第一部分第四章《文字表現整體語言》的相應部分，這段話是這樣的："書寫之詞勝過口説之詞的效應，是這兩種不同的系統共具的嗎？是的，並且在表意系統内還更强有力些。在中國各省，都使用同樣的符號，儘管發音是不同的。"④ 先前的"對漢人來説……漢語各種方言表示同一觀念的詞都可以用相同的書寫符號"那段文字被劃綫句代替了，這就清楚地表明了索緒爾的最終看法。⑤

---

① ［瑞士］索緒爾《普通語言學教程》，高名凱譯，岑麒祥、葉蜚聲校，商務印書館，1985年，第47—48頁。
② ［瑞士］索緒爾《普通語言學教程》，第51頁。
③ 德范克就曾描述過這樣的情景："更典型的誤導是，在餐桌上，當中國客人被問及他們的語言時，他們會稀鬆平常（blandly）地以爲這是在詢問中國的文字（事實可能確實如此），或者根本没有認識到其中的區別，因此就扯出一個老生常談的例子來取悦他們的聽衆，比如'女人'和'孩子'是如何巧妙地組合成'好'的。"作者説這類誤導"典型"，説明這種情况在國外很常見。其中的"中國客人"將漢語和漢字混爲一談，而許多外國人對於漢語漢字的瞭解都來自於漢人的叙述，謬種由此流傳。參見 DeFrancis, John, *The Chinese Language: Fact and Fantasy*, Honolulu: University of Hawaii Press, 1984: 38。
④ ［瑞士］索緒爾《索緒爾第三次普通語言學教程（第2版）》，屠友祥譯，上海人民出版社，2018年，第49—50頁。
⑤ 屠友祥説："商務印書館漢譯名著所收的高名凱翻譯的《普通語言學教程》在1980年出版，根據的就是巴利和薛施藹重新整理的通行本。由於整理者進行了增、删、改的工作，注入了再加工的成分，已不完全是索緒爾思想的原貌了。況且相對説來最爲完備、具統系的孔斯唐丹的筆記，整理者當時没有收集到，數十（轉下頁）

漢字真的是漢族人的"第二語言"嗎？字形可以不通過語音而直接表示概念嗎？也即，我們直接看文字，就能够懂得它的意思，而不需要先把它轉化爲索緒爾所説的"音響形象"（不管是外部的還是内部的）嗎？這是問題的關鍵。

《索緒爾第三次普通語言學教程》對表意系統的文字是這麽説的："欲表達詞語，却對其用以構成的聲音毫不在意，〈〈但目的確是在表達詞語，而不是概念〉〉①，因而使用獨一的符號，此符號只能與所包含的概念相關。漢字便是典型。"②請注意劃綫部分：索緒爾强調，即使是表意文字，它所表達的也是詞語，而不是概念。這是再清楚不過的表述。對於這一點，中外的前輩學者有過非常明晰的闡述，這裏摘引幾段：

> 説起來也奇怪，越是人人熟悉的事情，越是容易認識不清，吃飯睡覺是這樣，語言文字也是這樣。比如有人説，文字和語言是平行的、誰也不倚賴誰的兩種表達意義的系統；你要是拿拼音文字來做反證，他就説"此漢字之所以可貴也"，他没有想過如果漢字都没有讀音，是否還能够表達意義。……不幸的是，諸如此類的意見不是來自工農大衆，而是來自一部分知識分子。③　　　　　　　　　　　（吕叔湘）

對於文字和語言的關係没有好好思考過的人，很容易産生一些不正確的理解。很常見的是把文字和語言割裂開來，認爲文字和語言是並行的兩種表達意思的工具。這種意見在我國知識分子中間相當普遍，因爲我們用的是漢字，不是拼音字。有人説，文字用它自己的形體來表達人的思維活動、認識活動。當人們寫文字的時候，目的在寫它的思想而不僅爲的是寫語言；當人們看文字的時候，也只是看它所包含的内容，不一定把它當作語言；只有把它讀出來的時候，才由文字轉化爲語言。這個話顯然是不對的。文字必須通過語言才能表達意義；一個形體必須同一定的

（接上頁）年後才由孔斯唐丹的後人公布於世。第三次講課之際（1910—1911），索緒爾的語言理論趨於成熟，因而愈顯珍貴。索緒爾是位充滿着創造力的思想家，把孔斯唐丹的筆記與通行本的《教程》比較一下，可以見出他不停地修正、發展，其中的語句很大部分是不相同的，且具有明晰的框架。現在僅僅根據通行本《普通語言學教程》來研究索緒爾的思想是遠遠不够的了，必須翻譯出版《索緒爾第三次普通語言學教程》，並加以系統研究。"見[瑞士]索緒爾《索緒爾第三次普通語言學教程（第2版）》，"中譯本·緒言"第2頁。

① 屠友祥交代譯文所用符號説明："〈 〉尖括號内含納的文字原爲筆記頁邊或行間所添附。"見[瑞士]索緒爾《索緒爾第三次普通語言學教程（第2版）》，"中譯本·緒言"第28頁。

② [瑞士]索緒爾《索緒爾第三次普通語言學教程（第2版）》，第49頁。在《普通語言學教程》裏的相應表述是："一個詞只用一個符號表示，而這個符號却與詞賴以構成的聲音無關。這個符號和整個詞發生關係，因此也就間接地和它所表達的觀念發生關係。這種體系的典範例子就是漢字。"前後基本一致。參見[瑞士]索緒爾《普通語言學教程》，第50—51頁。

③ 筆者按：今天我們還可以加上一句："甚至來自一部分'語言學家'。"引文參見吕叔湘《語文常談》，生活·讀書·新知三聯書店，1980年，"序"第1—2頁。

語音有聯繫,能讀出來,才成爲文字。如果一個形體能够不通過語音的聯繫,直接表達意義,那就還是圖畫,不是文字。代表語言,也就是能讀出來,這是文字的本質,至於寫的時候和看的時候讀出或者不讀出聲音來,那是不關乎文字的本質的。事實上,教兒童認字總是要首先教給他讀音;不通過語言而能够學會文字的方法是没有的。粗通文字的人看書的時候總是要"念念有詞",哪怕聲音很小,小到你聽不見,你仍然可以看見他的嘴唇在那兒一動一動。完全不念,只用眼睛看(所謂"默讀"),是要受過相當訓練才能做到的。① （吕叔湘）

據洋人説:他們的文字是拼音文字,我們的方塊字則是、或曾經是表意文字(ideograph)。這話根本欠通,文字是記載語言的符號,語言是傳達意義的符號,識字的人看書報,都是先把文字翻譯成語言——熟練的在腦子裏翻,不熟練的采取"口中念念有詞"的方式——再從語言中翻出語義來,世上哪有直接表意的文字?② （俞敏）

表義字的提示作用往往被大大地誇大了。在我學習"學、暴、發、旋、之"這些字時,我並没有從它們的現代形式或古代形式得到任何幫助,也没有像我現在用它們時從它們的字源得到任何幫助。③ （趙元任）

據説從前有一個學童對老師説,射箭的"射"字錯了,應當改寫"矮",委(放)矢(箭)才是"射"。矮子的"矮"字也錯了,應該改寫"射",身寸(身長一寸)才是"矮"。這個故事説明,漢字不可能看了其中的單個符號就知道意義。④ （周有光）

每一種書寫系統中都存在非表音的符號。但是,利用這些符號的存在(無論其數量多少)得出結論,認爲存在或可能存在一個不以聲音爲基礎的完整文字系統,都是毫無根據的假設……我認爲這(引者按:指表意文字系統)是完全站不住脚的,因爲没有證據表明人們有能力掌握大量的不顧及語音的書寫系統所需要的符號,這意味着脱離口語來傳達思想。……雖然一個書寫系統可能有許多單獨的"表意標記"(ideographs)或"表意字符"(ideograms),但不可能有一個基於表意文字原則的完整的文字系統。字母文字需要掌握幾十個(several dozen)符號來滿足音位表徵的需要,音節文字可能需要掌握幾百或幾千個(several hundred or several thousand)符號來滿足音節表徵的需要。然而,表意文字需要掌握數萬甚至數十萬

---

① 吕叔湘《語文常談》,第5—6頁。
② 俞敏《萬斤重的小毛錐》,《俞敏語言學論文集》,黑龍江人民出版社,1989年,第1—2頁。
③ 趙元任《中國語言的問題·Ⅳ設想的改革》,《趙元任語言學論文集》,商務印書館,2002年,第709頁。
④ 周有光《世界文字發展史(第三版)》,第78頁。

個(tens of thousands or hundreds of thousands)符號,這些符號需要在不考慮聲音的情況下用來表示單詞或概念。常識告訴我們,除非我們在大腦中植入電腦,否則普通人是不可能擁有這樣的記憶力的。①
(德范克)

上述論斷無疑都是正確的,至今没有過時。近年來,心理語言學、神經語言學等領域的最新研究也爲這些經典論述提供了支持。大量實驗結果表明,同音異形詞比非同音異形詞更難以識別,同時也更容易造成語義的混淆,即所謂"同音詞效應"(homophone effects),這已成爲學界共識。② 這說明,在識别視覺符號(字)的過程中,語音處理是先於語義激活的。李佳穎等人的實驗結果也證明了對"視覺詞"的識别會自動地唤醒詞的語音信息,③他們還指出,漢語漢字"形→音"轉换的神經關聯,與其他拼音文字系統是一樣的。④ 也即,大腦對漢字和其他文字的識别,在"形音轉换"這一過程上並無區别。

以上不少研究成果來源於臺灣"中研院"語言學研究所研究員李佳穎及其團隊,許逸如的訪談集中總結了該團隊多年來的研究結論,下面摘録其要點:

斷開形與音的鎖鏈,誠實的大腦做不到。

李佳穎説:"字形並不是獨立存在的,文字的創造就是爲了要記録口語。即使是中文也不例外。"

她强調,人類的語言經驗皆始於口語,甚至有些語言没有文字系統,所以文字並不會獨立於口語,習字的過程也是以口語詞彙爲媒介,去認識對應口語的視覺符號。因此,一旦學會文字後,即使努力不去聯想字音,大腦仍無法斷開字形與字音

---

① DeFrancis, John, *The Chinese Language: Fact and Fantasy*, Honolulu: University of Hawaii Press, 1984: 143-144.
② Chen, Wei-Fan, Pei-Chun Chao, Ya-Ning Chang, Chun-Hsien Hsu and Chia-Ying Lee, Effects of orthographic consistency and homophone density on Chinese spoken word recognition, *Brain and Language*, 2016, (157-158): 51-62.
③ Lee, Chia-Ying, Chun-Hsien Hsu, Ya-Ning Chang, Wei-Fan Chen and Pei-Chun Chao, The feedback consistency effect in Chinese character recognition: evidence from a psycholinguistic norm, *Language and Linguistics*, 2015, 16(4): 535-554.
④ Lee, Chia-Ying, Jie-Li Tsai, Hsu-Wen Huang, Daisy L. Hung and Ovid J. L. Tzeng, The temporal signatures of semantic and phonological activations for Chinese sublexical processing: an event-related potential study, *Brain Research*, 2006, 1121(1): 150-159; Lee, Chia-Ying, Jie-Li Tsai, Wen-Jui Kuo, Tzu-Chen Yeh, Yu-Te Wu, Low-Tone Ho, Daisy L. Hung, Ovid J. L. Tzeng and Jen-Chuen Hsieh, Neuronal correlates of consistency and frequency effects on Chinese character naming: an event-related fMRI study, *NeuroImage*, 2004, 23(4): 1235-1245.

的鏈結。

　　李佳穎説,這也是她投入神經語言學的原因之一,"大腦的活化未必需要仰賴外顯行爲,因此能提供更直接的證據,透過科學去解決爭議和差異"。她運用功能性磁振造影(functional Magnetic Resonance Imaging,簡稱 fMRI)測量閲讀時大腦活化的區域,也利用事件相關電位(Event-Related Potential,簡稱 ERP)觀測受試者在提取字音或字形時的腦波活動。

　　她笑説:"甚至有時候會故意請受試者不用把字音念出來,還是可以看到形音對應一制性造成的大腦活化差異。"單純觀察大腦活動,能更直接呈現受試者處理字音、字形的認知歷程,"所以我常説,大腦不會説謊"。

　　實驗發現,當文字與語音的聯繫越有一致性(例如以"名"爲聲旁的這組字),或是該語音的同音字較少、字形較一致(例如"bǎ"這組字),受試者的反應速度會比較快,大腦活化的強度較小;反之,當語音和文字越不一致、同音字越多,大腦就需要更費力解決爭議,進而引發較强的大腦活動。

　　李佳穎也説,這個研究也解決了另一個關於中文學習的迷思,"過去很多人都以爲漢字是圖像,可能更傾向在右腦處理;但實驗結果顯示,大腦處理漢字時,仍然是以左腦(即大腦主要的語言區域)爲主。"

　　漢語的文字與語音並非兩個獨立系統,而是和其他拼音語言①一樣,彼此難以分割。李佳穎説,神經語言學和心理語言學的領域,以英語爲主題的研究居多,以漢語爲主題的研究仍值得探索,因此從漢語特殊性所得到的研究成果總是讓外國學者又驚又喜。"我覺得'理論'應該是放諸四海皆準,可以被檢驗的,而且跨語言的比較總是很有趣,因爲漢語獨特的語言特性,可以更有力地驗證理論。"②

李佳穎的研究清楚地表明:大腦理解漢字必須以語音爲中介。

關於字和詞的關係,1950 年代的大討論其實已經有了科學的結論,但是現在却又思想混亂起來。這正如索緒爾所説:

　　事實上,每個人都或多或少在研究語言。但是,對語言發生興趣的意想不到的後果是,没有任何領域曾經孕育出這麽多的荒謬觀念、偏見、迷夢和虚構。從心理學觀點看,這些錯誤都是不能忽視的,而語言學家的任務首先就是要揭破這些錯

---

① 引者按:"拼音語言"應該改成"使用拼音文字的語言"。
② 許逸如《大腦不會説謊——神經語言學家爲你解開"形"與"音"的量子糾纏》,臺灣政治大學"人文·島嶼"網,2021 年 1 月 27 日。

誤,並儘可能全部加以消除。①

總而言之,漢語是一種音節語言,音節是它表意的基本單位,這是漢語最本質的特徵之一。中外語言學家對此已經有過很多清晰的論述,兹不贅引。用文字記錄下來,總體而言是一個音節對應一個漢字,代表一個語素,所以漢字是一種"音節—語素文字"(morphosyllabic)。② 雖然漢字與漢語的關係很密切,但是漢字並不等於漢語,③漢字離開漢語是無法獨立表達意義的。在漢語研究中正確區分"字"和"詞"這兩個不同的概念十分重要。比如"異形詞"這個術語,裘錫圭先生指出,"異形詞"是指一個詞的不同書寫形式,這是文字層面的問題,而"詞"是語言層面的問題,這個名稱是名不副實的。裘先生主張:"本身有多種書寫形式的詞,應該稱爲'多形詞'。"④我覺得問題還是沒有解決,因爲"詞"的"形"只能是語音,跟字形無關。或許稱爲"異寫詞/同詞異寫"更合適。這並不僅僅是一個名稱之爭,而是涉及語言與文字的關係的大問題。只有先想清楚這些大問題,樹立正確的語言觀,才能在漢語漢字的研究中摒除"幻想"(fantasy),還原"事實"(fact)。⑤

---

① [瑞士]索緒爾《普通語言學教程》,第 27 頁。
② 關於漢字的性質,中外學者提出過種種不同的看法,迄今尚無一致公認的定論,這裏不擬展開討論。從漢字記錄漢語的角度看,我們認同趙元任先生的看法:"用一個文字單位寫一個詞素,中國文字是一個典型的最重要的例子。我曾經用過'言'這個名詞當詞素講,那麼用這個名詞,也可以説中國文字是一字一言的文字。他跟世界多數其他文字的不同,不是標義標音的不同,乃是所標的語言單位的尺寸不同。……世界上其他國家所用的多數的字——所謂叫拼音文字,他不是一字一言,是一字一音。每個音大致上多半是代表音位的……在大體上麼,字母是代表音位的。"趙先生説的"詞素",我們現在一般叫"語素",因此我們認爲漢字是一種"音節-語素文字"。參見趙元任《語言問題》,商務印書館,1980 年,第 144 頁。此外,周有光先生從文字的符形相、語段相、表達相三個角度對各種文字進行分類,其中也有對漢字性質的分析,比較全面和科學,很有參考價值,見周有光《世界文字發展史(第三版)》,第 12—13 頁;裘錫圭先生《文字學概要》"二 漢字的性質"辟專章對此進行了深入的探討,也可以參看,見裘錫圭《文字學概要(修訂本)》,商務印書館,2013 年,第 15—18 頁。另可參看:王寧《漢字學概要》,北京師範大學出版社,2001 年,第 1—5 頁;王寧《漢字構形學導論》,商務印書館,2015 年,第 20—33 頁;韓彩瑩《20 世紀以來西方學界關於漢字性質的論爭》,"漢語形音義關係研究"高端學術論壇,北京大學,2022 年 9 月。
③ 比如平田昌司在談到漢語有哪些特點時説:"竊以爲,漢語很突出的特點可能僅有一個:堅持全用漢字書寫的原則,拒斥其他文字進入中文的體系裏,正字意識十分明確。"這實際上並不是漢語作爲一種語言的特點,而是記錄漢語的書寫系統(漢字)的特點。參見[日]平田昌司《文化制度和漢語史》,北京大學出版社,2016 年,第1頁。
④ 裘錫圭《談談"異形詞"這個術語》,《語言文字周報》2002 年第 978 期。在 2013 年修訂的《文字學概要》裏,裘先生主張稱爲"'一詞的異形'或'一詞異形'",可見其觀點有所發展,但是用"形"來指稱詞的書寫形式,問題依舊。參見裘錫圭《文字學概要(修訂本)》,第 259 頁。
⑤ fantasy 和 fact 是德范克 *The Chinese Language: Fact and Fantasy* 一書書名中的兩個關鍵詞。

二、漢字對漢語有哪些影響？

趙元任《語言問題》第十講"語言跟文字"説："語言的變化跟文字的變化不是一回事兒，也不是一樣齊着步子走的，有的先有的後，並且還有互相的影響。"①

漢字是記録漢語的符號，是第二性的，但是它也會反過來對漢語產生影響，目前所知主要有三個方面：一是對漢語起到補充作用，二是改變口語讀音，三是助推日源詞的借入。下面分别討論。

1. 漢字對漢語的補充作用

索緒爾《普通語言學教程》提到了漢字作爲表意文字的兩個作用，一是區分同音詞，二是有超時空性。（見上引）這都是很正確的。

漢語的語音系統在歷史上不斷簡化，導致現代漢語存在大量的單音節同音詞/語素，李佳穎説："漢語很特别，是'同音字密度'（homophone density）很高的語言。"②漢字在區分同音詞/語素方面的確發揮着重要的作用，比如：他、她、它，張、章，江、姜，連、聯、廉、蓮、簾、憐，等等。這些同音詞如果没有漢字的幫助，有時候確實會給準確表意帶來困難，特别是同音的姓氏、人名、地名等。③ 主張漢字羅馬化的趙元任先生也承認廢除漢字在同音姓氏的區分上"的確是一個難點"，④這反過來說明了漢字在這個方面的作用和價值。⑤

但是漢字對漢語的補充作用不宜誇大。

首先，這種作用僅限於識字的人，對於文盲和盲人是没有意義的（而在過去，文盲的比例很高），可是他們照樣能用"耳治"的口語區分同音詞/語素，進行正常的語言交際。戴佳文指出：文盲區分同音詞的辦法通常是放入更大的語法單位或采用描述性表達，目的也是避免搞錯語義。比如我的家鄉方言江蘇盛澤話"油""鹽"同音，必要時就用"鹹

---

① 趙元任《語言問題》，第 139 頁。
② 許逸如《大腦不會說謊——神經語言學家爲你解開"形"與"音"的量子糾纏》。
③ 古代屬於"漢字文化圈"的日語、韓語、越南語也存在需要用漢字來區分同音詞（主要是漢語借詞）的問題，比如日語しし，對應的同音詞就有士師、尸子、史詩、四始、四肢、四詩、死士、死屍、志士、私子、刺史、師資、紙志、紫史、嗣子、獅子、詩史、詩思、孜孜、肉（訓讀）、尿（訓讀）等。"二戰"結束後朝鮮半島南北不約而同地廢除了漢字，書寫系統采用單一的諺文，大量的同音詞無法用文字加以區分，給語言生活帶來了很多麻煩，比如人名的重名問題就十分突出。感謝徐燁博士提醒筆者注意這一點。
④ 趙元任《中國語言的問題·Ⅳ設想的改革》，第 710 頁。
⑤ 丁邦新先生《漢字的生命》一文"1.3 語言中文字的功用"也談到了這個問題，見丁邦新《漢字的生命》，《語言學論叢》第 54 輯，商務印書館，2014 年，第 240 頁。

鹽頭""菜油"（過去菜油最常用）來區分；"湖南""河南"同音，就通過描述更準確的地理位置來區分。（私人交流）關於"湖南""河南"同音的問題，顔世鉉先生惠示了以下資料：葉祥苓編《蘇州方言詞典》"河"字下云，"蘇州河、湖同音。因此碰到河南和湖南時需説明是中州河南還是長沙湖南"（江蘇教育出版社，1993年，第168頁）。周有光先生也談到過這個現象，他説："這有點像蘇州人説不清'河南'和'湖南'，把'河南'叫作'中州湖南'（HxNx），把'湖南'叫作'長沙河南'（HxNx）。"①（《比較文字學初探》，收入《周有光語文論集》第3卷，上海文化出版社，2002年，第287頁）那麼對於識字的人來説，區分同音詞是不是非得依賴漢字呢？例如洪堡特就曾説："大量的同音現象必然使得識字者自始至終要藉助書面語言，因爲在書面語言中可以避免同音現象引起的麻煩。"②我們不同意這種看法。上舉例子中添加限定語的辦法其實並不限於文盲，識字者也是一樣。比如筆者之一的母語浙江蘭溪話中，地名"常山"和"長沙"同音，即便筆者和交談對象都識字，多數情況下也會用"衢州格常山"和"湖南格長沙"（"格"相當於普通話的"的"）來區分，而不會涉及字形。顔世鉉先生指出：口語的使用應該是遠遠大於書面，所以針對區分同音詞采用描述性用法是很正常而必要的，尤其在方言中更是如此。所以不一定是文盲才如此區分，識字的人使用口語時也需要區分。（私人交流）此言甚確。應該説，漢字對漢語的補充作用主要只體現在書面語而不是活的口語中。

其次，大多數語言都有同音詞，如英語的 reign、rein、rain 和 so、sew、sow 等，英語的使用者也並不依賴拼寫來達到區分的目的。③ 而且，字母文字同樣也可以在書寫上區分同音詞，因此這並不是漢字所特有的優點，而是任何文字都具備的功能。

再次，書面上的區別有時在口語裏沒有意義，比如：做、作普通話同音（古代不同音，今天有些方言如吳語仍不同音），但是寫法上有分工——工作（*工做），做工（*？作工），做作（*做做，*作作，*作做）。這樣的例子很多，如：的、地、得，詞典、辭典，等等。不管書面上怎麼寫，都不會影響口語表達的明確性。

總之，我們認爲，漢字對同音詞的區分起到了一定的積極作用，但在一般的交際過程中它絕不是不可或缺的、最爲重要的、"自始至終要藉助"的手段，口語自有分辨同音形式的方法。正如呂叔湘先生所説："在書面語裏，字形不同當然有幫助，但是也不起決

---

① 引者按：應該是"中州河南""長沙湖南"，周先生這裏説反了，可能是偶誤。

② ［德］威廉·馮·洪堡特《論語法形式的通性以及漢語的特性（致阿貝爾·雷慕薩先生的信）》，《洪堡特語言哲學文集》，姚小平編譯，湖南教育出版社，2001年，第170頁。不過在這篇文章的開頭（第122頁），作者有這樣的説明："當然，目前我的漢語知識還是很不全面的，而尚未徹底地研究一種語言，就企圖對它的精神和特性作出判斷，實在是一件很危險的事情。"

③ Kennedy, George, The monosyllabic myth, *Journal of the American Oriental Society*, 1951, 71(3): 163.

定性的作用,'一字多義'一般也没問題。口語没有字形的幫助,照樣能發揮交際工具的作用。"①

2. 漢字改變口語讀音

漢字有時會改變口語裏詞/語素的讀音,真所謂"人生識字糊塗始"。李榮先生《語音演變規律的例外》"肆 字形的影響"分爲"讀半邊字"和"多音字的合併"兩類,舉了不少例子。② 下面再補充一些當代語言生活中的實例:

(1) 讀半邊字

漢字有大量的形聲字,它們由意符和聲符組成,聲符的表音往往是不準確的,但是有時人們會"念字念半邊",把聲符的讀音當作整個字的讀音。這種現象學者們早已有過很多討論,比如李榮先生舉過"酵"俗讀"孝"的例子。③ 又如"酗酒"常被讀成"凶酒","畸形"多念作"qí 形","弦"多念作 xuán,"纖維,光纖"的"纖"有人念作 qiān,"梵"幾乎都念作陽平聲,知道應該念去聲的人大概不多,而"蕁麻疹"的"蕁"讀成 xún 則乾脆從俗音(誤讀)變成了正音,《現代漢語詞典》第五、六、七版的注音都是:xúnmázhěn(舊讀 qiánmázhěn),2016 年最新的《普通話異讀詞審音表》基於對民衆發音情況的實地調查,也明確規定讀爲 xún。還有"莘莘學子"的"莘"常被讀作 xīn,"電餅鐺"的"鐺"被讀作 dāng,"悌"被誤讀成 dì,等等。④ 下面再舉兩個例子:

① 塑

陳鐵卿指出:"以土搏製人物形象的動作叫作'sù',如'泥 sù''sù 像'等,代表這種動作的字是'塑'。但是自從把這字用在工業上的名詞裏以後,許多人却讀爲'shuò',如'shuò 膠''shuò 料'。"⑤作者主張應該念 sù。李榮也討論了這個字:"(塑料)這是新東西,很多人都首先從書面上知道塑料,因此就照偏旁讀成'朔料'。北京、南京、上海、杭州、廣州等地都有這種讀法。如北京有的人説 shuò liào(也有説 suò liào 的)……因爲中央人民廣播電臺説 sù liào,'朔料'這個説法也許會慢慢兒減少,不至於相沿成俗,習

---

① 吕叔湘《語文常談》,第 34 頁。趙元任先生對此也有許多精彩的論述,讀者可以參看趙元任《國語羅馬字的研究》,《趙元任語言學論文集》,商務印書館,2002 年,第 37—89 頁。
② 李榮《語音演變規律的例外》,《音韻存稿》,商務印書館,1982 年,第 107—118 頁。
③ 李榮《語音演變規律的例外》,第 114 頁。
④ 感謝馬佳帥和魯亞虹提供"弦""梵""蕁"和"莘""鐺""悌"的例子。關於"蕁"字的讀音問題,陳原先生曾談到:"我想,總有一天要順應人意("約定俗成"),連字典也不得不改爲'今讀作 xún,本應讀 qián'。"(塵元《在語詞的密林裏》,生活·讀書·新知三聯書店,2008 年,第 182 頁)另可參看鍾英華、張洪明《"蕁"的審音理據平議》,《中國語文》2016 年第 5 期,第 632—637 頁。
⑤ 陳鐵卿《"塑"字的念法》,《中國語文》1959 年第 2 期,第 84 頁。

非成是。"①"塑"的 shuò 音在普通話裏至今沒有被接受,《新華字典》《現代漢語詞典》都沒有收。可是在吳語寧波話裏,却真的是"相沿成俗,習非成是"了,[soʔ⁵]成了正音,在"塑料""塑膠""塑鋼窗""可塑性"等新名詞裏幾乎一律這麼念,只有在"塑造""塑像""塑菩薩""泥塑木雕"等舊有的組合裏才念原來的正音[su⁴⁴]。據戴佳文告知,蘇州話情形相同。

② 墟

《廣韻》去魚切,今音應讀 qū,讀作 xū 大概也是念半邊字的結果。② 據《古音匯纂》,這個音最早見於唐代注疏,《史記·春申君列傳》"春申君因城故吳墟",《正義》及 S.2821《大般涅槃經音》均注"墟,音虛",不過元代以前罕見,《蒙古字韻》仍把"墟祛區驅軀嶇"等字列爲一個同音字組,而《中原音韻》則是"虛墟噓歔吁"等列爲同音字組,可見已經跟今天一樣了。具體的音變過程還有待研究。江蘇吳江有個蘆墟鎮,"墟"的聲母外地人很容易讀 ɕ,但當地人不會念錯,這個溪母字代代相傳念 tɕʰ。③

平山久雄指出:"讀半邊字其實不一定讀其半邊字本身,有時是向含有那半邊的常用字看齊。"④平山先生舉了漢語中"劇"的例子(此例王力先生也曾提到⑤)。"劇"在《廣韻》中是入聲陌韻三等開口群母字,奇逆切,按照規律現代應該讀 jí 或 jì,但事實上却讀 jù。這應該是以"豦"爲聲旁的字多見於去聲御韻的緣故,如"據""遽"等字都讀 jù。多數南方方言裏還保存陌韻的讀法,例如廈門文讀 kiɔk(陽入)、白讀 kɪk(陽入)。下面再舉三個例子:

① 礦

《廣韻》古猛切,今音按例讀 gǒng,現在統一讀作 kuàng(《漢語大字典》標明"舊讀 gǒng")。李榮先生在 20 世紀 60 年代説:"據老輩説,四五十年前,不單讀書讀 gǒng,連拉洋片的也説'非洲開金礦(gǒng)'。'礦'字現在無論説話讀書,一般都讀如'鑛'kuàng,只有年長的人才知道有 gǒng 的音。"⑥李榮先生認爲這是受了字形的影響,徐世榮和楊榮祥進一步明確應是受到同偏旁字"曠"的影響。⑦

---

① 李榮《語音演變規律的例外》,第 114 頁。
② 王力先生也提到了這一點,見王力《漢語史稿(第三版)》,中華書局,2015 年,第 202 頁。
③ 感謝戴佳文提供吳江話的材料。
④ [日]平山久雄《漢語中產生語音演變規律例外的原因》,《漢語語音史探索》,北京大學出版社,2012 年,第 96 頁。
⑤ 王力《漢語史稿(第三版)》,第 202 頁。
⑥ 李榮《語音演變規律的例外》,第 113 頁。
⑦ 徐世榮《普通話異讀詞審音表釋例》,語文出版社,1997 年,第 110 頁;楊榮祥《中古音和現代音對應中的變例現象》,《語言學論叢》第 19 輯,商務印書館,1997 年,第 23 頁。

② 暇

《廣韻》胡駕切,今音應讀 xià(《漢語大字典》也説"舊讀 xià"),但事實上却讀 xiá。變讀爲陽平應該是受了同偏旁字"霞、遐"的影響。① 明徐孝《合併字學集韻》中此字收有二音,一在去聲納韻(興恰切),一在陽平拿韻(賢牙切)。意義均爲"閑(暇)",可見陽平只是一個純粹的異讀。《合併字學集韻》廣收北京俗音,且這些語音信息往往不見於他書,因此具有獨特的價值。可見,"暇"的陽平一讀在明代的北京口語裏就出現了,這個俗音與讀去聲的正音不斷競爭,最終人們還是從俗了。

③ 檻、艦

《廣韻》均爲胡黤切,按照規律今應讀 xiàn,但現代漢語却讀 jiàn。② 聲母的改易,可能是受到了同偏旁常用字"鑒"的影響。王力先生亦持此論。③

(2) 誤讀反切

漢字不能直接表音,爲了給它注音,大約在東漢末年,人們創制了反切的方法,用兩個漢字,取上字的聲母和下字的韻母及聲調相拼,這樣就得到了被注字的讀音。後來的字韻書大都以反切作爲主要的注音方法。可是隨着時代的變遷,反切上下字的讀音也會發生變化,如果後人直接以當代音拼讀,就有可能致誤。按理説,這種情況應該只出現在一些生僻字中,常用字由於活躍在口耳之中,不太容易受到反切的影響,但實際情況中確有這樣的例子,下面試舉兩例:

① 殊

《廣韻》市朱切,係全濁聲母(禪母)平聲字,其聲母按照北京話濁音清化平聲送氣的規律應該讀送氣塞擦音,聲調按例也當爲陽平。俞敏指出"殊"在大河北方言裏都讀"除",歷代佛經裏也都用"殊"來對"文殊師利" mañjuśrī 裏的 ju。④ 可是普通話却音"輸",是個例外,這很可能是用反切上下字的今音切出來的:shì + zhū → shū。

② 强

"勉强"的"强",《廣韻》其兩切。"其"是全濁聲母(群母),"兩"是上聲,古全濁上聲在北京話裏要變讀去聲,又濁聲母清化時遇仄聲不送氣,故按例應切出 jiàng。可是普通話却讀 qiǎng,這應當是用"其""兩"的今音拼讀出來的:qí + liǎng → qiǎng。對此,

---

① 楊榮祥也是這種看法,見楊榮祥《中古音和現代音對應中的變例現象》,第 23 頁。
② 另有 kǎn 音("門檻"之"檻"),與胡黤切大約無關。
③ 王力《漢語史稿(第三版)》,第 202 頁。
④ 俞敏《北京音系的成長和它受的周圍影響》,《方言》1984 年第 4 期,第 272—277 頁。

趙元任先生有一段生動的記述："我小時候念書的時候拿這個（引者按：指用今音切出 qiǎng）都是當天經地義的。可是按古時候兒反切的真義，'其'字不當[tɕ'],當濁音的[g]……所以結果拼出來的是 jiàng，這跟'倔强'的'强'同音，所以'勉强'應該念 miǎn（半上聲）jiàng，這才是真正的古來'其兩切'的意思，把它念成 miánqiǎng，已經有點兒勉强了。只是從前我們的先生輩都那麼説，<u>不知道他或是他的幾傳師誤會了古反切的意義</u>，所以就成了習非成是了。"①

上述例子説明，由文人誤讀反切而來的錯誤讀音，有可能取代口語中的正確讀音，這是文字反作用於語言的一種途徑，其中的機制值得研究。

（3）多音字音義錯配

這種現象在當代口語裏相當普遍，人名裏如果有多音字，也常會因爲不瞭解命名之意而念錯或不知道怎麼念，比如：劉長卿，胡曾，王重民、潘重規、麥梅翹、董志翹。正如裘錫圭先生所説："一形多音往往使人讀錯字音。"②李榮先生曾舉過"處"有 chǔ（動詞）、chù（名詞）兩音，"現在有些人一律讀成去聲 chù"。③ 這樣讀的人現在是越來越多了，我們常常可以在廣播、電視裏聽到。下面再舉些例子：

"假期、暑假、寒假"的"假"有人念成 jiǎ，跟"真假"的"假"混淆了。

"盛飯"有人説成"shèng 飯"，跟形容詞"盛大、旺盛"的"盛"相混了。

"奇數"常聽到有人念作"qí 數"。

"曲折、曲綫、曲直"的"曲"常被念作 qǔ。説明歌曲的曲（qǔ）比彎曲的曲（qū）更爲人們所熟悉。

"與會"常常念成"yǔ 會"，很多人不知道"與"作動詞要讀去聲。

"接種疫苗"的"種"在電視、廣播中念成去聲和上聲的都有，普通人分辨不清究竟應該怎麼念。

"爲"有 wéi（動詞、表被動的介詞）、wèi（一般介詞）兩讀，很少有人能完全念對的，錯配隨處可遇，造成讀音混亂。

有些字原本是兩個詞、兩個字，後來由於簡化歸併爲一個字了，也會導致"張冠李戴"。④ 比如：

几（jī）≠幾（jǐ）。可是簡化字歸併爲一個字，於是"几"就成了一個多音多義字，而 jǐ

---

① 趙元任《語言問題》，第 125 頁。引文將原文的注音符號都轉寫成了漢語拼音。又，趙先生在其他場合也談到過這個例子，參看趙元任《什麼是正確的漢語》，《趙元任語言學論文集》，第 836—846 頁。
② 裘錫圭《文字學概要（修訂本）》，第 243 頁。
③ 李榮《語音演變規律的例外》，第 114 頁。
④ 裘錫圭先生曾論及這個問題，並舉了"儘（盡）"這個例子，參見裘錫圭《文字學概要（修訂本）》，第 244 頁。

音更常用,於是有人把"茶几、窗明几净、几乎"裏的"几"也念成 jǐ。

盡(jìn)和儘(jǐn)原本是兩個不同的詞,寫法也不同,簡化字歸併爲一個"尽"字,現在"尽管、尽快、尽量、尽早"的"尽"還有多少人念 jǐn 的?儘管《現代漢語詞典》明確無誤地分爲兩個詞條:

尽(儘)jǐn ① 動 力求達到最大限度:～早|～着平生的力氣往外一推|～可能地減少錯誤。② 介 (有時跟"着"連用)表示以某個範圍爲極限,不得超過:～着三天把事情辦好。③ 介 (有時跟"着"連用)讓某些人或事物儘量優先:先～舊衣服穿|單間房間不多,～着女同志住。④ 副 用在表示方位的詞前面,跟"最"相同:～前頭|～北邊。⑤〈方〉副 儘自:這些日子～下雨|事情已經過去了,～責備他也無益。

尽(盡)jìn ① 動 完:取之不～|知無不言,言無不～|想～方法節約資財。②〈書〉死亡:自～|同歸於～。③ 達到極端:～頭|～善～美|山窮水～。④ 動 全部用出:～心|～全力|～其所有|人～其才,物～其用。⑤ 動 用力完成:～職|～責任。⑥ 副 全;都:～顯(充分顯露)|～是些雜事。⑦ 所有的:～數|～人皆知。

多音字的音義錯配,基本規律是常用的強勢讀音排擠不常用的弱勢讀音,發展趨勢是前者吞併後者,最後只剩下一個讀音。呂叔湘先生在《語文常談》裏就說過:"只有幾個讀音都是常常應用,勢均力敵,才能長久並行,例如'長'cháng 和'長'zhǎng,'樂'lè 和'樂'yuè。否則比較少用的讀音很容易被常用的讀音擠掉,例如'間接'不說 jiànjiē 而說成 jiānjiē,'處理'不說 chǔlǐ 而說 chùlǐ,'從容'不說 cōngróng 而說成 cóngróng①,'一唱一和'的'和'不說 hè 而說成 hé,不但常常可以從一般人嘴裏聽到,而且也常常可以從電影裏、舞臺上和廣播裏聽到。"②歷史上有一大批多音字就是經由這樣的途徑變成單音字的。說到"樂"的讀音,有一個有意思的實例:杭州滿覺隴景區有一個溶洞,寫作"水樂洞",公交車報站時讀作"shuǐ lè dòng",游客也大多這麼念。可是進洞一看,洞中的摩崖石刻有"聽無弦琴""天然琴聲""清樂梵音"等。想來此洞的"得名之由"是洞中千千萬萬的水滴滴落在石頭上發出叮叮咚咚的聲音,就好像譜成了一首沒有絲弦的樂曲一般,以水成樂,故稱"水樂",因而應爲"shuǐ yuè dòng"而非"shuǐ lè dòng"。("水樂洞"外的景點介紹牌上注音是"shuǐ yuè dòng",可證。)大概是由於 lè 比 yuè 的讀音更

---

① 引者按,《現代漢語詞典》的注音已經從俗:"cóngróng(舊讀 cōngróng)"。
② 呂叔湘《語文常談》,第 31—32 頁。

強勢,在認知上更突顯,因此誤讀了。

陳思捷在討論"手指"的"指"(文中稱"語素 T")在方言中的讀音和語源時,提供了一個口語裏文字影響語音的實例:

> 銅陵的[ɿ]也是入聲專用韻,王太慶(1983)在"手指拇子"的"指"下還特别注明了"入聲,音質",它由原來的入聲舒化而來確鑿無疑。不過到了張林、謝留文(2010:101)的記録裏(記音略有不同),該詞的讀音已變爲[səu⁵⁵ tsɿ¹²⁻¹¹ mo³⁰ tsɿ³⁰],語素 T 仍讀入聲調,可是當地[ɿ]韻只來自止攝,並没有源於古代入聲的字,這樣一種舒聲韻與入聲調相糅合的形式頗爲反常。① 我們推測,這種形式是"不完全還原"的結果。曹志耘(2022)指出:"'還原'是指從音變形式回歸到原形。……在大多數人都不識字的年代,這個問題也許並不突出,因爲方言只存在於口頭上,人們説話時不太會把這個音(音變形式)和文字形式相聯繫,確切地説,是和這個字的正常讀音(正音)相聯繫。但在今天,方言使用者的文化水平普遍提高,'字對音'(换個角度説是正音對變音)的牽制作用凸顯出來,在文字的牽引下,部分音變形式可能會逐漸向原形回歸。"銅陵當地的語言使用者由於意識到"手指拇子"中 T 的語源就是"指",於是在文字的影響下,就用"指"這個字的正音去念,把音段部分讀成了[tsɿ];但吴語多音詞内的連調具有一定的規則性和强制性,比較穩定,文字的作用暫時無力將其瓦解,於是[11]調(入聲調[12]的變調)仍然被保留下來,因此從表面上看形成了一種"糅合"。我們把這樣的過程稱爲"不完全還原"。②

3. 漢字對日源詞借入的助推作用

詞彙是語言接觸中最容易傳播的部分。漢語在歷史上吸納了衆多外來詞,豐富了漢語的詞彙寶庫。其中有一類特殊的借詞,在移借語義時依憑的不是語音形式(讀音),而是書寫形式(漢字),因而多被稱爲"借形詞"或"形借詞"。由於其中以日語借詞爲多,故而又可稱爲"日源形借詞""日源漢字詞",或徑稱作"日源詞"。③

張永言先生指出:"這是漢語借用日語時的一種特殊現象。這種外來詞的出現是由於日語采用漢字來書寫詞語,並且經常利用漢語詞素來構造新詞,而漢語在借用這些詞的時候就連形帶義搬過來了。例如:破産(hasan)、幹部(kanbu)、現實(genjitsu)、客觀(kakkan)、情報(jōhō)[以上用漢語詞素構成],場合(baai)、手續(tetsuzuki)[以上用日

---

① 可比較"指甲"的對應詞,T 的韻母仍保留了入聲專用韻[ɿ]:手指甲子[səu⁵⁵ tsɿ¹¹ ka¹¹ tsɿ³⁰]。
② 陳思捷《漢語舒聲促化現象研究》,浙江大學碩士學位論文,2024 年。
③ 汪維輝《漢語詞彙史》,中西書局,2021 年,第 115—116 頁。

語固有詞素構成]。"① 在借用時，這些詞原本在日語中的讀音是什麽並不重要，漢語使用者在文獻中看到這些詞，就會把它們轉换爲漢語的讀音。在這個過程中，"字形和字義仍然較緊密地結合着，而字音則同前二者分離得更明顯了"。② 這本質上反映了漢字的超時空性，漢字的這一特點是使形借詞成爲可能的前提。

不少形借詞由於書寫形式相同，又符合漢語的構詞法，詞義也往往與舊形式有一些聯繫，因而大多帶有隱蔽性，粗粗一看很難發現它們的外來性質；即便發現了，也需要對文獻進行詳細的梳理才能得出正確的結論。比如表示 animal 和 plant 的"動物"和"植物"，《漢語大詞典》過去認爲是漢語固有詞，許多外來詞詞典也遵循此說，陳思捷通過詳細的考辨才發現其實它們也是日源形借詞，類似的還有"出席、列席、缺席"等，這裏就不展開了。③ 產生這種現象的主要原因在於一個漢字與一個語素相對應，人們遇到一個新詞往往會用語素的意義去分析"理據"（即便有時是不符合事實的），最終導致了其異源性難以被察覺。

日源詞的借入及其以較快的速度被漢語接納，與漢字在其中起到的關鍵作用是分不開的，主要表現在兩個方面：（1）漢字具有超時空性，可以一定程度脱離具體音值；（2）一個漢字與一個語素相對應。這些都是漢字的特點。

現代漢語詞彙中有大量的日源詞。這些日源詞借入時所依憑的媒介是書面文獻，不過隨着時代的發展，它們中的大部分已經成爲日常生活中的常用詞，活躍在大衆口耳之中了。從整個過程看，漢字無疑對日源詞的借入起到了助推作用，這可以看作是漢字對漢語產生反作用的一個方面。

除了上述三點，漢字對漢語的影響應該還有其他方面，值得繼續研究。④

附記：原載《南京師範大學文學院學報》2023 年第 4 期。張安生教授、聶志平教授、顔世鉉先生及戴佳文、蔡浩昌、馬佳帥、徐燁、湯傳揚等對文章初稿提供過意見或資料，

---

① 張永言《詞彙學簡論（增訂本）》，復旦大學出版社，2015 年，第 96 頁。
② 史有爲《漢語外來詞（增訂本）》，商務印書館，2013 年，第 24 頁。
③ 參看陳思捷《〈漢語大詞典〉"動物""植物"條商榷》，《辭書研究》2023 年第 1 期，第 109—115 頁；陳思捷《"出席、列席、缺席"的來源與及物化過程》，《語言研究集刊》待刊。
④ 學者們對這個問題也曾有過探討，比如：王挺斌從字形"理據重構""結構變化""傳抄訛誤"三個方面論述了字形對詞彙的影響，顏世鉉論及古代文獻中"因字形訛誤而導致詞義變化的現象"。（感謝顏世鉉先生提供以上信息。）這些研究都值得關注。不過我們覺得王、顏兩文所討論的現象都還不能算是文字對活語言造成影響的實例；它們所影響的只是書面語，有些甚至是文學語言，距離大衆口語有很大的距離。參看王挺斌《論字形對詞彙的反作用》，《古漢語研究》2018 年第 1 期；顏世鉉《説戰國竹書"宛悁"即"鬱怨"》，清華大學出土文獻研究與保護中心編《李學勤先生學術成就與學術思想國際研討會論文集》，清華大學出版社，2021 年，第 664—679 頁。

"漢語詞彙史讀書會沙龍"(浙江大學漢語史研究中心,2023年10月9日)討論過本文,與會者也提供了有益的建議,我們在修改時有所吸收。蔣紹愚先生看過初稿後就《漢語歷史詞彙學概要》第一章"字和詞"的相關問題給筆者發來《幾點説明》,我們暫時刪去了原稿中的這一部分。謹此統致謝忱。文中若有問題概由筆者負責。文章曾在"第三届漢語字詞關係學術研討會"(東北師範大學,2023年7月20—21日)上宣讀。

漢語語義聚合與用字演變關係論析*

何余華

鄭州大學文學院/國家語委科研機構"中華漢字文明研究中心"
("古文字與中華文明傳承發展工程"協同攻關創新平臺)

  人類在認識客觀事物的過程中,逐漸認識到不同事物之間的相似性,形成同類相聚的思想,並在語言文字層面嘗試以形式標記類別聯繫,語義聚合就是分類思想在語言上的反映。這些語義聚合關係包括意義相同相近、相類或相反等不同情況。在語義上能夠實現聚合的詞語,它們在表示名物、動作、性狀所屬類別或物象特徵方面具有相似性,是人們對不同詞語的語義特徵進行歸納概括的結果。個體詞語的用字演變並非孤立進行,相同語義場的某些詞語的用字演變規律往往擴散到與之相關的其他詞語身上,帶動它們的用字沿着相似或相關的軌迹演變。漢字系統從義符選取、字形構造、系統調整等不同層面協同推動,強化語義聚合內的詞語在用字方面的關聯,密切不同用字與語義類別之間的聯繫,使義符、用字結構和用字系統分别朝着類别化、趨同化、有序化方向演變。

  因此,我們嘗試從不同維度總結歸納語義聚合對詞語用字演變產生的影響,分析詞彙系統與用字系統的辯證互動關係。但要說明的是,相同語義聚合的詞語與用字之間的形義聯繫極其複雜,用字演變也要受各種不同因素的制約,語義聚合對用字的影響是相對的,並非構成聚合關係所有詞語的用字都會呈現相同的演變規律。

---

* 本文爲國家社科基金重大項目"東漢至唐朝出土文獻漢語用字研究"(21&ZD295)和國家社科基金冷門絶學研究專項項目"出土文獻所見古代語言學史資料的整理與研究"(24VJXG059)階段性成果。

一、語義聚合與用字義符的選取

語義聚合内的不同詞語在用字演變過程中，通過對不同構形成分的提煉歸納，逐漸確定某些義符作爲提示意義範疇的構件，並將其作爲意義聯繫的標記滲透到其他詞語的用字結構中。經過漫長時間的調整和積累，往往通過義符能夠實現繫聯，而義符對詞語用字的統轄力也在不斷增强，所轄字日益增多，義符最終成爲類聚相同語義範疇不同詞語的橋梁和紐帶。陳劍考察"琞(刑)"與"罰"、"至(重)"與"厚"、"規"與"矩"、"奄"與"盇(盍-蓋)"、"䰃(恥)"與"醜"等詞語的特殊用字，也指出："意義相近或有關的常連言、對舉或構成雙音詞之字(可以説是詞語/文字的"聚合關係")，在文字創制或使用中常相影響，可以使用、添加或改爲相同的偏旁。"①漢字發展過程中，通過義符實現意義的聚合聯繫主要通過以下幾種途徑。

1. 增旁衍化

"增旁衍化"主要發生在意義相類詞語的用字演變過程中，指在舊用字基礎上添加表義符號，以相同義符明確它們意義類型的關聯。多數情況是在早期表意字或假借字基礎上添加類義符强化它的意義類别，新字與舊字之間記詞功能相同，但明顯增加了提示詞語類别的意義信息。有些詞語由於受近義或反義詞語的影響，也可能將近義反義詞的用字或其省形追加到舊字之上，從而推動自身的用字演變更替。

漢字史上，不少意義相類的詞語，它們的某些表意用字多經歷了追加義符類别化的過程。如與服飾冠帶有關的詞語，{帶}在殷墟甲骨文記作"𢀩"或"𢀩"，象紳帶交組之形，春秋金文追加佩巾織物的類化構件"巾"，見子犯編鐘"王錫子犯輅車、三(四)牡、衣裳、𢀩(帶)、市(韍)、冠"等。②戰國楚文字習用追加"糸"旁的"縋"字，秦文字則習用"帶"，見睡虎地《日乙》簡 15"製寇(冠)帶(帶)"等，秦以後被傳承沿用。{帥}的本義表示佩巾，殷墟甲骨文作"𠂤"或"𠂤"，从二手持巾之形，西周金文也增加"巾"旁强化佩巾的類别義，但是多表借用職能，見師虎簋"今余佳帥(帥)井(刑)先王令"(《集成》4316)等。義符"巾"的添加，使得用字原本没有聯繫的兩個詞語建立可視化的構形關聯。

有的是在假借字基礎上增加類義符，原借字轉變成新字的聲符，客觀上也使類屬相同的概念有了更緊密的聯繫。例如"馮"字本義指馬疾行貌，《説文》馬部："馮，馬行疾

---

① 陳劍《説"規"等字並論一些特别的形聲字意符》，楊榮祥、胡敕瑞主編《源遠流長：漢字國際學術研討會暨AEARU 第三屆漢字文化研討會論文集》，北京大學出版社，2017 年，第 3 頁。
② 裘錫圭《也談子犯編鐘》，《故宫文物月刊》1995 年第 5 期，第 113 頁。

也。从馬冫聲。"但它常被借表依憑、憑靠義。東漢時期追加義符"心"作"憑",《隸辨》載東漢《脩華嶽碑》:"暫勞久逸,神永有憑。"按語云:"此碑馮已作憑,相仍積習,有所自來。"北魏《魏靈藏薛法紹等造像記》"是以應真悼三乘之靡憑,遂騰空以刊像",《吳光墓誌》"憑牒餘基,因以氏焉",法藏 2562 號《春秋經傳集解》17-2"神所憑依,將在德矣"等。南北朝時期追加義符"廾"作"㞷",見北魏《元瞻墓誌》"有物㞷焉,不爲夭閼者,固以寄之惇史,不復詳於兹矣",北周《尉遲運墓誌》"或㞷鑴勒,永播徽猷"等。"㞷"在敦煌文書也較爲常見,斯 6841 號《靈寶自然齋儀》"次引朋衆,風則軌儀,敬㞷唱説",斯 214 號《燕子賦》"㞷伊覓曲,咬齧勢要"等。唐《干禄字書》"㞷憑,上通下正",可見"㞷"字在當時的社會通用地位。東漢以後也見後造本字"凭"記録,《説文》几部:"凭,依几也。从几从任。"北魏《張正子爲亡父母合葬立鎮墓石》"魑魅魍魎,凭陵幽宫,豺狼狐兔,跳梁墓道",俄弗 96 號《雙恩記》"凭肩入國座長街,别牧牛人請却廻"等。可見,{憑}在借字上追加義符"心"或"廾"建構起與用字系統更爲緊密的意義聯繫。

意義相近相反的詞語之間也可能相互浸染,將一個詞語的用字或其省形直接追加到另一個詞的舊字之上。如表示"奴僕""自謙之稱"的{僕},殷墟甲骨文作"▨",象手捧糞棄之物的僕役之形,西周金文字形變異逐漸作"僕",如幾父壺作"▨"等。但因"臣"的本義也是奴僕類,與{僕}意義相近且時常連言,見《詩·小雅·正月》"民之無辜,並其臣僕",《晏子春秋·問上一》"公任勇力之士,而輕臣僕之死,用兵無休,國罷民害"等。戰國楚文字中{僕}的用字直接追加"臣"作"儓",見上博三《周易》簡 53"九三,旅焚其次,喪其童儓(僕),貞厲",上博四《昭王》簡 4"君不爲儓(僕)告,儓(僕)將召寇","儓"或簡省作"䑞""䑡"等,《説文》"僕"字古文也作"䑞"。{僕}在楚文字中還出現過從臣付聲的異體用字"䑡",見上博八《命》簡 10"䑡(僕)以此謂視日十又三亡䑡(僕)"等,這也可看作近義聚合關係影響的結果。

又如{旱},《説文》日部:"旱,不雨也。从日干聲。"戰國時期表"久晴不雨"的{旱}習用"旱"字記録,見睡虎地《日甲》簡 33"正月以朔,旱,歲善,有兵",上博二《魯邦大旱》簡 1"孔子答曰'邦大旱,毋乃失諸刑與德乎'"等。但楚文字也出現追加反義用字"雨"作"䨪"的習慣,見清華三《説命中》簡 4"若天䨪(旱),汝作淫雨",清華八《治邦之道》簡 6"聖士之不由譬之猶歲之不時水䨪(旱)"等。不過,{旱}的用字增加義符"雨",除看作反義聚合關係的影響外,也可看作以類化義符"雨"實現氣象語義類聚的嘗試。此外,楚文字也出現從水的"滆"字記録,選取義符"水"與從"雨"的心理如出一轍,見上博四《柬大王泊旱》簡 1"柬大王泊滆(旱),命龜尹羅貞於大夏",同篇簡 12"夫雖毋滆(旱),而百姓移以去邦家"等。楚文字還另造從水的"汗"字記録{旱},見上博八《蘭賦》簡 2"▨汗(旱)其不雨,何▨而不涸",它與《説文》訓"人液也"的"汗"字當屬偶然同形。

2. 換旁轉化

漢字記錄的意義信息具有豐富性，可以從不同角度提示語義，所以記錄相同詞語存在選用不同義符的可能，而不同義符類聚的語義範疇是有差別的。"換旁轉化"是指新義符替換掉其他功能相近的義符，新字結構體現了用字者對於詞義聚合關係的認識轉變，新義符提示的意義成爲用字者想要突顯的詞義信息。詞義具備相同相近或相反關係的詞語，改換的義符較爲特殊，有的可能是義近義反詞語的用字或其省形。

例如，與舟船有關的詞語，它們的用字既可以從材料屬性出發選取義符"木"，也可以着眼類屬選取義符"舟"表義。但因"舟"是强勢構件，因此不少从"木"的用字都經歷了義符改換的過程。① 《説文》木部："㮴，船總名，从木叜聲。"{艘}在秦漢之際派生出量詞用法，用字作"㮴"，見里耶秦簡 6-4"其假船兩㮴"，8-1510"度用船六丈以上者四㮴"等。北魏楊承慶《字統》"其形謂之船，其頭數謂之艘"，唐《劉茂貞墓誌》"統臨萬艘之夫"，説明至遲在南北朝已用稱量對象"舟"改换"木"作"艘"。《説文》木部收錄的多個舟船類詞語，後來幾乎都出現過从"舟"的異體用字。如"橃"後作"艨"字，《廣雅》"艨，舟也"，《集韻》"橃，或作艨"；"檻"後作"艫"或"䑠"，《廣雅》"艫，舟也"，王念孫疏證"艫，本作檻"等。又如"楫"字異體作"檝"，"檣"字異體作"艢"，"槳"字異體作"䚻"等，俱是其例。

又如詞語{崇}，在戰國楚文字中多借"宗"字記錄，見上博楚簡《彭祖》簡4"夫子之悳（德）登（升）矣，可（何）其宗（崇）"等。西漢時期新造"崇"或"崈"字記錄，見北大漢簡《倉頡篇》簡39"崈（崇）替諫敦"等。《説文》山部："崇，嵬高也。从山宗聲。"《爾雅·釋詁》："崇，高也。"{崇}和{高}構成同義關係，西漢時期{崇}出現从高、宗省聲的"崏"字，見馬王堆《春秋事語》65"是遁（隨-墮）黨而崏（崇）壽（讎）也"；或从高省形、宗聲作"崏"，見馬王堆《繫辭》10下"人之所崏（崇）德而廣業也"等。"崇"和"高"的同義聚合關係，無形中影響到了詞語{崇}用字所从義符的改换和選擇。

又如《説文》貝部："負，恃也。从人守貝，有所恃也。一曰受貸不償。""負"字較早見於戰國秦文字，可以表示"背負""負債"等義，如睡虎地《秦律十八種》簡23—24"其不備，出者負之；其贏者，入之"，睡虎地《秦律雜抄》簡22"殿而不負費"等。"背"和"負"是意義相近的兩個詞語，《釋名·釋姿容》"負，背也，置項背也"，《玉篇·貝部》"負，擔也，置之於背也"。受"背"和"負"的意義聚合關係影響，戰國楚文字中{負}的用字被改换作"賏"，从貝从怀、怀亦聲，"怀"即楚文字中{背}的習用字，見上博三《周易》簡37"六三：

---

① 何余華《船隻單位{艘}的用字歷史考察》，《民俗典籍文字研究》第21輯，商務印書館，2017年，第219—230頁。

貸（負）且乘，致寇至"等。

3. 簡省同化

"簡省同化"是指早期用字的象形構件在演變過程中被省減筆畫，與形近的強勢義符同化，構件提示的意義由最初的特指義轉爲類別義，不同義符所表意義具有個別和一般的關係，提示的意義信息也由具體變得抽象。在此過程中，詞語用字結構也從形音合體轉變爲義音合體。如表豪豬的{豪}在殷墟甲骨文就已出現，見《合》39460"射 ▢（豪）兕"，从豪豬的象形初文（字形下部）、高省聲，屬形音合體字，[①]後來下部所從逐漸被形近的強勢構件"豕"同化，整字理據重構成義音合體字。又如{豛}的甲骨文作"▢"或"▢"，象有勢之豕形，後來也被強勢構件"豕"同化歸併，並增加聲符"㕁"，整字作"豛"，戰國秦駰玉牘甲"犧豛既美，玉帛既精"中已見其例。再如{家}的用字本作"▢"或"▢"，从宀、从豛的象形初文，豛亦聲，後來所從豛字初文也被強勢構件"豕"同化歸併。類似情況，如{鳴}在殷墟甲骨文記作"▢"，{雞}記作"▢"等，二者右部象啼鳴的公雞之形，後來分別被形近"鳥"或"隹"同化等；表皮裘的{裘}在殷墟甲骨文中作"▢"，象皮裘之形，西周金文出現義音合體用字，所從義符"衣"其實也可看作是形符省簡同化的結果，見不壽簋"王姜賜不壽 ▢（裘）"（《集成》4060），乖伯歸夆簋"王命仲致歸乖伯貔 ▢（裘）"（《集成》4331）等。

4. 類推泛化

當漢字系統發展成熟到一定階段，人們開始運用類推思維從義符系統和聲符系統中分別選取構件組合新字。類義符和近義義符作爲語義範疇的標記，參構相同語義場的系列用字，義符的表義功能經歷了由具體到抽象的過程，表義功能也在不斷擴展。這種情況下的新字與增旁、改旁或同化所造新字不同，它們完全拋開了舊字的構形，新字和舊字之間没有構形上的傳承關係。

例如"邑"在西周金文表"都邑"義，組構漢字過程中語義範疇不斷泛化，凡行政區域單位、封國名、地方區域名、普通地名等幾乎都可以納入它的類聚範圍。意義相關的詞語在造新字時，取邑表義、再取一聲拼合新字，義符實現從類別歸納到演繹孳乳的轉變。{鄰}指"相鄰、挨近"義，殷墟甲骨文作"▢"或"▢"，隸定作"吅"，象兩座城邑相鄰之形，《古文四聲韻》和《汗簡》都録有"鄰"字古文"▢"。戰國中山王嚳鼎以"叕"記録{鄰}，在初文基礎上追加聲符"文"，辭例爲"叕（鄰）邦難親（親）"（《集成》2840）等。戰國楚文字也習用"叕"字，見郭店《老子甲》簡9"猶乎其如畏四叕（鄰）"等，或累增區别符號

[①] 唐蘭《甲骨文自然分類簡編》，山西教育出版社，1999年，第167頁。

"口"作"嚚"記錄,或借"隱"字異體"㤓",或在"嚚"字的基礎上追加義符"里"造"𤳟"字記錄,見清華六《鄭武夫人規孺子》簡10"三(四)𤳟(鄰)以吾先君爲能叙"等。戰國秦文字則根據類推機制新造从邑、粦聲的"鄰"字記錄{鄰},如睡虎地《法律答問》簡98"其四鄰典老皆出不存"等,{鄰}的用字从"邑"取意,與"邑"的表義功能泛化不無關聯。

　　用字者也可以根據類推機制,將近義詞的用字或其省形,作爲義符與聲符組合,從而創制出新字記錄近義聚合關係中的另一個詞。如{寐}表示"睡眠""卧息"義,它與{寢}形成近義聚合關係,《説文》𤕓部:"寐,卧也。从𤕓省,未聲。"《淮南子·地形訓》"西方有形殘之屍,寢居直夢",高誘注:"寢,寐也。"{寐}甲骨文作"󰀀",从宀从爿从人口,或省作"󰀁",黄天樹認爲會一個人在寢室的床上睡眠,當是"寐"字初文,其說可信。①甲骨文"󰀂""󰀃"等,从宀、从爿,象室内有床榻之形,裘錫圭指出"宿"的字形表示屋子裏有床,字義當與"寢"相近,也有可能就是"寢"的初文。②若此,甲骨文{寐}的用字就是受意義聚合關係的影響,將近義詞{寢}的用字作爲義符使用。戰國楚文字根據類推機制,將{寢}的用字"寢"省形作"㝱",與聲符"未"組合出新字"𡪣"進行記錄,見上博五《季庚子問於孔子》簡10"是故賢人之居邦家也,夙興夜𡪣(寐)",字形作"󰀄";也見用異體"𢽪"字記錄,如上博五《弟子問》簡22"子聞之曰'賜,不吾知也,夙興夜𢽪(𢽪),以求聞□'"等。秦文字則造"寐"字,見泰山刻石"夙興夜󰀅(寐)"等。《説文》認爲"寐"字从𤕓省,其實看作从"寢"省也未嘗不可。

　　5. 對立選取

　　有些反義詞最初造字可能取意並無聯繫,但在用字演變過程中受反義聚合關係的影響,通過選取具有反義或對立關係的義符,來體現詞義的相對關係。如戰國秦文字中{輕}和{重}用字分別作"輕"(从車、巠聲)和"重"(从壬、東聲),見睡虎地《語書》簡11"輕惡言而易病人",睡虎地《法律答問》簡93"皋當重而端輕之"等。但在戰國楚文字中{輕}多用从羽巠聲之字"翌",見上博一《緇衣》簡22"子曰:翌(輕)絶貧賤而重絶富貴"。楚文字中{重}的用字則多从"石""貝""金"作"䂖""賆""鉒""䝬"等,見郭店《老子甲》簡5"罪莫至(重)乎甚欲",信陽簡2-16"賆(重)八鎰半鎰一銖",新蔡楚簡甲三220"其鉒(重)一鈞",鄝陵君豆"䝬(重)十󰀆三(四)󰀆"等。這是因爲鳥羽質輕、金石質重,所以分別選取具有對立意義關係的構件組構新用字。③三晉文字也見用"塚",見春成侯鐘

---

① 黄天樹《殷墟甲骨文所見夜間時稱考》,《黄天樹古文字論集》,學苑出版社,2006年,第181—182頁。
② 裘錫圭《文字學概要(修訂本)》,商務印書館,2013年,第154頁。
③ 何余華《戰國秦楚用字義符的區系差異與形成過程》,《勵耘語言學刊》第36輯,中華書局,2022年,第43—53頁。

"塚(重)十八益(鎰)",《璽匯》4247—4249"敬塚(重)"等,從"土"表義,用字心理與楚文字從"石"或"貝"是一致的。

由此可見,詞義聚合關係對用字構件的選擇表現在不同方面,相類語義聚合推動用字構件呈現類別化的規律,並提煉形成大量漢字部首,促進漢字構形系統化,大量體現類屬意義的用字也都被傳承沿用下來。意義相同相近或相反的語義聚合,則可能以聚合關係中某詞用字或其省形作爲義符,組構相關詞語的用字,但這些特殊用字往往具有地域性和臨時性,真正被保存沿用下來的並不多。

二、語義聚合與用字結構的演變

在漢字發展過程中,單個詞語的用字演變軌迹看似紛亂,但立足系統來看,語義聚合關係作爲無形力量始終引導着用字演變的方向。舊字是在漢字發展過程中逐漸式微的結構,新字呈現的結構特點則代表漢字發展演變的趨勢。正如黄德寬所説:"從漢字體系整體發展的角度看,不同歷史階段漢字使用的總體情况是變化的,在有些漢字退出使用領域的同時,又會産生出一批新字。這些新字的構造方法、記録詞語和使用的情况,較爲集中地體現了漢字體系新的發展趨勢。"① 綜合考察語義聚合内新字的特點,發現語義聚合關係對於用字結構的影響,主要表現在以下幾個方面。

1. 構件布局的二合化

古漢字的獨體用字具備物象表示功能,但是難以體現不同詞語之間的意義關聯,也很難通過形體直接建立與漢字系統的群組聯繫,達到對字形的分組歸類目的。隨着漢字由最初直接表示物象發展到表示詞語的音義,爲更好地提示不同詞語的語義聚合關係,絕大多數獨體用字都演變爲由兩個直接構件組合而成的二合結構用字。特别是語義相類關係推動漢字部首的産生,多維組合模式爲關聯構形提供了空間,通過類化構件可以實現對字形和字義的分組歸類,也爲漢字的群組化發展創造了條件。原本爲多個直接構件組成的不規則結構,也都朝着二合結構演變。"二合結構"在漢字史上具有强勁發展勢頭,據統計春秋金文二合結構占 60% 以上,《説文》小篆的二合結構則高達 94.71%。②

例如:{琮}的甲骨文作"✧",隸作"㼒",象玉琮俯視之形,③ 爲獨體象形結構。爲

---

① 黄德寬《略論漢字發展史研究的幾個問題》,《中國文字學報》第 6 輯,商務印書館,2015 年,第 9 頁。
② 齊元濤《强勢結構與漢字的發展》,《北京師範大學學報》2018 年第 1 期,第 71—72 頁。
③ 陳劍《甲骨金文考釋論集》,綫裝書局,2007 年,第 315 頁。

強化意義的類聚聯繫,西周金文在簡體"亞"的基礎上添加類義符作"琊",新字的組合模式屬二合結構,見亢鼎"乙未,公大保買大🏛(琊)於🏛亞,才五十朋"等。後世習用从玉、宗聲的"琮"字,也屬二合結構,見東漢史晨後碑"史文陽馬琮"等。又如{稼}指穀物或種植穀物,甲骨文作"🏛""🏛",象禾蓺田中,①組合模式屬三合或四合結構。爲強化它與稼穡之間的意義聯繫,戰國秦文字新造二合結構的"稼"字記錄,見睡虎地《法律答問》簡 150"不當論及賞(償)稼",龍崗秦簡 147"與法没入其匿田之稼"等。再如{冕}的金文字形作"🏛",从人戴冠冕之形,它的組合模式最初爲二合結構,但後來筆畫粘連作"免",字形難以拆解,與獨體無異。受表帽子義的近義詞{弁}的影響,戰國楚文字新造从元、从弁省的"🏛"字記錄,整字仍屬二合結構,見上博二《容成氏》簡 52—53"武王於是乎素冠🏛(冕),以告閔於天",字形作"🏛"。後在初文基礎上添加類義符"冃",另造二合結構用字"冕",《説文》冃部"冕,大夫以上冠也",這可能是受近義詞{冠}的用字影響產生的。{冠}的甲骨文作"🏛",戰國楚文字作"🏛",隸定作"晃",从冃从元、元亦聲,漢代所从"冃"訛作"冂",於是追加寸旁強化表義,整字作"冠"。

2. 結構功能的義音化

從結構功能的角度來看,漢字史上大量非義音結構演變成了義音結構。據統計,義音結構在甲骨文中占比 47%,②而到《説文》小篆中占比達則到 85.69%。③漢字發展的義音化趨勢與語義聚合關係的發展密切相關。一方面,對於語義聚合中新出現的詞語或没有字符記錄的詞語,任意選取一個義符、一個音符組合新字的方式,構造簡便,具有高度的能產性,能夠最大限度滿足記錄語言的需求。另一方面,義音結構中義符絕大多數表示類屬意義,能夠很好地體現語義聚合關係中不同意義間的聯繫。雖然象形、指事、會意結構通過形體和形體的組合、形體變異或符號標示,也能體現所代表的詞義,但它們表現的往往是具體詞義本身,難以關照不同詞語的類屬聯繫。不同義符往往表義功能存在互補關係,能夠有效構建起更大的意義範疇。總之,義音結構使字符擺脱孤立狀態,通過義符和音符彼此關聯,得以類聚形成系統,"義音結構的兩個構件,可以實現同義以音別,同音以義別的格局,這是一種系統別異,體現的也是系統關聯"。④

---

① 裘錫圭《史牆盤銘解釋》,《裘錫圭學術文集·金文及其他古文字卷》,復旦大學出版社,2012 年,第 8 頁,注(18)。
② 黄天樹《殷墟甲骨文形聲字所占比重的再統計》,《黄天樹甲骨金文論集》,第 130 頁。
③ 齊元濤《〈説文〉小篆構形系統相關數據的電腦測查》,《古漢語研究》1996 年第 1 期,第 25—33 頁。
④ 齊元濤《強勢結構與漢字的發展》,《北京師範大學學報》2018 年第 1 期,第 71—72 頁。

表1　軀幹和相關身體部位詞的用字演變脈絡①

詞語	殷商西周	春秋戰國	西漢以後
{肘}	[字形]、[字形]	肘	肘、挏、紂
{肱}	[字形]、[字形]	忱、抇	肱、肵、厷、弓、雄、弘
{背}	[字形]	北、伓、肵、骭	背、紫、北、伖
{腹}	[字形]、[字形]	腹、膓	腹、腹、復
{膝}	[字形]、[字形]	卻	膝、卻、脒
{股}	[字形]	胿、股	股、胎
{腋}	[字形]、[字形]	脊、掖	腋、夜
{嗌}	[字形]、[字形]	嗌	膉、嗌
{膺}	[字形]、[字形]	膺、雕、雁	膺、應、鄘、纏
{舌}	[字形]、[字形]	舌、胋	舌
{肩}	[字形]、[字形]	肩、脀、啟	肩
{骨}	[字形]、[字形]	骨	骨

　　例如表1所示，軀幹和相關身體部位詞都表示人體的組成部分，它們具有共同的語義要素，爲了強化這種類别特徵，它們在殷墟甲骨文中多用指事字記録，以曲筆在人體對應的軀幹部位進行勾勒指示，或采取直接描摹象形的方式記録。如殷商和西周時期{肘}和{肱}均以曲筆在手臂之形上指示部位所在，{背}{腹}{膝}{股}和{腋}則以曲筆或點畫在人形上指示各自部位所在，{嗌}則以小圈指示咽喉部位，{膺}以半圓指示鳥胸部位，它們都屬於指事字。"背"字初文見西周早期備尊銘文中的"備"字，整字作"[字形]"，該字左旁作"[字形]"，田煒認爲字以小圓圈指示人背之處，兼表聲，即"背"字初文。②身體部位詞{舌}{肩}和{骨}則以象形描摹的方式創造初文，如"[字形]"象舌頭從口中吐出

---

① 表1的用字演變軌跡，參考何余華《殷商已見通今詞的用字歷史研究》，北京師範大學博士學位論文，2018年，第312—215頁。
② 田煒《讀金文偶記二題》，《古文字研究》第29輯，中華書局，2012年，第288—291頁。

之形，"𦘒"象肩胛骨之形，"𠀤"象骨架相支撑之形。隨着漢字書寫朝"綫條化""符號化""規整化"的方向發展，這些指事字或象形字難以清晰指示不同部位的所在，於是反復調整，多數詞語最終都换用義音合體字，且義符多選用"肉"旁。除西漢初期用字差異較爲明顯外，後世基本都習用从肉的音義合體字。這説明義音結構用於記録身體部位詞是優選的結果，詞義類化推動用字結構的歸一演變、構形元素的趨同選擇，從而使字詞都呈現出範疇化和類别化的演變趨勢。

秦漢時期軀幹和相關身體部位詞類别化和義音化的用字演變規律具有强大的吸引力，影響大批相關詞語的用字。如{體}秦文字出現異體用字"軆"，見睡虎地《日乙》簡246"必有疕於軆（體）"，秦漢之際才改用"體"；如{唇}較長時期都習用"脣"字，見睡虎地《法律答問》簡83"嚙斷人鼻若耳若指若脣（唇）"等，《説文》正篆也作"脣"；{踝}在秦漢之際多作"踝"，見馬王堆帛書《灸經甲》58"去内踝（踝）一寸"；又如{舌}在楚文字中習用"𦧈"字，見郭店《語叢四》簡19"善事其上者，若齒之事𦧈（舌），而終弗噬"等。

3. 歧異用字的整齊化

語義聚合中不同詞語的早期用字往往異體衆多，有的造字方法不同，有的選取構件不同，有的同一字形的構件數量、構件置向不定，這直接影響了漢字的表達效率，阻礙異地異時的溝通，也不利於建立不同詞語用字的字形關聯，影響漢字系統的有序建構。隨着人們對詞義聚合關係認識的深入，人們通過含有分類標誌的義符以及義音二合結構實現字形的類聚，從而推動歧異用字的整齊化。這種"整齊化"既包括用字結構的整齊劃一，淘汰因結構差異形成的歧異形體，優選能夠揭示類屬意義的義音結構記録；也包括字形的整齊劃一，淘汰同一個字的不同寫法，使語義聚合中不同詞語的用字相對單一、固定，並且彼此關聯。

表 2　行走類代表詞的用字演變脈絡[①]

詞語	殷商西周	春秋戰國	西漢以後
{追}	𠂤、㣔、追	㣔、遒、追、自	追
{逐}	鹿、豕、㐺、犬、𧱏	述、逐	逐、由、敊、迪
{進}	隹、進	進、𨗔、逮、律、聿	進
{退}	夏、復、复	復、退、遏、遲	退、遏、復、很、内、迺、芮、𨓚

[①] 表 2 的用字演變軌迹，參考何余華《殷商已見通今詞的用字歷史研究》，第 315—219 頁。

續 表

詞語	殷商西周	春秋戰國	西漢以後
{遠}	後、夌、袁、㝢	遠、䢛	遠
{邇}	狋、狱	𨒙、儞、邇、逐	邇、迩
{邁}	萬、乂、𧿢、䟒、邁	邁	邁、𩨧
{遭}	夅、徰	曹、曺、敊	遭、遭、曹
{逢}	夆、𰽑	逢、奉、捀、𢓜、𢓈、豊	逢
{道}	衛、衜	道、衜、衛、衕、術、䇃	道
{逆}	屰、屰、徣、逆	屰、逆	逆
{還}	䄙、𡇰、還	𡇷、䄙、𡇰、䢕、還、還	還、環、旋、環
{通}	佣、迵	𨛕、通、迵、迵、甬、甬	通、迵
{遺}	𠂤、𦥔、𨸏、遒	遨、遒、達、童	遺

例如表 2 所示,與行走有關的詞語早期用字或用象形初文,或从"彳"表義,或从"止"表義,或从"夂"表義,或从"辵"表義,或从"行"表義,或直接用借字記録。可見行走類詞語當時的用字相對雜亂,同詞異字現象普遍存在,尚未體現出系統性的用字規律,不同用字的關聯也不夠緊密。如{遠}的殷墟甲骨文用字類組差異明顯,賓組卜辭用"夌"字,無名組卜辭用"袁"和"㝢","㝢"所从"○(圓)"即聲符,這些不同用字其實都是"擐"字初文及其變體,表示{遠}屬文字的借用職能;[1]無名組卜辭有的用字追加義符作"後",从彳袁聲,是爲本字。又如{逆}表示迎接義,子組、出組二類、無名類、花東卜辭用象倒人之形的"屰"字,歷組二類卜辭用从"止"的"屰"字,師賓間類卜辭用从"彳"的"徣"字,師組小字類、賓組典賓類、黃類、歷組卜辭用从"辵"的"逆"字等。{邁}在賓組、歷組、子組、花東子卜辭用"萬"字記録,歷組二類卜辭用簡省字形"乂",出組卜辭用"萬"和"𧿢",何組卜辭用"萬""䟒"和"邁"等。{逐}的情況與之類似,雖然不同用字都从"止"表義,但根據追逐對象的差異分别造不同用字,如師賓間類、出組、無名組、花東子卜辭用从豕的"𢓈"字,賓組卜辭主要用"𢓈"字,也見用从鹿的"麃",何組卜辭用从犬的"㣇"字或省體"犬",歷組卜辭一般用"𢓈"字,歷組二類則見用"𤟤"字等。即使存在近義關係

---

[1] 裘錫圭《釋殷墟甲骨文裏的"遠""狋"(邇)及其相關諸字》,《裘錫圭學術文集·甲骨文卷》,復旦大學出版社,2012 年,第 167—176 頁。

的不同詞語，如{追}和{逐}、{遘}{遭}和{逢}等，或反義關係的詞語，如{進}和{退}、{遠}和{邇}等，體現意義關聯的類義符往往也可以彼此換用，用字尚未實現固定化或單一化。從西周時期開始，不同詞語用字演變過程中，其他歧異形體都逐漸被淘汰歸併，優先選用從"辵"的音義合體字記錄，不同詞語的用字朝着整齊劃一的方向演變。到《說文》小篆系統中，表2中的絕大多數詞語都已經習用從"辶"表義的形聲字。這種有序化的用字趨勢，無疑有力推動漢字系統的優化進程。

4. 用字更替的同步化

語義聚合相同的詞語在用字演變過程中相互影響，一個詞語的用字演變規律可能擴散到與之相關的其他詞語身上，帶動後者的用字也沿着類似的軌跡演變，使彼此的用字呈現同步演變的趨勢。如前所述同屬軀幹部位語義場中的不同詞語，它們在早期幾乎都用指事字或象形字記錄，後來幾乎都同步演變成"肉"旁的音義合體結構，這其實就是語言的類推機制作用的結果。行走類語義場的情況雖然有些不同，它們在殷墟甲骨文中用字紛繁，用字結構並不整齊，但後來都同步演變爲從辵的音義合體結構，歸根到底也是語義場內不同詞語互相影響所致。又如{梳}和{篦}由"疏"和"比"這組反義詞派生而來，起初都以源詞本字"疏"和"比"記錄，後嘗試增加偏旁另造專字記錄，幾乎同步增加"木"旁，分別作"梳"和"枇"，最終"梳"出於書寫便捷，省形作"梳"，而"枇"由於與文字系統既有字位存在多組同形關係，不得不重新另造"笓"或"篦"記錄。又如表示不同方向的{左}和{右}，它們作爲一組反義詞在殷墟甲骨文中分別作"𠂇"和"又"，前者象左手之形，後者即初文"又"。西周金文中開始增加區別符號避免混淆，{左}的用字增口旁作"㔫"（毛伯班簋），也出現增言旁作"𧧸"（矢方彝），增工旁作"左"（虢季子白盤）；而{右}的用字則增口旁作"𠮢"（矢方彝），三晉文字則增工旁作"𠂇"等。最終，漢字系統出於求區別的考慮，{左}的用字選用從工之"左"，{右}的用字選用從口之"右"記錄等。{左}引申出佐助義，{右}引申出庇佑義，它們的分化用字則分別作"佐"和"佑"，也體現同步演變的特點。

三、語義聚合與字詞關係的系統建立

人們對語義聚合關係的認識不斷深化，必然推動用字的群組發展，通過增強字際之間的關聯，建立漢語字詞之間的系統關係，這在客觀上促進了漢字的系統化。反過來，用字分化和字用分工又直接參與漢語的造詞過程，使得漢語詞彙系統更加精密化，進一步擴展和完善了漢語字詞對應的系統性。

語義聚合關係對用字系統的突出影響，表現在確立了諸多能夠提示類屬意義的部首，並通過義音合體結構類推造字,將類屬義場的不同用字都以同一部首或義近部首統領起來,使得眾多詞語的用字具備分類歸組的特性,整個漢字系統也由此形成網狀關聯。類屬義場內的不同詞語用字大多數都類聚在同一部首之下,同時也分布在表義功能相近的其他不同部首之中。不同部首通過表義功能分工可能形成一個更大的意義範疇,不同部首表義功能可以互相補充,體現語義場內存在的不同意義層級。例如前文所述與軀幹有關詞語的用字通過義符"肉"實現類聚,而義符"肉"又與義符"首""頁""面""口""自""目""耳""牙""齒""手""又""寸""足""骨""心"等彼此分工,分別特指人體的某類身體部位,它們共同形成身體部位這一更大的意義範疇。總類和特指的子類之間體現了概念的上下位層級關係。又如前文所述行走類動詞初無定形,後被義類標記"辵"類聚起來,在表示行走義方面,"辵"的功能與義符"足""走""彳""步""夊""夂""舛""行"等相近,它們共同構成足部動作行爲和性狀的語義場。但是它們的表義功能又略有差別,如義符"足"特指與足相關的動作(跪跽等),義符"走"多表快速行走類的動作(趨赴等),義符"行"多指道路相關的意義(術街等),義符"辵"則多強調行走類動作的動態特徵(追逐等),義符"彳"多表行走類動作的性狀(徐後等)。可見,在語義類屬聚合關係的推動下,不同用字通過義符實現了與系統的關聯,不同義符類聚起各自的子系統,又彼此關聯呈現更大的語義範疇。

  同義近義或反義聚合關係的發展,也使得義近義反詞語在用字時互相影響,使用、添加或改換爲相同的義符,甚至直接以聚合內其他詞語的用字或其省形組合新字。這在客觀上也增強了詞語用字與系統之間的關聯,只是這類特殊用字多數沒有傳承下來。例如"產"字的構形就是以近義詞用字"生"作爲義符的,《說文》生部:"產,生也。从生,彥省聲。""產"字較早見於春秋晚期哀成叔鼎"正月庚午,嘉曰:'余鄭邦之產,少去母父,乍(作)鑄飤器黃鑊……'"(《集成》2782),字形作" ![] ",句中表示"出產"義。"產"字在先秦兩漢傳世和出土文獻中可以表示"生長""產生""生育""活(與"死"相對)或生存""財產"等意義,田煒認爲出土秦和西漢早期文獻中"產"出現表示"生(與"熟"相對)""新鮮或濕"等意義的新用法,則是受到了同義詞"生"的影響而引申出來的。① 換言之,"產"字通過近義詞的用字"生"建立了與漢字系統的關聯,通過分析"產"字構形同時實現對字形和字義的歸類分組。又如"庶"字的甲骨文作" ![] "或" ![] ",从石从火會意,它是"煮"的本字,但後來主要被借用記錄"眾庶""庶民"義的{庶}。換言之,借義{庶}和{眾}構成近義聚合關係。考察出土文獻發現{庶}在殷墟甲骨文有個从眾表義的特殊用字,見《合》14157作" ![] ",《合》14158作" ![] ",該字从庶、从眾,于省吾認爲即眾庶義的本

---

① 田煒《論出土秦和西漢早期文獻中的"生"和"產"》,《中國語文》2016年第2期,第202—210頁。

字,^①裘錫圭認爲上博簡出現的"眔"即其"後身"。^② 楚文字中从石、从众的特殊用字,見上博二《魯邦有旱》簡2:"▨(眔-庶)民知説之事鬼也,不知刑與德。"上博二《魯邦有旱》簡6:"公豈不飯粱食肉哉!抑無如▨(眔-庶)民何?"上博四《相邦之道》簡3:"百工勸於事以實府庫,▨(眔-庶)人勸於四肢之藝以備軍旅。""眔"將"庶"字所从火旁改爲"众",也可看作是受同義聚合關係影響爲"庶衆""庶民"義專造的用字。改換偏旁的"眔"字也能較好地與"众""聚"等字詞進行類聚繫聯,客觀上促進了用字的系統性,可惜用字習慣並未得到傳承。

　　此外,漢語詞義在發展演變過程中,通過聯想不斷引申出新的義項,產生大量多義詞。如果爲多義詞的某些義項專造新字記錄,新字將相應的義項分化出去,實現對字形和字義的重新類聚,也進一步增强了漢語字詞關係的系統性。例如"解"字甲骨文作"▨",從臼解牛角,它的本義是解剖、分解,引申指心理的"懈怠""鬆懈",又因螃蟹需要分解而食,故又引申指"螃蟹"。最初這些不同義項都以源詞本字"解"記錄,見中山王方壺"夙夜篚(匪)解(懈),進賢措能"(《集成》9735),《吕氏春秋·恃君》"非濱之東,夷穢之鄉,大解(蟹)、陵魚、其、鹿野、摇山、揚島、大人之居,多無君"等。後來爲兩個分化義項另造新字,漢魏以後用"懈"表示懈怠義,見《隸釋》卷五所收東漢《巴郡太守張納碑》"夙宵在公,匪懃(懈)於職",北魏《邢巒妻元純陁墓誌》"奉姑盡禮,克匪懈於一人"等。"懈"既使"鬆懈"義從源詞中分化出來,也使其與心理活動類詞語的字形和意義建立系統關聯。西漢中期另造"蟹"表示"螃蟹"義,較早見於北大漢簡《倉頡篇》簡20"竊鮒鮹鱗",敦煌文書也見有關用例,如斯2073號《廬山遠公話》"如江潮(湖)大海,其中有多少衆生,或即是黿鼉,或若是蝦鮹(蟹)龍魚,如是多般,盡屬於水"等。《説文》虫部:"蟹,有二敖八足,旁行,非蛇鮮之穴無所庇。从虫解聲。(鮹)蟹或从魚。"這説明東漢時期就已出現"蟹"字表示"螃蟹"義,新字通過義符建立起與漢字系統更爲緊密的形義聯繫,而用字從魚到從蟲的變化,則體現類聚思想的變化。

　　以上結合出土文獻的典型例證,從構件、字符、漢字系統三個不同維度分析語義聚合關係對用字演變的影響,主要探討了相同相近、相類或相反語義聚合内不同詞語的用字如何相互影響和制約。從中可見詞語用字演變並非孤立進行,相同語義聚合關係内的用字演變規律往往擴散到其他詞語身上,帶動它們的用字沿着相似或相關軌迹演變。

---

① 于省吾《甲骨文字釋林》,中華書局,1979年,第435頁。
② 裘錫圭《〈上海博物館藏戰國竹書(二)·魯邦大旱〉釋文注釋》,《裘錫圭學術文集·簡牘帛書卷》,復旦大學出版社,2012年,第487頁。

漢字系統從義符選取、字形構造、系統調整等不同層面協同推動,強化不同詞語的用字關聯,密切不同用字與語義類別之間的關係。而不同聚合關係對用字演變影響的效力也不盡相同,相類的語義聚合關係對用字演變的影響最爲廣泛深刻,尤其大量部首的形成實現了對不同用字的分類歸組;同義反義聚合關係的影響,往往只影響個別字組,且具有地域性和時代性,受聚合關係影響的新用字得到傳承的並不多。這也啓示漢語字詞關係的研究,不僅要關注共時斷代現象的描寫,也要多從動態演變的角度考察字詞對應關係的發展變化,把握語言如何影響文字的構造和使用。在梳理單個字符職能或單個詞語用字演變的同時,也要更多"全局"觀念,多關注字詞對應關係的系統狀態的形成過程,個體字詞如何彼此影響制約,推動系統有序發展。

附記:原載《南京師範大學文學院學報》2023年第4期,並被人大復印資料《語言文字學》2024年第5期全文轉載。

沈兼士字詞關係思想探析*

張素鳳　翟廣嬌

鄭州大學文學院/國家語委科研機構"中華漢字文明研究中心"
("古文字與中華文明傳承發展工程"協同攻關創新平臺)

沈兼士(1887—1947),名堅士,原籍浙江吴興(今屬湖州市),生於陝西漢陰,著名的語言文字學家、文獻檔案學家和教育家。早年留學日本,期間曾隨章太炎受業,主攻語言文字學。曾任北京大學研究所國學門主任、故宫博物院文獻館館長、輔仁大學文學院院長。在訓詁、文字、音韻領域中建樹頗豐,主要有專著《文字形義學》(未完成)、《廣韻聲系》和論文《聲訓論》《右文説在訓詁學上之沿革及其推闡》等。

沈兼士在字詞關係方面有許多獨到的見解,以下從漢字的起源與發展、字詞的系統性和規律性、字詞對應關係三個角度具體闡釋其字詞關係思想。

一、關於漢字的起源與發展

沈兼士對漢字起源、發展以及漢字構形規律的闡述,都涉及以字表詞的方式,體現了其高度的理論修養。

(一) 關於漢字起源問題

關於漢字起源問題,主要從以下兩個方面進行闡述:一是漢字起源的"二元論"思想,二是前文字時期的文字畫與初期意符字概念。

1. 漢字起源的"二元論"闡述

沈兼士生活的時代,國内外大部分學者,深受亞里士多德"口語是心靈的經驗的符

---

* 本文爲古文字與中華文明傳承發展工程規劃項目"面嚮中小學生的古文字普及讀物"(G2827)階段性成果。

號,而文字則是口語的符號"①影響,認爲文字只有與語言結合,即能够記錄語言,才能稱爲文字。有的傳統小學家把傳說中的結繩、八卦等看作文字的起源,對此,沈兼士持有不同見解:首先,他認爲結繩、八卦"不與文字成爲一個系統的,不能算是原始的文字";②同時,他也不同意"文字則是口語的符號"的"一元論"漢字起源觀。他創造性地提出了"文字起源二元論"。他說:

> 我們據此以追溯文字之起原,知道他初不是單爲語言之符號而發生的,實際上可以說是和語言同爲直接傳示思想的方法,而別成一源。就是一方面用聲音來表示思想,由口以傳於耳;一方面用形象來表示思想,由手以傳於眼。③

> 繪畫之發生,與語言之發生,係並行的而非相生的。文字之形式,直接與繪畫成爲一個系統,證之於埃及文字畫,巴比倫亞敘利亞楔形文字,中國古代鐘鼎款識中留存之圖案化的文字畫,及六書中之象形文字,莫不皆然,這是文字不純由語言所產出的一個證據。④

> 倘使文字僅爲描寫語言的聲音而作,則音符的文字,應該發生於意符的文字之先。然考諸世界文字,音字都是由意字變化成功的,這也是文字不純由語言所產出的一個證據。⑤

> 中國文字之起原,蓋出于二元,所謂二元是什麼呢? 就是繪畫和語言。六書之中,前三者出於繪畫,是謂意符的;後三者出于語言,是謂音符的。⑥

他認爲,人類最初傳達思想的途徑有兩種,一種是以聲音爲媒介、口耳相傳的語言;一種是以形象爲媒介、手眼相傳的繪畫。語言和繪畫是並行的兄弟關係,而非相生的父子關係。世界上古老的象形文字都與繪畫一脈相承,表音文字都由表意字變化而來,說明文字不純由語言而產出,不全爲表現語言而創造。在此基礎上,他指出文字有兩個源頭:繪畫和語言。源於繪畫的文字用形象表現思想,與之相應的造字方法包括象形、指事、會意;源於語言的文字用聲音表現語言,與之相應的造字方法是表現詞音的形聲、轉注、假借。總之,沈兼士對漢字起源持"二元論"觀點。

從字詞關係角度說,造字實質就是爲詞創造視覺符號,詞有音、義兩個要素,因此造

---

① 亞里士多德《範疇篇 解釋篇》,方書春譯,商務印書館,1986年,第55頁。
② 沈兼士《文字形義學》,《沈兼士學術論文集》,中華書局,1986年,第397頁。
③ 沈兼士《文字形義學》,《沈兼士學術論文集》,第386頁。
④ 沈兼士《文字形義學》,《沈兼士學術論文集》,第386頁。
⑤ 沈兼士《文字形義學》,《沈兼士學術論文集》,第386頁。
⑥ 沈兼士《今後研究方言之新趨勢》,《沈兼士學術論文集》,第45頁。

字方式可以分爲表音和表義兩個角度。顯然,漢字起源"二元論"觀念不僅符合世界文字創造的總體規律,也與漢字起源的實際情況相符。

2. 前文字時期:文字畫與初期意符字

沈兼士受西方"圖畫文字"説的啓發,在《國語問題之歷史的研究》(《國學月刊》1922年第1卷第7期)中首次提出"文字畫"概念。

> 在文字還没有發明以前,用一種粗笨的圖畫來表現事物的狀態,行動,並數量的觀念,就叫作文字畫。我們研究人類文化史,追溯到文化最初的起源,莫不經過用文字畫的一個階級的。①

> 就余之所研究,不但《説文》中之獨體象形指事字非原始文字,即金文中之獨體象形指事字,亦不得認爲即原始文字之真相。蓋於六書文字時期之前,應尚有一階級,爲六書文字之導源,今姑定名爲"文字畫時期"。"文字畫"之可考見於今者,即鐘鼎學家所謂殷商鐘鼎中之"圖形"是也。②

> 由是可知文字畫與六書象形指事字之區别,前者爲繪畫的,複雜而流動不居,後者爲符號的,簡單而結構固定。前人所云獨體之文先生,合體之字後起,蓋尚未足爲探原之論也。③

沈先生把文字産生以前用以記事的圖畫稱作"文字畫",認爲任何文字的起源,莫不經過用文字畫階段。文字畫的屬性是:本質屬於繪畫,雖能表達某種觀念,但和語詞没有直接聯繫;表達方式粗笨而流動不居,還不能算作文字。文字畫與文字又是密切相關的,隨着部分文字畫的結構逐漸固定,並與語詞逐漸形成固定對應關係,就會成爲文字。

文字畫如何發展蜕化爲文字?沈兼士又提出一個新的概念——初期意符字,專指由文字畫直接蜕化而來的早期文字。

> 文字畫爲摹寫事物之圖象,而非代表言語之符號。雖爲象形字之母型,而不得逕目爲六書象形指事之文。由文字畫蜕化爲六書文字,中間應有一過渡時期,逐漸將各直接表示事物之圖形,變爲間接代表言語之符號。其形音義或由游離變爲固定,或由複合變爲獨立,今姑名之爲初期意符字。④

> 蓋初期象形字僅可謂指其事,不得云表其語。大抵古者象形初起,隨物寫生,不尚定型,不避繁複。其後逐漸簡化,或綜該事類,留一廢多,或分化語詞,形各專

---

① 沈兼士《文字形義學》,《沈兼士學術論文集》,第387頁。
② 沈兼士《從古器款識上推導六書以前之文字畫》,《沈兼士學術論文集》,第68—69頁。
③ 沈兼士《從古器款識上推導六書以前之文字畫》,《沈兼士學術論文集》,第70頁。
④ 沈兼士《初期意符字之特性》,《沈兼士學術論文集》,第207頁。

義。於是游離者變爲固定，繁複者變爲單純，而初期意符字異於六書象形指事會意字之特性幾乎失矣。初期意符字形音義之不固定，在形非字書所云重文或體之謂，在義非訓詁家所云引申假借之謂，在音非古音家所云聲韵通轉之謂。而其形其音其義率皆後世認爲斷斷乎不相干者。①

文字畫的實質是摹寫事物的圖形，屬於孕育象形字的母型，還不屬於代表語詞的書寫符號"文字"，屬於前文字時期。由文字畫到文字的蛻變，中間經歷了形體與詞語音義的聯繫由游離到固定、由繁複到簡單、由綜合到專一、由複合到獨立的演變過程，這個過渡階段的字符，沈兼士命名爲"初期意符字"。"初期象形字僅可謂指其事，不得云表其語"說明"初期意符字"的特點是字形與語詞還沒有完全結合，還沒有形成固定關係，字形與詞義的聯繫還有游離不定的特點。如：

　　舟，人皆知爲舟車字，不知於古亦可以表示履形，故"履"、"前"二字從之。許書"不行而進"之説，殊不合理。古禮入則解履，出則納履。前從止舟，殆爲納履之象。亦可以表示器皿，故"般""服""受""艁"諸字從之……大抵舟之形邊高中下，故可爲一切器皿之共型。皿字及器之從口，亦殆舟之變相也。②

沈先生用舟形符號，既象舟船之"舟"，又象"履"形，還象器皿形，具體説明了"初期意符字"雖有象形特徵，但形體與語詞音義的對應聯繫還游離不定，因此沈先生僅將其看作一個過渡階段，沒有作爲漢字發展的一個階段。

沈兼士提出文字畫和初期意符字概念，有效詮釋了由圖畫到文字的發展演變過程，使文字的起源問題得到了比較全面而合理的解釋。

（二）關於漢字的發展

沈兼士參照人類思想的發展階段來分析文字的創造演進過程，依據人類認知的發展規律把表意字的創造方式分爲五個階段。

　　現在我們試拿德國史學家 Lamprecht(1856—)所定的人類思想發達的五時期，比照著來説造字原則發生的次叙，就是：1. 象徵主義。指事字，⊥ ⊤之類。不過是一種記號的。2. 模型主義。象形字 ⊙ ▷ 之類。由記號的進化而爲象形的。3. 因襲主義。借象字，中采之類。因襲實物的形狀，以代表作者的意思。4. 個性主義。複象字，或象形兼會意字 之類。漸漸脫離實物標本的束縛，作者能自由

---

① 沈兼士《初期意符字之特性》，《沈兼士學術論文集》，第208頁。
② 沈兼士《初期意符字之特性》，《沈兼士學術論文集》，第210—211頁。

拼合各象形體,以發揮其意思。較前範圍稍廣。5. 主觀主義。會意字,違礙之類。能超乎迹象,主觀的把各個文字間的關係看做有機的,而化合之,以表現作者的意思。其作用愈加廣大。到了這個階級,意符區域算是擴張到極大的限度。物窮必變,所以漸漸過渡到"音符的"區域而生出一種"形聲"原則來了。①

沈兼士把表現詞義的造字法分爲五個階段:指事字、象形字、借象字、合體象形字或象形兼會意字、會意字。這五種造字法的特點是表現詞義,因此將之概括爲"意符區域"。而"形聲"造字法要表現詞的另一個要素"音",因此屬於性質不同的"音符區域"。這是對世界文字一般規律的闡釋。在此基礎上,他又對漢字的特殊發展規律進行了闡釋:

蓋中國文字演進之程序,有二階段:先爲意符字——象形,指事,會意;後爲音符字——形聲,轉注,假借。②

中國文字之制造和變遷看起來,最初是用形象來表示,進而用意義表示,更進而用聲音來表示,其由意符的區域渡到音符的區域的軌迹,是很明顯的了。可惜到了半音符階級,却走錯了歧路,遂致終于不能完全脱離意符的束縛而造成一種有規律的字母文字。所謂歧路是甚麽呢?就是"借字表音"這個方法了。③

所謂"表音字",大都是借了象形文字或表意字來表示同一發音而不容易用(二)(三)④兩種法子去造字的他種語言。⑤

沈兼士把漢字的演進過程分爲兩個階段:"意符字"階段和"音符字"階段。"意符字"包括"六書"之象形、指事和會意;"音符字"包括"六書"之形聲、轉注和假借。其中"意符字"又可以分爲"用形象來表示""用意義表示"兩種情況,因此又進一步將漢字的發展和變遷分爲三個階段:"用形象來表示""用意義表示"和"用聲音來表示"。他又進一步指出漢字的表音字並不創造新的符號,而是借用已有的象形字或表意字來表現聲音,強調了漢字表音字與西方拼音文字的不同。值得注意的是,沈兼士把世界文字分爲"意符區域"和"音符區域"兩大階段,將音符區域的表音造字法看作最完善的方式和最理想的境界,爲文字發展的最高階段。在這種表音文字至上理論的指導下,他認爲漢字的"借字表音"法没能脱離意符的束縛,没有形成一種有規律的字母字,是走錯了路。

爲此,他提出一種改良漢字的補救方法——選取一種"通語"爲國語,而以文言方言

---

① 沈兼士《研究文字學"形"和"義"的幾個方法》,《沈兼士學術論文集》,第4—5頁。
② 沈兼士《研究文字學"形"和"義"的幾個方法》,《沈兼士學術論文集》,第74頁。
③ 沈兼士《國語問題之歷史的研究》,《沈兼士學術論文集》,第30頁。
④ 根據上下文,"二"指象形字,"三"指表意字。
⑤ 沈兼士《國語問題之歷史的研究》,《沈兼士學術論文集》,第25頁。

輔助之，制標準語時，儘量采用成熟的複音詞，然後用簡筆漢字及注音字母爲國語創造文字。顯然，沈兼士所持表音文字至上的觀點，是新文化運動期間中西方思想激烈碰撞所產生的一個具有時代色彩的潮流。

（三）關於漢字構形分析

在字形方面，沈兼士提出了對漢字形體進行拆分和歸納、以"字體最小分子"爲基礎進行系統研究的觀點，並提出建立文字形義學的主張。

> 研究中國文字的形體訓詁之所由起，及其作用與變遷，而爲之規定各種通則以說明之，這種學問，就叫作文字形義學。①

> 凡文字，皆係應用象形，指事，會意，形聲等法，以・，一，｜，凵，〇，×，十……諸簡單符號組合而成。前者謂之造字之元則；後者謂之字體之最小分子。②

> 本以上定義以施研究之法，其術有二：（a）分析各字體，以定各最小分子之作用及其分類。（b）綜合各最小分子，以觀各元則之應用。③

沈兼士提出了一個新的概念——字體之最小分子，即從所有漢字中分析出的組成漢字形體的最小部件，這些部件不同於許慎根據意義分析出的部首，而是完全根據形體分析得出的漢字共用部件，任何一個漢字都是由這些部件中的一個或數個組合而成。他認爲，把字體之最小分子概念與六書中象形、指事、會意、形聲等造字原則相結合，就可以對漢字形體做更深刻更系統的研究。他清楚地闡釋了兩個研究途徑：一是分析各字體，以定各最小分子之作用及其分類；二是綜合各最小分子，以觀各原則之應用。通過這兩個途徑的研究，最終按照數學的方法可以將組合成字的方式確定爲十五種。

顯然，沈兼士所言字體之最小分子相當於王寧先生"漢字構形學"中構件，所言十五種組合方式與"漢字構形學"之漢字結構模式具有一致性，可以說是開了漢字構形研究的先河。

二、關於字詞的系統性和規律性

沈兼士非常重視對字詞系統性和規律性的探索和闡發。首先，他對右文、聲訓、語根等概念及相互關係進行了理論闡釋；其次，他以右文和聲訓爲依據，對語根進行探求，對同源詞族和字族進行梳理和繫聯。

---

① 沈兼士《文字形義學》，《沈兼士學術論文集》，第378頁。
② 沈兼士《文字學之革新研究》，《沈兼士學術論文集》，第1頁。
③ 沈兼士《文字學之革新研究》，《沈兼士學術論文集》，第1頁。

（一）對聲訓、右文、語根概念及相互關係的理論闡述

聲訓、右文、語根是沈兼士詞族和字族理論體系中的基本概念，沈兼士對它們進行了深刻而清晰的闡釋。

1. 關於聲訓

沈兼士把詞的音義關係分爲兩個階段：一是語根產生的原始階段，音義關係特點是"約定俗成"；二是由語根孳乳新詞的派生階段，音義關係特點是"聲義相依"。

> 余謂凡義之寓於音，其始也約定俗成，率由自然；繼而聲義相依，展轉孳乳。先天後天，交錯參互，殊未可一概而論，作如是觀，庶幾近於真實歟。①

如前所述，太炎先生認爲語詞的音和義的結合存在着天然的必然性，即認爲語詞的音和義的結合都是有理據的。沈先生與其師不同，他將詞語聲與義的關係分爲兩個階段：初始階段，聲與義的結合是約定俗稱的，即聲與義之間沒有必然理據；孳乳派生階段，聲與義具有相依關係，聲與義的結合是有理據的。顯然，沈兼士對音近義通規律的闡釋更爲全面、更爲合理。同時，對於音近義通現象產生的原因，他從發生學角度闡釋了聲訓成立的基本原理。

> 蓋領受之印象既相同，造作之概念自相似，其命名之稱呼必同類也宜矣。凡是皆緣天官感觸之異同而定，即《墨子·經上》所云"故所得而後成"……此聲訓成立之基本原理也。②

由於相同相似概念給人的感觸相似，於是人們給它的命名也相同相似，因此形成聲近義通現象。這從理論上闡釋了聲近義通現象產生的原理。

沈兼士不僅對聲訓產生的原理進行理論闡釋，還對聲訓詞與被訓詞在意義上的關係進行了系統的描寫、分析與總結，把聲訓的意義關係分爲"相同""相等""相通""相近""相連""相借"六例，具體如下：

一、相同之例：……謂字雖異而語則同也。③
二、相等之例：……謂字異音轉而語義仍相等也。④
三、相通之例：……謂其語根本同，義相引申而通也。⑤

---

① 沈兼士《聲訓論》，《沈兼士學術論文集》，第259頁。
② 沈兼士《聲訓論》，《沈兼士學術論文集》，第258頁。
③ 沈兼士《聲訓論》，《沈兼士學術論文集》，第264頁。
④ 沈兼士《聲訓論》，《沈兼士學術論文集》，第265頁。
⑤ 沈兼士《聲訓論》，《沈兼士學術論文集》，第266頁。

四、相近之例：……謂其語根未必同，而其義類則有相近之點也。①

五、相連之例：此謂訓詞與被訓詞之爲複音連語者。②

六、相借之例：此以本借字爲聲訓……蓋語異而音同，因之借以比況耳。③

顯然，"相同""相等"兩例的特點是意義相同，讀音相同或相近，是《文始》所言變易的結果；"相通""相近""相連"三例的特點是意義相通，是同一語根孳乳分化的結果；"相借"的特點是意義沒有關聯，是音近通借的結果。沈兼士對聲訓意義關係的進一步分類，是其"語有義類，實爲聲訓成立之主要原因"④觀念的反映。這種分類比較研究的方法使聲訓理論擺脱了傳統就事論事的治學習慣，對語言演變内部規律進行了深入探索，體現了研究方法的系統性，初具現代語言學的特點。

他還擬定了七條"審辨聲訓義類法"，即辨別聲訓是否可信的七種方法，分別是：

一、用卜辭金文校正篆體以明其形義相依之理。

二、本初期意符字形音義不固定之原則以溯義類之源。

三、用右文法歸納同諧聲字之義類。

四、藉聲母互換之法以索義類之隱。

五、據經典異文以證其義類之通。

六、由音讀之聲類韻部以斷定義類表示之傾向。

七、藉聯縣詞輔助推測詞義之引申。⑤

顯然，這些審辨方法進一步對聲訓相關意義進行考辨，避免了隨意性，確保了聲訓相關意義的可信性，體現了沈兼士學術方法的周密性和科學性。

2. 關於右文

他對右文與諧聲字、右文與語根的關係進行了系統梳理和闡釋。

(1) 右文與形聲字的意義關係有以下幾種情況：

A. 夫右文之字，變衍多途，有同聲之字而所衍之義頗歧別者，如"非"聲字多有分背義，而"菲""翡""痱"等字又有赤義；"吾"聲字多有"明"義，而"齬""語"（論難）、"敔""圄""悟"等字又有逆止義。其故蓋由於單音之語，一音素孕含之義不一

---

① 沈兼士《聲訓論》，《沈兼士學術論文集》，第267頁。
② 沈兼士《聲訓論》，《沈兼士學術論文集》，第269頁。
③ 沈兼士《聲訓論》，《沈兼士學術論文集》，第272頁。
④ 沈兼士《聲訓論》，《沈兼士學術論文集》，第257頁。
⑤ 沈兼士《聲訓論》，《沈兼士學術論文集》，第278—279頁。

而足,諸家于此輒謂"凡從某聲,皆有某義",不加分析,率爾牽合,執其一而忽其餘矣。①

B. 又有義本同源,衍爲別派。如"皮"之右文有:(一)分析義如"詖""簸""破"諸字,(二)加被義如"彼""鞁""貱""帔""被"諸字,(三)傾衺義如"頗""跛""跛""波""披""陂""坡"諸字。求其引申之迹,則"加被"、"分析"應先由皮得義,再由分析而又得傾衺義矣。又如"支"之右文先由"支"得歧別義,如"芰""跂""攲""翍""枝""歧"諸字,再由歧別義引申而得傾衺義,如"庋""頍""敧"諸字,諸家於此率多未能求其原委。②

C. 復有同一義象之語,而所用之聲母頗歧別者。蓋文字孳乳,多由音衍,形體異同,未可執著。故音素同而音符雖異亦得相通,如"與""余""予"之右文均有寬緩義,"今""禁"之右文均有含蘊義。豈徒同音,聲轉亦然,"尼"聲字有止義,"刃"聲字亦有止義(刃字古亦在泥母),如"𠄐""訒""忍""紉""軔"是也。"𧹞"聲字有赤義(𧹞古音如門),"兩"聲字亦有赤義,如"璊""𥡭""𤣥"是也。如此之類,爲右文中最繁複困難之點,儻忽諸不顧,非離其宗,即絕其派,而語勢流衍之經界慢矣。諸家多取同聲母字以爲之說,未爲澈底之論也。③

訓詁家利用右文以求語言之分化,訓詁之系統,固爲必要。然形聲字不盡屬右文,其理至明,其事至顯。而自來傾信右文之説者,每喜抹殺聲母無義之形聲字,一切以右文說之,過猶不及,此章氏之所以發"六書殘而爲五"之嘆也。④

從以上分析可以看出,聲符與形聲字之間的關係非常複雜:同聲符的形聲字,有的具有共同意義特點,有的意義特點之間有引申關係,有的意義特點之間則毫無關聯;讀音相同相近而所用聲符不同的形聲字,也有的具有共同意義特點。可見,同一音素可能衍生出不同的意義脈絡,同一音素對應的"右文"也不盡相同。顯然,沈兼士清晰揭示了右文與諧聲字之間在形體、聲音關係背後所隱含着的複雜的意義關係,從理論上揭示了"右文"的科學内核及其在詞源學研究中的重要價值。

(2) 右文與語根的關係有以下幾種情況:

由於同一個音素可能對應不同的音符,同一個音符可能對應不同的意義。沈兼士將音符與語根的關係概括爲以下幾種情況:

---

① 沈兼士《右文説在訓詁學上之沿革及其推闡》,《沈兼士學術論文集》,第120頁。
② 沈兼士《右文説在訓詁學上之沿革及其推闡》,《沈兼士學術論文集》,第121頁。
③ 沈兼士《右文説在訓詁學上之沿革及其推闡》,《沈兼士學術論文集》,第121頁。
④ 沈兼士《右文説在訓詁學上之沿革及其推闡》,《沈兼士學術論文集》,第122頁。

A. 音符不盡皆爲語根,即主諧字不皆爲語根,被諧字不皆爲語詞。
B. 同一主諧之音符,有在此形聲字爲語根而在彼形聲字非語根者。
C. 本音符非語根,別有一與此音符同音之字爲此語詞之語根者。
D. 同一語根,有時用多數音符表之者。
E. 語根之與語詞,有不取音符與形聲字之關係,而別以一音近字爲之者。①

可見,形聲字的音符與其語根不存在一一對應關係。即使是音符相同的一組形聲字,該音符在有的形聲字中代表語根,在有的形聲字中不代表語根;有的形聲字的語根不是其音符,而是與音符讀音相同的他字;同一個語根的形聲字也可能使用不同的音符;有的派生詞不是形聲字,它的語根是與之音近的字。總之,同一語根可能對應不同的音符,同一個音符也可能代表不同的語根;還有的派生詞根本就不是形聲字,其語根只能是與之音近的字。

3. 關於語根

太炎先生首倡"語根"概念,作爲弟子,沈兼士一方面高度評價太炎先生的創舉是"獨具隻眼";②另一方又不拘於師説,對"語根"概念進一步做出闡釋,對字原與語根的性質進行區別。

> 語言必有根。語根者,最初表示概念之音,爲語言形式之基礎。换言之,語根係構成語詞之要素,語詞係由語根漸次分化而成者,此一般言語之現象也。③

> 近世學者推尋中國文字之原,約得三説:一於《説文》中取若干獨體之文,定爲初文,由是孳乳而成諸合體字,此章氏《文始》之説也。一於古文字中(包含卜辭金文)分析若干簡單之形,如・一×……等體,紬繹其各個體所表示之意象,而含有此等象形體之字,其義往往相近,是此等象形體即可目之爲原始文字……一即余近所主張之"文字畫"。然三者所論皆是字原而非語根。④

沈兼士清晰地闡明了語根是以"概念"爲核心、以聲音爲存在形式的音義結合體,是產生最早且能夠"分化"的語詞,語根與派生詞的關係屬於語言系統。他指出太炎先生所言初文、古文字中取象事物之形的原始文字、"文字畫",三者"皆是字原而非語根"。⑤ 顯然,沈兼士繼承並發展了太炎先生的"語根論",對"語根"的認識更爲科學。在此基礎上,他進一步分析歸納了語根與派生分化詞的關係。

---

① 沈兼士《右文説在訓詁學上之沿革及其推闡》,《沈兼士學術論文集》,第172頁。
② 沈兼士《右文説在訓詁學上之沿革及其推闡》,《沈兼士學術論文集》,第111頁。
③ 沈兼士《右文説在訓詁學上之沿革及其推闡》,《沈兼士學術論文集》,第168頁。
④ 沈兼士《右文説在訓詁學上之沿革及其推闡》,《沈兼士學術論文集》,第170頁。
⑤ 沈兼士《右文説在訓詁學上之沿革及其推闡》,《沈兼士學術論文集》,第170頁。

中國語根之形式，既如上所說，則其語詞分化，自亦有其特別之方法，於音方面：或仍爲單音綴，而有雙聲叠韵之轉變；或加爲複音綴，非附加語詞，即增一語尾。於形方面：或加一區別語詞意義之偏旁（即形旁），或連書二字爲一語辭。其類别約可分爲四：

　　A. 語根之外增加形旁而音不變者，如于與竽，非與扉之類是也。
　　B. 語根之外增加形旁而音由雙聲叠韵轉迤者，如禺與偶，林與禁之類是也。
　　C. 由一語根分化他義而以另一雙聲或叠韵之字表之者，如"天"、"頂"、"題"是也。
　　D. 由單音語根變爲複音語詞者，如天變爲天然，支變爲支離之類是也。①

以上主要從語詞的兩種外在形式——語音和字形——闡釋語根與派生詞的關係。語音上，有同音、近音關係；用字上，有的增加形旁，有的字形間沒有關聯；還有的由單音節變爲雙音節，用字由單字變爲兩字。綜合語根與派生詞之間的形音關係，概括爲以上A、B、C、D四種情况。

總之，沈兼士繼承並發展了太炎先生的"語根"理論，對於"語根"概念與內涵的認識更加科學，從根本上劃清了文字畫、初文、準初文、右文與語根之間的界綫，在"語根"理論的推闡方面也更加全面、系統、精密。

（二）關於語根推求方法的闡釋

沈兼士重視文字形、音、義的關係，闡釋了聲訓的理論依據，突破了前人"右文"研究中的局限，明確了語根概念的語言學歸屬。在此基礎上，他進一步闡釋了推求語根的途徑和方法，可分爲利用聲訓和利用右文兩個角度。

1. 利用聲訓探求語根

沈兼士認爲，語言在發展衍生過程中，不管是分化派生詞，還是因時間空間變化而產生轉語，多以雙聲叠韻爲其變化之軌迹，即都與語根有聲韻關係。因此，聲韻關係不僅是訓詁的樞紐，也是探求語根的重要依據和參考。

　　語言之變化約有二端：（一）由語根生出分化語，（二）因時間或空間的變動發生之轉語。二者多依雙聲叠韵爲其變化之軌迹，故訓詁之道亦應以音爲樞紐，此訓詁家之所以重聲訓也。②

語音相近者，其字義往往相近；字義相近者，其語音亦往往相近。由語音的系統去尋求字族，不受字形的束縛。這是語史學的坦途，同時我們也可以把這個原則

---

① 沈兼士《右文説在訓詁學上之沿革及其推闡》，《沈兼士學術論文集》，第 171—172 頁。
② 沈兼士《右文説在訓詁學上之沿革及其推闡》，《沈兼士學術論文集》，第 76 頁。

反過來應用,就是從字義的關連去説明古音的部居。①

沈兼士清醒地認識到同源詞的根本特點表現在音和義兩個方面,即"語音相近者,其字義往往相近;字義相近者,其語音亦往往相近",因此,從語音的角度去探尋同族關係,不能受字形束縛,而主要關注其意義是否有關聯;反過來也一樣,從字義的角度探尋同族關係,也不必受字形束縛,主要關注其語音上是否相同相近。由此可見,聲訓材料可以作爲判斷同源詞的重要依據。

2. 依據"右文"探尋語根和繫聯同源詞

> 任取一字之音,傅會説明一音近字之義,則事有出於偶合,而理難期於必然。由是知吾儕欲探求中國之語根,不得不別尋一途逕。其途逕爲何? 余謂即"右文"是也。②

沈兼士認爲,利用聲韻關係探求語根和繫聯同源詞族,有"理難期於必然"的局限,於是從字形關係上尋找另一途徑,即以"右文"作爲依據。

(1) 利用"右文"探尋語根和繫聯同源詞的學理依據

> 且形聲字之聲母,泰半借意符之象形指事字爲之,即欲研究意符字,則綜合各形聲字之音義,以探溯其聲母之所表象,不猶愈於但取獨體文或剖析象形體而假定其孳乳字之爲自然有系統乎? ……欲憑古文字以考古語言,則捨形聲字外,實無從窺察古代文字語言形音義三者一貫之跡。故右文之推闡,至少足以爲研究周代以來語言源流變衍之一種有效方法,此固爲吾人所不能漫加否認者也。③

> 竊謂研究右文,不宜僅限於《説文》,當依上文所説取《説文》《玉篇》《廣韻》諸字,統以聲系,又考諸舊書雅記今俗方言,準右文之原則,排比時代,分別義類。④

他認爲,形聲字的聲符雖然來源於象形字、指事字,但要研究這些聲符的在形聲字中的表詞功能,則不能脱離漢字系統,要綜合同聲符的形聲字來探尋聲符的意義特點,進而推闡漢字漢語源流變衍的途徑和脈絡。這種方法比單獨依靠獨體字來分析漢字的孳乳系統更爲可靠,更爲科學。因此他主張以"右文"作爲推闡語言由語根出發的發展演變脈絡的切入點,同時強調,研究右文不僅要利用《説文》《玉篇》《廣韻》中的"右文"字料,還要廣泛搜集"舊書雅記今俗方言"中的形聲字,對其右文與字義的關係、使用時代

---

① 沈兼士《聲訓論》,《沈兼士學術論文集》,第260頁。
② 沈兼士《右文説在訓詁學上之沿革及其推闡》,《沈兼士學術論文集》,第170頁。
③ 沈兼士《右文説在訓詁學上之沿革及其推闡》,《沈兼士學術論文集》,第171頁。
④ 沈兼士《右文説在訓詁學上之沿革及其推闡》,《沈兼士學術論文集》,第155頁。

等進行研究。

在此基礎上,他進一步闡述了漢字音符與拼音文字音符的不同,從理論上把兩種文字的音符的本質區別開來。

> 中國文字雖已由意符變爲音符,然所謂音符者,別無拼音字母,祇以固有之意符字借來比擬聲音,音托於是,義亦寄于是。故求中國之語根,不能不在此等音符中求之。①

> 右文有由本義分化及由借音分化兩派。前者,其義有本義與引申義之別;後者,其本字有可知及不可知之分,此就單音符而言也。若夫複式音符,則排比歸納,更爲繁雜。且右文之字,非作於一時一人之手,應具有縱橫兩面之演化,故既須明瞭古音,而又不可過拘。經之以訓詁,緯之以聲音,古音之轉變或可轉因右文之軌跡而益明其綫索也。②

顯然,漢字音符與拼音文字音符的不同在於,漢字之音符具有"音托於是,義亦寄于是"的特點,往往兼具表音功能和表意功能;同時清楚認識到形聲字的聲符並非都具有表意功能,要區別對待。因爲形聲字的聲符可分爲"由本義分化"和"由借音分化"兩種情況,"由本義分化"的聲符往往兼有表意功能,而"由借音分化"的聲符則不具有表意功能。同時,"且右文之字,非作於一時一人之手",因此依據右文推求繫聯同源詞或探求語根,既須明瞭古音,而又不可拘泥。

(2) 利用"右文"探尋語根和繫聯同源詞的方法和途徑

> 斯編所論,即將利用《説文》中多數音符字及宋代學者所倡之右文説,以試探中國文字孳乳,及語言分化之形式。③

> 蓋推究其理,不外二涂,或緣音近,用代本字;或本無字,祇表音素。前者即通借法,可依其右文之義以求本字(如《文始》以農聲之字訓厚大,蓋出于乳)。後者依聲託事,歸本於音可耳。宋人固不知此,然清儒諸家於此已略得其鯉理,第尚未充類至盡耳。誠能以右文爲主,再輔之以章先生之説,縱橫旁達,以求其流衍之勢則語言文字之變雖多歧路,庶亦可以無亡羊之慮。④

> 蓋汎聲訓之範圍最廣,祇取音近,別無條件。同聲母字相訓,已有限制,然於若干同聲母之形聲字中僅隨意取二字以相比較,條件猶覺過寬。惟右文須綜合一組

---

① 沈兼士《右文説在訓詁學上之沿革及其推闡》,《沈兼士學術論文集》,第171頁。
② 沈兼士《右文説在訓詁學上之沿革及其推闡》,《沈兼士學術論文集》,第154—155頁。
③ 沈兼士《右文説在訓詁學上之沿革及其推闡》,《沈兼士學術論文集》,第74頁。
④ 沈兼士《右文説在訓詁學上之沿革及其推闡》,《沈兼士學術論文集》,第111—112頁。

同聲母字,而抽繹其具有最大公約數性之意義,以爲諸字之共訓,即諸語含有一共同之主要概念,其法較前二者爲謹嚴。①

　　準此以觀,治右文之說者:(一)於音符字須先審明其音素,不應拘泥於字形;(二)於音素須先分析其含義,不當牽合於一說。②

前兩段話肯定右文可作爲探求漢字孳乳及語言繁衍分化的依據,強調把右文理論與太炎先生的孳乳變異理論結合起來,用以梳理語言發展流衍之脈絡。並闡述了利用右文探尋漢字孳乳發展的兩種途徑:(1)依據右文之義以求本字,如《文始》以農爲聲符的字,都有厚大義,據此可推求聲符"農"的本字當爲"乳"。(2)如果右文只作爲表音符號而沒有本字,則只需"歸本於音",即以聲音表示語根而沒有相應的字根。第三段話說明利用一組同聲母字推闡語根更爲嚴謹可信,其方法是從中歸納"最大公約數"性之意義作爲語根義。顯然,這種由流到源的歸納法具有很強的可操作性。沈兼士對語根的推求最終落在意義上,而沒有落在所用字符上,說明他清楚地認識到語根屬於語言範疇,不屬於字範疇。最後一段概括了依據右文推求語源的總體規則:首先要依據音素而不拘泥於聲符,其次要清楚同一音素可能有不同的含義,不要"牽合於一說"。

可見,沈兼士清醒地認識到,儘管"右文"可以作爲負載語根的一種特殊的外部形式,但是"右文"與"語根"並不一一對應,它們之間的關係十分複雜。他從右文材料出發探求語根,在很大程度上避免了主觀任意、牽強附會情況的出現,推理過程更加客觀、穩妥,推理結果也更加科學、系統、有條理。

此外,沈兼士首先倡議建設漢語字族學,爲此,他歷時十餘載,利用傳統諧聲材料,編寫了《廣韻聲系》。該書依照右文規律,梳理出947個有邏輯層次的諧聲系統,統轄了《廣韻》中24588個形聲字。該書從縱橫兩個角度繫聯同族字,創立了以主諧字爲綱的字族體系。沈兼士從理論和實踐兩個方面探尋語根、繫聯漢語詞源系統和字族系統,提升了漢語詞源研究和字族研究的水準,推動了傳統字源學向科學化、系統化的現代詞源學全面跨越。

(三)關於字詞對應關係

沈兼士對靜態貯存狀態下的字詞對應關係進行了深刻闡釋,對字與詞之間紛繁複雜的關係進行分類闡述和梳理:

　　又余意以爲研究中國語中之字族,須先從事一種篳路襤褸之豫備工夫,因我國

---

① 沈兼士《右文說在訓詁學上之沿革及其推闡》,《沈兼士學術論文集》,第82頁。
② 沈兼士《右文說在訓詁學上之沿革及其推闡》,《沈兼士學術論文集》,第122頁。

語言與文字之紛亂糾擾，實含有三種情形：一語數字，所謂"重文""變易"，如上例之曰與曰、欥與颰之類，一也。一語數音，所謂"方言""轉語"，如上例之聿與筆，欥與肇之類，二也。語異而義可通，字别而音猶近，詞類無間於事物，音讀不拘於單複，所謂"孳乳""字族"者，如上例之滴、術、曰、筆、衡、驛、溪辟、回颰之類，三也。①

　　以上這段話，從詞語用字出發，把漢語中詞與字的對應關係概括爲三種情况：第一種"一語數字"，即音義皆同的同一個詞對應不同用字，如重文和變異字；第二種是"一語數音"，即意義相同而讀音相近的方言和轉語，分别對應不同用字；第三種是"語異而義可通"的同源詞，其用字也往往相互有别。顯然，沈兼士主要針對意義相同或相關的詞語用字進行總結概括。

　　在此基礎上，他對《説文》重文材料進行了系統的分類考察，突破傳統習見，從共時角度考察重文與正篆之間在形體結構、音義、形義等方面的深層關係。把《説文》重文與正篆的關係分爲三類：第一類是音義皆同而形體有别的"形體變異"，即重文與正篆的關係是同詞異構字或異寫字；第二類是音同或音近而形義有别的"同音通借"，重文與正篆的關係是記録同一個詞的本字與借字；第三類是義通而形音有别的"義通换用"，正篆與重文的關係是意義相同的不同詞的用字。②

　　其中第三類"義通换讀""義通换用"是沈兼士文字學研究的重大發現。該用字理論的提出，爲漢字職用研究開闢了新思路和新方法。"義通换用"是沈兼士在錢大昕"聲隨義轉"説基礎上提出來的，他不僅擴大了"義通换用"的範圍，而且從學理上闡釋了這種現象的成因。

　　首先，他對古注中一形異讀現象進行了分析概括：

　　　　蓋古注中注音之字，往往示義，而釋義之文，亦往往示音，不如後世字書中音義分界之嚴，故其注音不僅言通用，且以明同用，非如後世反切之但識讀音而已。通用者義異而音通，即假借之一種，人習知之。同用者，辭異而義同，音雖各别，亦可换讀，此例自來學者均未注意及之。③

　　　　蓋古者意符字之初期，於數形可表一義，一形可表數義之常例外，且有用一形以代表同義異音兩語辭，或異義異音兩語辭者。所云異音，即兩讀於聲韻絶不能通轉之謂。④

---

① 沈兼士《與丁聲樹論〈釋名〉滴字之義類書》，《沈兼士學術論文集》，第205頁。
② 趙芳媛《沈兼士語言文字學研究特點析論》，《勵耘語言學刊》2018年第1輯，第22—35頁。
③ 沈兼士《漢字義讀法之一例》，《沈兼士學術論文集》，第236頁。
④ 沈兼士《石鼓文研究三事質疑》，《沈兼士學術論文集》，第299頁。

這段話闡釋了"義同(或通)換用"與"同音通用"的區別：前者強調的是"義通"或"義同"即可換讀，不受音理限制，即"兩字義通，音雖暌隔，亦可換讀"。①顯然，沈先生所說的義通換用，指意義相同、相通而讀音不同的詞可以相互換讀。爲什麽會有這樣奇特的現象呢？沈先生進一步從發生學理論上進行闡釋：

> 即由於古代文字畫之作用，僅寫事物之形態，而不爲語言之符號，其後漸演變爲代表語言之文字，乃從而整齊劃一之。②

> 緣初期注音，往往隨文義之便而設，多含有不固定性……未有韻書以前，文字僅注重表示某種語意，而非必代表某個語辭之音。換言之，即同一文字常能表示數個同意異音之語辭，故其音切往往分歧，不必僅合於後世所謂音軌者(此種情形，與和文一字而具有音訓兩讀者頗相類)。推衍此義，可以假定古代初期文字之形音義，多屬游離而尠凝固性。③

從發生學上說，最初的文字畫還不屬於文字，僅是描寫事物形態的符號；由之發展而來的初期意符字的形音義關係尚不固定，因此同一字形往往可以表示數個意義相同而讀音不同的語詞，這樣就從發生學上解釋了文字異讀產生的原因。沈兼士對"義通換用"學理依據的闡釋，爲研究文字學、訓詁學開闢了一條新途徑，有效解決了訓詁研究中的疑難問題。

小　　結

沈兼士是最早一批追隨太炎先生系統學習語言文字學的弟子之一，也是繼黄侃之後，繼承、發展章太炎先生詞源學的代表性學者，取得了許多富有繼承性又具有開創價值的研究成果，促進了漢語詞源學在現代學術的轉型。他對"語根""右文""聲訓"等概念進行了理論闡釋，並具體說明了通過右文和聲訓來探索語根和語言分化軌跡的方法和途徑；並踐行利用右文繫聯字族的方法，對《廣韻》形聲字進行縱橫繫聯，寫成漢字形音義結合的典範之作——《廣韻聲系》。沈兼士對語源研究具有極大的推動作用，提高了漢語詞源學研究的理論化、科學化水平，這在現代詞源學研究史上具有重要的里程碑意義。此外，他對"義同換用"訓詁現象的理論闡釋具有開創性，對後世產生了深遠影響。在漢字研究領域，他提出了"文字畫""初期意符字"等概念，對漢字的起源和發展脈絡進行了闡釋；用"字體最小分子"研究漢字構形規律，成爲後世漢字構形學的萌芽。

---

① 沈兼士《吴著經籍舊音辨證發墨》，《沈兼士學術論文集》，第 226 頁。
② 沈兼士《石鼓文研究三事質疑》，《沈兼士學術論文集》，第 301 頁。
③ 沈兼士《吴著經籍舊音辨證發墨》，《沈兼士學術論文集》，第 236 頁。

《漢書·藝文志》"《蒼頡》中正字"新探

——兼談王國維輯《急就篇》入《蒼頡篇》的相關問題

白軍鵬

東北師範大學文學院

("古文字與中華文明傳承發展工程"協同攻關創新平臺)

《漢書·藝文志》對於漢代幾本字書與《蒼頡篇》的關係有如下記述:"武帝時司馬相如作《凡將篇》,無復字。元帝時黄門令史游作《急就篇》,成帝時將作大匠李長作《元尚篇》,皆《蒼頡》中正字也。"[①]清代以前學者們對此似乎並無異説。《漢志》此後又稱"《凡將》則頗有出矣"。王先謙曰:"謂增出於《倉頡篇》之外。"[②]從他對《凡將篇》的論述可推知其對《急就篇》《元尚篇》的看法,即二者的用字皆不增出於《蒼頡篇》之外。進一步説,就是這兩部字書的取字均從《蒼頡篇》中所出。這也是以往學者們對"皆《蒼頡》中正字"的一般看法。因此,王國維在對《蒼頡篇》進行輯佚之時便將《急就篇》盡數輯入。

由於王氏的輯佚與《漢志》所謂的"《蒼頡》中正字"有密切關係,而以往的研究多未能完全解决《蒼頡篇》"正字"的問題,因此,有必要對這裏的"正字"問題進行重新考察。

一、"正字"概念的討論與"書同文"

王氏在序文中説:"《急就》一篇皆用《蒼頡》正字,劉、班二家並著其説,乃諸家輯本

---

* 本文是國家社科基金項目"漢代出土文獻人名整理及綜合研究"(24BYY013)、"古文字與中華文明傳承發展工程"實施計劃(2021—2025)研究項目"秦漢簡帛古書異文整理與研究"(G3912)、國家社科基金重大項目"西北漢簡字詞全編及數據庫建設"(24&ZD248)階段性成果。

① 《漢書》卷三〇《藝文志》,中華書局,1962年,第1721頁。"復字"今一般作"複字",不過《漢書》等文獻中均爲"復",因此在引述原文時本文仍其舊。

② 〔清〕王先謙《漢書補注》,書目文獻出版社,1995年,第861頁。

未有采及之者。蒐張、郭之訓詁,忘李、趙之舊文,其失二也。國維有見於此,乃以己意重輯此書,以史游所録揚雄、杜林所訓之字爲上卷,則《漢志》《蒼頡》五十五章之正字也。"①其在"叙録"中亦謂"輯《蒼頡》者宜莫先於此。而乃獵張、郭之訓詁,棄李、趙之本文,此余所未解者一也"。②

最早對王國維的這種輯佚提出質疑的是王重民先生。他對王氏將《急就篇》中文字全部輯入《蒼頡篇》的做法頗不以爲然,並對所謂"《蒼頡》中正字"提出了不同的見解,認爲:"班孟堅所謂《蒼頡》正字者,殆指隸書既行,史游仍用李斯小篆而爲言耶?"③他提出《漢志》中的"正字"乃特指小篆而言,因此無法得出《急就篇》中文字均出自《蒼頡篇》的結論。雖然我們並不贊同他的意見(詳後文),不過《漢志》此處"《蒼頡》中正字"之"正字"概念的釐清確實對王國維輯《急就篇》全文入《蒼頡篇》是否得當的判斷有重要的意義,而從文字學史的角度來看,這個問題的討論則更具價值。

王重民先生將《漢志》所謂的《蒼頡篇》中"正字"視爲小篆,持類似觀點的還有邢義田先生。他認爲:"西漢中期以後,八分隸書大爲通行,政府官僚所作的字書仍無不以篆爲正字。《藝文志》説:'武帝時司馬相如作《凡將》篇,無復字。元帝時黄門令史游作《急就》篇,成帝時將作大匠李長作《元尚》篇,皆《蒼頡》中正字也。'可見,司馬相如、史游等人像李斯、胡毋敬等一樣,不能完全擺脱傳統字書權威的束縛,奉篆爲正字。這裏所謂的篆應是漢人所説的小篆。東漢許慎作《説文》基本上仍以這樣的篆爲正字,字書可以説始終處於較爲'尊古'的狀態。"④不過以小篆爲正字,似乎僅爲猜測之辭,没有任何記載表明《急就篇》以篆文寫成,而《漢志》在述及李斯等作《蒼頡篇》時則是清楚地表明"篆體復頗異,所謂秦篆者也"。且由目前所見《蒼頡篇》及《急就篇》的簡牘本來看,亦均爲隸書,這其中既有書寫工整的古書本或習字範本,也包含那些書寫草率拙稚的習字簡牘。因此,認爲"正字"即小篆的説法可能性並不大。

如果暫時抛開《漢書·藝文志》,對於"正字"的一般理解,多指會聯繫到唐代的正字運動。這裏的"正"是與"通""俗""訛"等相對的。我們都知道,顔元孫在《干禄字書》中將同字異體區分爲"正""通""俗",張參在《五經文字》中則主要分爲"正""訛"兩類。

出於溯源的考慮,學者們對"正字"的概念由唐代向前追溯時一般會及於熹平石經與正始石經,再向前則可至《説文解字》。而《説文》也還不是追溯的盡頭。林素清先生曾提

---

① 王國維《重輯〈蒼頡篇〉》,《王國維遺書》第7册,上海古籍書店,1983年,"序"。
② 王國維《重輯〈蒼頡篇〉》,《王國維遺書》第7册,"叙録"第3頁。
③ 王重民《蒼頡篇輯本述評》,《輔仁學志》1933年第1期,第11頁。
④ 邢義田《漢代〈蒼頡〉〈急就〉、八體和"史書"問題》,《古文字與古代史》第2輯,"中研院"歷史語言研究所,2009年,第436頁。

道："漢代由於文字使用日趨紊亂，'正字'問題漸被重視，根據《説文解字叙》所載，有'孝宣皇帝時召通《倉頡》讀者，張敞從受之''孝平皇帝時徵禮（爰禮）等百餘人，令説文字未央廷中，以禮爲小學元士'等事。這些措施促使漢代小學蓬勃發展，也陸續産生多種有'正字'功能的字書。"①將"正字"的活動與西漢宣帝與平帝時期的兩次文字整理活動聯繫起來。而這兩次活動又都與《蒼頡篇》有密切的聯繫。不過，林先生對"正字"的理解似乎仍與"通""俗""訛"等相關，因爲她認爲正字活動是在"文字使用日趨紊亂"的情況下展開的。

　　許學仁先生曾考察漢唐間的正字活動，對於與漢代相關的情況，他有過下面的表述："綜觀戰國到秦漢之交文字材料，秦書八體中實用之書體，但篆、隸二種書體。今古文字之過渡，持續波及兩漢，驗諸近年所獲出土之漢初簡帛文物，書體結構猶承戰國文字遺風，寫法紛呈不一，點畫出入隨意。即《説文》成書前後之碑刻文字，亦異體歧出，所在多有。漢代文字之文字整理與規範，漢字形體由小篆至隸楷，納入'正字'的標準和依據，建立共同遵循之文字系統。"②顯然，許文的"正字"概念與唐代"正字運動"仍是相當的，因爲他是針對"寫法紛呈不一，點畫出入隨意"而闡發的。

　　此外，許文在討論漢代"正字"時聯繫到了更早的秦代"書同文字"。③ 而較許文更早的張標先生也在文章中將漢代的"正字"上推至秦代"書同文字"，並有直接的論述："《説文》把《倉頡篇》中絶大多數字尊爲'正字'，列爲字頭。《説文·叙》稱書同文時産生了李斯、趙高、胡毋敬等三人的字書，用以正定文字。班固稱其爲'正字'，即具有法定的規範作用。"④我們知道，李斯、趙高、胡毋敬等編纂《蒼頡篇》《爰歷篇》《博學篇》的初衷是統一六國文字。《説文解字叙》：

　　　　其後諸侯力政，不統於王，惡禮樂之害己，而皆去其典籍。分爲七國，田疇異畮，車涂異軌，律令異法，衣冠異制，言語異聲，文字異形。秦始皇帝初兼天下，丞相李斯乃奏同之。罷其不與秦文合者。斯作《倉頡篇》，中車府令趙高作《爰歷篇》，太史令胡毋敬作《博學篇》。⑤

　　對此，相關的研究者們也基本表示認同。如胡平生先生認爲："秦統一中國後，要

---

① 林素清《蒼頡篇研究》，《漢學研究》1987 年第 5 卷第 1 期，第 53—54 頁。
② 許學仁《"存古"與"合時"——兩漢至唐代之正字運動管窺》，《傳統中國研究集刊》第 7 輯，上海人民出版社，2010 年，第 154—155 頁。
③ 司馬遷在不同場合對此有不同的指稱：《秦始皇本紀》中謂"書同文字"或"同書文字"，《李斯列傳》中則稱"同文書"，《六國年表》稱"同天下書"。
④ 張標《阜陽出土〈倉頡篇〉的若干問題》，《河北師範大學學報》1990 年第 4 期，第 7 頁。
⑤ 〔漢〕許慎《説文解字》，中華書局，1963 年，第 315 頁。

'書同文字',《蒼頡》《爰歷》和《博學》,就是作爲全國統一的教科書加以頒布的。"①梁静先生提道:"《蒼頡篇》的初創應該是出於規範文字的需要,特別是秦代統一六國文字的需要。"②周飛先生在趙平安先生意見的基礎上提出"《蒼頡篇》是針對第三次'書同文'而作",並指出"《蒼頡篇》是秦統一文字的重要工具"。③

而對於"書同文"這項政策,以往的研究確實均着眼於字形。張標先生最早對此説提出質疑,認爲秦代的"書同文字"主要是"正用字",他對"正字形"與"正用字"有過如下論述:

> 正字形和正用字是完全不同的兩個概念和兩種方法。前者主要着眼於字的形體結構,後者主要着眼於字(詞)的意義用法;前者所要達到的目標是同一字形的使用要整齊劃一,後者所要達到的目標是在特定的語言環境中只能使用某個特定的字(詞);前者是在同一個字的不同寫法中確立規範,後者是在幾個音同音近的不同字(詞)中確定一個規範。④

張文提到"書同文字"應有"正用字"是非常準確的,不過將其視爲主要部分則略顯武斷。陳昭容先生在審視了相關文字材料及各家説法後提出"書同文字"包括"正字形"與"正用字"兩個方面的觀點。⑤ 里耶秦簡《更名方》發現以後,對於"書同文"包含"正用字"這一點已經毋庸置疑了,而且還發現了"正用語"的規定。《更名方》中與"正用字"相關的内容有:"[叚如故,更]假人""[□如故,]更錢□""大如故,更泰守""賞如故,更償責""吏如故,更事""卿如故,更鄉""[者]如故,更諸""酉如故,更酒""瀘如故,更廢官""鼠如故,更予人"。

"正用字"内涵的發掘不僅對"書同文字"而言是重要的補充,對與之相關的漢代的"正字"概念的豐富也具有重要的價值。本文結論的得出即與此密切相關。不過在提出結論之前,還應該討論一個重要的問題:異文。

二、"正字"當有"正用字"之義

文本在流傳過程中存在不同文本間用字不同的情況,這不僅與書寫習慣有關,還與

---

① 胡平生、韓自强《〈蒼頡篇〉的初步研究》,原載《文物》1983年第2期;後收入《胡平生簡牘文物論稿》(名爲"阜陽漢簡《蒼頡篇》的初步研究"),中西書局,2012年,第1頁。
② 梁静《出土文獻與〈蒼頡篇〉研究》,《簡帛》第10輯,上海古籍出版社,2015年,第264頁。
③ 周飛《蒼頡篇綜合研究》,清華大學博士學位論文,2017年,第2頁。
④ 張標《"書同文"正形説質疑》,《河北師範大學學報》1986年第1期,第40頁。
⑤ 陳昭容:《秦系文字研究》,"中研院"歷史語言研究所,2003年,第69—105頁。不過陳先生在綜合考察了戰國至漢初的文字使用情況後認爲"正字形"取得了極佳的成績,"正用字"則收效甚微。

通假字和異體字的使用以及受書寫者個人習慣影響造成的文本流動有關。就《蒼頡篇》而言,已知漢代簡牘本《蒼頡篇》有阜陽雙古堆漢墓出土簡本、北京大學藏漢簡本、水泉子漢墓出土七言簡本、斯坦因所獲習字簡本(以下簡稱"削衣本")、漢代木牘本,以及居延、敦煌等地漢代烽燧遺址發現的零星簡本。各出土本之間存在的異文很多。① 這些異文中有一些與字形有關,可視爲異體或異寫。

北大簡 1"冣□肄宜",漢牘本作"最穀肄宜"。北大簡整理者已經指出"冣"即"冣"字。對於"冣""最""聚"三字的關係,趙團員先生有過很好的梳理。他認爲:"以漢武帝時期爲限,此前'冣'與'聚'爲異體關係,而此後,'冣'與'最'相混。"②這是目前爲止最爲精準的考證。漢牘本此字"冖"下顯然有一橫畫,應該是"最"字。而按照趙團員先生的觀點,武帝以後,"冣"與"最"開始發生訛混。漢牘本的時代最遲可晚至東漢初,其作"最"正與趙説相合。如果與"書同文字"相比附,應該屬於"正字形"的方面。

不過各本《蒼頡篇》間的異文與文字使用相關的例子更多。其中一部分是因爲用字習慣的改換而形成的古今字。北大簡 2"馮奕青北","北"字漢牘本及削衣本均作"背"。關於"北",北大簡整理者僅引《説文》("乖也,从二人相背")及《玉篇》("方名")而無進一步的解説。從漢牘本及削衣本作"背"來看,北大簡"北"當爲"背"義。而在此意義上,"北"與"背"具有明確的古今字關係。《國語·吳語》"三戰三北",韋注:"北,古之背字。"③在目前所見秦簡中尚未見"背"字,而均以"北"表"背",如睡虎地秦簡《封診式·賊死》:"某頭左角刃痏一所,北(背)二所,皆從(縱)頭北(背)。"④其中的"北"即表"背"義,整理者亦將"北"括注爲"背"。漢代早期的簡帛文獻情況相同。馬王堆帛書不見"背"字,均以"北"表"背"。張家山漢簡"背"僅一見,確以之表"背",不過其形體爲左右結構,與西漢晚期以後的寫法不同。其餘均以"北"表"背",共 21 例。⑤ 而"背"在西漢後期才逐漸被應用。如居延漢簡 24.13 之人名"青背"。因此,漢牘及削衣本作"背"整體反映了此時由"北"到"背"的替換。阜陽簡此句不存,但是可以推想其當作"北"而非"背"。

此外,北大簡 9"飭端脩瀘",阜陽漢簡同;削衣本及居延漢簡"瀘"作"法"。北大簡 21"坐罷謢求",漢牘本"罷"作"遷",均與"北""背"的情況相同,屬於因爲用字習慣的改變而形成的古今字。

更爲普遍存在的異文則與通假字的使用相關。北大簡 4"長緓肄延",漢牘本"緓"作

---

① 同樣,《急就篇》流傳至今,也形成了多個版本系統,各本間的異文情況也十分突出。
② 趙團員《"冣""最"形音義考》,《語言學論叢》第 61 輯,商務印書館,2020 年,第 156 頁。
③ 上海師範大學古籍整理組校點《國語》,上海古籍出版社,1978 年,第 627 頁。
④ 陳偉主編《秦簡牘合集(釋文注釋修訂本)(壹)》,武漢大學出版社,2016 年,第 285 頁。
⑤ 申月《〈張家山漢簡〉用字研究》,青島大學碩士學位論文,2016 年,第 9 頁。

"援"。北大簡整理者已經指出"本句此四字皆有於空間、時間伸展之意"。① 從此四字來看,其説可信。而"援"字《説文》謂其本義爲"引",這從先秦兩漢傳世文獻的用例來看是基本接近事實的。秦漢簡牘"援"字亦同,如張家山漢簡《奏讞書》簡155"吏、新黔首皆弗救援,去北"②所用即爲其本義之直接引申。因此,漢牘本此處用"援"當視爲通假字。

北大簡5"便倢巧亟",漢牘本同,削衣本"倢"則作"接"。《説文》:"倢,疾也。"此與"便""巧""亟"三字義近。"接"則爲"交接""接續"義,在秦及漢初簡帛中常用本義。如馬王堆漢簡《天下至道談》:"八種:一曰接手……五曰交股……"③"交""接"義近。削衣本"倢"作"接"顯然是用通假字。由於傳世文獻常以"捷獵"之"捷"表"倢",而"捷""接"在傳世文獻中相通之例甚多,《荀子·大略》"先事慮事謂之接",楊倞謂:"接,讀爲'捷',速也。"④又《爾雅·釋詁》"際、接、翜,捷也",郭璞:"捷謂相接續也。"⑤雖然"捷"在此處表"接續"還是"迅捷"尚有争議,⑥但是兩字間的密切關係是無法否認的。⑦

北大簡8"海内幷廁",阜陽漢簡同;水泉子漢簡及漢牘本"幷"字則分别作"屏"與"屏"。《急就篇》"分别部居不雜廁",顯然"幷廁"與"雜廁"義近。《玉篇》謂:"幷,雜也。"而"屏"與"屏"的本義爲"蔽",⑧即"藩屏"之義。《急就篇》:"屏廁清溷糞土壤。"前四字爲同義連用。而在秦漢簡牘中"屏"亦多作爲此義出現。如睡虎地秦簡《日書乙種·圂忌日》"凡癸爲屏圂,必富",⑨居延新簡EPT59:41"候樓無屏",皆用爲此義。當然,此"屏"亦當由"蔽"義引申而來。因此本句"屏(屏)"顯然爲通假字。

北大簡9"百越貢織",削衣本作"百越貢識",居延漢簡作"佰越貢識",漢牘本第五章

---

① 北京大學出土文獻研究所編《北京大學藏西漢竹書(壹)》,上海古籍出版社,2015年,第74頁。
② 張家山二四七號漢墓竹簡整理小組編著《張家山漢墓竹簡〔二四七號墓〕(釋文修訂本)》,文物出版社,2006年,第104頁。
③ 裘錫圭主編《長沙馬王堆漢墓簡帛集成(陸)》,中華書局,2014年,第168頁。
④ 王天海《荀子校釋》,上海古籍出版社,2006年,第1051頁。
⑤ 郝懿行《爾雅義疏》,上海古籍出版社,1983年,第310頁。
⑥ 郝懿行已經指出翜字與際、接義異而同訓捷。
⑦ 馬王堆帛書《戰國縱横家書·謂燕王章》"王何不使可信者棲收燕、趙",其中的"棲"字《戰國策·燕策》及《史記·蘇秦列傳》均作"接"。對於這個異文,整理者認爲是通假的關係;裘錫圭先生則認爲"棲"爲"捷"之訛寫,而傳世本作"接"則應爲與"捷"音近而致誤,參氏著《中國出土古文獻十講》,復旦大學出版社,2004年,第381—382頁。這自然也是"捷""接"關係密切的又一有力證據。
⑧ 《説文》:"屏,蔽也。""屏,屏蔽也。"段玉裁認爲"屏蔽"中"屏"爲"複舉字之未刪者"。此二字形體接近,訓解相同。且在傳世文獻中"屏"基本不出現。邵瑛《説文解字群經正字》即認爲"二字音義俱同,蓋一字也"。參丁福保編《説文解字詁林》,中華書局,2014年,第8556頁。
⑨ 陳偉主編《秦簡牘合集(釋文注釋修訂本)(貳)》,武漢大學出版社,2016年,第518頁。

整理者作"佰越貢織"。① 此句上一句作"戎翟給賨"。"賨",《説文》謂"南蠻賦也"。《後漢書·南蠻西南夷列傳》:"漢興,改爲武陵。歲令大人輸布一匹,小口二丈,是謂賨布。"②則此句作"織"應當爲本用。《説文》謂:"識,常也,一曰知也。"因此削衣本及居延漢簡本此句作"識"爲通假字無疑。

以上所列僅爲簡牘本《蒼頡篇》異文中的一部分,我們曾對目前所見全部簡牘本《蒼頡篇》異文進行過考察,其中絶大部分與文字使用相關。如果同樣與"書同文字"相比附,這些與文字使用相關的異文應屬於"正用字"所規定的範疇。

雖然漢牘本的抄寫時代應晚於史游作《急就篇》的元帝時期,但是史游能夠見到的《蒼頡篇》文本無疑要比我們今天所見更多。顯然,當史游在以《蒼頡篇》爲藍本進行《急就篇》的編纂時也必然會面臨這樣的一個問題:即《蒼頡篇》文本衆多,異文複雜,具體某一"詞"所對應的文字需要進行選擇。畢竟作爲字書,文字的選用是最基本也是最重要的問題。而這裏選擇的標準應即《漢志》所謂的"正字"。

對於通假字與本字來説,"正字"當然是指本字而言的。對於古今字之間的異文,還需要作進一步的分析。張世超、張玉春先生在討論秦簡中的文字使用時曾指出:

> 這些字,或者從文字學的角度看,屬於假借,或者僅僅是從後代的角度看,是没有用應當的字。實則它們各當是當時書面語中相應詞義的合法代表者,儘管他們中的一些所表達的意義與字的形態結構所反映的意義不合,却是爲社會所承認、接受的。反之,則即使字所代表的意義與形體結構相合,也要造成交際上的困難,甚至混亂。③

洪誠先生也認爲:"訓詁學的正字借字有時代性,看一個字在一個文句中是不是假借字,決定於它是不是合於當時最通行的用法。例如以灋爲廢通行於金文,灋字在金文中就是廢棄之廢的正字,因爲殷周金文中没有廢字。"④可以想見,在面對用字習慣發生改變的"詞"時,史游應該是會選用與當時用字習慣相當的文字作爲"正字"的。

考慮到簡牘本《蒼頡篇》中廣泛存在的與文字使用相關的異文,以及"書同文字"中的"正用字",我們認爲《漢志》中的"《蒼頡》中正字"應與文字學中的"本字"概念相關。《説文解字叙》在述及宣帝時的正字活動時謂:"小學不修,莫達其説久矣。""莫達其説"

---

① 最後一字圖版不清,整理者釋爲"織",當是根據北大簡而補,從削衣本及居延漢簡均作"識"來看,其作"識"的可能似乎更大。
② 《後漢書》卷八六《南蠻西南夷列傳》,中華書局,1965年,第2831頁。
③ 張世超、張玉春《秦簡文字編·漢語言書面形態學初探》,中文出版社,1990年,第25—26頁。
④ 洪誠《洪誠文集·訓詁學》,江蘇古籍出版社,2000年,第34頁。

似包含着對本義的考察。前述邢義田及張標兩位先生均曾提到《説文》將《蒼頡篇》中的文字奉爲"正字",這是正確的,而我們知道許慎在《説文》中所選擇的文字均是力圖使字形與詞本義對應的,這種做法也爲我們的判斷提供了有利的支持。

當然,上面的結論並不否認《漢志》所載"《蒼頡》中正字"與字形的關係,雖然據陳昭容先生的考察,秦代"書同文字"對"正字形"取得了較大成功(參前文所引陳先生觀點注釋),但是到了漢代,文字的異寫現象仍然是廣泛存在的。這在兩漢簡牘中有清楚的體現。因此,這裏的"正字"仍然如"書同文字"有"正字形"一樣會與字形有關。而我們的結論在以往"正字形"的認識之下增加了"正用字"的內容,豐富了《漢志》中所謂的"正字"的内涵。

三、王國維輯《急就篇》入《蒼頡篇》平議

對於王國維將《急就篇》悉數輯入《蒼頡篇》的做法,前述王重民先生最早提出了反對,除了已經討論過的"正字"問題外,他認爲:"所輯《急就篇》千六百十八字,字字頓具強烈之危險性。"[①]王國維據《急就篇》"援橐錢穀主辨均"(或作"遠取財物主平均")所輯之"均"字,王重民先生認爲即存在問題,因爲據載賈魴《滂喜篇》結尾止於"彥均"二字,則"'均'爲《三蒼》七千三百八十字之末一字,《三蒼》無複字,則'均'字爲李、趙所不收,賈魴所增續,灼然明白"。[②]

對於王氏的意見我們可稍作分析:首先,可以確定的是通過考察漢簡本《蒼頡篇》可知,無論是二十章本還是五十五章本都是存在複字的,據《漢志》,揚雄在順續《蒼頡篇》時才將其中的複字進行了替換,也就是説史游在作《急就篇》時是不能排除《蒼頡篇》有"均"字的。其次,據傳世文獻所載,僅可知至《訓纂篇》時無複字,賈魴作《滂喜篇》是否一定與此前文字絕無重複,史未見載。再次,在漢牘本第廿一章中有"贍頌緊均"一句,雖然不同文本間用字或有差異,不過至少説明五十五章本《蒼頡篇》中很大可能是有"均"字的。再如《顏氏家訓·書證篇》有"漢兼天下,海內并廁。豨黥韓覆,畔討滅殘"四句,王國維據此輯入上卷,然而其又自注謂:"《急就篇》出'漢''內''并''廁''韓'五字。案此四句雖非李、趙、胡母本文,猶當爲漢初閭里書師所益,故《急就篇》取其字。《顏氏家訓》亦云'《蒼頡篇》李斯所造,而云漢兼天下'云云,可知此非揚雄《訓纂》以下語。"[③]王

---

① 王重民《蒼頡篇輯本述評》,《輔仁學志》1933年第1期,第12頁。
② 王重民《蒼頡篇輯本述評》,《輔仁學志》1933年第1期,第11頁。
③ 王國維《重輯〈蒼頡篇〉》,《王國維遺書》第7册,第1頁。

重民先生認爲此説"斯益彌補自説之不通矣,顏之推知非李、趙本文,以爲後人所羼,固未嘗指爲閭里書師所益也"。① 兩人矛盾的焦點是此四句爲"閭里書師"所加還是揚雄或賈魴所加,關於此四句的問題,我們曾有專門討論,綜合來看,仍以王國維的判斷更近事實。② 但是也要指出的是,即便如此,他判斷此"非揚雄《訓纂篇》以下語"的證據其實是不足的,因此,在當時的認識水平下,王重民的批評也不無道理。

　　王重民先生之後,對王國維輯《急就篇》入《蒼頡篇》給予關注的是林素清與張標兩位先生。此時居延漢簡、敦煌漢簡中的《蒼頡篇》殘簡已經公布,尤其是阜陽漢簡《蒼頡篇》文本的公布爲解決此問題提供了更多的綫索。林氏認爲解決《蒼頡篇》與《急就篇》的關係首先應從文字入手:"在逐字對照之下,可以證明兩書用字相同的部分很多,阜陽所存五百四十個《蒼頡》文中,同見於史游《急就篇》的就有二百七十餘,占百分之五十以上。若以出現在同一部首的字來比較,則又發現兩書所取用字的標準並不很一致。"③其後一判斷的依據是以"疒""广""黑""鼠"四個部首爲例,考察《蒼頡篇》與《急就篇》中此四部文字並見的情況。考察結果是兩書中"疒""广"兩部字均較多出現,但是《蒼頡篇》殘簡中所見十一個从"黑"之字均未見於《急就篇》,"鼠"部字的情況也近似。因此林文認爲"這些例子,似乎又很明顯地表現出兩書取字上頗有不同,一般説來,《急就》用字多以漢代慣用字爲主。因此,王國維《重輯蒼頡篇》的方法,實在仍有商榷的必要"。④ 顯然,林文對王氏將《急就篇》盡數輯入《蒼頡篇》的做法也是不贊同的。其理由自然也是不認同《急就篇》用字皆出自《蒼頡篇》。不過,《急就篇》字數少於《蒼頡篇》,因此見於後者而未爲前者所收從邏輯上看是完全可能的。林文的判斷仍存在瑕疵。

　　張標先生則完全認同王國維的做法。他統計了阜陽漢簡《蒼頡篇》中的文字 319 個,與《急就篇》進行核對,發現見於《急就篇》的有 140 字,相合比例爲 44.5%。謂:"《倉頡》3300 字,《急就》據皇象本 31 章,章 63 字,凡 1953 字。以阜陽殘簡和《急就》相合的比例推算,《急就》中字全部出於《倉頡》是完全可能的。以前王國維在重輯《倉頡篇》時,在卷上部分主要依據的是《急就》。阜陽《倉頡》和《急就》相合的事實,再一次證實王氏的做法是極有見地的。"⑤我們認爲張文的判斷存在漏洞。首先,阜陽漢簡存字 541 個,而他選取的是其中的 319 個,這就使得統計的價值大打折扣。其次,統計得出的結果是相合者比例 44.5%,這個數值顯然是不足以證明"《急就》中字全部出於《倉頡》是完全可

---

① 王重民《蒼頡篇輯本述評》,《輔仁學志》1933 年第 1 期,第 11—12 頁。
② 白軍鵬《蒼頡篇文本研究三題》,《歷史文獻研究》第 49 輯,廣陵書社,2022 年,第 99—110 頁。
③ 林素清《蒼頡篇研究》,《漢學研究》1987 年第 5 卷第 1 期,第 70 頁。
④ 林素清《蒼頡篇研究》,《漢學研究》1987 年第 5 卷第 1 期,第 70 頁。
⑤ 張標《阜陽出土〈倉頡篇〉的若干問題》,《河北師範大學學報》1990 年第 4 期,第 10 頁。

能的"。

如何判斷王氏的輯佚,首先應解決《急就篇》中文字是否全出自《蒼頡篇》這一問題。胡平生先生謂:"《蒼頡篇》對後代字書影響很大,《漢書·藝文志》說史游作《急就篇》,李長作《元尚篇》,'皆《蒼頡》中正字也'。《急就篇》的許多詞句都與《蒼頡篇》相似,像'勉力務之必有喜',就是從《蒼頡》中套過去的。"① 雖然未明確說明其態度,但從其表述來看應是持贊同意見的。周飛先生在引述《漢志》中相關文字後謂"可知史游《急就篇》之字皆取自《蒼頡篇》"。② 與胡平生先生說法同,而這也是目前學界的主流看法。

我們不妨再考察《漢志》相關的敘述:"武帝時司馬相如作《凡將篇》,無復字。元帝時黃門令史游作《急就篇》,成帝時將作大匠李長作《元尚篇》,皆《蒼頡》中正字也。《凡將》則頗有出矣。"在前面重新分析了"正字"的含義後,此段記載其實仍有兩解:一是《急就篇》《元尚篇》等所收文字均出自《蒼頡篇》,不過在字的選擇上使用了"正字";二是《急就篇》等所收文字部分出自《蒼頡篇》,這些字均爲《蒼頡篇》的"正字"。

從實際情況出發,即使相信前一種理解,也無法完全否定《急就篇》中的文字有出《蒼頡篇》之外者。《急就篇》對《蒼頡篇》是經過了很徹底的改造的。從句式到文字分布都有很大變化。③ 在這一過程中極易摻入《蒼頡篇》以外的文字。《漢志》的記載也許本來就過於絕對,我們以《千字文》的情況爲例,據載其"一千字不重"。不過,統計下來仍然有六字重見。④

而對於王氏這種輯佚效果,我們認爲即使承認《急就篇》文字均出自《蒼頡篇》也仍然沒有太大意義。王氏在重輯《蒼頡篇》時已經得見敦煌漢簡中的《蒼頡篇》殘簡,知其文字排列與《說文》不同。而打亂《急就篇》的順序將其按《說文》部首及文字的順序輯入《蒼頡篇》意義實在是不大。而且需要注意的是清人所輯《蒼頡篇》或《三蒼》等內容均帶有杜林、揚雄、張揖、郭璞的訓解,因此其價值也並不在於輯入多少單字,更多的是這些訓解所帶來的學術價值,而這也是將《急就篇》輯入《蒼頡篇》所不具備的條件。

附記:原載《勵耘語言學刊》2023 年第 2 輯。

---

① 胡平生《阜陽漢簡〈蒼頡篇〉的初步研究》,《胡平生簡牘文物論稿》,第 9 頁。
② 周飛《〈蒼頡篇〉綜合研究》,第 97 頁。
③ 可參拙文《與時俱進的〈急就篇〉》,《光明日報·國學版》2022 年 8 月 27 日。
④ 陳黎明、張晗《"三百千"的用字及其流向》,《漢字文化》2010 年第 1 期。

"咸"與"箴"字際關係考論*
——兼論《周易·咸卦》本義

黄甜甜

華中師範大學文學院

漢語字詞關係的研究是近一二十年來語言文字學領域重要的學術方向之一。考察字的職能和詞的用字是這方面研究最基本的視角。[①] 當一個字對應多個詞項,那些實際見於古書,但大型工具書常常失收的詞項,就成爲該字職能考察過程中應當格外重視的工作。這類詞項被工具書失收,或因詞項生僻,古書用例極少,被前人忽視;或因前人尚未正確揭示出背後複雜的字詞關係,詞項來源不明,暫且擱置不收。

上古音中,"咸"字匣母侵部,"箴"字章母侵部,二字聲母有一定距離,而古書中又確有"咸"用作{箴}的用例,[②]該如何解釋二者的字際關係,一般認爲因牙喉音和章組之間存在特殊的諧聲關係而可通假。出土文字材料的日益增多,爲我們重新認識二者的字際關係帶來了契機,字形的混同亦可能是造成這種用字現象的重要原因。

一、古書中{箴}的用字

先討論古書中"咸"可用作名詞義"箴/針"和動詞義"箴誡"的{箴}。從文獻用例來看,"鍼"字相對晚起,"箴"與"鍼"構成古今字,以下討論將"鍼"包括在内。前人對二字

---

* 本文是國家社科基金冷門"絶學"項目"基於出土文獻的《詩經》文本用字研究"(19VJX123)階段性成果。
[①] 李運富《論漢字職用的考察與描寫》,《上海師範大學學報(哲學社會科學版)》2017年第1期,第7—9頁。文中將"語符"細分爲"詞音""詞項""詞位""詞族","詞項"和"詞位"即一般所言的"詞"。
[②] 本文遵從裘錫圭《文字學概要》的標注法,用"{ }"標示漢字在文本中表示的詞項和詞位。

關係的認識,多圍繞《左傳》襄公二十四年的人名"鍼宜咎"於《公羊傳》寫作"咸宜咎",《經典釋文》在"咸"字下注明:"本又作鍼。"

《尚書·立政》亦有"咸"用作{箴}的辭例:

> 周公若曰:"拜手稽首,告嗣天子王矣。"用咸戒於王曰:"王左右常伯、常任、準人、綴衣、虎賁。"

傳統注說一般將"咸"訓作"皆",①放諸文意明顯不通。楊筠如《尚書覈詁》已經意識到此處"咸"有"箴誡"義,指出"咸,疑即'箴'之假字"。②

出土文獻中,同樣出現了"咸"可用作{箴}的辭例。安大簡《詩經·黃鳥》"誰從穆公,子車咸虎","子車咸虎"在《毛詩》作"子車鍼虎"。整理者不僅引用了《左傳》"鍼宜咎"人名異文爲據,還徑直說:"'咸''鍼'諧聲可通。"③

詞的用字考察同樣是研究字詞關係的重要視角。《說文》竹部:"箴,綴衣箴也。從竹,咸聲。"姑且不論許慎的構形分析是否合理,從古書各種用例來看,"箴"亦作"鍼",本義指針,針刺、箴誡和規勸等動詞義從本義引申而來。在表示{箴}時,出土文獻中還有如下一些字和用例,分析這些字形,有助我們對"咸"爲何能用作{箴}的認識。

(1) 廼命辟御□□□率共厥事,念之哉,毋我狎,朕唯箴汝:…… （清華簡《廼命一》簡1）

(2) 鬬以箴、鈦、錐,若箴、鈦、錐傷人,何以論？ （睡虎地秦簡《法律答問》簡86）

(3) 昔者仲尼箴(箴)徒三人、弟徒五人…… （上博簡《君子爲禮》簡10）④

(4) 余命汝戠(箴)左卿為大史。 （叔夷鎛,《集成》285.4）⑤

(5) 大工尹脽以王命命集尹悼糈,戠尹逆,戠令阬,爲鄂君啓之府造鑄金節。

（鄂君啓舟節,《集成》12113B）⑥

(6) 唯朕□□□織(箴)教汝:…… （清華簡《攝命》簡28—29）

(7) 湯反復見小臣,歸必夜。方惟聞之乃織(箴):…… （清華簡《湯處於湯丘》簡4）

---

① 〔漢〕孔安國傳,〔唐〕孔穎達正義,黃懷信整理《尚書正義》,上海古籍出版社,2007年,第683頁。
② 楊筠如《尚書覈詁》,陝西人民出版社,2005年,第394頁。
③ 安徽大學漢字發展與應用研究中心編,黃德寬、徐在國主編《安徽大學藏戰國竹簡(一)》,中西書局,2019年,第110—111頁。
④ 蘇建洲較早將該字與包山楚簡157號簡的字形聯繫起來,何有祖讀作"箴",參見俞紹宏、張青松《上海博物館藏戰國楚簡集釋》第5冊,社科文獻出版社,2020年,第222頁。
⑤ 釋文采自《殷周金文集成(修訂版)》,此處隸定和讀法有改動。
⑥ 釋文及研究史參見趙思木《鄂君啓節銘文集釋》,高文出版社,2018年,第141—145頁。

(8) 正百有司,胥訓胥教,胥哉(箴)胥謀,各圖厥永。　　　(清華簡《芮良夫毖》簡18)

(9) 郾侯庫彝天畏人,哉(箴)教□妥。　　　(郾侯庫彝,《集成》10583)

除鄂君啟節有官名"裁(箴)尹",葛陵簡271和曾侯乙墓竹簡152等處亦有"裁(箴)尹",包山簡157則有疑似官名的"舟裁(箴)"。此外,荊門左塚出土戰國漆梮中亦有辭例"怨哉(箴)"。①

二、{箴}用字的文字學分析

上述用例中,前兩條直接用"箴"字,其他條用字的字形較爲複雜,歸類後羅列字形如下:

A	1.《廼命一》簡1	2.《法律答問》簡86	3.《君子爲禮》簡10
B1	4. 齊·叔弓鎛	5. 鄂君啟舟節	10. 葛陵零271
B2	11. 曾侯乙墓簡152	12. 包山簡157	
B3	6.《攝命》簡29	7.《湯處於湯丘》簡4	
C	8.《芮良夫毖》簡18	9. 燕·郾侯庫彝	13. 左塚楚墓漆梮
D	14. 楚帛書		

---

① 釋文參見朱曉雪《左塚漆梮文字匯釋》,復旦大學出土文獻與古文字研究中心網,2009年11月10日。

A 類字形已經完全从"竹"。B1 一般被學界隸定爲"𢧵",B2 在 B1 基礎上增加了"宀"旁,B3 增加了"口"和"宀"旁。① C 形不从"糸"而从"口"。D 在 C 形基礎上增加了左旁"鹽"。② 趙平安分析 B1 字形爲从"个"从"烖","烖"的繁體即毛公鼎从"糸"从"戉"的"𢧵"(即"緘"字),而"个"字則是"達"字的初文,象治病的針砭。演變成"箴",則是左上角"个"與"竹"形近,被誤解爲"竹"之省,後來繁化爲竹字頭。③ 宋華強引述陳劍觀點,認爲 B1 从"个"从"緘",整字省去"糸"的"𢦏"旁變成了能產的聲符;又因信從裘錫圭"丨"爲"針/鍼"字初文的觀點,推測"个"不是"針/鍼"字初文,而是"尖"的表意初文。④ 鄔可晶和施瑞峰從音理上否定了"丨"爲"針"字初文的觀點,主張"𢧵"所从"个"可能正是"鍼石"之"鍼/針"表意初文。⑤

　　我們認爲 B1 从"糸","𢦏"聲,整字未知其構形本義,但在文獻中多用爲{箴}。"𢦏"是一級聲符,二級聲符"个"確實是"鍼石"之"鍼/針"表意初文,⑥所以一級聲符讀音在"鍼/針"的上古音章母侵部。⑦ 而"𢦏"字的構形方式,大概與古文字"載""𢧵"所从的"𢦏"一樣,聲符在左上角。此外,C 形大概受到形近的"咸"字類化,改爲从"口""𢦏"聲。A 形上部雖然已經完全類化从"竹",前 2 條下部从"咸",第 3 條的下部則仍从"糸"从"戉",接近 B1。⑧

　　近年來,出土文獻的日益豐富,更加證明諧聲和通假的音近標準宜嚴不宜寬,聲母和韻部都要有相近關係。⑨ 上古音中,"咸"字所屬喉音匣母和"箴"字所屬舌音章母有一

---

① 鄔可晶、施瑞峰懷疑第 7 條的宀旁从"个"形變而來,參見鄔可晶、施瑞峰《說"朕""灷"》,《文史》2022 年第 2 輯,第 16 頁。
② 徐在國《楚帛書詁林》,安徽大學出版社,2010 年,第 946 頁。
③ 趙平安《"達"字"針"義的文字學解釋——從一個實例看古文字字形對詞義訓詁研究的特殊重要性》,《語言研究》2008 年第 2 期;趙平安《箴字補釋》,《青銅器與金文》第 1 輯,上海古籍出版社,2017 年。
④ 宋華強《楚文字資料中所謂"箴尹"之"箴"的文字學考察》,《古文字研究》第 29 輯,中華書局,2012 年,第 603—615 頁。
⑤ 鄔可晶、施瑞峰《說"朕""灷"》,《文史》2022 年第 2 輯,第 17 頁。
⑥ 本文核心觀點據拙文《周易咸卦卦名及爻辭新證》改寫而成,原文發表於 2019 年第十屆中國國際易道論壇。改寫時發現鄔可晶和施瑞峰也已指出"个"可能是"鍼石"之"鍼/針"的表意初文,但該文重心不在此字,而且沒有論及和解釋匣母侵部的"咸"爲何能用作章母侵部的"箴"。
⑦ 趙平安和宋華強文中都曾將"个"與甲骨文从止从"个"的字進行繫聯,推測後者的讀法和用法,限於篇幅,本文暫不推進這一工作。甲骨卜辭中从"个"从止之字的具體讀法,待考。
⑧ 見於楚帛書的 D 形較爲特殊,辭例爲"其味鹹",只可能是匣母侵部,聲符本當是"咸"。考慮到戰國時期幾乎各系文字中"𢦏"旁參與構字的頻率不低,楚帛書該字本來的聲符"咸"被其反向類化的可能也是偶然會存在的。字形采自李零《子彈庫帛書(下册)》,文物出版社,2017 年,第 85 頁。
⑨ 張富海《諧聲假借的原則及複雜性》,《嶺南學報》復刊第 10 輯《出土文獻:語言、古史和思想》,上海古籍出版社,2018 年。

定距離,並不符合一般諧聲和通假的音近規則。古書中"咸"可音近通假的字幾乎全在牙喉音侵談部。① 雖然自董同龢 1948 年發表的《上古音表稿》以來,不少學者研究過舌音和章組字的特殊諧聲關係,②但據鄭妞《上古牙喉音特殊諧聲關係研究》一書新近的系統梳理:《說文》中从"咸"得聲的字有 14 個,除了"箴""鹹""葴"三字和章組字有關聯,其他 11 字都明確屬牙喉音。"葴"的章母讀音可能是從"箴"字讀音類推而來,剩下的只有"箴"與"鹹"這對古今字。根據"箴"與"審"的異文和音近關係,關於"箴"可以確定的是上古屬於舌音章母字,至於爲什麽从"咸"得聲,她的推測是在爲這個讀音造字時找不到合適的聲符,章母侵部字的聲符只有"占"聲,已有"笘"字,所以不可用,只有借用音近的"咸"作聲符。③ 明確強調"箴"在上古是舌音章母,這是鄭説合理之處。但是,"咸"與"箴"畢竟只是韻部相同,用韻部音近説來解釋"箴"的聲符來源,違背了其書中遵從的"聲韻皆近才爲音近"原則。

結合上文的構形分析,"箴"字可能本身不从"咸"得聲,而是在如前引 C 類从"口""戈"聲字的構形基礎上,左上角的"个"被類化成常用的"竹"旁,最終訛爲"箴"形這種寫法。因此,嚴格意義上,"咸"與"箴"本不構成諧聲和通假關係,而是因爲字形的混同造成"箴"字被誤認爲从竹,咸聲。再進一步,書手在書寫{箴}時,省略形旁,可能就直接寫作"咸"字。在漢語字詞關係史上,自然就導致匣母侵部的"咸"在字符職能上還能表示章母侵部的{箴}。這應當是漢語字詞關係發展史上的一種因爲形體混同造成的字符職能增加的現象。④

三、據{箴}的用字校讀《周易·咸卦》

《周易》咸卦卦爻辭中的"咸"歷來的解釋都是從匣母侵部"咸"出發尋找音近可通假之字。基於上文的推論,如果藉助"咸"與"箴"這組特殊的字際關係去推理,可能得出新的解釋。

《周易》咸卦卦辭爲:

咸:亨,利貞,取女吉。

---

① 張儒、劉毓慶《漢語通用聲素研究》,山西古籍出版社,2002 年,1020—1021 頁。
② 研究回顧參見鄭妞《上古牙喉音特殊諧聲關係研究》,北京大學出版社,2021 年,第 48—49 頁。
③ 鄭妞《上古牙喉音特殊諧聲關係研究》,第 93—97 頁。
④ 葉玉英歸納過一類"誤把訛混之字當作假借字"的情況,與本文討論此類現象的性質較爲接近。參見葉玉英《談談〈簡帛古書通假字大系〉中值得商榷的字詞關係問題》,《漢語字詞關係研究(二)》,中西書局,2021 年。

爻辭爲：

> 初六：咸其拇。
>
> 六二：咸其腓，凶；居，吉。
>
> 九三：咸其股，執其隨，往，吝。
>
> 九四：貞吉，悔亡。憧憧往來，朋從爾思。
>
> 九五：咸其脢，無悔。
>
> 上六：咸其輔、頰、舌。①

"咸"在馬王堆帛書和上博簡《周易》作"欽"。清華簡《別卦》相應卦名寫作"慸"。②
自《易傳》開始，歷代學者一般將"咸"讀作與其諧聲的"感"字，如《彖傳》：

> 咸，感也。柔上而剛下，二氣感應與相與。止而說，男下女，是以"亨，利貞"，"取女吉"也。天地感而萬物化生，聖人感人心而天下和平。觀其所感，而天地萬物之情可見矣。

後世重要的易學家，如鄭玄、虞翻和孔穎達等人多從此說。清代以後，開始有學者另立新說，如王引之根據《雜卦傳》"咸，速也"，主張卦名"咸"有急速之義。③

現代學者提出的新說更多，高亨主張"咸"有斬傷之義：

> 余謂咸之初義當訓斬也，從戌，戌、戉古本一字，大斧也，口象物形，以戌斬物之狀也。《書·君奭》："咸劉厥敵。"《逸周書·世俘篇》："咸劉商王紂。"咸劉猶言斬戮耳。本卦咸字皆斬傷之義。④

周策縱則主張《周易》經文中有針灸醫術的記錄，咸卦卦爻辭中的"咸"就是針刺的"針"字。他提出了五條證據：第一，現今通用的"針"字，古代也寫作"箴"或"鍼"。第二，"咸"就是古代"箴""鍼"和"針"字，如《左傳》的人名"鍼宜咎"，《公羊傳》寫作"咸宜咎"。第三，"咸"與"箴""鍼"上古音極近。第四，在字源和古義方面，"咸"在先秦有刺傷的意思，如《書·君奭》"咸劉厥敵"和《逸周書·世俘篇》"咸劉商王紂"。第五，《尚書》和《山海經》中多次出現的人名"巫咸"與針刺醫術有關。而且，咸卦中所針刺的身體部位（拇、腓、股、脢、輔），在後世醫術中幾乎都能找到對應的穴位。爻辭中包括針灸醫術相關內

---

① 今本、馬王堆帛書本和上博簡本《周易》咸卦卦爻辭的對比，參見侯乃峰《〈周易〉文字彙校集釋》，臺灣古籍出版有限公司，2009年。
② 清華大學出土文獻研究與保護中心編，李學勤主編《清華大學藏戰國竹簡（肆）》，中西書局，2013年，第130頁。
③ 王引之《經義述聞》，江蘇古籍出版社，1985年，第64頁。
④ 高亨《〈周易〉古經今注》，清華大學出版社，2004年，第298—300頁。

容的,除了咸卦外還有艮卦,説明此例並非孤證。①

當代學者中,黄懷信主張"咸"可讀作"撼"。② 李零根據上博簡《周易》和馬王堆帛書《周易》咸卦爻辭中的"咸"都寫作音近的"欽",而"欽"有禁止之類的意思,推論"咸"當讀作"緘":

> 《説文解字·系部》:"緘,束篋也。"緘有封、束之義。此卦上六《小象》"咸其輔頰、舌,滕口説也"亦可證明,這個"咸"字應讀"金人三緘其口"(見《金人銘》)的"緘",引申義是束縛、控制。欽與禁古音相近,或與禁字通假,禁也有這類含義。這才是卦名的正確讀法。③

禤健聰則進一步指出,楚簡中的{禁}一般也用"欽"字表示,因而:

> 咸卦卦爻辭之"咸"可訓釋爲"捡/擽"。《説文》:"捡,急持衣䘳也。从手、金聲。捡或从禁。"又:"鈙,持也。从攴、金聲。"段注:"此與捡義略同。"徐灝注箋:"粤語,以手按物曰鈙。""捡/擽"義爲執持、鉗制、按壓。④

此外,黄沛榮主張《彖傳》"咸,感也"可參考《召南·野有死麕》"無感我帨兮"來理解,毛傳:"感,動也。"⑤王明和胡文輝等學者沿着相同思路,認爲"感"即觸動、觸碰之意,可進一步推測"咸其輔頰舌"暗指接吻。⑥

整體而論,《周易》卦爻辭涉及身體的動作行爲一般都是具體的,無論是將"咸"讀爲"緘",或者讀爲"捡/擽",放於爻辭之中,文意都顯得空泛,不一定合乎爻辭初始的意思。"咸"讀爲"感",訓爲"動",文意稍顯具體,但是王明等學者對上六爻辭的説法是否有過度詮釋之嫌疑,值得思考。上述諸説中,周策縱的説法較爲平實和具體。但是他所舉出的"咸"有刺傷義證據是辭例"咸劉厥敵"和"咸劉商王紂",這兩例"咸"一般認爲通作"戩","戩"有戩滅、滅絶之義。⑦

---

① 周策縱《〈易經〉裏的針灸醫術記録考釋》,《周策縱作品集 4:經典訓詁》,世界圖書出版公司北京公司,2014年。類似主張者還有蕭漢明《釋上海博物館藏戰國楚竹書〈易經〉豫、咸二卦》,《周易研究》2007年第 6 期;蘭甲雲、胡不群《論〈易經〉古經咸卦與古代巫醫及針療》,《周易研究》2014年第 3 期。
② 黄懷信《〈周易〉本經匯校新解》,清華大學出版社,2014年,第 108 頁。
③ 李零《死生有命 富貴在天:〈周易〉的自然哲學》,生活·讀書·新知三聯書店,2014年,第 186—187 頁。
④ 禤健聰《〈周易〉咸卦卦名及爻辭新詮》,第二届古文字與出土文獻語言研究學術研討會,西南大學、四川外國語大學,2017 年 10 月。
⑤ 黄沛榮《易學乾坤》,大安出版社,1998年,第 103 頁。
⑥ 王明《〈周易·咸卦〉新解》,《中國哲學》第 7 輯,生活·讀書·新知三聯書店,1982年,第 255—256 頁;胡文輝《接吻的中國史》,上海文藝出版社,2003年,第 24—25 頁。
⑦ 宗福邦、陳世鐃、蕭海波主編《故訓匯纂》,商務印書館,2003年,第 348 頁。

馬王堆帛書和上博簡《周易》咸卦中"咸"皆作"欽",清華簡作"慭",這些都是從匣母侵部的"咸"通假而造成的異文。古今學術史上,或者讀爲"感",或者讀爲"緘",或者讀爲"捻/撚",也都是從匣母侵部的"咸"通假而來。

倘若換種思路,由上文討論的先秦已見"咸"可用作{箴}的用字規律去考慮,除九四爻辭外,咸卦卦爻辭皆與針灸有關。那麽,周策縱所謂"咸"的針刺義其實來自本文討論的从口戉聲的字。《周易》文本成文時間相對較早,也許最初成文時咸卦卦名和爻辭用字正是从口戉聲,隨着"咸"可用作{箴}這種特殊用字習慣的出現,从口戉聲字逐漸被"咸"字取代。進而,上博簡、清華簡和馬王堆帛書等卦名和卦爻辭中"咸"的異文,都是立足匣母侵部的"咸"而出現的通假字。當然,我們的推測只是一種假説,爲主張咸卦與針灸相關的説法提供用字習慣上的支持。①

附記:校稿時發現,新近刊布的清華簡中也有與本文内容相關的字形。例如,《清華大學藏戰國竹簡(拾)·四告》簡 10 和簡 45 亦有用作{箴}的从竹从咸的字,讀者可參看。

---

① 中醫學角度從針灸觀點對咸卦的詳細解釋,參見李浚川、蕭漢明主編《醫易會通精義》,人民衛生出版社,1991年,第 68—70 頁。

清華簡《説命下》"罱"字考釋*
——兼論楚文字"爾"與"尒"的用字習慣差異

蘇建洲
彰化師範大學國文系

一

清華三《説命下》簡 3—4 云：王曰："……如飛雀罔鬼（畏）覾，①不惟鷹隼，廼弗虞民，厥其禍亦羅（罹）于罌（罨）罱。"②其中"罱"字形寫作：

整理者已指出是表示捕鳥的網的詞，可從。學者多分析爲从网尒（爾）聲，如李鋭、侯乃

---

* 本文爲專題計劃"清華簡《五紀》疑難字詞暨相關問題研究"的研究成果之一。
① "覾"的詞意理解參見鄔可晶《清華簡〈説命下〉的"覾"與賈誼〈新書·禮〉的"睚"》，[韓]朴慧莉、程少軒編《古文字與漢語歷史比較音韻學》，復旦大學出版社，2017 年，第 242—252 頁；又載氏著《戰國秦漢文字與文獻論稿》，上海古籍出版社，2020 年，第 211—219 頁。
② "罌（罨）"的釋讀是根據黃傑先生分析字形从"合"，張富海先生進而認爲是"罨"的異體字。參見黃傑《讀清華簡（叁）〈説命〉筆記》，簡帛網，2013 年 1 月 9 日。張富海《讀清華簡〈説命〉小識》，復旦大學歷史學系、復旦大學出土文獻與古文字研究中心《簡帛文獻與古代史——第二届出土文獻青年學者國際論壇論文集》，中西書局，2015 年，第 42 頁；後載氏著《古文字與上古音論稿》，上海古籍出版社，2021 年，第 89 頁。

峰先生均讀爲"籴",①孟蓬生、馮勝君先生讀爲"罬"。② 對於前說,張富海先生認爲古書中"爾"聲字確實有跟"米"聲字相通的例子,但似僅限於聲母屬明母的"彌"字跟"米"聲字相通。對於後說,張先生指出並沒有"爾(尔)"聲字跟"叕"聲字直接相通的例子,"㗊"能否讀爲"罬"恐怕還需要進一步論證。③ 張先生根據"爾(尔)"歸歌部,疑簡文"㗊"字讀爲羅網之"羅",或可能就是"羅"的形聲字寫法。④ 不過,張先生在後來出版的論文集又指出:"日母和來母的關係比較疏遠,此讀成立的可能性比較小。"⑤

謹按,《說苑·敬慎》:"成回學於子路三年,回恭敬不已,子路問其故何也？回對曰：'臣聞之,行者比於鳥,上畏鷹鸇,下畏網羅……'"《淮南子·兵略》訓："飛鳥不動,不絓網羅。"南朝宋鮑照《代空城雀》詩："高飛畏鷗鳶,下飛畏網羅。"從文意來說,將"㗊"讀爲"羅"是有道理的,不過二者聲母不近,加上"㗊"的前面的第三個字已是"羅"字,此處再用一個相對罕見的字形"㗊"表示{羅}還是比較特殊。另外,根據李建強先生的統計,"羅"字所表示的詞,都只讀來母,沒有其他聲母的證據。⑥ 這項結論或許過於絕對,⑦但仍有一定的參考價值,這也對"㗊"讀爲{羅}不利。

張富海先生指出,戰國中期的楚簡中,"爾"字已經與其簡體"尔"有了功能分化："尔"表示{爾},"爾"表示{彌}。{爾}與{彌}的中古聲母分別是日母和明母,讀音上有差異,這種分工或許正是讀音差異的反映。⑧ 其說可從,比如上博四《曹沫之陳》"今邦懸(彌)小而鐘愈大"、安大二《曹沫之陳》亦作"懸(彌)"、清華八《治邦之道》簡24"盜

---

① 李銳《清華簡3札記(三)》,孔子2000網站,2013年1月14日；侯乃峰《讀清華簡(三)〈說命〉脞錄》,簡帛網,2013年1月16日；後以"讀清華簡(三)《說命》脞錄"爲題,發表於《中國文字》新40輯,藝文印書館,2014年；收入氏著《逐狐東山——先秦兩漢出土文獻與古文字論集》,上海古籍出版社,2020年,第69頁。
② 孟蓬生《清華簡"罬"字試釋》,復旦大學出土文獻與古文字研究中心網,2013年5月13日；又紀念何琳儀先生誕辰七十周年暨古文字學國際學術研討會,安徽大學,2013年8月。馮勝君《清華簡〈尚書〉類文獻箋釋》,上海古籍出版社,2022年,第261、268頁注16。
③ "爾"與"叕"的主要元音有e、o的不同。
④ 張富海《讀清華簡〈說命〉小識》,復旦大學歷史學系、復旦大學出土文獻與古文字研究中心《簡帛文獻與古代史——第二屆出土文獻青年學者國際論壇論文集》,第43頁。
⑤ 張富海《讀清華簡〈說命〉小識》,《古文字與上古音論稿》,第91頁【編按】。
⑥ 李建強《來母字及相關聲母字的上古音研究》,中國社會科學出版社,2015年,第104頁。
⑦ 北大漢簡《周馴》"昔晉文君伐豊(曹),剋(克)之,而夷其宗廟。穿地三仞而得金匱焉,其【101】中有書曰'非駿勿駕,非爵(雀)勿䎡(羅)'",其中"䎡"即"羈",似可讀爲"羅"。參見許佳瑩《出土先秦秦漢文獻疑難讐語彙釋》,復旦大學碩士學位論文,2023年,第103—107頁。
⑧ 張富海《清華簡〈繫年〉通假柬釋》,李守奎主編《清華簡〈繫年〉與古史新探》,中西書局,2016年,第450—452頁；又載氏著《古文字與上古音論稿》,第106—108頁。亦可參見拙文《〈清華五·封許之命〉簡6"匿"字考》,《出土文獻》第14輯,中西書局,2019年,第116—126頁。

賊不爾（彌）"、清華九《治政之道》簡 18"盜賊之不爾（弭）"、清華六《鄭文公問太伯》甲本簡 11"臬（堵）之俞珥（彌）"，皆是"爾"表示{彌}的例證。楚系金文對應今本"芈"姓寫作"嬭"，①亦爲一例。因此清華十一《五紀》簡 3"有洪乃㞷，五紀有常"，整理者讀日母的"㞷"爲明母的{彌}是有問題的，簡文當讀爲"鎮"。②《古文四聲韻》中"熱"有作"茶"（5·14籀）的寫法，李春桃先生指出其下部應當是"尒"形，用以表音。③ 按："尒"記録的也是"熱"發生腭化音變之後的讀音，即 *ŋet＞ *net。這是用"尒"記録{爾}的一例。至於葛陵楚簡甲三：65 和乙四：30、32 用"爾"字表示第二人稱代詞{爾}。清華十《四告》簡 49—50："弋（式）卑（俾）曾孫龏（恭）爾明（盟）祀，宜爾祜福。"則用"爾"字表示第二人稱代詞{爾}。張富海先生以爲這兩個例外可能是因爲其年代較早。④ 其説當是，不過《四告》只有此例例外，其餘仍保持"尒"表示{爾}的寫法，恐怕也不能排除書手誤寫的可能性。可見若分析"㮈"爲从日紐的"尒"聲，確實不能讀爲《説文》分析爲从"米"聲的"眔"。⑤ 正好《包山》簡 100 有"爾"字作"㮈"，⑥文例是"以其敓涼滂與爾澤之故"，作爲地名用法，其讀音當與明母的"彌"相近，但是否爲"眔"的異體則不能確定。此外，上博七《君人者何必安哉》（以下簡稱《君人》）以及清華一《皇門》的字形偏旁，過去有釋爲"爾"和"卣"的爭議：⑦

《君人》： 甲本簡 9　　 乙本簡 9

《皇門》： 簡 3　　 、 簡 13

持釋"爾"説的學者將《君人》簡文讀爲"先君靈王乾溪云爾（爾）"。⑧ 但是根據上面提到

---

① 李守奎《楚文字編》，華東師範大學出版社，2003 年，第 686 頁；劉彬徽、劉長武《楚系金文匯編》，湖北教育出版社，2009 年，第 588 頁。
② 參見拙文《清華簡〈五紀〉字詞考釋五則》，《簡牘學與出土文獻研究》第 2 輯，商務印書館，2023 年，第 40—45 頁。
③ 李春桃《古文異體關係整理與研究》，中華書局，2016 年，第 127—128 頁。
④ 張富海《清華簡繫年通假柬釋》，《古文字與上古音論稿》，第 107 頁及 108 頁【編按】。
⑤ 孫詒讓曾討論過"敉""彌""弭"相通的問題。參見氏著《周禮正義》第 8 册，中華書局，2008 年，第 2032—2033、2074—2075 頁。可見"彌"與"米"屬同一通假系列。
⑥ 此字的討論參見拙著《〈上博楚竹書〉文字及相關問題研究》，萬卷樓圖書股份有限公司，2008 年，第 180—184 頁。
⑦ 參見拙文《也説〈君人者何必安哉〉"先君霝王乾溪云茜"》，简帛網，2009 年 1 月 10 日；拙文《釋〈君人者何必安哉〉"先君霝王乾谿云茜"以及"爾""卣"形混現象的再檢討》，《楚文字論集》，萬卷樓圖書股份有限公司，2011 年，第 138—152 頁。
⑧ 參見陳劍《清華簡〈皇門〉"爾"字補説》，《戰國竹書論集》，上海古籍出版社，2013 年，第 388—389 頁。另外，關於"乾溪"的相關討論，參見陳哲《據出土戰國至西漢文獻説"乾"的字詞關係及構形理據》，第三届漢語字詞關係學術研討會，東北師範大學，2023 年 7 月。

的用字習慣,此字若釋爲"爾"是不能讀爲{爾}的。贊同釋爲"茵"的學者中,以沈培、宋華強、李家浩、陳偉等幾位先生讀爲"云(殞)茵(命)"意思最爲通順,①可比對《左傳》成公十三年"天誘其衷,成王隕命"。不過,"茵"與"命"韻部並不相近,反而"彌"與"命"聲韻更爲接近。"彌"與"命"同爲明紐。"彌"是脂部,"令"和"令"聲字("命""零"等)有歸真部與耕部兩説,證據是《秦風·車鄰》第一章"鄰顛令"同押真部。《小雅·十月之交》"燁燁震電,不寧不令",電與令同押真部。在《楚辭·遠游》中,"零"又與耕部"征""成""情""程"押韻。"令"如歸爲真部,②則與"彌"聲韻關係十分密切。依此説,則《君人》釋文當作"先君靈王乾溪云(殞)茵〈爾-命〉",希望將來有新的材料能印證這樣的用字習慣。

將《皇門》此字釋爲"鷽"的學者認爲它與郭店《老子》甲本簡 27"𤔔(𩖎)"爲一字,並以後者在今本讀爲"鋭"爲定點,對《皇門》簡文進行通讀。筆者認爲《皇門》的字形跟郭店《老子》甲本"𤔔"並非異體關係。過去之所以認爲二者形體有關的原因之一是"尔"與"爾"是繁簡關係,作爲聲符皆可與"鋭"相通。但是根據上面的説明,楚文字中的"尔"與"爾"分屬不同的諧聲域,不能同時與"鋭"相通,何況它們皆與"鋭"的聲音不近(詳下)。更重要的是,目前楚簡材料中"𩖎"字已經多見,字形寫法及諧聲系列皆與"鷽"或"鷽"没有關係。"𩖎"字亦見於清華簡《治邦之道》簡 5"𩖎",整理者根據郭店《老子》甲本的文例將簡文讀爲"鋭士",可從。又清華簡《畏天用身》簡 2:"曲出者(諸)囩₌(圓,圓)生𩖎₌(鋭,鋭)生利。"整理者也是根據郭店《老子》甲本的異文將"𩖎"讀爲"鋭"。"𩖎"字作"𩖎"。"𩖎"還多次見於清華三《周公之琴舞》,③整理者也根據郭店《老子》甲本讀爲"鋭"將簡文讀爲"墜",此説亦可從。④ "鋭"*lots 與"墜"*lruts 可以相通,如郭店《老子》甲本簡 27"閔〈閟-閉〉其逬(隧),賽(塞)其門",⑤馬王堆《老子》甲本 82"人之飢也,以其取食逬(隧)之多也,是以飢"。⑥ "鋭"

---

① 沈培《清華簡字詞考釋二則》,復旦大學出土文獻與古文字研究中心網,2011 年 1 月 9 日評論區沈培回復(2011-1-10 19:54:49);宋華強《清華簡〈皇門〉札記一則補正》,簡帛網,2011 年 02 月 28 日;陳偉《〈君人者何必安哉〉新研》,《古文字與古代史》第 3 輯,"中研院"歷史語言研究所,2012 年,第 367 頁;李家浩《甲骨文北風神名"勹"與戰國文字從"勹"之字》,《文史》2012 年第 3 輯,第 36 頁注 47;李家浩《關於上博楚簡〈君人者何必安哉〉"云茵"釋讀的一點意見》,《出土文獻》2020 年 4 期,第 64—67 頁。

② 陳復華、何九盈《古韻通曉》,中國社會科學出版社,1987 年,第 302—304 頁便將"命"及从"令"聲之字歸真部。

③ 清華大學出土文獻研究與保護中心編,李學勤主編《清華大學藏戰國竹簡(叁)》,中西書局,2012 年,字形表第 177 頁。

④ 清華大學出土文獻研究與保護中心編,李學勤主編《清華大學藏戰國竹簡(叁)》,第 135 頁注 5。

⑤ 參見裘錫圭《説〈老子〉中的"無爲"和"爲"——兼論老子的社會、政治思想》,《老子今研》,中西書局,2021 年,第 163—164 頁。

⑥ 參見裘錫圭《關於〈老子〉"絶仁棄義"和"絶聖"》,《老子今研》,第 79 頁。

"墜"跟〈爾〉*njel? 聲紐或可相通,①但是韻部主要元音開合不同,因此"㻋"字上部偏旁當不从〈爾〉聲,甚至不是"尔"字,整個字形可能是没有聲符的表意字。②《皇門》的三處文例,馮勝君先生所作的釋文均作"䚋〈䚋〉",讀爲"遂"。③ 謹按:此説文意上很有道理,不過"䚋"从"爾"旁,其諧聲域是明母系列,比日母〈爾〉距離"遂"的聲紐更遠,韻部如前述也不近。過去研究者曾認爲"䚋"字从"䁂"聲似有道理,④但也還不能論定。

二

筆者認爲《説命下》的"䍛"釋讀爲"粲"的意見尚不能完全否定。黄錫全、石小力先生曾指出戰國文字"尔"形訛變爲"米"形的例證,如楚簡中的"聞"作"㪫"(清華一《金縢》簡 10)、"㪫"(清華五《厚父》簡 1),在郭店《五行》篇中皆作上"米"下"耳"之形,如"㪫"(簡 23)、"㪫"(簡 25)、"㪫"(簡 26)以及傳抄古文中的"問"字作"㪫"。清華十一《五紀》的"壇"寫作"㙷"(簡 50)、"㙷"(簡 53)、"㙷"(簡 52),郭店《唐虞之道》簡 22"𢓊-禪"寫作"㙷"。⑤ 演變過程如下:尒、尓、六 → 禾 → 米,可以説是一種趁隙加點的情况。"尤"與"尔"形體相近,比如《古璽彙編》221 是一方楚璽,其中第二字"㞢"學者有釋爲"迊"與"述"的説法。⑥ 楚文字亦有"尤"增繁爲"米"的例證,如上博一

---

① 參見葉玉英《楚系出土文獻所見 *n-、*l-不分現象及其源流與成因考》,《中國語文》2020 年第 4 期,第 481—493 頁;邊田鋼《據出土文獻語言面貌校讀傳世古書釋例》,第二届古文字與出土文獻青年學者西湖論壇,中國美術學院,2023 年 5 月。
② 趙彤先生起初分析郭店《老子甲》的"䎹"字从"爾/尔"聲,後來改認爲"䎹"字"所從的所謂'尔'很可能是'矛'的變形",同時指出"貝"聲與"鋭"聲可以相通。參見氏著《再釋"䎹"》,簡帛網,2006 年 8 月 2 日。謹按:筆者認爲"貝"與"鋭"聲母有距離不能相通。其次,筆者雖然不贊同趙彤先生將"䎹"字的上部分析爲"矛",不過他跳脱"䎹"字上面从"爾/尔"的思路還是很有啟發的。另外,鄔可晶先生認爲"䎹"可能就是尖鋭的"鋭"的表意初文變來的,象貝殻的頭尖鋭。2023 年 6 月 9 日在 QQ 中的交流意見。
③ 馮勝君《清華簡〈尚書〉類文獻箋釋》,第 204 頁注 71。
④ 參見曹雨楊《清華大學藏戰國竹簡(壹)—(叁)疑難字詞集釋及釋文校注》,吉林大學碩士學位論文,2020 年,第 275—278 頁引復旦讀書會、沈培、劉雲、馬楠等人的説法。比較近期的如馮勝君《清華簡〈攝命〉釋讀掇瑣(二則)》,載朱淵清、蘇榮譽主編《有鳳來儀:夏含夷教授七十華誕祝壽論文集》,中西書局,2022 年,第 233 頁注 2 云:"古文字中另有从'䁂'聲之字,如'䎹'、'䚋'等字,所從'䁂'旁似與從'嬰'字中割裂出來的'䁂'無關。"謹按:馮先生此説與《清華簡〈尚書〉類文獻箋釋》一書中所載不同,不知何説爲新。
⑤ 黄錫全《汗簡注釋》,臺灣古籍出版有限公司,2004 年,第 236—237 頁;石小力《清華簡〈五紀〉的"壇"與郭店簡〈唐虞之道〉的"禪"》,《出土文獻》2021 年第 4 期,第 35—43 頁。
⑥ 參見付梟《〈古璽彙編〉字釋綜覽》,復旦大學碩士學位論文,2016 年,第 76 頁所引各家説法。

《緇衣》簡 2"爲下可⬚（述）而志也"，郭店《緇衣》簡 4 作"⬚"，"尤"旁上加兩點而類似"米"旁。① 隸書亦有相同的例證，如顧藹吉《隸辨》卷五所收《北海相景君銘》"術"字作"⬚"形。② "木"與"尤"隸書形體相近，所以《居延新簡》EPT58.30"榮"字作"⬚"，③ "木"旁亦增訛爲"米"形。"米"與"釆"形體相近，所以亦有"尤"旁演變爲"釆"形的例證。清華八《攝命》簡 24"悉"作"⬚"，上部形體類似"釆"形，如"釆（幣）"作"⬚"（《祝辭》簡 1）、"䙐（幣）"作"⬚"（《攝命》簡 22），《攝命》簡 24"悉"字結構與《說文》相合："悉，詳盡也。从心，从釆。"不過，上博六《孔子見季桓子》簡 22"⬚言之"，陳劍先生釋作"迷〈悉〉"，並指出《說文》分析"悉"爲从"釆"，其字形結構還不清楚。而在目前所見秦漢文字資料中，"悉"字大多是寫作上从"米"的"悉"形的。在漢初文字資料中，"悉"形同時又可用爲"迷"字。據此可以推想在戰國文字中，可能已有"迷"字異體"悉"的存在。《古璽彙編》2290 所收一方楚璽有"⬚（悉）"字，既可以釋爲"悉"，其實它係"迷"字異體的可能，是難以完全排除的。④ 可見古文字"米""釆"形近，所以亦有"尤"旁增繁爲"釆"形的例證。《吳越春秋・越王無余外傳》："四嶽謂禹曰：'舜以鯀治水無功，舉爾嗣考之勳。'禹曰：'俞，小子敢悉考績，以統天意，惟委而已。'"胡敕瑞先生指出"敢悉考績"當爲"敢述考績"之誤，並舉了"悉"與"述"隸書的寫法爲證。⑤ 其說可從。

---

① 馮勝君《郭店簡與上博簡對比研究》，綫裝書局，2007 年，第 87 頁引劉樂賢、黃德寬、徐在國、魏宜輝等學者的意見。謹按：《郭店・緇衣》的"頪"除了認爲是訛字外，也有學者認爲當讀爲{類}。"頪"字常見於楚簡，多用爲{類}，參見徐在國《上博楚簡文字聲系（一～八）》，安徽大學出版社，2013 年，第 2460 頁；王子楊《花東甲骨字詞考釋四例》，《出土文獻與古文字研究》第 6 輯，上海古籍出版社，2015 年，第 90—92 頁曾爲"頪（類）"做了甲金文的溯源，請讀者參看。鄔可晶先生認爲郭店《緇衣》此字似也有可能就是"頪（類）"，訓爲"循"（《國語・楚語上》"還軫諸侯，不敢淫逸，心類德音，以德有國"，王引之《經義述聞》："類之言率也。率，循也。言其心常循乎德音也。率與類同聲同義而字亦通用。"），與"述"同義。2023 年 6 月 12 日在 QQ 中的交流意見。附帶一提，"頪"亦可讀爲{糧}。《望山》1.145"……糧頪"，字形作"⬚"。整理者說："頪"字所从"頁"與"百（首）"爲一字的繁簡二體，故"頪"即"糧"字。參見湖北省文物考古研究所、北京大學中文系編《望山楚簡》，中華書局，1995 年，第 94 頁注［四九］、103 頁注［一〇九］。李守奎《楚文字編》（445 頁）也將此字隸定作"頪"，歸在"糧"下。《望山》的"頪"當是楚簡常見的"糧""糧"字的異體，如《信陽》2.6"⬚"、《安崗》1.3"食夏（糧）十纕（囊）"，與"頪（類）"是同形字。

② ［清］顧藹吉編撰《隸辨》，中華書局，1986 年，第 169 頁。

③ 白海燕《居延新簡文字編》，吉林大學博士學位論文，2014 年，第 386 頁。

④ 陳劍《〈上博（六）・孔子見季桓子〉重編新釋》，《戰國竹書論集》，第 305—307 頁。附帶一提，陳劍先生指出"悉"字的聲符所謂"釆"形，可能來源於他所考釋卜辭用爲"失"的"⬚"形。參見氏著《甲骨金文考釋論集》，綫裝書局，2007 年，第 377—378 頁。

⑤ 胡敕瑞《一段話中的兩個疑誤》，北京大學第一屆古典學國際研討會，北京大學人文學部，2017 年 11 月；後以"《吳越春秋》'悉考績''冠挂不顧'解"爲題，刊登於《古漢語研究》2018 年第 2 期，第 9—16 頁。

值得注意的是,也有“米”或“釆”形省簡爲“尔”“朮”形者。《顔氏家訓·書證》:“《史記》又作‘悉’字,誤而爲‘述’,……裴、徐、鄒皆以‘悉’字音‘述’。”這是“釆”省訛爲“朮”形者。另外,只要“米”將上面兩短筆粘連,便容易形成訛省爲“尔”形,比如《嶽麓五》簡11正“白粲”之“粲”作“”,“米”旁即粘連成“尔”形。又如“罘”本是“泣”的初文,[①]字形作“”,楚簡“褱/懷”字所从的“罘”旁的眼淚之形常見訛作“米”形,如“”(郭店《尊德義》簡33),[②]“米”可再進一步訛省爲“尔”形:

(上博一《紂衣》簡21) (清華三《説命下》簡4)

上博一《紂衣》“褱”字“罘”旁下部由“米”形訛爲“尔”形,與《説命下》的“”下部形體相同,因此“”也不能排除是由“罙”變來。

三

《説文》:“罙,周行也。从网,米聲。《詩》曰:‘罙入其阻。’宷,罙或从冂。”這個解釋歷來頗有争議。先説《説文》“罙”或體“宷”的問題。這個字應該是由“罙”或“罙”上部先訛變爲“宀”再添加“卜”形飾筆而來,跟“敹”字偏旁無關。《説文》:“敹,擇也。从攴,宷聲。《周書》曰:敹乃甲胄。”所引《周書》内容見於《尚書·費誓》“善敹乃甲胄”,孔穎達《正義》:“鄭(玄)云:‘敹,謂穿徹之。’謂甲繩有斷絶,當使敹理穿治之。”明代梅膺祚《字彙·支部》謂:“敹,……又縫綴也。《周書》:‘善敹乃甲胄。’”表示縫綴、縫補的“敹”跟“撩”關係密切,陳劍先生指出較早將口語中的“撩”“繚”明確與“敹”相聯繫者,似爲清初學者屈大均,其説謂:“缝衣曰敹,《書》曰‘敹乃甲胄’。凡細者曰縫,粗曰敹;著裏曰縫,著邊曰敹也。”[③]同時,傳統讀音爲“洛蕭切”,與“撩”“繚”完全相同。[④] 湖北江陵鳳凰山10號西漢墓出土竹簡100號記有“撩甲人”,裘錫圭先生認爲“撩有整理的意思,‘撩’‘敹’同音,‘撩甲’與《尚書·費誓》‘善敹乃甲胄’同意,撩甲人就是整修盔甲的人”。[⑤] 可

---

① 陳斯鵬《“罘”爲“泣”之初文説》,《古文字研究》第25輯,中華書局,2004年,第256—261頁。

② 更多例證參見滕壬生《楚系簡帛文字編(增訂本)》,湖北教育出版社,2008年,第914頁;饒宗頤主編《上博藏戰國楚竹書字匯》,安徽大學出版社,2012年,第150、567、665頁。

③ 原注:屈大均《廣東新語》(中華書局,1985年)卷十一《文語》之“土言”,第338頁。

④ 陳劍《“叏”“䝿”聲符探源並論相關諸字》,《中國文字》2021冬季號(總第6期),萬卷樓圖書股份有限公司,2021年,第98—100頁。

⑤ 裘錫圭《湖北江陵鳳凰山十號漢墓出土簡牘考釋》,《裘錫圭學術文集·簡牘帛書卷》,復旦大學出版社,2012年,第14頁。

見"敉"當讀爲"撩"。李春桃先生指出"敉"字之形來源於古文字中以"少(沙)"爲基本聲符的"![]"(叔尸鐘),並認爲《尚書·費誓》中的"敉"當讀爲"選"。① 不過,王磊先生指出,從用字習慣來看,叔尸鐘等一類从"屖"聲,表選擇義的字應讀爲"差"。② 此說可信,"徙""沙""差"與"纂""選"古音開合口不同,恐難相通。過去李守奎先生指出"㞋/屎""屖"宜分爲二字,③這是有道理的,前者文獻中讀爲"纂""選";後者讀爲"徙""沙"。據上所述,來母宵部的"敉"顯然與明母脂部的"眔"無關,《說文繫傳》云:"眔……寰或從貞省。臣鍇曰:'敉字從此。'"以及段玉裁注"敉"字云:"寰或眔字,冒也。从支寰者,毅其冒昧而擇之。"皆不可信。

《毛詩注疏卷二十之四·商頌·殷武》"罙入其阻",毛傳云:"罙,深。"阮元《毛詩注疏卷二十之四校勘記》云:"罙入其阻:唐石經小字本、相臺本同。閩本、明監本、毛本罙誤采。案依字當作罙。詳《詩經小學》。"④《曾侯》簡171"深"作"![]",袁國華先生指出"![]"形是由"![]"或"![]"形訛變來的。⑤ 甲骨文"罙"作"![]"(《合》10514),下從"又"旁,本是"探"的初文。"又"與土粒之形結合訛變爲"尤"作"![]"(郭店《性自》簡31),"尤"在中間一筆上添加一斜筆訛作"火"形作"![]"(上博一《孔子詩論》簡2)。《曾侯》""的"米"形,如同上述當是由"尤"形增繁加點而來,這個例證可以說明唐石經小字本、相臺本作"罙"是對的,閩本、明監本、毛本作"采"皆當是"罙"的錯字。⑥ 至於阮元認爲"罙"本作"采"亦不可信。此說當是根據《說文》"《詩》曰:采入其阻"而來。現在既然已經知道詩文當作"罙入其阻",《說文》所說就失去依據,"采"釋爲"周行"亦無據。《廣雅·釋詁三》:"彌,深也。"王念孫《疏證》云:"彌者,《商頌·殷武》篇'采入其阻',毛傳云:'采,深也。'采與彌通。《邶風·匏有苦葉》篇'有瀰濟盈',傳云:'瀰,深水也。'瀰

---

① 李春桃《說〈尚書〉中的"敉"及相關諸字》,《出土文獻與古文字研究》第6輯,第710—712頁。
② 王磊《釋金文中的"差擇"》,《安徽大學學報》2021年第6期,第68—71頁。亦可參看石小力《〈商周青銅器銘文暨圖像集成續編〉釋文校訂》引蔡一峰說,載《商周青銅器與先秦史研究論叢》,科學出版社,2019年,第143頁。
③ 李守奎《"屎"與"徙之古文"考》,《古文字與古史考——清華簡整理研究》,中西書局,2015年,第172—184頁。
④ 《重刊宋本十三經注疏·毛詩注疏》,藝文印書館,1965年,第804-1頁。
⑤ 袁國華《由曾侯乙墓竹簡幾個从水的文字談起——兼論〈詩·周頌·殷武〉"罙入其阻"句"罙"字的來歷》,《中國文字》新23期,藝文印書館,1997年,第242、245頁。亦可參見名和敏光《"罙入其阻"攷》,《清華簡研究》第2輯,中西書局,2015年,第285—287頁。
⑥ "罙"的"穴"旁上"八"形筆脫離,與"木/尤"結合而爲"米"即爲"罙"。也可能"穴"旁替換爲"冖"旁,"尤"旁再增繁爲"米"形即爲"罙"。馬瑞辰認爲作"采"者是《說文》"罙"之省,不可信。參見〔清〕馬瑞辰《毛詩傳箋通釋》,中華書局,1989年,第1184頁。

與彌亦聲近義同。"①馬瑞辰與王念孫有相同的看法,他也認爲"罙"與"彌"通,再根據《廣雅·釋詁》"彌,深也"來解釋毛傳云:"罙,滨也。"②高本漢也認爲"無論如何,王念孫等的説法總十分可信"。③ 謹按,按照王念孫等的意見,"罙入其阻"本爲"彌入其阻",但是訓爲"深也"的"彌"是程度副詞,跟作動詞的"滨也"不同。更何況毛傳的正確版本應作"罙,深",跟"罙"無關。不過,他們不從《説文》訓"罙"爲"周行"則是有道理的。鄭玄訓"罙入其阻"的"罙"爲"冒也",陸德明《釋文》:"毛:'深也。'鄭:'冒也。'《説文》作'罙',从网、米,云:'冒也。'"朱駿聲《説文通訓定聲》曰:"按此字从网,當訓'冒网也','周行'是誤字。"④馬瑞辰也認爲今本《説文》"周行"的"周"是"冒"的形近訛字,"行"是後人妄增。⑤ 蕭旭先生在注釋下面引到《蓋廬》簡 32"軍衆則罙"時指出:"罙"本从网作,當訓冒進、深入。⑥ 以上各家都認爲"罙"跟"網罟"有關,又結合"罙入其阻"的記載,所以認爲"罙"當訓爲"冒"也。這些意見對瞭解"罙"的本義有所啓發。段玉裁《説文解字注》將"罙"的訓解改爲"罙,网也。从网、米聲",並云:

   各本作"周行也"。詩《釋文》引作"冒也",乃涉鄭箋而誤。**今尋上下文皆网名,《篇》、《韻》皆云:"罙、罟也。"**更正。**蓋罙亦网名**,其用主自上冒下,故鄭氏箋詩《殷武》,改毛之突入其阻爲罙入,云冒也。

段氏根據《玉篇》《廣韻》云"罙,罟也",以及《説文》"罙"字前後皆爲网名,並聯繫到网罟網羅的動作跟"冒"的關係,認爲"罙"應釋爲"网也",此説很有道理。上述各家將"罙"訓爲"冒也"的理由之一是"罙"跟網罟有關。《詩·邶風·日月》"日居月諸,下土是冒",毛傳:"冒,覆也。"這種覆蓋、籠罩的動作跟使用網罟網羅動物相同,如《説文》:"罨:覆鳥令不得飛走也。从网、隹。"《説文》"畢"字下段注云:"按鴛鴦傳云:'畢掩而羅之。'然則不獨掩兔。亦可掩鳥。皆以上覆下也。"所以將"罙"訓爲"网也",與訓爲"冒也"並不存在絕對的衝突,某種程度上可視爲是一種詞意引申。⑦ "罙"字也見於出土文獻張家山漢墓

---

① 〔清〕王念孫:《廣雅疏證》,江蘇古籍出版社,2000 年,第 83 頁。
② 〔清〕馬瑞辰《毛詩傳箋通釋》,中華書局,1989 年,第 1184 頁。
③ [瑞典] 高本漢著《高本漢詩經注釋》下冊,董同龢譯,中西書局,2012 年,第 1128 頁。
④ 〔清〕朱駿聲《説文通訓定聲》,古籍書店,1983 年,第 575 頁。
⑤ 〔清〕馬瑞辰《毛詩傳箋通釋》,第 1184 頁。
⑥ 蕭旭《張家山漢簡〈奏讞書〉、〈蓋廬〉校補》,《群書校補》第 1 冊,廣陵書社,2011 年,第 55 頁。
⑦ 《左傳》襄公四年:"在帝夷羿,冒于原獸,忘其國恤,而思其麀牡……"這裏的"冒于原獸"當跟同一章的"昔有夏之方衰也,后羿自鉏遷于窮石,因夏民以代夏政,恃其射也,不脩民事,而淫于原獸,棄武羅……"的"淫于原獸"是一回事。楊伯峻《春秋左傳注》云:"冒,貪也。"這裏的"冒"跟"冒網"不同。參見楊伯峻《春秋左傳注》,洪葉出版社,1993 年,第 939 頁。

竹簡《蓋廬》簡32"軍衆則☐,將爭以乖者,攻之",《張家山漢墓竹簡〔二四七號墓〕(釋文修訂本)》云:"罙,字見《說文》,在此疑讀爲'迷'。"① 此說可從,可以比對北大漢簡《節》簡20"士卒☐(罙-迷)眜〈盰-茫〉"。② 把漢簡的"罙"讀爲{迷},雖然可理解爲聲音相近的假借用法,不過"迷"與"网"意思相關,古書已有"迷罔"的說法,《列子·周穆王》:"秦人逢氏有子,少而惠,及壯,而有迷罔之疾。"《潛夫論·忠貴》:"迷罔百姓,欺誣天地。"《晉書·庾勇傳》:"勇等侵官離局,迷罔朝廷。"可見"罙"釋讀爲{迷}對"罙"訓爲"网也"的意見也是有所助益。

四

劉桓先生曾指出甲骨文"☐"字應即《說文》的"罙"。③ 饒宗頤先生也曾將"圂"與"罙"做了聯繫,可惜他根據《說文》"罙入其阻"的說法,將卜辭"先圂"錯誤理解爲"先罙入其地"。④ 甲骨文田獵動詞"☐"(《合》10726)可隸定爲"圂",⑤ 从网从"麇"頭之形。王國維釋爲《爾雅·釋器》"麋罟謂之罞"的"罞"。⑥ 楊樹達、姚孝遂先生從此說。⑦ 裘錫圭先生在同意《綜類》以"圂"與"☐/圂"(《合》20342)爲一字的基礎上,認爲二字皆當釋爲"罞",並指出:"'矛''目'二字古音陰入對轉。'圂'所從的'目'既代表麋鹿一類野獸的頭,又兼作聲旁。"⑧ 不過,姚孝遂先生認爲"圂"與"圂"不是一字,只是用法相同。⑨ 葛亮先生進一步認爲此二字難說與"罞"有關,因爲"罞"特指捕麋所用之網,而古書中沒有"罞"用作動詞的例子。另一方面,卜辭中"圂""圂"的用法又跟"网""冕""麗"等基本一致。因此,字書中的"罞"與甲骨文从"网"諸字所表示的動詞可能並沒有必然的聯繫。他認爲對比"圂"形,可知"圂"中的"目"亦未必表音,"圂""圂"二字可能只是截取了"毘(麋)""毘(麋)"的頭部來代

---

① 張家山二四七號漢墓竹簡整理小組《張家山漢墓竹簡〔二四七號墓〕(釋文修訂本)》,文物出版社,2006年,第165頁。
② 鄔可晶《關於〈北京大學藏西漢竹書〉叁、肆、伍册釋文注釋的一些意見》,《中國簡帛學刊》第2輯,齊魯書社,2018年,第132頁。另參見洪德榮《簡牘中從"网"之字誤釋考訂兩則》,簡帛網,2017年2月17日。
③ 劉桓《殷契存稿》,黑龍江教育出版社,1992年,第77頁。
④ 參見于省吾主編《甲骨文字詁林》,中華書局,1996年,第620頁。
⑤ 劉釗主編《新甲骨文編(增訂本)》,福建人民出版社,2014年,第465頁。
⑥ 見羅振玉《增訂殷虛書契考釋》卷中,東方學會,1927年,第49頁。
⑦ 于省吾主編《甲骨文字詁林》,第621頁。
⑧ 裘錫圭《釋殷墟甲骨文裏的"遠""狱"(邇)及有關諸字》,《裘錫圭學術文集·甲骨文卷》,復旦大學出版社,2012年,第174頁注13。
⑨ 于省吾主編《甲骨文字詁林》,第622頁"按語"。

替其整體。最後,他對比"陷"字的諸多異體,認爲"圌"本來是"网麋"的合文或專字。在念一個音節時,則跟"网"所表示的可能就是同一個詞:{网}。① 謹按,根據古書的解釋將"圌"釋爲"罞"只是一種可能。《淮南子·時則》"田獵畢弋置罘羅罝",高誘注:"罞,麋鹿罝。"那麼"圌"是不是也能釋爲"罘"? 至於葛亮先生將"圌"讀爲{网}恐過於寬泛。"![]"(冤,《合》5844 正)還有異體作"![]"(㝵,《屯》730)。② 裘錫圭先生認爲後者"跟《爾雅·釋器》'兔罟謂之罝'的'罝'字大概是一字的異體",接着又説:

> 第一期卜辭中屢見一個从"网"从"兔"的字,王國維釋爲"罝"(《甲骨學文字編》7.15 下),當可信。這是"罝"的表意初文,"㝵"和"罝"都是它的後起形聲字。"冤"和"㝵"的關係,跟甲骨文中"罞"的表意字"圌"(从"网"从"麋"頭會意)和形聲字"圌"("矛""目"二字古音陰入對轉)的關係相類。③

這個意見很有啓發性。據此説,則"圌"與"罙"可能也是表意初文與後起形聲字的異體關係,猶如"冤"之於"㝵"。目前來看"罙"字出現的時代相對較晚,④但結合"罙"義爲"网",又與"麋"聲音相同,將"麋頭"替換爲"米"聲應該是合理的發展,希望將來有更多的材料能證實這個想法。

五

對於《説命下》的"罙",筆者還想提出另一種可能:"罙"或可讀爲"罤"。《玉篇》:"罤,兔罔。徒黎切。"可見"罤"从"弟"聲,跟"罤弟"之"罤"的俗字"罙"是同形字。鄭張尚芳先生《上古音系》亦收録"罤"字,歸在聲符"弟"之下。⑤ "弟"聲母是 *l-,{爾/尔}聲母是 *n-,前面已經提到葉玉英女士指出戰國至漢初的部分方言中存在聲母 n、l 不分的現象。"尔(爾)"一般歸脂部,前引張富海先生歸爲歌部,趙彤先生根據甲骨文"迩"作"𫎇",郭店《緇衣》簡 43"迩者不惑","迩"亦作"𫎇",从"埶"聲。克鼎"柔遠能迩","迩"作"埶"。"埶"爲疑母月部字,因此"尔(爾)"當歸爲月部。⑥ 不過,從底下證據來看,"尔"與"弟"相通應無問

---

① 葛亮《甲骨文田獵動詞研究》,《出土文獻與古文字研究》第 5 輯,上海古籍出版社,2013 年,第 52 頁。
② 劉釗主編《新甲骨文編(增訂本)》,第 463 頁將此二字都收在"罝"字下。
③ 裘錫圭《殷墟甲骨文字考釋(七篇)——四、釋"罝"字異體》,《裘錫圭學術文集·甲骨文卷》,第 353—354 頁。
④ 可以比對的例證如《郭店·語叢》"![]"作"![]"、"![]"與甲骨文相似,但西周金文未見這樣的寫法。參見拙著《〈語叢二〉〈保訓〉〈凡物流形〉考釋四篇》,《楚文字論集》,第 105—112 頁。
⑤ 鄭張尚芳《上古音系》,上海教育出版社,2003 年,第 313 頁。
⑥ 趙彤《釋"𫎇"》,"簡帛研究"網,2004 年 2 月 6 日。

題。"弟"是定紐,"尒"是日紐,同爲舌音。《詩·大雅·行葦》第一章以"弟""爾"爲韻,《邶風·泉水》第二章以"禰""弟"爲韻。鄔可晶先生將文公之母弟鐘的銘文斷讀作"余文公之母弟,余鼏(謐)静朕猷遠琢(邇),用匽(宴)樂者(諸)父兄弟",也是"爾"與"弟"押韻的例證。① 另外,《易·姤卦》"繫于金柅",馬王堆帛書《周易》第9行"柅"作"梯"。《説文》:"檷,絡絲柎。从木,爾聲。讀若柅。"可見日紐的"尒(爾)"與"弟"相通是可以的。北大漢簡《周馴》簡57:"夜半,鄐人求君弗得,師若失親,莫不灛泣。"對於"灛",整理者引《説文》水部"灛,滿也"及《玉篇》水部"灛,深也,盛也"來解釋。華東師範大學中文系出土文獻研究工作室則認爲"灛"可讀爲"邇",《説文》長部:"邇,久長也。"②"灛泣"或"邇泣"的讀法文獻未見。此處的"灛"可分析爲从日紐的"爾"聲,讀爲"莫不灛(涕)泣"。

《玉篇》《廣韻》都記載"罬,兔網也",亦泛指獸網,南朝宋謝靈運《廬山慧遠法師誄》:"仰慕洙泗,俯憚罬罣。"唐孟郊《石淙》詩之六:"戀獸鮮猜懼,羅人巧置罬。"古人網罟的捕獵對象比較廣泛,海陸空的生物皆是網罟獵捕的對象。比如《説文》:"罩,捕魚器也。"古漢語常名動相因,捕魚亦可謂之"罩"。"罩"與"翟"爲同字,徐鍇《説文繫傳》:"翟猶罩也。"桂馥《説文義證》:"捕魚爲罩,覆鳥爲翟,皆同意。"③因此捕兔之網亦可用於捕抓飛禽。《國語·齊語》"田狩畢弋",韋昭注:"掩雉兔之網也。"《詩·小雅·大東》"有捄天畢",毛傳:"畢,所以掩兔也。"《詩·小雅·鴛鴦》:"鴛鴦於飛,畢之羅之。"《説文》"畢"字下段注云:"謂田獵之网也。必云田者,以其字从田也。小雅《毛傳》曰:'畢所以掩兔也。'《月令》注曰:'网小而柄長謂之畢。'按鴛鴦傳云:'畢掩而羅之。'然則不獨掩兔。亦可掩鳥。皆以上覆下也。"所以"罬"自然亦可作爲"鳥罬"。簡文讀爲"黿罬"跟前面提到的"罬筌""置罬"句式相似。

本文寄呈張富海先生審閲時,蒙他告知:"現在我認爲'爾'舊歸脂部是正確的。"④據此,則"罬"讀爲同屬脂部的"罬"的可能性就更高了。

附記:本文承蒙張富海、鄔可晶先生審閲並惠賜高見,筆者十分感謝!

2023 年 2 月初稿
2023 年 6 月修訂

---

① 鄔可晶《文公之母弟鐘銘補釋》,《中國文字》新 36 期,藝文印書館,2011 年,第 59 頁。
② 華東師範大學中文系出土文獻研究工作室《讀新出版〈北京大學藏西漢竹書〉書後(一)》,簡帛網,2015 年 11 月 12 日。
③ 參見謝明文《競之鼊鼎考釋》,《出土文獻》第 9 輯,中西書局,2016 年,第 66 頁。
④ 2023 年 6 月 11 日微信通訊内容。

齊、燕文字"賫"字補議*

李瑤 孫剛
海南師範大學文學院

戰國齊、燕陶文、璽印及燕兵器銘文中有下列形體,略引如下:

齊:

[字形]《陶文圖録》①(下稱"《陶録》")2.203.3　蒦圖(陽)匋(陶)里人～

[字形]《陶録》2.204.4　蒦圖(陽)匋(陶)里人～

[字形]《新泰》②147 頁 W108　陸(陳)～立事僕

燕:③

[字形]《陶録》4.1.1　俅敢攷～

[字形]《陶録》4.6.3　俅疾攷～

[字形]《陶録》4.210.1　俅疾攷～

[字形]《璽彙》2724　夏～

---

* 本文爲2024年國家社科基金西部項目"東周齊系文字用字研究"(24XYY001)階段性成果。
① 王恩田《陶文圖録》,齊魯書社,2006年,第291頁。
② 山東大學歷史文化學院考古學系等《新泰出土田齊陶文》,文物出版社,2014年,第147頁(圖八五.4)。
③ 相關材料參張振謙《燕文字編》,文物出版社,2023年,第480—483頁。

齊、燕文字"貨"字補議 · 115 ·

[字形]《璽彙》2792　□～

[字形]《璽彙》3816　司馬～

[字形]《古璽印圖典》①3706　東章（郭）②～

[字形]《古璽印圖典》8520　東章（郭）～

[字形]（𧵥）十三年戈，《殷周金文集成》（下稱"《集成》"）11339　豫左乘爲（？）大夫子□～

[字形]（𧵥）不降戈，《集成》11286　不降拜余子之～金，右軍

[字形]（𧵥）不降矛，《集成》11541　不降拜余子之～金

學者對以上形體多有討論，約略有如下數種釋讀意見：

1. 僅就結構隸定或缺釋

在已有考釋意見中，大多數研究者或著録書根據文字結構隸定作"𧵥""𧵥"或"𧵥"，也有作缺釋處理的。如高明先生《古陶文彙編》一書就將 3.216—3.218 著録的三方齊陶文末字釋寫作"𧵥"，③該書 4.2—4.6 所著録的燕陶文釋文僅摹録相關形體，缺釋。王恩田先生將《陶録》2.203.1—2.203.4 上引齊陶文形體釋爲"𧵥"，同時將上引燕陶文《陶録》4.1.1 等形體釋爲"𧵥"，在《陶文字典》中又將上引齊陶文形體和燕陶文《陶録》4.6.3 等形體都放入"𧵥"字下。④《齊魯文字編》一書也將齊陶文相關形體列入"𧵥"字下。⑤《戰國文字編》⑥《齊文字編》⑦《燕文字編》⑧等也都將相關形

---

① 徐暢《古璽印圖典》，天津人民美術出版社，2016 年，第 194 頁。
② 吳振武《古璽姓氏考（複姓十五篇）》，《出土文獻研究》第 3 輯，中華書局，1998 年，第 78 頁。
③ 高明《古陶文彙編》，中華書局，1990 年，第 16 頁。
④ 王恩田《陶文字典》，齊魯書社，2006 年，第 315—316 頁。
⑤ 張振謙《齊魯文字編》，學苑出版社，2014 年，第 895—896 頁。
⑥ 湯餘惠《戰國文字編》，福建人民出版社，2001 年，第 1086 頁。
⑦ 孫剛《齊文字編》，福建人民出版社，2010 年，第 440 頁。
⑧ 王愛民《燕文字編》，吉林大學碩士學位論文，2010 年，第 241—242 頁。

體入於附録。

2. 釋"貰"

吴大澂曾在致陳介祺尺牘《讀古陶文記》中將齊陶文中的"城"字誤釋爲"戠",並進而認爲"戠當即貰"。① 可能受其意見影響,陳介祺在爲"陳[圖]戈"(見《集成》11033)所作的題識中將"[圖]"摹寫作"[貰]",並與陶文相聯繫釋爲"貰":"[貰]見余所得即墨出土周瓦當。……第二似[貰]……[貰]字見古匋器古瓦當,當皆齊出。鉅鹿郡有貰縣。"② 丁佛言《説文古籀補補》將上引燕璽"[貰]"(《璽彙》2792)入於附録,同時指出:"吴愙齋以爲貰字,陳簠齋曰'字見戈及瓦',古鉢雷貰。"③

3. 釋"貣"

孫詒讓在《古籀餘論》一書中將《集成》11541不降矛(孫氏稱之爲"丕隆槍")銘文中的形體釋爲"貣",他指出:"舊無釋,疑當爲'貣'字……此云'余子之貣金','余子'亦人名,蓋丕隆貣余子之金而作此器。"④ 何琳儀先生在孫詒讓説影響下,在《古陶雜識》一文中討論了燕陶文及璽印、兵器中的相關形體,將不降矛銘文末兩字釋爲"貣鈼"讀爲"督鑄",⑤後又在《古兵地名雜識》《莒縣出土東周銅器銘文匯釋》兩文中將二字先後隸定作"貣金""貣金",讀作"職金"。⑥ 此外,《印典》一書也將上文所引用的《璽彙》2724、2792、3816三方燕璽形體放入"貣"字下。⑦《古璽印圖典》將8520形體釋爲"戠"的同時,又將3706形體釋爲"貣",並指出:"貣,有向人乞求物品;借貸等義。古代、弋同聲,貣同貸。"⑧蘇建洲先生在《戰國燕系文字研究》一文中,對相關形體的舊有釋讀意見多有整理和討論,本文在寫作過程中多已吸收。在釋文部分他將《璽彙》2724形體作爲待釋字處理的同時,將《璽彙》3816形體釋作"貣?"存疑處理。⑨

---

① 徐在國《〈讀古陶文記〉箋證》,復旦大學出土文獻與古文字研究中心編《出土文獻與傳世典籍的詮釋——紀念譚樸森先生逝世兩周年國際學術研討會論文集》,上海古籍出版社,2010年,第150頁;黄德寬主編《安徽大學漢語言文字研究叢書·徐在國卷》,安徽大學出版社,2013年,第193頁。

② 陳介祺著,陳繼揆整理《簠齋金文題識》,文物出版社,2005年,第84頁。

③ 丁佛言《説文古籀補補》,中華書局,1988年,第67頁。

④ 孫詒讓《古籀拾遺·古籀餘論》,中華書局,1989年,第5—6頁。

⑤ 何琳儀《古陶雜識》,《考古與文物》1992年第4期,第80頁。又,黄德寬主編《安徽大學漢語言文字研究叢書·何琳儀卷》,安徽大學出版社,2013年,第315頁。

⑥ 何琳儀《古兵地名雜識》,《考古與文物》1996年第6期,第70頁;何琳儀《莒縣出土東周銅器銘文匯釋》,《文史》2000年第1輯,第35頁;黄德寬主編《安徽大學漢語言文字研究叢書·何琳儀卷》,第58、229頁。

⑦ 康殷、任兆鳳輯《印典》,河北美術出版社,1989年,第1238頁。

⑧ 徐暢《古璽印圖典》,第194頁。

⑨ 蘇建洲《戰國燕系文字研究》,臺灣師範大學碩士學位論文,2001年,第279頁。

4. 釋"貲"

《殷周金文集成釋文》、《殷周金文集成引得》、《金文引得·春秋戰國卷》(7460)、《海岱古族古國吉金文集》(180.37)都將不降矛(《集成》11541)中的形體釋爲"貲",①陳光田先生《戰國璽印分域研究》將上引燕璽形體也都釋寫作"貲(?)"。②

5. 釋"賀"

李學勤先生在《戰國題銘概述·二燕國題銘》《燕齊陶文叢論》兩文中,引用燕陶文時都將相關燕陶文形體釋寫爲"賀",③在《海外訪古續記(三)》一文中又作"賀(?)",④似乎對舊説已有所懷疑。李零先生在爲《新編全本季木藏陶》所收録齊燕陶文作釋文時將相關形體釋寫作"賢",同時還以按語的形式指出"賢同賀"。⑤ 湯餘惠先生在《略論戰國文字形體研究中的幾個問題》一文中,也將《璽彙》3816 形體釋爲"賀(?)"。⑥ 十三年戈(《集成》11339)曾著録於《河北省出土文物選集》一書,該書所附"部分文物銘文、題記釋文"由朱德熙先生和裘錫圭先生審定,釋文第 144 條將戈銘末字釋寫作"賀",⑦李學勤、鄭紹宗兩位先生《論河北近年出土的戰國有銘青銅器》一文也將該字釋寫作"賀",並進一步指出"當係鑄器工匠的署名"。⑧ 陳偉武先生《簡帛兵學文獻探論》、⑨張振謙先生《説燕、齊文字中的"爲"》⑩在引用該戈銘文時亦作"賀",張振謙先生在其所撰《燕文字編》一書中,亦將燕文字相關形體列入"賀"字下。⑪ 徐在國先生在《談齊陶文中的"陳賀"》一文中,着重申述了李零先生釋"賀"的意見,他認爲"齊陶文 字上部當分析爲從'口','戈'聲,可看作'加'字異體。上古音中'戈''加'均屬見紐歌部,因此'加'字異

---

① 中國社會科學院考古研究所《殷周金文集成釋文》第 6 冊,香港中文大學出版社,2001 年,第 594 頁;張亞初《殷周金文集成引得》,中華書局,2001 年,第 173 頁;華東師範大學中國語言文字研究與應用中心《金文引得(春秋戰國卷)》,廣西教育出版社,2002 年,第 111 頁;陳青榮、趙縕《海岱古族古國吉金文集》,齊魯書社,2011 年,第 3873 頁。

② 陳光田《戰國璽印分域研究》,嶽麓書社,2008 年,第 105、112、122 頁。

③ 李學勤《戰國題銘概述(上)》,《文物》1959 年第 7 期,第 54 頁;李學勤《燕齊陶文叢論》,《上海博物館集刊(第六期)》,上海古籍出版社,1992 年,第 170 頁。

④ 李學勤《海外訪古續記(三)》,《文物天地》1993 年第 1 期,第 23 頁;李學勤《四海尋珍》,清華大學出版社,1998 年,第 86 頁。

⑤ 周進集藏,周紹良整理《新編全本季木藏陶》,中華書局,1998 年,第 60、140 頁。

⑥ 湯餘惠《略論戰國文字形體研究中的幾個問題》,《古文字研究》第 15 輯,中華書局,1986 年,第 72 頁。

⑦ 河北省博物館、文物管理處《河北省出土文物選集》,文物出版社,1980 年,第 76 頁。

⑧ 李學勤、鄭紹宗《論河北近年出土的戰國有銘青銅器》,《古文字研究》第 7 輯,中華書局,1982 年,第 128 頁。

⑨ 陳偉武《簡帛兵學文獻探論》,中山大學出版社,1999 年,第 138 頁。

⑩ 張振謙《説燕、齊文字中的"爲"》,《燕趙學術·語言學》2011 年秋卷,第 33 頁。

⑪ 張振謙《燕文字編》,第 480—481 頁。

體从'戈'聲是有可能的。如此,此字可從李零先生所說釋爲'賀'字,在齊陶文中用作人名",並將燕系文字相關材料也釋爲"賀"。同時,他將齊陶文人名讀爲"田和",將燕璽印陶文看作人名,讀燕戈銘文"賀金"爲"嘉金",理解爲"善金、美金,與古文字中常見的'吉金'義同"。①

6. 釋"造"

黄盛璋先生在《燕、齊兵器研究》一文中,否定了舊釋"賀"的意見,認爲燕系兵器銘文相關形體是燕國"造"字特殊寫法。② 田煒先生在《試論古璽分類中的一些問題》一文中,引述《集成》11541 不降矛銘文時將相關字釋作"戠",並括注爲"造"。③

7. 釋"戟"

林清源先生在《戰國燕王戈器銘特徵及其定名辨僞問題》一文中,可能是受到湯餘惠先生釋右貫府戈(《集成》11292)銘文"𢧵"爲"戟"的影響,在引用十三年戈(《集成》11339)銘文時也將戈銘與之相聯繫,釋文作"戟(?)",但同時也指出二者"是否爲同一個字的異體,迄今仍然難以斷定"。④ 董珊先生在《戰國題銘與工官制度》"燕國題銘"部分同樣將右貫府戈(《集成》11292)與不降矛、十三年戈等燕兵器銘文中相關形體相聯繫並釋讀爲"戟",他認爲:"這幾個字都是器物自名,可能就是跟'戟'音近的字。'不降拜余子'矛、戈應該就是組合成戟來用的,所謂'戟金',是相對於木製的戈柲而言,其構詞法猶如'帳構銅'。"⑤

除了以上釋讀意見以外,還有釋"貳"、⑥釋"勛"、⑦釋"戩"⑧等意見,不再一一羅列。

按,以上諸家釋讀意見中,釋"賈"、釋"貨"、釋"造"、釋"貳"、釋"勛"、釋"戩"等意見明顯與形體不合。釋"戟"說的緣起可能是湯餘惠先生誤將右貫府戈(《集成》11292)銘文形體"𢧵"與戰國文字"戟"字从"各"異體"𢧵"相聯繫而造成的。學者已經指出"𢧵"中部"父"形筆畫應是燕系文字中寫法特别的"网",⑨該字與"戟"無關,與上引燕、

---

① 徐在國《談齊陶文中的"陳賀"》,《安徽大學學報(哲學社會科學版)》2013 年第 1 期,第 63—67 頁。
② 黄盛璋《燕、齊兵器研究》,《古文字研究》第 19 輯,中華書局,1992 年,第 15 頁。
③ 田煒《試論古璽分類中的一些問題》,陳偉武主編《古文字論壇(第一輯)》,中山大學出版社,2015 年,第 249 頁。
④ 林清源《戰國燕王戈器銘特徵及其定名辨僞問題》,《"中研院"歷史語言研究所集刊(七〇本一分)》,1999 年,第 257 頁。
⑤ 董珊《戰國題銘與工官制度》,北京大學博士學位論文,2002 年,第 90—91 頁。
⑥ 詳《小校經閣金石文字拓本》10.74.2、《綴遺齋彝器款識考釋》29.20.2。
⑦ 何琳儀《戰國文字通論》,中華書局,1989 年,第 96 頁。
⑧ 吴鎮烽編著《商周青銅器銘文暨圖像集成(第 32 卷)》,上海古籍出版社,2012 年,第 274 頁。
⑨ 劉世樞《河北易縣燕下都 44 號墓發掘報告》,《考古》1975 年第 4 期,第 235 頁;張亞初《殷周金文集成引得》,第 169 頁;劉洪濤、李桂森《右中戲鼎銘文補釋》,《出土文獻》第 11 輯,中西書局,2017 年,第 87—88 頁。

齊文字形體更非一字，釋"戠"的意見也不可從。在諸説之中，釋"賀"的意見無疑影響是很大的。對於齊陶文形體，學者認爲"齊陶文 ⿱ 字上部當分析爲从'口'，'戈'聲，可看作'加'字異體"。此説的問題在於一方面我們無法判斷此文字中"戈"是作爲一般表意偏旁還是作爲聲符存在，另一方面即便存在"戈"是聲符的可能性，也没有積極證據證明該字就一定是"賀"的異體。對於燕國題銘形體，學者首先將" "(《璽彙》1670)、" "(《璽彙》0756)直接釋爲"加"，進而將"男"字" "(《璽彙》3362)所从筆畫與之相聯繫，認定彼此相近，從而將燕系璽印、陶文以及兵器相關形體都釋爲"加"。我們認爲，將" "(《璽彙》1670)、" "(《璽彙》0756)直接釋爲"加"可能缺乏更爲關鍵的證據，所引"男"字" "(《璽彙》3362)下部所从與" "" "還是存在着不小的距離，與" "(《陶録》4.6.3)、" "(《璽彙》2792)的區别也較爲明顯。另外，釋"賀"的問題還在於，無法在齊陶文" "與燕文字" "" "之間建立形體上的聯繫。

我們認爲諸説之中釋"貣"的意見極具啓發性，更準確地説，齊、燕文字相關形體應該是"貣"之異體。綜合比較相關形體，我們認爲有以下兩方面問題需要引起我們的注意：

1. 齊、燕文字相關形體从"弋"而非从"戈"

《説文》貝部："貣，从人求物也，从貝，弋聲。"古文字中"貣"見於金文、璽印以及簡帛文字中，從形體看或从"弋"或从"戈"形：

貣 A：

 黢鐘《楚文字編》381 頁

 《包山》簡 106

 《璽彙》1438

 《睡虎地》簡 142

 《嶽麓》簡 1575 壹

貣 B：

 《包山》簡 108

[圖] 龏鐘《楚文字編》381頁

[圖]《清華貳·繫年》簡124

[圖] 呂大叔斧《集成》11786

[圖]《包山》簡119

貪C：

[圖] 龏鐘《楚文字編》382頁

[圖] 呂大叔斧《集成》11788

[圖]《包山》簡053

[圖]《璽彙》2992

[圖]《清華柒·越公其事》簡28

綜合比較各組形體，貪A組从標準的"弋"字，貪B組所从的"弋"字已經添加了短橫作爲飾筆或區別符號，貪C組所从的"弋"字已經與"戈"形相混同。李家浩先生在《戰國邙布考》《戰國貨幣考·邙布補考》兩文中對"戈""弋"相訛混的問題進行過討論，他指出"'弋'旁橫畫下面的一短橫是附加的筆畫，與'戈'字作斜畫者有別"，"在古文字中，'戈'這個形體，無論是作爲偏旁還是作爲獨體字，往往用來代表'弋'"。① 貪B組、貪C組所从的"弋"形正好符合以上兩條特徵，貪B組明顯从短橫與"戈"有別，貪C組所从"戈"形實爲"弋"。同時，將齊陶文"[圖]"與燕文字"[圖]""[圖]"等形體相比較，如果不考慮"口"形因素，我們可以發現齊陶文"[圖]"與貪C組寫作"戈"形的"弋"完全相合，燕文字"[圖]""[圖]"从短橫與"[圖]"等貪B組形體較爲接近，區別在於"[圖]""[圖]"右上部缺少撇筆。《古璽印圖典》2637所著錄的"萬里貪鈢"中"貪"字作"[圖]"，同樣省略了右上撇筆，可與此相參照。總之，將燕、齊題銘相關形體與"貪"相聯繫，可以與"貪"不同寫法相對

---

① 李家浩《戰國邙布考》，《著名中年語言學家自選集·李家浩卷》，安徽教育出版社，2002年，第162頁；李家浩《戰國貨幣考·邙布補考》，《著名中年語言學家自選集·李家浩卷》，第180、184頁。

應,也可以將燕、齊題銘相關形體彼此統一起來。

2. 燕、齊文字相關形體从"心"而非从"口"

燕、齊文字相關形體與標準的"貣"相比,最明顯的特徵就是"口"形部件的存在。如上引釋讀意見中隸定作"𧴫""賀"等意見,明確將其看作一般的"口",何琳儀先生也曾先後指出"口"形"是裝飾部件"。我們認爲,綜合考慮戰國文字中"口"與"心"相訛混以及"貣"與"忒"的緊密聯繫,燕、齊文字相關形體所从當爲"心"字而非"口"字,相關形體本从"忒"。戰國文字中有些心形中部與口形寫法十分接近:

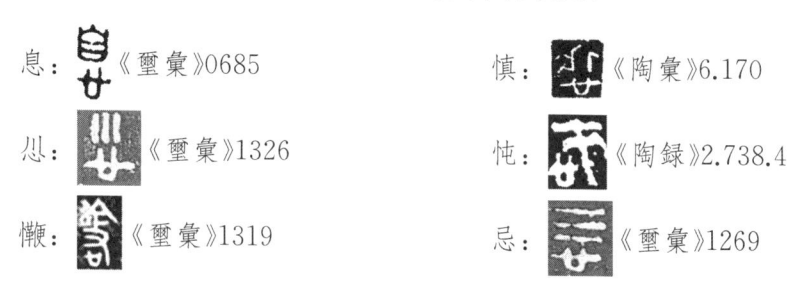

息:《璽彙》0685   慎:《陶彙》6.170

𢝊:《璽彙》1326   忳:《陶録》2.738.4

懃:《璽彙》1319   忌:《璽彙》1269

《璽彙》1385 著録的"樂亡(無)忌"中的"忌"作" ",所从心形一方面與口形相近,另一方面心與己共用橫筆,其構形可與我們討論的" "" "" "等形體相比較。此外,在新泰陶文中有多方"立事"者爲"陳 "的陶文,其中《新出齊陶文圖録》152 號作" ",①所从部件上端内括正是標準的"心"形,這可作爲將相關形體釋爲心的重要佐證。

所以我們認爲," "" "" "等形體,應該分析爲"从貝,忒聲",應是"貣"之異體。《説文》心部:"忒,更也,从心,弋聲。""忒""貣"二者同从"弋"聲,文獻中也不乏二者相通假的例子。② 段玉裁在《説文解字注》"貣"下就指出:"按,古多借貣爲差忒字。"從出土文獻來看,相關文獻也多借"貣"表"忒",如:③

(1) 不侃(愆)不貣(忒)。　　　　　　　　　　　　　　（蔡侯申鐘,《集成》211.2）
(2) 恆德不貸(忒)。　　　　　　　　　　　　　　　　　（帛書《老子乙本·道經》69下）
(3) 恆德不貣(忒)。　　　　　　　　　　　　　　　　　（北大《老子·道經》196）
(4) 龜噬(筮)孚貣(忒)。　　　　　　　　　　　　　　　（《清華伍·三壽》簡11）
(5) 民人諏(趣)貣(忒)。　　　　　　　　　　　　　　　（《清華伍·湯丘》簡12）

---

① 徐在國《新出齊陶文圖録》,學苑出版社,2014年,第193頁。
② 高亨《古字通假會典》,齊魯書社,1989年,第412頁。"忒與貣""忒與貸"條。
③ 白於藍《簡帛古書通假字大系》,福建人民出版社,2017年,第590—591頁,"貸與忒""貣與忒"條;王輝《古文字通假字典》,中華書局,2008年,第233頁,"貣與忒"條。

可見"弋"與"貣"之間在聲音和用法上存在緊密聯繫，燕、齊兩系文字以"弋"作爲"貣"的聲符也是彼此關係密切的反映。從用法上看，上引燕齊文字材料大多是作爲人名來使用。孫詒讓把《集成》11541 不降矛中的形體釋爲"貣"，現在看也是非常合適的，"貣金"的説法也見於《包山》簡 106 等，從内容上看多爲"貣金糴種"等與農業生産有關的内容，①戈銘明言"貣金"是爲了製作兵器，這無疑豐富了"貣金"的用途。此外，以相關形體爲基礎，我們認爲"㓚"(《璽彙》1670)、"㧌"(《璽彙》756)兩形體，似可直接釋爲"弋"。《陶録》2.18.1 著録的人名"陳㦱"，可分析爲"从邑，弋聲"，很可能是"邔"字異體。《璽彙》1036 是一方晉璽，原作"肖（趙）㦱"，舊缺釋，末字也可以隸定作"㦱"。

　　《説文》貝部"貸，施也，从貝，代聲"，段玉裁《説文解字注》："按，代、弋同聲，古無去入之别。求人、施人古無貣、貸之分，由貣字或作貸，因分其義，又分其聲。"按照段玉裁的觀點，從用法上看"貣""貸"表示借貸之義，二字本没有分别。"貣""貸"二字同見於里耶秦簡、嶽麓秦簡，從用法上看"貣"似乎可以兼表借入與借出，"貸"主要表示借出，很少表示借入。② 從用法上二者似乎已經出現了分工，段注所説很可能是就後世合流之後的情況立論。

---

① 羅俊揚《從包山楚簡貸金史料論楚國之金融》，《金融經濟》1997 年第 12 期，第 10 頁；羅運環《包山楚簡貸金簡研究》，《武漢金融》2005 年第 10 期，第 61—63 頁。
② 劉豔娟《秦漢簡帛文獻用字習慣考察二則》，《語言科學》2018 年第 6 期，第 663—664 頁；趙岩《也談"貣"與"貸"的分化合流》，陳斯鵬主編《漢語字詞關係研究（二）》，中西書局，2021 年，第 112—123 頁；石洋《"貣""貸"别義的形成——秦時期借貸關係史之一頁》，《出土文獻研究》第 20 輯，中西書局，2021 年，第 212—250 頁。

三種《陰陽十一脈灸經》異文用字比較*

韋良玉

首都醫科大學中醫藥學院

  半個世紀以來,我國新發現的出土醫學文獻日益豐富,經脈文獻是其中一大門類。對這些經脈文獻的内容和相互關係的考察有助於探究早期中醫經脈理論和文獻的形成和流傳。其中《陰陽十一脈灸經》(以下簡稱"《灸經》")出土了三種不同傳本,具有很高的比較價值。三種《灸經》内容基本相同,各版本的差異集中體現在用字上。出土醫書形成後不久即被埋入地下,未經後人改動,能够真實反映其書寫時代的原貌。從文字學角度對各本用字進行探究和比較,不僅能够掃除文字障礙,更好地解讀文獻,展現當時的漢字使用情况,同時文獻用字也藴含豐富信息,爲探究文獻形成、整理、流傳情况提供借鑒。

一、三種《灸經》用字概貌

  我國目前出土《灸經》共有三種,分别爲甲本、乙本和丙本。甲本和乙本爲馬王堆三號漢墓出土帛書,甲本與《足臂十一脈灸經》《脈法》《陰陽脈死候(甲本)》《五十二病方》抄在一卷長帛上,乙本與《去穀食氣》《導引圖》抄寫在同一帛幅上。丙本爲張家山漢墓出土竹簡《脈書》的一部分。三種《灸經》内容基本相同,記述全身十一脈脈名,各脈循行部位,是動病、所産病及各脈主病數目等,但在用字上有許多不同。甲本共37行,現存709字;乙本共18行,現存792字;丙本共32枚簡,現存915字。[1] 除去不同位置的殘缺

---

* 本文爲北京市教委社科計劃一般項目(SM202310025003)、四川省社會科學重點研究基地(擴展)"中國出土醫學文獻與文物研究中心"項目(CTWX2304)階段性成果。

[1] 統計依據已公布的圖版,綜合《長沙馬王堆漢墓簡帛集成》和《馬王堆漢墓帛書》,將所有可辨認者納入,包括可識讀的殘字。

和個別詞句的差別,三種《灸經》均留存且記録同詞、可對應比較的字組共 532 組。其中 411 組三個版本用字均一致,另外 121 組三本用字不完全一致,爲異文字組,爲本文考察的對象。廣義的異文不僅包括不同版本間文字使用的不同,也包括詞句的差異。狹義的異文是文字學視角下的,指同一古籍不同版本在相同語境下記録同一詞時使用的不同的字。本文重點從文字學角度出發,使用狹義上的異文概念。

二、三種《灸經》異文用字描寫

漢語字和詞並非一一對應,三種《灸經》的異文字組就是在記録同詞時使用了不同的字,這些用字的性質有多種。如果某字符是根據某詞的音義專門構造就叫作該詞的本字,用本字記録形義相關的詞,包括本義和引申義,爲本用;如果某字本非爲所記詞語而造,只是被當作語音符號去記録某形義無關但音同音近的詞,就叫作該詞的借字,用借字記録與構意無關的詞爲借用;①而因書寫或傳抄偶然錯訛,被誤用記録音義無關詞語的字元叫作誤字。據此這些異文字組可劃分爲不同的類型,我們分別加以闡述。

(一) 甲本用字與乙、丙本不同

一些異文字組乙、丙本用字相同,而甲本與之不同。這些異文字組用字之間的關係有以下幾類。

1. 均使用本字

甲本與乙、丙本異文用字都是本字,但形體不同。此類有 3 組:

① 㾓-痛(北～):疼痛(6)②

② 明-明(陽～脈):光明(1)

③ 脑-胸(～痛):胸部(1)

以上字組均爲異體字關係,且構形模式均未改變,只是聲符或義符發生變化。

2. 甲本用借字,乙、丙本用本字

一些甲本與乙、丙本異文字組用字屬性不同,甲本使用了借字,而乙、丙本使用了本字。此類有 5 組:

① 婁-數(～吹):屢次(1)

② 益-嗌(～乾):咽喉(1)

---

① 李運富《論漢字職用的考察與描寫》,《上海師範大學學報(哲學社會科學版)》2017 年第 1 期。
② "-"前爲甲本用字,後爲乙、丙本用字,括號內爲例句,冒號後爲詞義和頻次,本節下同。

③ 陽-腸(～痛)：腸子(1)
④ 彼-被(～胃)：覆蓋(1)
⑤ 復-腹(～張)：腹部(2)

凡是音同音近之字都可能發生借用，但文獻中借用經常發生在聲符相關的字元間。以上第1、2組爲形聲字與聲符關係，第3—5組爲同聲符字關係。

3. 均使用借字

甲本和乙、丙本用字都是借字，但借用了不同的字符。

殹-也(可治～)：語氣詞(1)

4. 甲本使用誤字

一些甲本與乙、丙本的用字差異是由於甲本使用了誤字。誤字的使用一般是無意識的、偶然産生的，不具有普遍性。

① 龍①-信(喜～)：伸展(1)
② 印-卬(不可以～)：仰(1)

（二）乙本用字與甲、丙本不同

一些異文字組甲、丙本用字相同，而乙本與之不同。

1. 均使用本字

乙本與甲、丙本用字都是本字，有的是異體字關係，也有的是母字與分化字關係。

（1）異體字關係

① 卻-胎②(出～中)：膕窩(1)
② 腜-踝(系於外～之前廉)：脚踝(1)
③ 㾓-廉(系於骭骨外～)：邊緣(1)
④ 痟-瘧(～，北痛)：瘧疾(1)
⑤ 䯒-骭(循～而上)：小腿(1)
⑥ 䫌-觸(～少腹)：接觸(1)
⑦ 䏨-胃(是～脈也)：胃部(1)

第1—4組構形模式未變，均爲形聲字，但構件發生變化。前3組義符變化而聲符不變，第4組聲符變化而義符不變。第5、6組構形模式相同，均爲形聲字，構件也相同，

---

① "龍"有異體竜、龟、龛等。抄手當是由於形體相近，將"申(伸)"誤爲"竜"，又傳抄爲"龍"。
② "-"前爲乙本用字，後爲甲、丙本用字，本節下同。

只是構件相對位置發生了變化。第 7 組"胃"是在"胃"基礎上增加義符"肉（月）"而成，由會意字轉變爲形聲字。

（2）母字和分化字關係

爲了更精準地記錄詞語，本來由一個字表示的多個相關義項經常逐漸分散由多個字表示，在母字基礎上產生後起分化字。分化字專門用來承擔母字的一個引申義，是該引申義的本字。但在分化過渡階段，文獻有時仍用母字記錄該引申義，母字亦爲其本字。

① 虐-瘧（～，汗出）：瘧疾（1）

② 杖-丈（大～）：手杖（1）

2. 乙本用本字，甲、丙本用借字

一些乙本與甲、丙本異文字組用字屬性不同，乙本使用本字，而甲、丙本使用借字。

① 中-衷（出脎～）：中央（1）

② 瘀-歷（骬～）：氣逆（1）

③ 膧-穜（腹外～）：腫脹（4）

④ 喧-饐（上氣，～）：喉嚨阻塞（1）

⑤ 彊-强（耳～）：强直（1）

從形體上看，第 1 組爲形聲字與聲符關係，第 2—4 組爲同聲符字的關係。第 5 組二字雖均含有構件"弓"，然而一作義符，一爲聲符的一部分。

3. 乙本用借字，甲、丙本用本字

① 牙-與①（心～胠痛）：與（3）

② 兼-廉（上骬下～）：邊緣（1）

③ 果-踝（出內～之上）：脚踝（1）

④ 揗-循（～骬而上）：順（1）

⑤ 常-掌（手～中）：手掌（1）

⑥ 瘉-臂②（～痛）：肩膀（1）

---

① "與"从牙得聲，參看裘錫圭《讀〈戰國縱橫家書釋文注釋〉劄記》，《古代文史研究新探》，江蘇古籍出版社，1992年，第 84—85 頁。

② "臂"从攵，肩聲，這裏爲"肩"之異體，而非《説文新附》訓爲"肥腸也"之"臂"。參看宋華強《由新蔡簡"肩背疾"説到平夜君成所患爲心痛之症》，簡帛網，2005年12月7日；宋華強《新蔡簡"肩"字補證》，簡帛網，2006年3月14日。

第1—3組爲形聲字與聲符關係。第4、5組爲同聲符字關係。第6組形體無關。

4. 乙本用借字,甲、丙本用誤字

渒-踝(四末痛,～):痹證(1)

5. 均使用借字

一些異文字組乙本和甲、丙本都使用借字,但借用了不同的字符。

① 巨-鉅(～陽脈):大(2)

② 單-癉(～,耆臥):疸(1)

③ 假-叚(四末痛,～):瘕(1)

④ 厥-歷(臂～/～陰):氣逆/脈名(3)

⑤ 于-於(毀～外踝之前廉):介詞(6)

⑥ 也-殹(是胃脈～):語氣詞(2)

⑦ 希-幾(久～息則病已矣):既(1)

第1—4組爲聲符與形聲字關係。第5—7組形體無關。

6. 乙本使用誤字

① 逢-怢①(得後與氣則～然衰):迅速(1)

② 庸-廉(下骨上～):邊緣(1)

③ 上-之(起於臂兩骨～間):助詞(1)

第1、2組乙本用誤字,甲、丙本用本字。第3組乙本用誤字,甲、丙本用借字。

(三) 丙本用字與甲、乙本不同

1. 均使用本字

① 藂②-菆③(毀於足大指～毛之上):叢生(1)

② 踝-腂(毀於外～之前廉):脚踝(1)

③ 庤-肢(尻痛,～):痔(1)

④ 髮-鼓(被～):頭髮(1)

這4組均爲異體字關係。

---

① 乙本"逢"當爲楚文字"遊"之誤。
② 丙本用字從艸從最,可隸定爲"藂"。《集韻·薛韻》:"藂,草聚貌。""最"有"聚攏,聚集"義,《玉篇》冃部:"最,齊也,聚也。""最"從"取"得聲,"菆""藂"當爲改換聲符形成的異體字。
③ "-"前爲丙本用字,後爲甲、乙本用字,本節下同。

2. 丙本用本字,甲、乙本用借字

彭-滂(心~~如痛):擬聲(1)

3. 丙本用借字,甲、乙本用本字

① 晨-振(~寒):戰慄(1)
② 益-嗌(~腫):咽喉(1)

"晨""振"爲同聲符字,"益"爲"嗌"之聲符。

4. 均使用借字

無-无(甚則~膏):否定詞(1)

5. 丙本使用誤字

① 塞-寒(振~):寒冷(2)
② 領-頷(~痛):下頷(2)
③ 者-耆(~卧):嗜好(1)

第1、2組甲、乙本用的是本字。第3組甲、乙本用的是借字。丙本用字均爲形近訛誤。

(四) 三個版本用字各不相同

1. 均使用本字

紽-炧-炧(面黧若~色):燭爐(1)

2. 均使用借字

① 稷-則-瘛(不可以反~):側身(1)
② 脖-諱-燀(煇煇~~):聽覺不明(1)
③ 麿-厥-蹙(是~陰脈主治):脈名(1)
④ 毋-无-無(坐而起則目䀮如~見):否定詞(1)

3. 一本用本字,兩本用誤字

漬-資-紨(夾~旁):蔽膝(1)

"夾~旁"天回醫簡《脈書・下經》作"夾佩以上",又《脈书・下經》足陽明脈之病有"佩痛","佩"爲繫於衣帶之裝飾,代指小腹前陰部位。"紨"從糸,從市,當爲"市"之異體,《説文》市部:"市,韠也。上古衣蔽前而已,市以象之。"与"佩"所指部位相同。又

"市"與"宂"常混同,如《吕氏春秋·長攻》"姉"作"姉",《詩·泉水》"沛"作"沛"。《漢書·衛青霍去病傳》《後漢書·盧芳傳》"肺附"作"肺胕"。"宂""漬""資"音同。

4. 一本用借字,兩本用本字

① 眿-刖-脈(巨陽～):經脈(18)
② 臏-賓-臏(上穿～):髓骨(1)
③ 甬-甬-痛(顔～):疼痛(18)
④ 瞙-芒-眲(坐而起則目～如無見):目不明(1)

第1組甲本用借字,乙、丙本用異體本字。第2—4組乙本用借字,甲、丙本用本字。

5. 一本用誤字,兩本用借字

儵/腸-易-狄(～然驚):惕(2)

此處本字爲"惕"。"儵"和"腸"均從"易"得聲,與"惕"聲符"易"形近但音義無關,均爲書寫訛誤。"易"余紐錫部,"狄"定紐錫部,"惕"透紐錫部,爲音近借用。

三、三種《灸經》用字特點及啓示

通過以上闡述比較,我們可以看到三種《灸經》用字方面的一些特點。

首先,三種《灸經》用字有不少差異,體現當時文字使用的統一規範性不足。三種《灸經》可對應比較的532組字組中有411組用字一致,占77.26%;有75組用字不完全一致,即兩本相同而一本不同,占14.10%;有46組用字三本均不一致,占8.65%。總體來看用字相同的情況占大多數,説明作爲同一文獻的不同版本,三本的共性大於個性,也反映出漢字穩定性和統一性是主流,這是不同時代和地域的人們能够憑藉漢字傳承和交流思想文化的前提。但作爲同一文獻時代地域相距不遠的版本,用字不完全一致的字組超過五分之一,也有相當的比例,體現出當時文字使用的規範性不足。戰國時期開始,漢語字詞關係呈現出紛紜複雜的發展狀態。由於社會發展,漢語詞彙不斷豐富,派生出大量新詞,漢字系統需要隨之發生分化調整。漢字是表意文字,爲了記詞的準確性,在追求形義統一、專字專用的内在規律推動下,人們往往根據新詞的音義專門創造新的字符。但構形理據不同會導致所造字形不同,形成異體字。與此同時,利用已有的漢字當作記音符號,借用記録新詞的現象也大量存在。因此三種《灸經》存在許多由於異體或借用導致的用字差異。戰國分裂動蕩更加劇了這種混亂。秦統一後書同文字,但長期的用字狀况難以立刻徹底改變。醫書屬於方技類文獻,强調實用,更傾向用當時當地通用字體書寫,更容易發生改字。《灸經》中術語專名較多,多爲新詞,用字尚處於逐漸定型過程中，醫家也在探索醫學術語的恰當命名和用字。例如"脈"作爲本書核心的術語，三本用字皆不同。還有一些病名和人體部位名用字，有時借用同音字，有時增加疒旁、肉(月)旁或其他義符，造成用字差異。

其次，甲、丙本用字相對接近，乙本用字個性最強。三種《灸經》的 121 組異文用字中乙、丙本用字相同而與甲本不同的有 17 組（不計重複爲 11 組），甲、丙本用字相同而與乙本不同的有 45 組（不計重複爲 32 組），甲、乙本用字相同而與丙本不同的有 13 組（不計重複爲 11 組），三本各不相同的有 46 組（不計重複爲 12 組）。可見甲、丙本用字差異更小，乙本用字與另外兩本差異更大，可能底本或抄手用字習慣差別較大。

再次，相較而言，丙本用字更講究理據，規範性更強，乙本追求簡易傾向更突出，規範性更弱。將三種《灸經》異文字組中各本不同屬性用字的數量和比例進行統計，如表 1 所示。

表 1　三本《灸經》異文字組用字屬性統計

	本　字	借　字	誤　字
甲本	58(47.93%)	57(47.11%)	6(4.96%)
乙本	61(50.41%)	56(46.28%)	4(3.31%)
丙本	78(64.46%)	37(30.58%)	6(4.96%)

甲本和乙本借字比例高於丙本。借用是將文字當作記音符號來使用，會造成一字對應多詞的現象，破壞漢字的形義統一，容易造成理解的障礙。而使用形義統一的專字記錄專詞理據性更強。另外，在各本内部也存在記錄同詞用字不一致的現象，其中乙本最多，丙本最少。如記錄"脚踝"，甲本用"踝""腂"兩個字形，乙本用"腂""果"兩個字形，丙本統一用"踝"。記錄"疼痛"，甲本用"痛"，乙本用"甬""痛"，丙本統一用"痛"。記錄"邊緣"，乙本用"廉""瘷""兼""庸"，甲、丙本用"廉"。但是丙本和甲、乙本一樣存在着若干誤字。秦漢時期文字處於從篆到隸、從古文字向今文字轉化的劇變階段，轉寫中容易發生混同甚至錯訛。

乙本使用的字形往往更簡省。例如虐（瘧）、中（衷）、牙（與）、兼（廉）、果（踝）、甬（痛）、賓（臏）、易（惕）、巨（鉅）、單（癉）、厥（蹷）、于（於）、也（殹）、无（無）等字組中，乙本用字比另外兩本用字均更簡省。追求書寫簡易是用字者天然的傾向，但筆畫過於省簡，或大量借用簡單的字形，也容易導致區别度的降低。

三種《灸經》的用字情況還爲我們瞭解相關文獻的形成與流傳提供了更豐富的

信息。

　　首先,從用字來看甲、丙本的版本關係更密切,且丙本經過有意的修訂完善。這與文獻學層面的考察相符,例如乙本將足厥陰脈排在足少陰之後,與其他兩本不同,"肩脈"循行甲、丙本作"出臂外館上,乘手北",乙本作"出臂外,出指上廉"。丙本在少陽脈、齒脈結尾多出"及溫""及口……"等,在全書最後增加"凡陽脈十二……"一段總結,是在底本基礎上進行完善的體現。丙本使用借字和同詞用字不一的現象都有所減少,可見在醫書傳抄整理過程中,除了內容的修訂完善,語言文字上的規範也是重要工作。

　　其次,異文字組"殹"和"也"的使用爲《灸經》的傳抄情況提供參考。戰國時期,六國地區記錄語氣詞一般用"也"。"殹"本是秦地方音字,主要在秦國使用,具有地域性。段玉裁《說文解字注》:"殹,……秦人借爲語詞。"但在秦統一過程中,"殹"的用法逐漸滲透到被攻占的舊六國地區,成爲秦朝官方用字,得到普遍推行。由《睡虎地秦簡》可見,本爲楚地之雲夢,進入秦以後即用"殹"字。然而秦二世時開始,社會慣用字逐漸又改爲"也"。① 《灸經》中語氣詞"也"共出現 3 次。甲本均作"殹",再結合同卷同書手抄寫的《五十二病方》有較多楚文化特點,② 亦只用"殹"不用"也",此卷帛書可能是秦統一六國到秦末以前由受秦影響的楚地人書寫。而抄寫於漢初的乙本全部改用"也"字。丙本亦成書於漢初,兩次用"殹",一次用"也"。"殹"已不符合當時的用字習慣,應是由於抄手部分保留了底本的用字面貌,故其底本當和甲本接近,使用"殹"。另外"殹"多用於官方文書,③因此《灸經》可能經過官方或與政府關係密切的人員整理。

　　再次,乙本的用字多處體現出楚文字的遺留,如用"瘱"記錄{肩},"瘱"不見於字書,楚文字中常用"悶""勿""疧"等形記錄"病間"之"間"。瘱从勿、从疒,當爲記錄"病間"之專字。"肩""間(瘱)"古音均爲見紐元部,故發生借用。④ 又如用"逢"記錄{逸},"逢"乃楚文字"遊"形訛。⑤ 秦漢時期"逢"字的構件"丰"有時訛變爲"羊",形體就與"遊"近似。"遊"本爲"逸"字異體,楚地簡帛常用"遊"記錄"失",如郭店簡《老子》甲本"無執故無遊

---

① 〔日〕大西克也《"殹""也"之交替——六國統一前後書面語言的一個側面》,《簡帛研究 二〇〇一》,廣西師範大學出版社,2001年,第614—626頁。
② 參看李學勤《新出簡帛與楚文化》,湖北省社會科學院歷史研究所編《楚文化新探》,湖北人民出版社,1981年,第37頁。
③ 參看風儀誠《秦代諱字、官方詞語及秦代用字習慣——從里耶秦簡說起》,《簡帛》第7輯,上海古籍出版社,2012年,第147—157頁。
④ 參看施謝捷《簡帛文字考釋劄記(三續)》,張德芳主編《甘肅省第二屆簡牘學國際學術研討會論文集》,上海古籍出版社,2012年,第627—630頁。
⑤ 湖南省博物館、復旦大學出土文獻與古文字研究中心編纂,裘錫圭主編《長沙馬王堆漢墓簡帛集成(伍)》,中華書局,2014年,第200頁。

(失)",《楚帛書》"亂遊(失)其行"。① 又如用"瘧"記錄{瘧},"虐"《説文》古文作"☒(㦲)"。楚文字中用"㦲""裾""瘧"等記錄"虐"或"瘧",如上博簡《容成氏》"㦲(虐-瘧)疾始生",《姑成家父》"㦲(虐)於百豫",《從政》"毋暴毋裾(虐)",《景公瘧》"疥且瘧(瘧)",郭店簡《緇衣》"五瘧(瘧-虐)之型(刑)"。古文字"虐"象虎傷人之形,"㦲""㦲"均是從虎口下的人形書寫變異而來。"瘧"較"瘧"省略"几",爲"瘧"之異體。這些現象反映出其底本可能源自楚地。前面所提到的"也"字使用,一方面符合漢初用字習慣,另一方面可能乙本底本就是未受秦文字影響的楚地文本,本來就用"也"字。但是由於乙本抄寫已是漢初,與戰國楚國時代間隔較遠,書手本人大概已經對楚文字不很熟悉,所以才會出現將"遊"誤作"逢"的情況。可見在秦代"書同文"政策影響下,在漢字的不斷交流與發展中,戰國時期頗具地域特色的用字現象正在逐漸消失,各地用字趨向統一。政治上的統一有利於文化上的融合,追求統一是中華文明的主流,"書同文"消除文字異形符合漢字自身發展規律和各地交流的需要。反過來,語言文字上的統一和規範有助於不同地域間的溝通交流,促進文化的融合發展,增加中華民族的凝聚力和向心力。從三種《灸經》用字可見,中醫文獻用字在流傳中不斷進行調整和規範,這有助於文獻的理解與傳播,以此爲媒介,中醫文化才得以更廣泛久遠地流傳,發揚光大。

---

① 參看趙平安《戰國文字的"遊"與甲骨文"㚔"爲一字説》,《古文字研究》第 22 輯,中華書局,2000 年,第 275—283 頁。

西北漢簡人名考析（八題）*

魏宜輝

南京大學文學院

（"古文字與中華文明傳承發展工程"協同攻關創新平臺復旦大學平臺）

一

肩水金關漢簡 73EJT37：376 載"常終相"，[①]其中有人名"終相"。

"終相"之名未見於璽印、簡牘及傳世文獻。其中的"　"字模糊不清，我們懷疑此字並非"相"字，而是"根"字。

"終根"是漢代常見的人名。肩水金關漢簡 73EJH2：45 載有人名"終根"。[②]漢私印中有"夏侯終根"（《中國古代封泥全集》7577）、[③]"馬終根"（《二十世紀出土璽印集成》三-SY668）、[④]"彭終根"（《十鐘山房印舉》）、[⑤]"劉終根"（《鶴廬印存》）、[⑥]"田終根"（《十六金

---

* 本文爲國家社科基金一般項目"秦漢璽印人名綜合研究及數據庫建設"（24BYY011）階段性成果。

[①] 甘肅簡牘博物館、甘肅省文物考古研究所、甘肅省博物館、中國文化遺產研究院古文獻研究室、中國社會科學院簡帛研究中心編《肩水金關漢簡（肆）》，中西書局，2015年，第71頁。

[②] 甘肅簡牘博物館、甘肅省文物考古研究所、甘肅省博物館、中國文化遺產研究院古文獻研究室、中國社會科學院簡帛研究中心編《肩水金關漢簡（肆）》，第266頁。

[③] 孫慰祖主編《中國古代封泥全集》，吉林美術出版社，2022年，圖版編第1818頁。

[④] 周曉陸主編《二十世紀出土璽印集成》，中華書局，2010年，第239頁。

[⑤] 〔清〕陳介祺編《十鐘山房印舉》卷一七，中國書店，1985年，28頁。

[⑥] 顧麟士編《鶴廬印存》，榮寶齋出版社，1998年，第257頁。

符齋印存》)、①"謝終根印"(《魏石經室古璽印景》)、②"蘇終根"(《吉林大學藏古璽印選》219)、③"公孫終根"(《陝西新出土古代璽印》1363)、④"李終根印"(《新見古代玉印選》311)、⑤"梁終根"(《漢唐閣藏古璽印譜》122)、⑥"殷終根-[肖形]"(《珍秦齋藏印·漢魏晉唐宋元篇》)、⑦"王終根印"(《香港中文大學文物館藏印續集三》33)。⑧傳世文獻中有"酈終根"(《史記·高祖功臣侯者年表》)、"單父終根"(《史記·高祖功臣侯者年表》)、"劉終根"(《漢書·王子侯表》)、"趙終根"(《漢書·李廣蘇建傳》)。由此推斷,肩水金關漢簡 73EJT37:376 中的這個人名亦爲"終根"的可能性是很大的。

璽印中的人名"終根"又或作"衆根""充根",⑨如"郝衆根"(《印典》)、⑩"沐新充根"(《匋齋藏印》1690)、⑪"艾充根-艾少翁"(私人藏印)。⑫

二

懸泉漢簡 Ⅱ90DXT0111③:66 載"步廣里楊康氣",⑬其中有雙字名"康氣"。

---

① 〔清〕吴大澂藏輯《十六金符齋印存》,上海書店出版社,1989 年,第 106 頁。
② 周進編《魏石經室古璽印景》,上海書店出版社,1989 年,第 97 頁。
③ 吉林大學歷史系文物陳列室編《吉林大學藏古璽印選》,文物出版社,1987 年,第 39 頁。
④ 伏海翔編《陝西新出土古代璽印》,上海書店出版社,2005 年,第 154 頁。
⑤ 施謝捷著《新見古代玉印選》,日本京都藝文書院,2016 年,第 267 頁。
⑥ 李廣編著《漢唐閣藏古璽印譜》,日本京都藝文書店,2012 年,第 32 頁。
⑦ 此印編者釋文誤作"殷終㫐",石繼承先生改釋爲"殷終根"。參見蕭春源輯《珍秦齋藏印·漢魏晉唐宋元篇》,澳門民政總署文化康體部,2005 年,第 160 頁;石繼承《漢印雙名釋讀四則》,《考古與文物》2019 年第 6 期,第 113 頁。
⑧ 此印編者未釋出"根"字。參見王人聰編著《香港中文大學文物館藏印續集三》,香港中文大學文物館,2001 年,第 29 頁。
⑨ "終""衆"相通的辭例古書多見。參見高亨纂著《古字通假會典》,齊魯書社,1989 年,第 23 頁。"終""充"音近可通,前人亦多有論及。參見國家文物局古文獻研究室編《馬王堆漢墓帛書(壹)》,文物出版社,1980 年,第 22 頁釋文,第 27 頁注釋 71;徐寶貴、鄔可晶《〈五行〉釋文注釋》,湖南省博物館、復旦大學出土文獻與古文字研究中心編纂,裘錫圭主編《長沙馬王堆漢墓簡帛集成(肆)》,中華書局,2014 年,第 89 頁注釋 7;魏宜輝《秦漢璽印姓名考析(續七)》,《出土文獻與古文字研究》第 9 輯,上海古籍出版社,2020 年,第 371—372 頁;陳劍《與清華簡〈五紀〉相關的兩個字詞問題:"蠲"與{統}》,《中國文字》2022 年夏季號(總第 7 期),萬卷樓圖書股份有限公司,第 69—71 頁。
⑩ 康殷、任兆鳳主輯《印典》,中國友誼出版公司,2002 年,第 1101 頁。
⑪ 〔清〕端方輯《匋齋藏印》,福建人民出版社,2016 年,第 439 頁。
⑫ "天眷堂微拍第 245 期","天眷堂文化"公眾號,2017 年 4 月 15 日。
⑬ 甘肅簡牘博物館、甘肅省文物考古研究所、陝西師範大學人文社會科學高等研究院、清華大學出土文獻研究與保護中心編《懸泉漢簡(貳)》,中西書局,2020 年,第 518 頁。

作爲人名的"康氣",我們認爲可能讀作"慷慨"。"慷"從"康"得聲,二字讀音相同,可以相通。"氣""慨"二字古音皆爲溪母物部字,音同可通。包山簡207:"病腹疾,以少慇,尚毋有咎。""慇",讀作"氣"。① "慇"即"慨"之異體。傳世文獻與出土文獻中還有很多"氣"及從"氣"聲之字與"既"及從"既"聲之字相通的辭例,如"氣"通"既"、"氣"通"槩"、"餼"通"既"、"愾"通"慨"、"熭"通"氣"、"曁"通"氣",②皆可以作爲"氣""慨"相通的旁證。

"慷慨"指性格豪爽。《後漢書·齊武王縯傳》:"性剛毅,慷慨有大節。"以"慷慨"爲名,其取義是希望爲人開朗豪爽。

三

居延新簡 EPT56:150 載"☐貝丘堂安里語丘異衆",③其中有人名"語丘異衆"。

作爲複姓的"語丘",我們認爲當讀作"吾丘"。"語"字從"吾"得聲,二字皆爲疑母魚部字,可以通用。"吾丘"爲古代常見的複姓,如"吾丘常""吾丘延年"(《十鐘山房印舉》)、④"吾丘良-日利"(《洛泉軒集古璽印選萃》841)、⑤"吾丘壽王"(《漢銅印原》)、⑥"吾丘部"(《金薤留珍》)、⑦"吾丘慶印"(《陝西新出土古代璽印》1076)、⑧"吾丘王孫"(《甘氏

---

① 湖北省荆沙鐵路考古隊編《包山楚簡》,文物出版社,1991年,第33、55頁。
② 高亨纂著《古字通假會典》,第526頁;白於藍《簡帛古書通假字大系》,福建人民出版社,2017年,第875、877、881頁。
③ 張德芳主編《居延新簡集釋(四)》,甘肅文化出版社,2016年,第214頁。
④ 〔清〕陳介祺編《十鐘山房印舉》26·03、26·10。
⑤ 施謝捷、王凱、王俊亞編著《洛泉軒集古璽印選萃》,日本京都藝文書院,2017年,第286頁。
⑥ 〔清〕汪啓淑編《漢銅印原》,西泠印社出版社,1996年,第215頁。
⑦ 故宫博物院編《金薤留珍》書卷三〇,故宫博物院影印,1971年。
⑧ 伏海翔編《陝西新出土古代璽印》,第130頁。

集古印正》)、①"吾丘黨之印信"(《虛無有齋摹輯漢印》3808)、②"吾丘定"(肩水金關漢簡72EJC：42)、③"吾丘壽王"(《漢書·嚴朱吾丘主父徐嚴終王賈傳》)。

作爲姓氏的"吾丘",文獻又作"吾邱"。《通志·氏族略》："吾邱氏：吾音魚,即虞邱氏也。晉大夫虞邱子,著書。楚莊王相虞邱子,薦孫叔敖自代者。"石繼承先生指出,"虞丘""虞邱""魚丘""於丘"與"吾丘"皆當爲同一複姓的異寫。④我們認爲除了"於丘"外,其他爲同一複姓的異寫當無誤,而"語丘"亦爲這一複姓的異寫。

"異衆"即"異於衆人",形容人出色優秀,爲漢代常見的人名。

四

馬圈灣漢簡796載"敦煌壽陵里趙負趣",⑤其中有人名"趙負趣"。李洪財先生看過本文初稿後來信指出,所謂"趣"字當爲"趨"字。其説可信。

作爲人名的"負趨",我們認爲當讀作"負芻"。"趨"字本從"芻"得聲,二字古音皆爲清母侯部字,音同可通。因此,"負趨"讀作"負芻"在讀音上是沒有問題的。

"負芻"即背柴草,謂從事樵采之事。《孟子·離婁下》"昔沈猶有負芻之禍,從先生者七十人,未有與焉",朱熹集注："言曾子嘗舍於沈猶氏,時有負芻者作亂,來攻沈猶氏。"以"負芻"爲名,當屬於賤名之類,在古代並不罕見。文獻記載以"負芻"爲名的有春秋時期的"曹成公"(《左傳》成公十三年)、戰國楚國最後一位國君"楚王負芻"(《史記·楚世家》)。璽印中有"宋負芻"(《十鐘山房印舉》)、⑥"負芻"(《新見古代玉印選》602)、⑦

---

① 〔明〕甘暘輯《甘氏集古印正》,西泠印社出版社,2000年,第39頁。
② 施謝捷編著《虛無有齋摹輯漢印》,日本京都藝文書院,2014年,第646頁。
③ 甘肅簡牘博物館、甘肅省文物考古研究所、甘肅省博物館、中國文化遺産研究院古文獻研究室、中國社會科學院簡帛研究中心編《肩水金關漢簡(伍)》,中西書局,2016年,第179頁。
④ 石繼承《漢印研究二題》,復旦大學博士學位論文,2015年,第230頁。
⑤ 張德芳《敦煌馬圈灣漢簡集釋》,甘肅文化出版社,2013年,第302頁。
⑥ 〔清〕陳介祺編《十鐘山房印舉》03·55。
⑦ 施謝捷編著《新見古代玉印選》,第315頁。

"華負芻"(《禾德堂印留》231)。①西漢上林鼎銘文中,工佐名"李負芻"。②

五

馬圈灣漢簡840載"王次從錢冊",③其中有人名"王次從"。

作爲人名的"次從",我們認爲當讀作"恣縱"。"恣"從"次"得聲,"縱"從"從"得聲,皆可相通。從出土秦漢簡帛材料來看,以"次"表示{恣}、以"從"表示{縱}皆爲秦漢時代比較常見的用字方式。

《莊子·天下》"莊周聞其風而悦之,以謬悠之説,荒唐之言,無端崖之辭,時恣縱而不儻,不以觭見之也",成玄英疏:"恣縱,猶放任也。"《後漢書·王劉張李彭盧列傳》:"若數子者,豈有國之遠圖哉!因時擾攘,苟恣縱而已耳。"這裏的"恣縱"爲"放任灑脱"之義,而非貶義的"肆意放縱"之義。我們認爲作爲人名的"次(恣)從(縱)"當取"放任灑脱"之義。"恣縱"亦或作"縱恣"。敦煌漢簡"風雨詩"中有"從(縱)恣蒙水誠(成)江河,州(周)流灌注兮轉揚波"。④

漢印中還有以"驕恣"爲名的例子,如"王驕次(恣)-王幼君印"(《二十世紀出土璽印集成》三-SY945-946)、⑤"劉驕次(恣)-日利"(《"國立"歷史博物館藏印選輯》)、⑥"周僑(驕)次(恣)-[肖形]"(《珍秦齋藏印·漢魏晉唐宋元篇》)、⑦"樂驕次(恣)印-樂君夫印"(《鐵雲藏印選》)。⑧我們覺得"驕恣"之名表達的可能也是"放任灑脱"之義。

六

居延新簡EPT57:22載"白馬華陽里李士衆",其中有人名"李士衆"。⑨

---

① 黄玉希編《禾德堂印留》,日本京都藝文書院,2012年,第31頁。
② 牟華林、鍾桂玲《漢金文輯校》,光明日報出版社,2017年,第4頁。
③ 張德芳《敦煌馬圈灣漢簡集釋》,第310頁。
④ 甘肅省文物考古研究所編《敦煌漢簡》,中華書局,1991年,第169頁。
⑤ 周曉陸主編《二十世紀出土璽印集成》,第270頁。
⑥ 王北岳編拓《"國立"歷史博物館藏印選輯》,臺灣編譯館中華叢書編審委員會,1978年,第68頁。
⑦ 蕭春源輯《珍秦齋藏印·漢魏晉唐宋元篇》,第167頁。
⑧ 徐敦德編《鐵雲藏印選》,西泠印社出版社,1990年,第31頁。
⑨ 張德芳主編《居延新簡集釋(四)》,第243頁。

其中的"土"字從字形上看確實是"士"字。"士衆"即指衆士兵。《孔子家語·相魯》："費人攻之,及臺側,孔子命申句須、樂傾勒士衆下伐之,費人北,遂隳三都之城。"《三國志·蜀志·法正傳》："鄭度説璋曰:'左將軍縣軍襲我,兵不滿萬,士衆未附,野穀是資,軍無輜重。'"而以"士衆"作爲人名的情況,在古書及出土文獻裏却幾乎看不到。

我們認爲此處的"士衆"極有可能是"出衆"的誤寫。漢隸中"出"字有的寫法,與"士"字相近,極易相混。居延漢簡126.32"出麥二石",其中"出"字寫作"土"。①銀雀山漢簡541："出氣事者兼月,脊(瘠)者□歲。"明本作"士既事者兼月,疾者兼歲"。竹簡整理者指出,明本"士"疑是"出"字之誤。②《荀子·大略》："君子聽律習容而後士。"王念孫指出,"士"當爲"出",言必聽律習容而後出也。《玉藻》云"習容觀玉聲乃出",是其證也。他還指出,《左傳》僖公二十五年"諜出曰'原將降矣'",《吕氏春秋·爲欲篇》"諜出"訛作"諜士"。③這些都是"出"訛誤作"士"的例子。

張傳官先生在閱過本文初稿後指出,漢隸中的"土"應該就是"出"字的變體。後人將這種寫法的"出"誤以爲"士"。于淼編著的《漢代隸書異體字表》亦將"土"字收在"出"字條下。④

"出衆"即"超出衆人"之義。《澂秋館印存》收録有漢印"王出衆",⑤正以"出衆"爲名。

七

居延新簡EPT52：256載"武彊隧長宋充貴",其中有人名"宋充貴"。⑥此外,簡

---

① 簡牘整理小組編《居延漢簡(貳)》,"中研院"歷史語言研究所,2015年,第58頁。
② 銀雀山漢墓竹簡整理小組《銀雀山漢墓竹簡(壹)》,文物出版社,1985年,釋文注釋第89頁注釋6。
③ 〔清〕王念孫《讀書雜志》,上海古籍出版社,2014年,第1907頁。
④ 于淼編著《漢代隸書異體字表》,中西書局,2021年,第451頁。
⑤ 陳寶琛編《澂秋館印存》,上海書店,1988年,第57頁。
⑥ 張德芳主編《居延新簡集釋(三)》,甘肅文化出版社,2016年,第344頁。

EPT52：565 載"執胡隧(隧)長充貴"。①此處的"充貴"之前未出現姓，職務是"執胡隧長"，與"宋充貴"所處單位不同，應該不是同一人。

作爲人名的"充貴"，我們認爲可能讀作"終貴"。關於"充""終"音近可通，我們在前文已經談過。古代雙字名有"終成""終得""終有""終可"等，②"終貴"之名在形式上與此類似。

八

居延新簡 EPT51：122 載有"陳留郡雩寶成里蔡䑕子"，其中有人名"蔡䑕子"。③

其中的"䑕"字，《居延新簡：甲渠候官與第四燧》釋文作爲未識字標示"□"。④《居延新簡釋校》《居延新簡集釋》及《居延新簡校釋》皆隸定作"鼎"。⑤ 我們將"䑕"字與漢簡中的"鼠"相比對，⑥不難發現其實"䑕"亦爲"鼠"字。與其他二例"鼠"字不同的

---

① 張德芳主編《居延新簡集釋(三)》，第375頁。
② 以"終成"爲名者，如"紀冬(終)成"(《漢銅印叢》第55頁)；以"終得"爲名者，如"徐冬(終)得"(《璽印集林》第37頁)、"呂冬(終)得"(《澂秋館印存》第31頁)、"王冬(終)得印"(《續齊魯古印攈》第85頁)；以"終有"爲名者，如"臣冬(終)有"(《璽印集林》第140頁)；以"終可"爲名者，如"監冬(終)可-臣冬(終)可"(《大谷大學所藏禿庵文庫·中國古印圖錄》638)、"王冬(終)可"(《伏廬藏印》第29頁)、"戎冬(終)可"(《匋齋藏印》1561)、"司馬冬(終)可-日利"(《十鐘山房印舉》14b·25)。
③ 張德芳主編《居延新簡集釋(三)》，第221頁。
④ 甘肅省文物考古研究所、甘肅省博物館、文化部古文獻研究室、中國社會科學院歷史研究所編《居延新簡：甲渠候官與第四燧》，文物出版社，1990年，第181頁。
⑤ 馬怡、張榮強主編《居延新簡釋校》，天津古籍出版社，2013年，第281頁；張德芳主編《居延新簡集釋(三)》，第221頁；羌荻《居延新簡校釋》，復旦大學碩士學位論文，2019年，第313頁。
⑥ 字例引自于淼編著《漢代隸書異體字表》，第759頁。

是,"鼠"字左下部表示鼠爪的部件顯然方向寫反了。①

居延新簡 EPT51∶122	馬王堆帛書《周易》71下	北大漢簡《妄稽》8

《印典》收錄有漢印"楊鼠子印"。②"鼠子"即幼鼠。秦漢璽印人名中還出現有"羊子""牛子""狗子""豬子""狼子",③這些與"鼠子"一樣皆屬於以賤物命名。

附記:本文蒙張傳官、李洪財、鄭邦宏先生審閱並提出寶貴意見,在此謹表謝忱。

---

① 張傳官先生在審閱本文初稿後,指出"鼠"字爪形至少得有三個橫向筆畫,說明"鼠"字底部局部筆畫未能清楚顯示出來。
② 康殷、任兆鳳主輯《印典》,第2112頁。此印還被收錄於《浙江省博物館典藏大系:方寸乾坤》,釋文誤作"楊舄子印"。參見浙江省博物館編《浙江省博物館典藏大系:方寸乾坤》,浙江古籍出版社,2009年,第77頁。
③ 以"羊子"爲名者,如"佚(侯)羊子"(《韌庵集古印存》第159頁)、"王羊子"(居延漢簡564.26);以"牛子"爲名者,如"周牛子印"(《天津市藝術博物館藏古璽印選》第104頁);以"狗子"爲名者,如"魏(魏)狗子-魏(魏)長公"(《虛無有齋摹輯漢印》2538)、"笱狗子印"(《首都博物館藏古璽印選》);以"豬子"爲名者,如"姚豬子"(《虛無有齋摹輯漢印》2901)、"程豬子"(《秦漢印統》5·25);以"狼子"爲名者,如"王狼子"(《魯相韓敕造孔廟禮器碑》)。

釋甲骨文裏的"擯"之初文

——兼説"兆"字源流

鄔可晶

復旦大學出土文獻與古文字研究中心
("古文字與中華文明傳承發展工程"協同攻關創新平臺)

一

殷墟甲骨文裏常見一個在水的兩邊有二人相背之形的字,今據"水"形的繁簡和"人"形的變化,分數體略舉如下:①

△1	△2	△3	△4
(字形)	(字形)	(字形)	(字形)

△2—△4中間的曲綫一般認爲是△1所從"水"的簡化。② △1絶大多數見於典賓類卜辭,△2在典賓類中也有,典賓類中又有"〜""〜""〜"等體,"水"形的簡省處於由△1變爲△2之間。黃組卜辭此字偶作如下之形:

---

① 李宗焜《甲骨文字編》,中華書局,2012年,第50—51頁。各體在殷墟卜辭中類組的分布亦請參看此書。
② 羅振玉《增訂殷虛書契考釋》卷中,《殷虛書契考釋三種》,中華書局,2006年,第404頁。

[图](《合》36952)①

中間的"水"變爲"川",與子卜辭"衍"既作"[图]"又作"[图]"同例。② 不過,第三期以後卜辭中,此字所從"水"皆已省作曲綫,此"川"形也有可能是曲綫的重複繁化,未必一定直接來自於水。△3 是在"人"的上部加一飾筆,如"大"之作"夫"("大""夫"本一字),"人"形或有所簡化(如最末一形)。△4 則把飾筆加在"人"的頂端,變得與"丂"同形(下文對此續有解釋),不過此類寫法並不多見;第二形右邊"人"上的飾筆未穿透,且加在上部而非頂端,與左邊"人"形稍有不同,由此可以看出△4 應該是從△3 變來的。以下在没有必要區分各體時,統一用"△"指稱此字。卜辭裏△還有一些其他變體,詳後文"三"。

孫詒讓《契文舉例》疑《鐵雲藏龜》227.2(即《合》8336 正)"才(在)"下一字"[图]"爲"兆",因此形與《說文·三下·卜部》古文"兆([图])""相類"。③ 按孫氏所舉之版字形較模糊,但跟《合》8337、8338 等同文之辭比較來看,他所釋的"兆"就是本文討論的△字,並且其形應該屬於上舉△1。後來唐蘭、④于省吾⑤也主張釋△爲"兆",二位先生論證思路相近而以于說爲詳,下面的介紹就主要根據于文。于省吾先生引《金文編》"姚"字條下所收"壺文陽識"的"姚"作"[图]",⑥以及漢代金文"兆"作"[图]""[图]""[图]",謂"兆字至漢時猶中从水,左右从人",據此釋甲骨文△爲"兆"。他認爲"兆爲洮及逃之本字","兆字中本从水,後世作洮";"上古洪水爲患,初民苦之",△"象兩人均背水外向,自有逃避之意。今作逃,爲後起字"。釋"兆"說提出後響應者不多,甲骨學界仍習慣從羅振玉說釋寫作"沘"。所以詹鄞鑫先生在 2002 年發表《釋甲骨文"兆"字》一文,引用更多的秦漢文字中"兆"(多用於"桃""姚"等字的偏旁)"左右从'人'"的資料,申論甲骨文△當釋爲"兆"。⑦ 詹先生認爲"△(兆)"字"象兩人隔水相背","應是表現以水爲界",其本義爲

---

① 《安陽博物館藏甲骨》118 殘辭有"[图]"字,陳劍先生指出其形與《合》36952 同,亦應是△字(《說"昔"字並論"巛"形的真正來源》,《饒宗頤國學院院刊》第 8 期,中華書局〔香港〕有限公司,2021 年,第 15 頁)。陳說初稿漏引,蒙蔡一峰先生賜示。
② 參看裘錫圭"花東子卜辭"和"子組卜辭"中指稱武丁的"丁"可能應該讀爲"帝"》,《裘錫圭學術文集·甲骨文卷》,復旦大學出版社,2012 年,第 517—518 頁。
③ 〔清〕孫詒讓《契文舉例》,齊魯書社,1993 年,第 14 頁。
④ 唐蘭《天壤閣甲骨文存並考釋》,《唐蘭全集》第 6 册,上海古籍出版社,2015 年,第 273 頁。
⑤ 于省吾《雙劍誃殷契駢枝三編·釋兆》,《雙劍誃殷契駢枝、雙劍誃殷契駢枝續編、雙劍誃殷契駢枝三編》,中華書局,2009 年,第 252—253 頁。
⑥ 容庚《〈金文編〉稿本》,中華書局,2022 年,第 294 頁。
⑦ 詹鄞鑫《釋甲骨文"兆"字》,《古文字研究》第 24 輯,中華書局,2002 年,第 123—129 頁;收入《華夏考——詹鄞鑫文字訓詁論集》,中華書局,2006 年,第 362—368 頁。本文據後者引。

"界域(有邊界的區域)",即《説文》訓"畔也"的"姚"。① 這一點與于説不同。經由詹鄞鑫先生的論證,△爲"兆"之古字説漸已深入人心;至於"△(兆)"的造字本義,大家似乎更樂於接受于省吾先生"逃"之初文的説法。

二

但是,如果認真梳理一下"兆"字形體源流,釋△爲"兆"的問題就會暴露出來。

2008 年,蔣玉斌先生釋殷墟自組小字類卜辭中作"䠫""䠫""䠫"等形之字爲"兆",讀爲"逃",指出甲骨文此類"兆"字是"西周金文和楚、中山文字'兆'形寫法的直接來源",而△釋爲"兆(逃)""不是没有疑問的"。② 我們同意他的看法。所謂"西周金文和楚、中山文字'兆'",概見於"姚""桃""逃""覜""苝""𨙻""佻"等字偏旁,如"䠫""䠫""䠫""䠫""䠫""䠫""䠫""䠫"等,③它們都"左右从'止'"(有些應描述爲"上下从'止'",但這屬於後起的變化,不必計較),與殷墟自組甲骨用爲"逃"之字相合,而與"左右从'人'"的△有别。此外,三晉璽印、銅器銘文中"兆"(見於"桃"字偏旁)也明顯是"左右从'止'"的。④ 雖然蔣玉斌先生所釋的"兆"字,從字形所表之意來看,顯非卜兆、兆坼之"兆(𠦪)",陳漢平先生認爲是"跳/趒"的表意初文;⑤但從字形演變來説,此字確實相當於西周至戰國文字中的"兆"。

不少學者認爲西周金文"姚"的聲旁"兆"也就是"涉","兆""涉"爲一字分化或一形分化,並用所謂"宵談對轉"説解釋"兆""涉"音近可通。⑥ 其實,這種説法無論在字形上

---

① 詹鄞鑫《釋甲骨文"兆"字》,《華夏考——詹鄞鑫文字訓詁論集》,第 364 頁。
② 蔣玉斌《釋殷墟自組卜辭中的"兆"字》,《古文字研究》第 27 輯,中華書局,2008 年,第 104—110 頁。
③ 董蓮池《新金文編》,作家出版社,2011 年,第 1638 頁;張守中《中山王𰯼器文字編》,中華書局,1981 年,第 44 頁;滕壬生《楚系簡帛文字編(增訂本)》,湖北教育出版社,2008 年,第 794、69 頁;李守奎、馬楠、賈連翔《包山楚墓文字全編》,上海古籍出版社,2012 年,第 212 頁;饒宗頤主編,徐在國副主編《上博藏戰國楚竹書字匯》,安徽大學出版社,2012 年,第 710 頁;馬承源主編《上海博物館藏戰國楚竹書(九)》,上海古籍出版社,2012 年,圖版第 129 頁;馬繼《清華大學藏戰國竹簡 1—8 文字編》,華東師範大學碩士學位論文,2019 年,第 1484 頁;清華大學出土文獻研究與保護中心編,黄德寬主編《清華大學藏戰國竹簡(拾壹)》下册,中西書局,2021 年,《字形表》第 183 頁。
④ 湯志彪《三晉文字編》,作家出版社,2013 年,第 802 頁。
⑤ 陳漢平《金文編訂補》,中國社會科學出版社,1993 年,第 262—263 頁。
⑥ 于省吾《雙劍誃殷契駢枝三編·釋兆》,《雙劍誃殷契駢枝、雙劍誃殷契駢枝續編、雙劍誃殷契駢枝三編》,第 252 頁;董蓮池《金文編校補》,東北師範大學出版社,1995 年,第 476—477 頁;何琳儀《戰國古文字典》,中華書局,1998 年,第 312 頁;裘錫圭《從殷墟卜辭的"王占曰"説到上古漢語的宵談對轉》,《裘錫圭學術文(轉下頁)

還是在字音上,都是有問題的。

殷墟甲骨文"涉"所從的"水",跟本文開頭所舉的△一樣,確有簡化爲曲綫之例。但蔣玉斌先生已指出,"兆"字所在的自組小字類卜辭中的"涉",其"水"旁從不寫作"轉折急劇的曲綫",由此可知"涉"與"兆"本不同形。殷墟花園莊東地甲骨有辭云:"丙戌卜,禋(遲)[圖] 卲(召)虥(虜)。"(429)① "禋"下一字也當釋爲"兆"、讀爲"逃","逃召虜"與《合》19756"兆(逃)三羌"文例一致。花東卜辭"涉"字作"[圖]""[圖]"等。② 這也是"涉""兆"不同形之證。當然,蔣玉斌先生承認,如果"兆"中間的曲綫轉折不明顯,很容易與"涉"的簡體相混同,"這大概是西周晚期散盤銘文中'涉'字作[圖],另加'水'旁的原因之一"。③ 對此需要作更爲細緻的考察。

西周早期的京師畯尊(《銘圖》11784)、西周中期的倗生簋(《集成》04263—04265)、春秋中晚期之交的石鼓文《霝雨》以及幾乎所有的戰國楚簡中的"涉",均保持上下二"止"之間作較繁"水"形的寫法。極個別的例外如《清華(柒)·越公其事》簡30的"涉"、戰國晚期秦兵器涉戈的"涉"(《集成》10827),"水"寫在"步"的左側(《越公其事》一篇其他"涉"字仍作上下二"止"中夾較繁"水"形),與漢代文字、《說文》小篆結構相同,上下二"止"之間也沒有所謂"水"形簡化而成的曲綫。《集成》03676 所收西周早期旟簋的器主名"[圖]",④ 二"止"間的綫條雖頗平直,但與金文確鑿的"涉"從較繁"水"形的作風不合,應看作從"兆"而非從"涉"。《銘圖》19493 著錄的一件商代晚期的子[圖]涉器(此器下落不明,故無法得知其器形),器銘"涉"字中間曲綫的兩側似各有一小點,可見商代金文"涉"大概也是從較繁"水"形的。同屬商代晚期器的涉車觚(《集成》07040)、戈涉兹爵(《集成》08809),所謂"涉"原作"[圖]""[圖]",所從既非較繁"水"形而只是曲綫(後一形曲綫轉折尤劇),似宜改釋爲"兆"。如子[圖]涉器"涉"字曲綫兩側的小點不是筆畫,此字也有可能當釋爲"兆"。殷墟甲骨文有"水"形簡化爲曲綫的"涉",應是甲骨文作爲商代文字俗體的表現。西周以降的古文字中的"涉",寧取較繁"水"形而不用殷墟甲骨文那樣的簡俗體,也許就是爲了避免跟"兆"發生混淆。

(接上頁)集·甲骨文卷》,第 489—490 頁;郭永秉《關於"兆"、"涉"疑問的解釋》,《古文字與古文獻論集續編》,上海古籍出版社,2015 年,第 108—111 頁;陳斯鵬《曾公畎編鐘銘文考釋》,《中國文字》2020 年夏季號(總第 3 期),萬卷樓圖書股份有限公司,2020 年,第 288—289 頁。

① 參看姚萱《殷墟花園莊東地甲骨卜辭的初步研究》,綫裝書局,2006 年,第 357 頁。
② 李宗焜《甲骨文字編》,第 265 頁。
③ 蔣玉斌《釋殷墟自組卜辭中的"兆"字》,《古文字研究》第 27 輯,第 106 頁。
④ 參看郭永秉《關於"兆"、"涉"疑問的解釋》,《古文字與古文獻論集續編》,第 108 頁。

湖北隨州棗樹林曾國墓地 M190 出土的春秋中期曾公𣄰編鐘，銘文有整理者釋爲"涉"之字，鎛鐘作"![]"，甬鐘作"![]（![]）""![]（![]）"。① 陳斯鵬先生改釋爲"兆"，並將鐘銘"兆政淮夷"與西周春秋金文"盜政四方"（述盤）、"盜百蠻"（秦公鎛）等語相聯繫。② 其説可從。古文字中盜賊之"盜"多用"兆"聲字表示，曾公𣄰鐘此字釋爲"兆"，與他銘之"盜"同表一詞，無疑是合適的。只不過按照我的看法，"兆""盜"都應讀爲"鑠"（"盜"即"鑠"的本字）。甬鐘二例"兆"，中部變作"水"形，陳斯鵬先生已有解釋：

> 值得注意的是，以往所見這類"兆"的中間只作一曲綫，未見從完整的"水"形者，而上揭甬鐘（M190：244）則已加點，至甬鐘（M190：238）則已從"水"，似乎對釋"涉"有利。不過，與楚文字中明確的"涉"字作![]（郭店《老子甲》18 [引者按：當爲"8"]）、![]（楚帛書甲篇）相比較，則甬鐘此二形仍然强調"水"形與二"止"間屈曲糾纏的相對位置，似有細微分別。因此，鐘銘此二形不必成爲釋"兆"的障礙。③

他以"二'止'"與中間構件（曲綫或"水"）的位置的差異作爲辨别"兆""涉"的特徵，而不拘泥於"兆"一定不能从"水"，可謂有識。西周晚期的應姚簋銘"姚"字作"![]"（《銘圖三編》0495），二"止"與中間曲綫的相對位置正與上舉甬鐘第二形相似。"兆"字二"止"之間的"己"，又見於"邑（疇/儔）"，表示"垗畔"。④ "水"也可以代表界畔（參看本文"一"所引詹鄞鑫先生説△字"以水爲界"），如金文"鬵（儔）"字在虢叔旅鐘銘中即从"水"；⑤ 甬鐘"兆"所从"己"增繁爲"水"，又是一例。總之，曾公𣄰甬鐘銘"兆"字的存在，只能説明"兆"偶有从"水"的繁體，不能説明當時還有省"水"爲曲綫的"涉"。

如此看來，散盤⑥銘文所謂"涉"字，在全部古文字的"涉"字形體中顯得十分特異；單就

---

① 郭長江、凡國棟、陳虎、李曉楊《曾公𣄰編鐘銘文初步釋讀》，《江漢考古》2020 年第 1 期，第 8、16、24、31 頁。
② 陳斯鵬《曾公𣄰編鐘銘文考釋》，《中國文字》2020 年夏季號（總第 3 期），第 288—289 頁。
③ 陳斯鵬《曾公𣄰編鐘銘文考釋》，《中國文字》2020 年夏季號（總第 3 期），第 289—290 頁。
④ 參看拙文《金文"儔器"考》，曹錦炎主編《古文字與出土文獻青年學者西湖論壇（2021）論文集》，上海古籍出版社，2022 年，第 13 頁。
⑤ 拙文《金文"儔器"考》，曹錦炎主編《古文字與出土文獻青年學者西湖論壇（2021）論文集》，第 14 頁。
⑥ 散盤的"散"實非"散"字，應隸定爲"䉅"，讀"閒""揀"一類音。説詳拙文《古文字中舊釋"散"之字辨析》，《第 33 屆中國文字學國際學術研討會論文集》，（臺灣）中國文字學會、輔仁大學中國文學系，2022 年，第 397—416 頁。爲使讀者便於理解，本文姑且從俗仍稱之爲"散盤"。

字形而論，此字右旁與"兆"並無二致。所以，清代樊明徵、①阮元②等人把它釋爲"洮"，近來有些金文研究者加以承用，③不是没有道理的。盤銘云："履自瀗洮以南，至于大油，一封，以陟，二封，至于邊柳，復洮瀗……"（《集成》10176）"洮"當讀爲"界域"義的"兆（垗）"（《上博（七）·吴命》簡4"孤使一介使親於桃逆"，"桃"也當讀爲"界域"義的"兆/垗"），"瀗洮（兆/垗）"指瀗水這一界域。"復洮瀗"的"洮（兆/垗）瀗"與"至于邊柳"的"邊柳"例同，"邊柳"指作爲邊界的柳樹或以柳樹爲邊界，"洮瀗"也可理解爲作爲界域的瀗水或以瀗水爲界域，"邊""洮（兆/垗）"義近。前面説過，"兆"字二"止"間的"己"，意指"垗畔"。古人用"兆"字來記録垗畔之"兆（垗）"，是很自然的選擇。我們雖較傾向於"兆"是跳越之"跳/越"字，但比照"㠯"即疇類、疇匹之"疇/儔"來看，"兆"就是"界域"義的"垗"的初文的可能性恐怕還無法排除（"己"兩邊的"止"似表示不同垗域裏均有人迹）。如果真是這樣的話，以"兆"爲垗畔之"垗"就更加自然了。由於散盤的"兆/垗"是指瀗水而言的，寫銘文者就在"兆"旁增"水"，此"洮"應即"瀗兆"之"兆"的專字，與古書中的"洮"字無關。

　　排除了散盤的似"涉"實"洮（兆/垗）"之字和曾公𣄢編鐘的似"涉"實"兆"之字，古文字中大概就没有真正的"涉""兆"混同的實例了。即如殷墟甲骨文裏簡體的"涉"，與"兆"也不是全然無别，人們可以憑藉中間曲綫的轉折程度和辭例的不同，將二字區分開來。以"姚"所從"兆"爲"涉"，完全是研究者對"異代同形"的不同之字的誤認。甲骨文"瀕"之初文作"𤃹""𤃹"，④與上舉《清華（柒）·越公其事》簡30、秦兵器涉戈以及漢代文字、《説文》小篆"左'水'右'步'"結構的"涉"偶然同形，但二者實非一字；戰國楚簡（如《清華（壹）·皇門》簡5）、秦漢文字中"瀕"的左旁常作"二'止'"間夾"水"之形，⑤這雖與古文字中的"涉"字同形，事實上却是從"瀕"之初文變來的，《説文》就因不明"瀕"字之源

---

① 〔清〕王昶《金石萃編》卷二"散氏銅盤銘"釋文"涉"字下引"樊云洮"。見劉慶柱、段志洪、馮時主編《金文文獻集成》第16册，綫裝書局，2005年，第275頁。按"樊"即曾爲散盤作跋的樊明徵。

② 〔清〕阮元《積古齋鐘鼎彝器款識》卷八，劉慶柱、段志洪、馮時主編《金文文獻集成》第10册，第174頁。據高田忠周《古籀篇》説，"阮釋洮，從樊氏也。《萃編》釋涉云'樊釋洮……'"（周法高主編《金文詁林》第11册，香港中文大學，1975年，第6368頁）按：西周金文"姚"字雖然最早由商承祚釋出，但商先生認爲"姚"所從的"𤓷""本非兆字"，"小篆衍變誤作'𤓷'"（李孝定、周法高、張日昇《金文詁林附録》，香港中文大學，1977年，第2307頁）。首釋散盤"洮"字的樊明徵認定此種"左右从'止'"之字爲"兆"，不知所據爲何。

③ 如江學旺《西周文字字形表》將散盤此字收在"洮"字之下（上海古籍出版社，2017年，第451頁）。又如吴鎮烽"商周金文資料通鑒"檢索軟件3.0版"散氏盤"釋文釋爲"洮（跳）"。

④ 方勇《甲骨文中的"瀕"字及相關問題》，《殷都學刊》2008年第1期，第17—19頁。字形引自劉釗主編《新甲骨文編（增訂本）》，福建人民出版社，2014年，第645頁。

⑤ 參看王輝主編《秦文字編》，中華書局，2015年，第1669—1670頁；李鵬輝《漢印文字資料整理與相關問題研究》上篇《漢印文字字形表》，安徽大學博士學位論文，2017年，第1004頁。

而誤析爲"从涉"。凡此皆與"姚"不从"涉"相類。

　　古文字研究者大都相信"兆""涉"音近。由於"宵談對轉"説涉及的材料太多,本文没有可能全面討論韻部關係,只想簡單説明一下"兆""涉"聲母的問題。从"兆"得聲之字,中古聲母涉及透、定、徹、澄母和以母,不涉及端、知母和章、昌、禪母,其上古聲母必屬*L-。"涉"字幾乎不參與諧聲,其中古聲母爲禪母(時攝切);此字另有"丁愜切"一讀,即記録"喋血"之"喋",中古爲端母("喋血"之"喋"假借"喋"字爲之,應是"喋"的聲母*l-塞化爲*d-以後的事,先秦古書中此詞似只寫作"涉"),可知"涉"的上古聲母必屬*T-。阜陽漢簡《蒼頡篇》C10"輆儋"讀爲"跋涉",①"儋"是中古端母字,上古聲母當爲*t-,亦可爲證。據古音學者研究,*T-、*L-二系聲母在先秦時代一般是不互諧的。② 所以,即使不管韻部的所謂"宵談對轉",僅從上古聲母來看,"兆""涉"也不具備相通的語音條件。

　　"兆""涉"形音有關是古文字學界普遍接受的看法,故不得不多費些筆墨詳辨如上。

　　在蔣玉斌先生釋"兆"之前,沈培先生曾據新見覎公簋中一般釋"姚"之字作"![字形]"(《銘圖》04954),肯定"兆"來自於甲骨文"左右从'人'"的△;西周至戰國文字中"左右从'止'"的"兆",沈先生認爲是由覎公簋"姚"字之類的"人"形訛變成"止"的。③ 但是,誠如郭永秉先生所説,覎公簋這個所謂"姚"字所从的一正一倒"人"形,"與'止'毫無關係,無法引爲調停止、人二形的證據"。④ 沈培先生所舉"倒人"形變爲"止"形的同類例子是"真"字,但郭先生已指出這"是在較晚的戰國楚系文字中發生的訛變,似無法作爲西周金文中已出現的'姚'字从'止'之事實的平行例證"。⑤ 郭永秉先生注意到戰國文字中"抄寫時代較早或底本有較早來源"的葛陵簡、清華簡、楚帛書"兆"旁在曲綫兩邊"各置一背反'止'形",到包山簡、郭店簡、上博簡"兆"旁皆變作"同向'止'形"的現象,認爲"可以説明从'止'的'兆'是具備早期古文字造字意圖的,而並非從从'人'之'兆'變來"。⑥ 這也很有説服力。不過,郭先生是持"兆"字兩系説的:六國文字"兆"上承殷墟𠂤組卜辭用爲"逃"的"'跳/趠'之初文"(引者按:上文已説此字也可能是"姚"之初文)和西周金

---

① 阜陽漢簡整理組《阜陽漢簡〈蒼頡篇〉》,《文物》1983 年第 2 期,第 25、29 頁。
② 參看[日]野原將揮《再論上古 T 類聲母與 L 類聲母》,[韓]朴慧莉、程少軒編《古文字與漢語歷史比較音韻學》,復旦大學出版社,2017 年,第 79—94 頁;施瑞峰《上古漢語的*T-系、*L-系聲母及相關古文字問題補説》,《中國語文》2020 年第 1 期,第 56—65 頁。
③ 沈培《從西周金文"姚"字的寫法看楚文字"兆"字的來源》,張光裕、黃德寬主編《古文字學論稿》,安徽大學出版社,2008 年,第 323—331 頁。
④ 郭永秉《關於"兆"、"涉"疑問的解釋》,《古文字與古文獻論集續編》,第 106 頁注④。
⑤ 郭永秉《關於"兆"、"涉"疑問的解釋》,《古文字與古文獻論集續編》,第 106 頁。
⑥ 郭永秉《關於"兆"、"涉"疑問的解釋》,《古文字與古文獻論集續編》,第 113 頁。

文"姚"的偏旁,秦系文字"兆"則使用甲骨文"左右从'人'"的"'逃'之初文"△。① 我們認爲"兆"只有一系,就是自殷墟自組卜辭"跳/趒"或"垗"之初文以下傳承有緒的"左右从'止'"的"兆",秦漢文字"左右从'人'"的"兆"是"左右从'止'"之形的訛變。

于省吾先生釋△爲"兆"時引據的《金文編》稿本所收"壺文陽識"的那個"姚"字(唐蘭先生説同),並非西周文字。容庚先生後來把它改收入《金文續編》"姚"字條下,定姚壺爲漢器,②可從。覡公簋所謂"姚"字,見於"覡公作婺姚簋"一句,一般把"婺姚"讀爲"妻姚","姚"是"妻"的姓氏。但是林澐先生指出,給自己妻子作簋而説"妻某簋",這樣的辭例"比較奇怪"。③ 此外,金文中妻子的"妻"一般都作"妻"而不用"婺"字(國家博物館收藏的一件晉侯簋,銘文"婺"或讀爲"妻",恐亦難信。詳下文),"婺"多用爲"齋/齍"。從用字習慣看,"妻姚"的讀法也有疑點。既然如此,簋銘"[圖]"釋爲姓氏"姚",也就失去了必然性。郭永秉先生反駁沈培先生"兆"所从"人"在西周中期訛變爲"止"的觀點時,在同意覡公簋"姚"字之釋的前提下,曾提出"何以繼承西周文字的秦系文字絲毫不見西周中期以降从'止'之'兆'的影響,却遠紹甲骨文和西周早期金文已經斷裂的一系'兆'字寫法"的疑問。④ 現在知道西周金文中實際上並不存在"左右从'人'"的"兆",那麼秦系文字"兆"何以隔空"遠紹"甲骨文△字,將成爲更難以回答的問題。如果秦系文字"兆""左右从'人'"的寫法是一種晚起的訛體,那麼這一疑問就可以得到化解。

西周晚期毛伯簋"姚"作"[圖]"(《集成》04009),右邊的"止"已有訛變。河南平頂山應國墓地出土的一件西周晚期應姚鬲,"姚"作"[圖]"(《銘圖三編》0316),"止"簡化得近乎"匕/人"形。尤其值得注意的是,戰國楚簡文字中的"兆","止"有時與中間曲綫粘貼在一起,可以認爲是借曲綫作爲"止"的一部分筆畫,但孤立地看,此種"止"與"匕/人"形幾無差别。例如:"[圖]"(《上博(七)·吴命》簡4"桃")、"[圖]"(《安大(一)·詩經》簡39"桃")、"[圖]"(《上博(六)·天子建州(甲本)》簡11"㸒(兆)")。前二字右上或左上的"止"、後一字右下的"止",都作"匕/人"形。另一邊的"止"一旦發生類化,就有可能變成"左右从'匕/人'"的"兆"。燕國明刀背文"右兆"之"兆"作"[圖]",⑤靠左的曲綫當屬於左半"屮(止)"形,靠右的曲綫才是"兆"的中間曲綫,似亦兼充右半"止"形的筆畫。但如

---

① 郭永秉《關於"兆"、"涉"疑問的解釋》,《古文字與古文獻論集續編》,第107、111—113等頁。
② 容庚《金文續編》,《容庚學術著作全集》第5册,中華書局,2011年,第279、377頁。按容先生的三版《金文編》批校本雖將"舊釋姚"之字歸於"附録",但此字下也已剔除"姚壺"之例(容庚《金文編》,《容庚學術著作全集》第4册,第1000頁)。
③ 林澐《覡公簋質疑》,復旦大學出土文獻與古文字研究中心網,2008年1月29日。
④ 郭永秉《關於"兆"、"涉"疑問的解釋》,《古文字與古文獻論集續編》,第106頁。
⑤ 吴良寶《先秦貨幣文字編》,福建人民出版社,2006年,第45頁。

果不跟曲綫結合起來看,右"止"便是"匕/人"形。可以想見,即使後來不由秦文字統一天下,六國文字的"兆"也遲早會從"左右从'止'"變爲"左右从'人'"的。

秦漢文字"兆"雖以"左右从'人'"占主流地位,但"左右从'止'"的寫法並未絶迹。郭永秉先生曾舉秦印"姚氏私印"的"姚"作"⿰女兆"(《盛世璽印録》168),作爲秦文字使用"左右从'止'"的"兆"的特例。① 後來,石繼承先生又揭出若干秦至西漢初期印章中"左右从'止'"的"兆":"⿰女兆"(姚,《珍秦齋藏印·漢魏晉唐宋元篇》77頁。按"姚"作上下結構不罕見)、"⿱女兆"(姚,《續述堂古印存》97頁)、"⿱女兆"(姚,《虛無有齋摹輯漢印》2899)、"⿱女兆"(姚,《楊魯安藏珍館藏品菁華》297)、"⿰兆犬"(類[引者按:下部疑爲"犬"之訛,字或可釋"狣"。《上博(五)·競建内之》簡8有此字],《珍秦齋古印展》90)。第一例中間的豎筆即"兆"中曲綫的簡化,第二至四例則把曲綫完全省去了;末二例"址"作"⿰癶"形(即"止"作"川"),又見於"登""發"等字(詳見下文),是一種"草化"的筆法。②《虛無有齋摹輯漢印》0650號著録的私印姓氏字作"⿱女兆",已有學者指出亦是上下結構的"姚"。③秦漢文字"兆""左右从'止'",應是繼承了宗周文字的傳統,屬於保守的一路。不過,除秦印之例外,漢代真正"左右从'止'"的"兆"似只見於合體字的上部,並且與"址(癶)"形混同,只能算作古體的"化石"。

石繼承先生論證秦文字"止"寫作"川"時,舉到作"⿰女兆"的秦印"姚"(《珍秦齋藏印·秦印篇》200)和作"兆"的秦簡"兆"(睡虎地秦簡《日書》乙種簡157、159A+179B、163、165、167、171、173、177),指出這些"兆"都是曲綫左邊作"匕/人",曲綫右邊作"川(止)"。④ 按嶽麓書院藏秦簡《占夢書》簡53"桃"寫作"⿰木兆",亦其例。有一方秦印"姚鄂"之"姚"作"⿰女兆",⑤右下部分雖非"川",但比一般的"匕/人"多一筆,應該也是"止"。睡虎地秦簡《日書》甲種簡24背叁/143反叁"桃"字作"⿰木兆",⑥漢印"逃陽令印"的"逃"作"⿺辶兆",⑦皆右邊爲"匕/人",左邊爲"川(止)",與他例稍異。石繼承先生認爲秦文字裏一邊爲"人"一邊爲"止"的"兆",是"左右从'人'"和"左右从'止'"兩系寫法的糅合。⑧ 我們認爲,此種"兆"保留了一邊的"止"(多數在右邊,但也有在左邊的),正可作爲

---

① 郭永秉《關於"兆"、"涉"疑問的解釋》,《古文字與古文獻論集續編》,第114頁。
② 石繼承《釋兩方秦印中的"姚"字》,《中國文字研究》第25輯,上海書店出版社,2017年,第40—44頁。
③ 李鵬輝《漢印文字資料整理與相關問題研究》上篇《漢印文字字形表》,第1070頁。
④ 石繼承《釋兩方秦印中的"姚"字》,《中國文字研究》第25輯,第43頁。
⑤ 許雄志《秦印文字彙編(增訂本)》,河南美術出版社,2021年,第472頁。
⑥ 陳偉主編《秦簡牘合集[壹]》下册,武漢大學出版社,2014年,第1209頁。
⑦ 李鵬輝《漢印文字資料整理與相關問題研究》上篇《漢印文字字形表》,第176頁。
⑧ 石繼承《釋兩方秦印中的"姚"字》,《中國文字研究》第25輯,第43—44頁。

"左右从'人'"的"兆"由"左右从'止'"的"兆"訛變而來的證據。秦印"姚"或作"[圖]",①左上部分介乎"㱃(止)"的簡體與"匕"之間,也可看出"止"極易訛變爲"匕"。那些"左右从'人'"的"兆"應該是從"左右从'匕'"之形進一步演變而成的。陝西出土的戰國秦陶文"姚"作"[圖]",②已"左右从'匕'"。看來,秦文字俗體中"兆"所从的"止"很早就開始訛變爲"匕"了,但還没發展到後來的"左右从'人'"。上舉秦漢文字中那些殘留一邊"㱃"或"止"形的"兆",反而是字形演變的滯後層次。"癹/發"字原从"址"作"[圖]""[圖]",戰國文字中"止"已有省訛爲"匕/人"形者如"[圖]",秦漢文字經歷了"止—㱃—匕/人"的變化:"[圖]""[圖]""[圖]",第二例也是左邊作"㱃(止)"右邊作"匕/人";"登"字原亦从"址"作"[圖]""[圖]",戰國文字中"止"已有省訛爲"匕/人"形者如"[圖]",秦漢文字經歷了"止—㱃—匕/人"的變化:"[圖]""[圖]""[圖]",第二例也是左邊作"匕/人"右邊作"㱃(止)"。③"癹/發""登"的演變情況可與"兆"合勘。

通過上面的討論,現在知道秦漢文字中"左右从'人'"的"兆"就是殷墟自組卜辭、西周金文、戰國文字中"左右从'止'"的"跳/越"或"姚"之初文"兆"的訛體,"兆"字只有"左右从'止'"一個來源。甲骨文中"左右从'人'"的△字顯然無法排進"兆"的字形序列之中,釋△爲"兆"之説不宜再予以采信。

三

在闡述我們對△字的考釋意見之前,有必要介紹一下△在殷墟甲骨卜辭中的用法,順帶補充一些△的特殊形體。

卜辭△蓋有二義:一如詹鄞鑫先生所歸納的,"是一個類似'麓'、'畔'之類與處所有關的名稱,結合語境來看,應指川河的某一邊",④這已是讀卜辭者的共識;一爲人名或族名。下面分别舉一些例子。

先看前一義的用例。卜辭所見"東△""南△""西△""北△"都屬於此類,如(本文引卜辭,凡同版無關或關係不大之辭,皆省略不引):

---

① 許雄志《秦印文字彙編(增訂本)》,472頁。
② 高明、涂白奎《古陶字録》,上海古籍出版社,2014年,第59頁。
③ 參看蘇建洲《清華簡〈四告〉考釋三則——㝬、盇、郢》,《中國文字》2022年夏季號(總第7期),萬卷樓圖書股份有限公司,2022年,第97頁。蘇建洲先生還告訴我,《清華(拾貳)·參不韋》"蠚"字既作"[圖]"(簡97),又多作"[圖]"(簡60、61、104、110),亦"止"簡化爲"匕"形之例。今按:《參不韋》簡95㾑(遬)所从"止"也已變作"匕"形。
④ 詹鄞鑫《釋甲骨文"兆"字》,《華夏考——詹鄞鑫文字訓詁論集》,第366頁。

(1) [丁]未卜,爭,貞:虎□告曰:馬方其涉河東△,其允[涉]。

(《合》8409+《輯佚》18,蔣玉斌綴合)①

"東△"顯然就"河"而言。此辭卜問馬方是否會渡過河到達河的"東△"。② "河東△"還見於如下一辭:

(2) 戊申,貞:王令郭以族旗(尹)涉河東△。 (《村中南》239)

卜辭又有"河西△""河南△"。前者如:

(3) 丁未,貞:王令㱿奴衆伐,在河西△。 (《屯》4489)

張新俊先生指出,結合(2)同版有"戊申[貞]:王令[㱿(?)]奴衆"之辭來看,(2)(3)所記之事當有關聯,"戊申"爲"丁未"的次日。"河西△"與"河東△"彼此相對。③ 後者如:

(4a) 丁酉卜,爭,貞:今春王弜(勿)黍。
(4b) 貞:今春王黍于南㐭(孟),涉人于河南△。

(《英》814+《合》9519,蔣玉斌綴合)④

"涉人于河南△"意謂使人渡過河到河的"南△"去,"涉人"的"涉"是使動詞。"南孟"位於黃河的南面。

歷組二類卜辭有言"滴南△"者:

(5a) ☑于滴南△。
(5b) ☑北☑ (《合》33178)

《合》33177有"滴北"之語,(5b)"北"前殘去之字疑亦是"滴"。學者們多認爲"滴"即"漳"。⑤ "滴南△"指漳水的"南△",其義當與"滴(漳)南"大致相同,所以可與"滴(漳)北"對舉。

---

① 蔣玉斌《〈甲骨文合集〉綴合拾遺(第六十七組)》,先秦史研究室網,2010年9月11日。按吳麗婉先生綴合的《合》8609+《安明》618(黃天樹主編《甲骨拼合五集》第1178則,學苑出版社,2019年,第233、344頁),與上引蔣玉斌先生綴合者爲同文,"未"上"丁"字據此同文之辭補出。吳綴之辭"允"字很明顯,上引"其"下"允"據此釋。

② 意指"趟水過河"的"涉"是"達成"(accomplishment)類動詞,包含"動態性""持續性""終結性"的語義特徵,其動作的終結點就是河對岸(蔣紹愚《他山之石,可以攻玉》,《漢語史學報》第26輯,上海教育出版社,2022年,第9—10頁)。這是本文解釋帶"涉"字卜辭的依據。

③ 張新俊《從同文卜辭看一版甲骨的釋讀》,《古文字研究》第33輯,中華書局,2020年,第63—64頁。

④ 蔣玉斌《說甲骨新綴所見的"南孟"與"奠子方"》,《漢語漢字研究》2019年第4期,第12—15頁。

⑤ 于省吾主編《甲骨文字詁林》,中華書局,1996年,第2064—2066頁。

有些"東△""西△"前雖未見"河"字，但其辭使用了"渡水"義的"涉"，可以推知"東△""西△"也是指"河東△""河西△"。例如：

(6a) 庚子[卜]，賓，貞：[我]涉于東△。

(6b) 貞：我勿涉于東△。　　　　　　　　　　　　（《合補》2313＝《合》8346＋8345）

這是卜問我方要不要渡過河到"東△"去。此"東△"應該也是就所涉之"河"而言的。又如：

(7a) 甲子，貞：其涉自（師）于西△。

(7b) 弜（勿）涉自（師）。　　　　　　　　　　　　　　　　　　　　（《屯》1111）

"涉師于西△"意謂使軍隊渡過河到河的"西△"去，"涉師"之"涉"也是使動詞。類似之例又如：

(8a) 貞：其涉兕西△。

(8b) 貞：不涉。　　　　　　　　　　　　　　　　　　　　　　　（《合》30439）

從同版所記諸辭看，王到"襄"地田獵，"涉兕"之"兕"應即"王其征襄兕"的"襄兕"。此版上有爲"王其田于襄""有禽（擒）"而"𩵋"于河之貞，可證"涉兕""不涉"之"西△"即"河西△"（按此辭"涉兕"究竟指采取某種手段誘使兕渡河，還是兕主動渡河，待考）。

有時，商王"涉東△"是爲了去田獵：

(9a) 王其涉東△，田三泉（麓），灖☐

(9b) 弜（勿）涉。　　　　　　　　　　　　　　　　　　　　　　　（《屯》2116）

估計商王朝在"河東"有田獵區。下引一辭是"子"揣摩商王會不會"涉于"河東田獵：

(10a) 辛卜：丁不涉。

(10b) 辛卜：丁涉，从東△默（狩）。　　　　　　　　　　　　　　　（《花東》28）

"从東△狩"是說從"河東△"狩獵。下引綴合之辭可以證實(9)(10)王狩獵之地"東△"就是"河東△"：

(11) 丙戌卜，貞：王默（狩）河東△，禽（擒）。

（《合》15455＋《甲》2045＋《合》14556，陳逸文綴合）[①]

[①] 陳逸文《〈甲編〉綴合 26 例》，先秦史研究室網，2014 年 3 月 6 日。

綜觀上舉三辭,可知王應是先渡過河,到達"河東△",然後從此狩獵。①

那些既無"河"字、又無"涉"字之辭,其中提到的"東△""西△"等,有的很可能也是就"河"而言的。如:

(12a) 丙辰囗:王其令塁叟于遠東囗

(12b) 在犾(瞀)東△奠叟。　　　　　　　　　　　　　　　　(《懷》1648＝《合補》10491)

裘錫圭先生指出,(12a)"東"後所缺之字爲"△"或"△奠"(《合》34255 有"弜(勿)于河東△奠,即又囗"之語,可參看),"叟"當指從事"叟"這種工作的人。② 今按,補"△奠"可取,如此則(12a)的命辭可斷作"王其令塁:叟于遠東△奠","叟于遠東△奠"是一個受事主語句,乃"王令"的具體内容。我們知道,黄河雖自西向東流,但流經今陝西與山西之間時爲北南走向。從商都河南安陽的角度看,"河東"當指今山西等地,"河西"當指今陝西、甘肅等地。由於"河東"一帶很長,河的"東△"自有遠近之分,所以此辭卜問是到較遠的"東△"奠置"叟"好,還是在較近的"東△"奠置"叟"好。遠近也是以商王所在的安陽爲基點的。

有的是否就"河"而言,需要具體分析。如:

(13a) 弗禽(擒)旨兕。

(13b) 王其比犬口,从東△,于之禽(擒)兕。

(13c) 从南,于之禽(擒)兕。　　　　　　　　　　　　　　　　　　　　　　(《合》28399)

此版上應該還有一條卜辭,可惜辭殘無法辨識。③ "旨"是無名組常見的田獵地名,其字不能確釋,姑從舊説隸定。此辭卜問王能否擒兕,與(8)所從出的《合》30439 有相似之處,"从東△""从南"的説法則與(10b)相似。(13c)的"从南"之"南"當指"旨地之南",那麼"東△"也很可能指"旨之東△"而不一定是"河東△"。

根據以上所舉辭例來看,有些中不从"水"或曲綫的二人相背之字,其實也是△。如:

(14) 囗囗卜,貞:亞以王族眔黄示,王族涉西△,亞麋(?)東△,在囗　　(《合》14918)

---

① 《吉林大學藏甲骨集》209(《合》10963)著録一版賓三類龜腹甲,其中一條殘辭上既有"獸(狩)"字,又有"△"字,不知是不是跟(9)(10)(11)之辭相類。

② 裘錫圭《説殷墟卜辭的"奠"——試論商人處置服屬者的一種方法》,《裘錫圭學術文集·古代歷史、思想、民俗卷》,第181—182頁。

③ 此版卜辭行款較亂,各種釋文出入較大。此處釋讀承張昂先生指教,並可參看馬智忠《無名類卜辭的整理與研究》,吉林大學博士學位論文,2018年,第323頁。

"西"下之字作"✦",各家多視爲从"水"或曲綫的△的省體("東"下△甚殘,估計與此同形),正確可從。"涉",一般釋爲"出",審其形"✦",當爲"涉"字之殘(《甲骨文摹本大系》5139已有此釋)。"王族涉西△"應該也是王族渡過河到達河之"西△"的意思。又如:

(15) ☐王☐東△,若。　　　　　　　　　　　　　　　　　　(《合》34710正)

同版尚有其他殘字,但不屬於此辭,故未引。"東"下之字作"✦",《甲骨文字編》把它跟(14)的△另立一條,列於"非"字之後;①《新甲骨文編(增訂本)》歸入"△"字條。② 後者可從。以上二例△的省體所从相背人形,均屬文首所舉△3一類。

有的△前不冠以"東""西"等方位詞,看起來像是地名的,仔細推敲仍應指"河△"。如:

(16a) 丁酉卜,戊王其田,从△,亡(無)災。
(16b) 从南門。　　　　　　　　　　　　　　　　　　　　　(《合》30287)

"△"與"南門"構成選貞。如結合上舉(9)—(12)、特別是(10)"从東△狩"來看,(16a)的"△"很可能實指"河△"。卜辭有言"河△"者:

(17a) 癸酉卜,昍,貞:其歸,✦方于河△,不[射(?)]。
(17b) 貞:其𢦏,才(在)不射。　　　　　　　　　　　　　　(《合》28002)

張昂先生認爲"✦方于河△,不射"的意思是:"到河△'✦'敵方,敵方不會射擊吧?""✦"大概是一個動詞。③ 其說可從。此辭△即文首所舉△3的最末一例。如果我們對(16)"△"的理解合乎事實,可以説明"△"與"河△"同義。

黃組卜辭中也有容易誤以爲是具體地名的△。本文第一節引過从"川"形的△,此字見於如下之辭:

(18) ☐☐卜,才(在)△,[貞:王]步于義,亡(無)災。　　　　　　(《合》36952)

與"☐☐[卜],才(在)瀑(暴),[貞:王]步于☐,亡(無)災"(《合》36955)、"庚寅卜,才(在)𦣞,貞:王步于伬,亡(無)災"(《合》36956)等辭比較一下,這裏的"△"似是具體地名。黃組"今夕自(師)不震""王旬亡(無)𢦏"之貞的前辭屢見"才(在)×","在"後一字大多爲具體地名,與上舉諸例同;但也有不少是"在河"(如《合》36428、36430、36431、36433、

---

① 李宗焜《甲骨文字編》,第49頁。
② 劉釗主編《新甲骨文編(增訂本)》,第210頁。
③ 張昂《何類甲骨研究》,復旦大學博士學位論文,2023年,第333—334頁。

36780、36894、36895+、36897等)。值得注意的是如下二辭:

(19a) 癸巳卜,才(在)河東△,貞:今夕自(師)不震。其震。
(19b) 甲午卜,才(在)河東△,貞:今夕自(師)不震。

(《輯佚》700正+《合》36432,蔡哲茂綴合)①

(20a) 癸酉卜,才(在)河,貞:王旬亡(無)㕢。
(20b) 癸未卜,才(在)河,貞:王旬亡(無)㕢。
(20c) 癸巳卜,才(在)河東△,貞:王旬亡(無)㕢。

(《合》36895+《合補》12732[《合》36774+《合》36779]+《合》36757,殷德昭綴合)②

"河"字從裘錫圭先生釋,原从"㱃"聲。③ 前面討論(5a)時曾指出"滴(漳)南△"意即"滴(漳)南",所以(19)(20c)的"河東△"當與"河東"同意。但(20)同版"在"下一字還有"霍""望""婼"等,則是具體地名。這樣看來,(18)"在△"的"△"也很有可能意指"河△"而非地名。

我們懷疑下面這些△也不是具體地名:

(21) 戊寅卜,才(在)𣪘,貞:王步于𥂕(?),亡(無)災。　　(《合》36946+)④

其辭與(18)極近。此△不但省二"人"爲一,且背向人形變爲面朝"水",訛變較甚。省二"人"爲一的△又如:

---

① 蔡哲茂《甲骨綴合三集》667組,"中研院"歷史語言研究所,2022年,第160、505頁。
② 殷德昭《黃組卜辭新綴一則及相關材料梳理》,先秦史研究室網,2013年1月23日。
③ 裘錫圭《殷墟甲骨文考釋四篇·四、釋"河"》,《裘錫圭學術文集·甲骨文卷》,第440—443頁。按黃組此類"河"字的聲旁"㱃",裘先生從唐蘭先生説認爲即"㰦"之異體(同上,第441頁;《説字小記·七、説"㰦""昌"》,《裘錫圭學術文集·金文及其他古文卷》,第421—422頁)。但是,訓"息"或"氣出"的"㰦"字从"旡"不大好講,《説文》旡部:"旡,飲食气屰不得息曰旡。"其義恰與"㰦"相反。我認爲"㱃"象一人荷物氣逆不得出,可能是"喝"的初文。《説文》口部:"喝,㵎也。"(按"喝"字用爲喝水的"喝"是很晚的事,喝水的"喝"本作"欲")即"音之歇""聲嗄"之意(參看宗福邦等主編《故訓匯纂》,商務印書館,2003年,第366頁)。裘先生説:"荷重或從事其他重體力勞動者,往往發出有節奏的呼喊聲如'杭呵''杭育'之類,以減輕疲勞的感覺。這種呼喊聲大概就是最原始的歌。'歌'很可能是由'㰦'派生出來的一個詞。"(《説字小記·七、説"㰦""昌"》,《裘錫圭學術文集·金文及其他古文卷》,第422頁)這是很有道理的。"㱃(喝)"就是把"㰦"所从的張口呼喊之"欠"轉個向作"旡",表示聲音嗄啞,無法呼喊歌唱。
④ 本版卜辭學者們與他版多有綴合,成《合》36968+《英》2564+《合》36946+《存補》5.304.1+[《上博》2426.367(《合》36938)+《合》36630](加"[ ]"二版爲遥綴),參看殷德昭《黃組甲骨綴合十則(附綴合修正二則及綴合建議二則)》,先秦史研究室網,2016年12月15日。不過,唐英傑《商代甲骨文地名統計與地望研究》指出其中本版與《英》2564的綴合有誤(西南大學博士學位論文,2021年,第131頁)。

(22) 于▢炊(焚)。(《屯》100)

同版尚有"于兮焚""于麃焚"等辭,"于"下之字爲地名。但上面已舉過"河""河東△""△"與具體地名見於同版之例,(22)的"△"指"河△"並不奇怪。

(18)△"川"兩邊的相背之人作一正一倒的"化"形(《安陽博物館藏甲骨》118之例亦如是),下引賓組一類卜辭△與此同,只是中間所從爲曲綫:

(23a) 乎(呼)帚(婦)幸于△宅。
(23b) 勿乎(呼)帚(婦)幸于△宅。
(23c) 丁卯卜,乍(作)宀于△。
(23d) 勿乍(作)宀于△。四月。(《合》13517)

"宀"不知是"宅"的初文還是"宁(賓)"的初文(卜辭有"作宁(賓)"之説①)。賓出類裏有一條與(23)文例相近的殘辭:

(24) ☐乎(呼)☐宅☐△。(《合》8344)

此△作"▢",亦省二"人"爲一,可與(21)(22)的△相印證。這些"△"疑皆指"河△"而言。它們究竟指"河東△"還是"河西△",對於當時爲此占卜的人來説,應該是心知肚明的。②

---

① 參看沈培《甲骨文"巳"、"改"用法補議》,《古文字與古代史》第4輯,"中研院"歷史語言研究所,2015年,第56—59頁。
② 卜辭又有"史(有)又(祐)才(在)△""史(有)不若才(在)△""亡不若才(在)△""史(有)聞才(在)△"等語(如《合》8334—8342、13651),一般認爲這些"△"與上舉所謂地名或"畔"義的諸△字同指。宋華强《釋甲骨文的"體"和"戾"》認爲"有祐在△""有不若在△""亡不若在△""有聞在△"與卜辭常見的"亡害在囧""有害在囧""不唯囧我在囧""唯囧我在囧"等語(參看姚孝遂主編《殷墟甲骨刻辭類纂》,中華書局,1989年,第828頁)相類,△從舊説讀爲卜兆之"兆"(《語言學論叢》第43輯,商務印書館,2011年,第340—341頁)。今按:一般讀"亡害在囧"等"囧"爲卜兆之"兆",上舉宋華强先生文主張釋讀爲兆體之"體"。我們認爲,無論讀爲"兆"還是讀爲"體",在"亡害在△""有不若在△"等語中都顯得有些語義冗贅。因爲一般情況下商人占斷有害/無害、有不若/無不若、有祐等,都是根據卜兆所示,這原是不言而喻的。在"亡害/有害、有不若/無不若、有祐"等後特別點明"在兆/體",未免多此一舉。但是,如果卜兆顯現"有不若/無不若、有祐"等情況將應驗在具體的地點或對象身上,用"于X"或"在X"一類結構引出應驗者則是十分必要的。《合》33132"癸亥貞:旬亡囧。見于敦"、《合》33133"癸亥貞:旬亡囧。于火(引者按:此省略動詞"見")"、包山楚簡249"恆貞不死,有祟見於絶無後者與斬木位"、包山簡229"占之:恆貞吉。少有憂於宮室"等(參看沈培《殷卜辭中跟卜兆有關的"見"和"告"》,《古文字研究》第27輯,中華書局,2008年,第67、68等頁),都是例子。所以我們認爲"有祐在△""有不若在△""亡不若在△""有聞在△"等"△"可能仍指"河△"。這些結構中的介詞用"在"而不用"于",大概跟前面的動詞爲"有"或"亡",表示存在或不存在有關;如動詞爲"見(現)"之類,則宜用指示空間或時間上距離較遠的"于"。戰國時代介詞"在""于/於"的這種區別已消泯,遂有上舉包山簡"少有憂於宮室"等表達。至(轉下頁)

有的△加在田獵地名之前,如:

(25) 乙丑卜:犬伐囗△斿,禽(擒)。 (《合》33400)

(26) 囗△利,禽(擒)。 (《合》33401)

他辭或言"壬申卜:王往田,从利,禽(擒)""从斿,禽(擒)"(《屯》2299)、"于斿征,禽(擒)"(《合》33399),"斿""利"是王田獵之地。"△斿""△利"疑與"丘葛""城濮"之類同例,意謂"斿地之△""利地之△"。

總之,按照我們的看法,殷墟甲骨卜辭中的△似乎没有用爲具體地名的。

再看人名或族名的用例:

(27a) 乎(呼)陕弋(代)△。

(27b) 勿乎(呼)陕弋(代)△。 (《合》10937 正,賓一)

(28) 勿隹(唯)令△比。 (《合》4499 反乙,賓一)

(29) 貞:△以。 (《合》590 正,賓一)

以上皆賓組一類。商王派人代換△、對△下命令、關心△帶來東西,可見△當臣屬於商。但在時代稍晚的賓出類卜辭中,商與△有敵對關係:

(30a) 壬子卜,賓,貞:敦△,不死。

(30b) 貞:其死。六月。 (《合》339)

可能△及其族後有叛商之舉。

上舉第一類用法的△可以省略中間"水"形或曲綫,人名或族名△似也有此種省體:

(31) 囗射 [圖] 囗 (《英》531)

(接上頁)於"亡害在田""有害在田""不唯🦴我在田""唯🦴我在田""有兹在田""亡兹在田"以及黄組卜辭數見的大體與"亡害在田"同義的"亡害自田"等,恐怕跟我們討論的"有祐在△""亡不若在△"等涵義不同,應該分別作解。可以注意的是,使用"在田"(包括"自田"。因"自田"只見於黄組的"亡害自田",似有習語性質,以下不單舉出)者,其前"亡害"、"有害"、"唯🦴我"、"不唯🦴我"、"有兹"、"亡兹"(按"兹"一般讀爲"淫",訓"憂")中的"害""🦴""淫"等詞都是表示負面意思的,未見使用像"有祐在△"之"祐"那樣絕對正面的詞。由此可知説"××在田"時,其心理預設是擔心會有不好的災患出現。這一點與説"××在△"不盡相同。此外,《合》6088:"舌方出,不唯🦴我在田。"《合》6091:"舌方出,唯我田。"(參看宋華强《釋甲骨文的"戾"和"體"》,《語言學論叢》第43輯,第346頁)二辭對照,可以看出"唯🦴我在田"就是"唯我田"的意思,而後者的"田"只能是卜辭屢見的"有田""亡田""作田"之"田",無法講成"兆"或"體"。所以,"××在田"的"田"也應該是"有田""亡田""作田"之"田",此類短語的大意可能是"在憂禍、災戾方面(按甲骨學界一般從讀"憂"或"禍"之説,上引宋華强文讀爲"戾"),(對我們)會有傷害、困擾/(對我們)會没有傷害、困擾","在田"限定"有害/亡害"、"唯🦴我/不唯🦴我"、"有淫/亡淫"之事發生的範圍。

(32a) 貞：▦ ☐六☐

(32b) 令☐　　　　　　　　　　　　　　　　　　　　　　　　　　（《合》17962）

或釋(32a)△爲"非"，恐非。

前面提到過的西周早期金文覞公簋舊釋"姚"之字"▦"，从一正一倒"人"形（正人形位於左，倒人形位於右），上引(18)(23)△所从"人"形亦一正一倒（正人形位於右，倒人形位於左），如"▦"（《合》13517）；正人形面向曲綫，亦見於(21)的△。簋銘此字中間曲綫彎折幅度較大，與上引(22)△的中間曲綫相仿。有些學者認爲簋銘此字所从即甲骨文△字，應可信從，只是它們不能釋爲"兆"。

四

賓組一類有如下一版卜辭，爲考釋△字提供了重要綫索：

(33a) 貞：羌于東〇。

(33b) 貞：不☐（《合》8594 正[《乙編》3804]＋《合補》4002 正＋《乙補》6703＝《醉古集》257，林宏明綴合）①

用"〇"代替之字原作如下之形：

▦（字形取自《乙編》3804）

右爲背向人形，中爲作曲綫的"水"的簡體，左爲上下二"止"。湯志彪先生把此字與甲骨文中由方勇先生釋出的作"▦""▦"形的"瀕"之初文聯繫了起來，十分合理。但他認爲〇是在"瀕"之初文旁加注"人"作爲聲符，因而釋此字爲"瀕"，並讀(33a)的"瀕"爲"胆"或訓爲動詞"近"的"濱/瀕"；金文"瀕"作"▦"，湯先生認爲"頁"是由〇所从"人"發展而來的。② 這些觀點則不可信。

"人""瀕"雖然都是真部字，但聲母一爲 *n-（中古日母）、一爲 *p-（中古幫母），發音部位相差極遠，決不可能相諧。依湯説，"人"爲聲符；如變"人"爲"頁"，"頁"是"首"的繁體，在"瀕"字中根本起不了表音的作用，古文字字形演變中也從未見過同類之例。金文"瀕"字從"頁（首）"、從"瀕"之初文得聲，應該就是"顰眉蹙頞"的"顰"的古字，古書或寫作"頻""矉"等（"頻"本即"瀕"的省體）。顰蹙的"顰"从背水"人"形，也無義可尋。

---

① 林宏明《醉古集》，萬卷樓圖書股份有限公司，2011年，圖版第293頁、釋文及考釋第161頁。

② 湯志彪《甲骨文研讀三例·三、説"瀕"》，《出土文獻》第13輯，中西書局，2018年，第4—7頁。

《殷墟甲骨刻辭類纂》"沘"字的"東沘"條下,收入了上舉○字之辭。① 林宏明先生從釋△爲"兆"說,認爲○"增意符步爲兆(逃)異體"。② 他們都以○爲本文討論的△的異體,這也十分合理。但我們對○的辭例和字形的看法與湯志彪、林宏明二位先生都不相同。

從辭例看,(33a)(33b)卜問羌是否"于東○",意即羌會不會往"東○"去("于"爲動詞,《合》8595"羌于西"的"于"可能也是動詞),其語與上舉(6)"我""涉于東△"、(1)馬方"涉河東△"相似,"羌于東○"大體就是"羌涉于東○""羌涉河東○"的意思,○、△當爲一詞。從字形看,○改△所從背水二人的左邊人形爲上下二"止",使全字變從"瀕"之初文;也可以認爲○就是糅合"△"與"'瀕'之初文"爲一字。李學勤先生早就推測卜辭"'兆'義爲河濱"。③ 釋△爲"兆"雖不可取,但李先生對詞義的理解完全正確。進一步說,○把△改造爲從"瀕"之初文,"瀕""濱"古通,卜辭中屬前一義的△正可據此讀爲河濱之"濱"。文首所舉△4 第一例,出自(10b),其左右兩邊實爲二"丏"。△既讀爲"濱","賓"本從"丏"得聲,△4 把"人"上飾筆加在頂端變爲"丏",不知能不能看作提示全字的讀音。

古書中有"海濱"(《尚書·禹貢》)、"東海之濱"(《國語·吳語》《莊子·天地》)、"江濱"(《楚辭·九歎·逢紛》)、"水濱"(《左傳》僖公四年、《楚辭·天問》)、"泗濱"(《尚書·禹貢》)、"渭濱"(《國語·晉語四》)、"南澗之濱"(《詩·召南·采蘋》)等詞,④ "江涔(濱)"又見於《上博(七)·吳命》簡 5 下;舜"陶於河濱""陶河瀕"之語先秦兩漢文獻習見,《上博(二)·容成氏》簡 13 也有此語,凡此並與卜辭"河東濱""河西濱""河南濱""河濱"以及"滴(漳)南濱"等例同。《文選》卷二三載劉楨《贈五官中郎將四首》之二,有"竄身清漳濱"之語。"漳濱"與卜辭"滴(漳)南濱"亦可比讀。

上古單言"濱",便可指"水涯""水畔"(《左傳》僖公四年楚使對齊桓公"昭王南征而不復"之問曰"君其問諸水濱",這裏的"水濱"是指"漢水之濱";《楚辭·天問》"水濱之木,得彼小子"是說伊尹降生於伊水之畔的空桑[參看《吕氏春秋·本味》],"水濱"指"伊水之濱"。此二例"水濱"之"水"均有特指,並不是需要在"濱"前另加"水"才能表達"水邊"的意思)。《詩·小雅·北山》"率土之濱",毛傳:"濱,涯也。"孔疏:"《釋水》云:'滸,水涯。'孫炎曰:'涯,水邊。'《說文》云:'浦,水濱。'《廣雅》云:'浦,涯。'然則滸、濱、涯、浦

---

① 姚孝遂主編《殷墟甲骨刻辭類纂》,第 68 頁。
② 林宏明《醉古集》,釋文及考釋第 161 頁。林先生又認爲此字"也有可能爲'涉兆(逃)'合文"。此說誤以"瀕"爲"涉",不可從。
③ 李學勤《殷代地理簡論》,科學出版社,1959 年,第 13 頁。
④ 參看宗福邦、陳世鐃、蕭海波等主編《故訓匯纂》,第 1335 頁。

皆水畔之地,同物而異名也。詩意言民之所居。民居不盡近水,而以濱爲言者,古先聖人謂中國爲九州者,以水中可居曰洲,言民居之外皆有水也。……是地之四畔皆至水也。濱是四畔近水之處。"① 實即把"水""涯畔"兩個語義構成要素綜合在"濱"這一單音節詞裏(田畔、城邑之邊等一般不用"濱"),反映了上古漢語詞彙的"綜合性"。所以,上舉(12)(33a)"東濱"、(13)"昏之東濱"、(25)"濱斿"、(26)"濱利"以及(16)、(18)、(20d)、(21)~(24)等"濱",其前雖無"水"字,却與"水涯""水畔"同意,如"昏之東濱"就指昏地東邊的水畔,"濱斿""濱利"指斿地、利地的水畔;在一定語境中,"水畔"義的"濱"還能特指"河畔"、黃河之濱而言。指黃河之畔、黃河東畔的"河濱""河東濱",當然也是一個具體的地點,故可與一些地名對舉。詹鄞鑫先生據"兆"之釋,讀卜辭△爲"垗"。但"垗"只有"界域""界畔"義,無法直接表示"水畔""河濱"。從這一點來說,"垗"也不如"濱"合適。

《左傳》昭公十三年載齊桓公時有大夫"賓須無",同書昭公二十二年載周有王子朝之傅"賓起",《通志·氏族略四》謂"望出梁國"。不知甲骨卜辭中指人名或族名的△與賓氏之"賓"是否有關。

方勇先生考釋的甲骨文"&""&",象行迹瀕臨水邊,應是瀕臨之"瀕"的初文。但從詞義上看,瀕臨之"瀕"與水濱之"濱"無疑具有密切關聯(人在水濱就是瀕臨水);傳世古書裏,瀕臨之"瀕"與水濱之"濱"寫作"瀕"或"濱"均可(《説文》以"瀕"爲水濱之"濱"的本字。我們按照後代的習慣用"瀕"表瀕臨、"濱"表水濱,以求區別)。"瀕"之初文只見於自組大字類(《合》21256)和典賓類(《合》1051正)二辭,所用不廣。而且《合》21256一例是否表示"瀕/濱",因辭殘尚難十分肯定。我們考釋的△字,從字形看,顯然不是水濱之"濱"的本字,用爲"濱"應是假借(此字與"濱"的關係下文"五"還有進一步的論述),這跟"瀕"之初文的存在並無矛盾。由於(33a)的〇也用爲河濱之"濱",刻手有意無意地把△改造成从"瀕"之初文(前面已説"瀕"與"濱"的關係),或糅合"△""瀕"爲一,就很好理解了。

覞公簋从"女"从"△"之字,疑可釋爲"嬪"。簋銘曰"覞公作夔嬪簋",前文説過"夔"在金文中一般用爲"齎/盠",我們認爲此銘也不例外。阮元考釋戲伯鬲"戲伯作饌齎"的"齎"時,引《説文》皿部"黍稷在器以祀者"和《周禮·春官·鬯人》"禜門用瓢齎"杜子春讀"齎"爲"粢"、訓"盛也",謂"盠作盛字解也"。② 其説可從。《説文》"盠"前一字爲"盛",大徐本釋曰"黍稷在器中以祀者也",其義與"盠"同。《周禮·地官·舂人》"祭祀共其盠

---

① 《十三經注疏》整理委員會整理《毛詩正義(十三經注疏)》,北京大學出版社,2000年,第932頁。
② 〔清〕阮元《積古齋鐘鼎彝器款識》卷七,劉慶柱、段志洪、馮時主編《金文文獻集成》第10册,第170頁。

盛之米",同書《天官·甸師》"掌帥其屬以耕耨王藉,以時入之,以共齍盛",鄭玄注謂"齍盛"皆指祭祀所用黍稷稻粱之類。按"齍""盛"連文,義當近同。大概"齍""盛"都可以當"盛受"或"所盛受之物"講,用於祭祀場合,自然就特指"盛受祀時所用穀"或"所盛受的祀時所用之穀"。"齍"的"受黍稷器"義(《周禮·天官·九嬪》"凡祭祀,贊玉齍",鄭玄注:"玉齍、玉敦,受黍稷器。"),應由"盛受祀時所用穀"引申而來。銅器銘文中處於自名位置的"齌/齍",應由義爲"盛受食物"一類器名修飾語(如"齍鼎""齍鬲")轉化而來。簋本是"盛黍稷稻粱器"(《周禮·地官·舍人》"凡祭祀,共簠簋,實之陳之"鄭注),以"齍"爲"簋"的修飾語是合適的。由此觀之,"嬪"也是修飾"簋"的,頗疑當讀爲"儐"。《詩·小雅·常棣》"儐爾籩豆,飲酒之飫",毛傳:"儐,陳。"儐列之"儐"或作"賓"(參看《廣雅·釋詁一》"賓,列也"王念孫《疏證》)。"䕫(齍)嬪(儐)簋"意謂祭祀時盛放黍稷等穀物、用於陳列的簋。西周中期晉侯簋銘曰:"晉侯乍(作)田䕫餴簋。"(《銘圖續編》0361)我們認爲此銘"䕫"也應讀爲"齍","田"疑讀爲儐陳之"陳",[①]"田(陳?)""䕫(齍)""餴"都是"簋"的修飾語(上引戲伯鬲云"作餴䕫",未嘗不能視爲"作餴䕫鬲"之意)。"田(陳?)䕫(齍)"或可與覞公簋"䕫(齍)嬪(儐)"互證。

五

根據△在卜辭中讀爲"濱"等用法,結合其字形所表之意推測,△應是擯斥之"擯"的表意初文。

從文獻看,擯斥之"擯"是上古較常用的詞。《逸周書·大武》所記"三哀"之一,有"擯厥親",意謂"爲親所擯逐"。[②]《戰國策·趙策二》:"六國從親以擯秦,秦必不敢出兵於函谷關以害山東矣!""擯秦"意謂"排斥、擯棄秦"。古書"擯"常假借"賓"爲之,如《逸周書·度邑》:"維天建殷,厥徵天民{名}三百六十夫。弗顧,亦不賓成〈威—滅〉,用戾於今。""名"爲衍文、"成"爲"威"之訛字,皆從前人說。丁宗洛云"賓滅"之"賓"通"擯"。[③]"擯""滅"意義相關。《戰國策》中也有不少例子。《趙策四》:"無倍約者,而秦侵約,五國復堅而賓之。"前人已指出"賓"與"擯"通,並舉《莊子·達生》"賓於鄉里,逐於州部"之例。[④] 按《莊子》一書以"賓"爲"擯",又如《徐無鬼》"以賓寡人",《釋文》:"賓,本或作擯。

---

① "田"讀爲儐陳之"陳",從用字習慣上看不如就說爲田獵之"田"好。不過,簋銘修飾語"餴"一般用於宴饗或享祀的場合,與田獵之用不合。這是我們所以懷疑"田"可能表示陳列於宴饗或享祀的理由。
② 黃懷信、張懋鎔、田旭東《逸周書彙校集注(修訂本)》,上海古籍出版社,2007年,第115—116頁。
③ 黃懷信、張懋鎔、田旭東《逸周書彙校集注(修訂本)》,第470—471頁。
④ 諸祖耿《戰國策集注匯考(增補本)》中冊,鳳凰出版社,2008年,第1089頁。

司馬云：擯，棄也。"《戰國策·魏策二》："故爲王計，太上伐秦，其次賓秦，其次堅約而詳講，與國無相離也。"類似的話還見於《燕策一》："約曰：'夫〈大一太〉上計破秦，其次長賓之。'秦挾賓客（引者按："客"係衍文，前人已指出）以待破，秦王必患之。"諸"賓"字皆讀爲"擯秦"之"擯"。馬王堆漢墓帛書《戰國縱橫家書》"二十 謂燕王章"與《燕策一》相當之文云："曰：'大（太）上服秦，亓（其）次必忟長之。'秦挾忟以侍（待）破，秦王必患之。"（214—215 行）整理者據策文讀"忟"爲"擯"。① 按"忟"從"比"聲，"比""擯"音近，這樣讀當然無可厚非。不過我懷疑"忟"也可能讀爲"批"，"批"比"擯"音更近於"忟"。《史記·魏其武安侯列傳》："及魏其侯失勢，亦欲倚灌夫引繩批根生平慕之後棄之者。"司馬貞《索隱》："批者，排也。《漢書》作排。"《戰國策·秦策三》"正亂、批患、折難"之"批"，前人多訓"擊""擊而却之"，猶今言"排除"。② "批秦"即"排斥、抛棄秦"，義與"擯秦"合。"批""擯"音亦不遠。

上舉諸例中，《逸周書·度邑》一篇記周公旦"規擬伊洛"之事，文辭古奥，學者論定其價值與《商誓(哲)》一般無二，應是西周初年之作。③ 此篇既用擯斥之"擯"，説明這是一個時代頗早的古詞。殷墟甲骨文中有擯斥之"擯"的表意初文△，是完全可能的。《説文》人部以"擯"爲"儐導"之"儐"的或體（"擯""儐"同音），如其説，古書以"擯"爲擯斥之"擯"，跟上舉以"賓"爲"擯"和下面馬上要舉到的以"儐"爲"擯"一樣，都是假借。但商代文字和西周早期文字中雖有擯斥之"擯"的本字△（西周早期覎公簋只是用"△（擯）"爲偏旁），却都是假借用法而幾乎不用其本義。職是之故，並且由於西周早期之後的古文字資料中似未再見△字，可能後已失傳，古人大概很早就開始借用"賓""儐""擯"等字來記録擯斥之"擯"了，最終選定形聲結構的"擯"爲其專字。"擯"字所以被選用爲擯斥之"擯"，其意符"手"恰好與擯斥之義相副，應該是一個很重要的原因。

△字象水的兩邊二人相背、"相排斥"之形。《玉篇·手部》"擯"正訓爲"相排斥也"。上引《戰國策·趙策二》"擯秦"之"擯"，鮑彪本作"儐"。《趙策二》上文有"六國從親，以儐畔秦"之語，"儐"亦擯斥之"擯"。不過黃丕烈《札記》據《史記》無此字，定此句"儐"爲涉下"儐（擯）秦"而衍。④ 即使如此，猶可看出"擯""畔（叛）"義近。"畔""叛"應是同源詞（它們都與"判"有關）。⑤ 前面講"兆"時提到過"水"與"己"一樣可以表示界畔；詹鄞鑫先

---

① 湖南省博物館、復旦大學出土文獻與古文字研究中心編纂，裘錫圭主編《長沙馬王堆漢墓簡帛集成》第 3 册，中華書局，2014 年，第 245、246 頁。
② 參看何建章《戰國策注釋》，中華書局，1990 年，第 214 頁。
③ 黃懷信《〈逸周書〉源流考辨》，西北大學出版社，1992 年，第 109 頁。
④ 諸祖耿《戰國策集注匯考（增補本）》中册，第 949 頁。
⑤ 裘錫圭《文字學概要（修訂本）》，商務印書館，2021 年，第 252 頁。

生指出△字中的"水"也應該代表界畔,其說甚確。所以,"水"就算用曲綫替代,仍不失界畔之意。"擯"的表意初文在相背二人之間用"水"或曲綫爲"畔",字形上也透露出與"畔(叛)"的聯繫。前面講過瀕臨之"瀕"與水濱之"濱"義有關聯;在講"濱"的詞義時,引用過《詩·小雅·北山》"率土之濱"孔疏謂"濱是四畔近水之處",亦即"邊界"之義。可見在古人那裏,瀕臨之"瀕"所瀕之"水"、水濱之"水"和擯斥之"擯"中劃出界畔的"水",實際上是一回事。瀕臨之"瀕"是臨近水濱,擯斥之"擯"是背離水濱,二字字形、字義相反,且都與水濱之"濱"有關。殷人選擇"擯"之初文來記錄水濱之"濱",恐怕不純粹出於音近假借。

《戰國策·齊策四》有"倍約儐秦,勿使爭重"之語,"倍"即"背","儐"即"擯","擯""背"對文義近。"北"乃背棄之"背"的本字。"△(擯)"字在界畔兩邊爲相背人形,正从"北(背)"。"擯""背"的聯繫從"△(擯)"的字形上也透露了出來。過去多從羅振玉說把△隸定爲"沘",現在看來,只要不以"沘"爲形聲字,這種隸定方法倒並非一無是處。由於"△(擯)"有少量省"水"或曲綫的簡體,其所從相背二"人"多在人形上加飾筆,以與"北"字相區別,就顯得很有必要了。

詹鄞鑫先生考釋△的文章指出,"甲骨文中有一個从'非'从'北'的字有'𰼽'和'𰼾'兩種寫法",與△所從二人或加短畫飾筆相似。① 其說甚是。甲骨文"非"字似只有人形頂端加飾筆一種寫法:"𰼽""𰼾",②這應該也是爲了跟"北"字相區別。于省吾先生寫於20世紀40年代的《釋非、辈》一文,認爲从"非"从"𠬞"的"𰼾""乃辈之初文","篆文从𠬞从手與从𠬜,在偏旁中每無別","辈即今排字"。③ 20世紀70年代末,于先生將此文收入他的《甲骨文字釋林》時,删掉了釋"辈"爲"排"的內容。④ 其實此說應該是正確的。于先生在《甲骨文字釋林》所收《釋非、辈》修訂稿中,根據卜辭"非""辈"用法相同,明確指出"'辈'爲'非'之孳乳字"。⑤ 這也是很正確的。不从"𠬞"的"非"與从"𠬞"的"辈"是一字之簡繁體,"非"象二人相排斥之形,本即"排"之初文,增"𠬞"可以把"排"的"排斥""推排"一類動作表現得更爲直觀。"排""擯"字義極爲相關。上文已引古人訓

---

① 詹鄞鑫《釋甲骨文"兆"字》,《華夏考——詹鄞鑫文字訓詁論集》,第362頁。有關字例參看李宗焜《甲骨文字編》,第48—49頁。
② 李宗焜《甲骨文字編》,第47—48頁;劉釗主編《新甲骨文編(增訂本)》,第666頁。
③ 于省吾《雙劍誃殷契駢枝三編·釋非、辈》,《雙劍誃殷契駢枝、雙劍誃殷契駢枝續編、雙劍誃殷契駢枝三編》,第297—299頁。
④ 于省吾《甲骨文字釋林》,中華書局,1979年,第77—79頁。
⑤ 于省吾《甲骨文字釋林》,第78—79頁。

"擯"爲"相排斥也"。《後漢書·賈逵傳》"諸儒內懷不服,相與排之",李賢注:"排,擯却也。"我們釋爲"擯"之初文的△所從二人相背之形與"非""𩈚"一致,決非偶然。由於"△(擯)"有少量省"水"或曲綫的簡體,其所從相背二"人"的飾筆絕大多數加在人形上部而非頂端,以與"非"字相區別,也顯得很有必要。

下面把"北""非/𩈚""擯"的字形對比列出:

北(背)			
非、𩈚(排)			
擯			

諸字形義方面既有聯繫又有區別,可以一目瞭然。

"擯"古多訓"棄"(如上引《莊子·徐無鬼》一例。對於雙方來說是"相排斥",對於一方來說就是被"擯棄""棄逐")。"棄"字所從"厺"原爲"倒'子'",古文字中的倒形往往表示被棄者或已死者。上一節舉過(18)(23)等△字,左右二人一正一倒,作"化"形。擯棄之"擯"或從"倒'人'",取意與"棄"從"倒'子'"相類。①

"△(擯)"的形義,還可與"乖""古文'別'"類比。

西周金文"乖"字作"𠂇"(乖叔鼎,《集成》01733)、"𠂇"(番匊生壺,《集成》09705)、"𠂇"(乖伯簋,《集成》04331),象"丫"兩邊有二人相背之形。《說文》丫部分析"乖"字"從丫而𠔃。𠔃,古文別"。按"古文別""𠔃"即《說文》八部的"尒",詳下文。嚴章福、桂馥、張文虎等人早已指出"乖"字實從"北",《說文》訓"北"爲"乖"。② 漢代印章、竹簡文字"乖"仍從二人相背之"北"。③《說文》據已訛變的篆形誤析。《說文》丫部:"丫,羊角也。……讀若乖。"故"乖"應以"丫"爲聲。④ "乖"有"背戾"義,也有"分離"義,

---

① 孟躍龍《"化"字補釋》從釋△爲"兆"之說,謂此字從"化"表音(《古文字研究》第34輯,中華書局,2022年,第16—17頁)。非是。

② 〔清〕嚴章福《說文校議議》,丁福保編纂《說文解字詁林》,中華書局,1988年,第4079頁引;〔清〕桂馥《說文解字義證》,上海古籍出版社,1987年,第299頁;〔清〕張文虎《舒藝室隨筆》,丁福保編纂《說文解字詁林》,第4080頁引。

③ 劉樂賢《秦漢文字釋叢》,《考古與文物》1991年第6期,第84頁。

④ 〔清〕王紹蘭《說文段注訂補》引吳穎芳《說文理董》說,丁福保編纂《說文解字詁林補遺》,第16609頁;馬叙倫《說文解字六書疏證(二)》卷七,上海書店影印,1985年,第108頁;季旭昇《說文新證》,藝文印書館,2014年,第295頁。

與擯斥之"擯"義近；二字構形亦似，所不同者只在於"乖"字相背二人之間爲音符，"擯"之初文"△"則爲意符。

《說文》八部："兊，分也。从重八。八，分別也，亦聲。""兊"小篆作" "。傳抄古文以"兊"爲"別"字，其形除與小篆同者，又作" "" "等。① 《說文》"兊"字引《孝經說》"故上下有別"，亦以"兊"爲"別"。按《說文》八部訓"八"爲"別也"，"象分別相背之形"。一般認爲"八"即"別"之初文。"八""別"古音至近，此說可信。"兊"是"八"的繁形，很可能"別"的本字"八"假借爲數字之後，古人用重複其形的辦法分化出"兊"來專門表示"別"。但現有古文字資料裏尚未發現確切的"兊(別)"字。② "兊(別)"與訛變之後的"北"形近，因而偶有混訛之例，如上舉"乖"字所从；又如《尚書·堯典》"分北三苗"之"北"，不少人認爲是"兊(別)"的誤字。③ "別"之初文"八""兊"與"擯"之初文△，彼此形義也頗有相似之處。

西周早中期金文中數見"北子"之稱，戰國楚地出土卜筮祭禱簡中不但有"北子"，還有"北宗"。學者們多已指出"北子"相當於古書所云"別子爲祖，繼別爲宗"的"別子"，"北宗"即"別宗"。④ 不過，上舉文獻中的"北""兊"混訛之例，應該發生在漢代以後(《堯典》"北"字，足利本尚作"兊")，古文字中的"北"與"兊(別)"很難從字音與字形上加以溝通。指"別子""別宗"而言的"北子""北宗"之"北"疑當讀爲"副"。殷墟甲骨卜辭屢見"介子""介兄""介父""介母""介祖"等稱謂，與指直系的"帝(嫡)"相對。傳世古書也有"介子"，意即"別子""庶子"。《禮記·曾子問》"孝子某爲介子某薦其常事"，鄭玄注："介，副也。"⑤ 既然古代確有"介子"之稱，"介"即"副"義，那麼想必也可以有與"嫡子""嫡宗"相對的"副子""副宗"。金文"福"字或加注"北"聲，從古音看，"北"讀爲同从"畐"聲的"副"是没有問題的。又，正副之"副"由"副"的"判""分"義引申而來(剖判開的東西，次要的一方相對於主要的一方即爲"副")。⑥ 與"嫡"相對的、古訓"副"的"介"，亦源於"介"的"界畫"義。⑦ "北"即背離、向背之"背"字，說不定"北(背)子""北(背)宗"本來也可以指離開大宗、從大宗分離出去者，就是"副子""副宗"或"介子""介宗"的意思。若

---

① 徐在國編《傳抄古文字編》，綫裝書局，2006年，第92頁。
② 甲骨文裏有"兊"，但它應該是用爲地名的"谷"的異體，與"別"之古文似無關。
③ 參看顧頡剛、劉起釪《尚書校釋譯論》，中華書局，2005年，第330—331頁。
④ 參看宋華强《由楚簡"北子"、"北宗"說到甲骨金文"丁宗"、"啻宗"》，《簡帛》第4輯，上海古籍出版社，2009年，第123—134頁。
⑤ 裘錫圭《關於商代的宗族組織與貴族和平民兩個階級的初步研究》，《裘錫圭學術文集·古代歷史、思想、民俗卷》，第124—125頁。
⑥ 參看王鳳陽《古辭辨(增訂本)》，中華書局，2011年，第410頁。
⑦ 參看王鳳陽《古辭辨(增訂本)》，第410頁。

此，"北"就不必破讀爲"副"了。①

　　西周早期的效卣記"王錫公貝五十朋，公錫厥瀕子效王休貝二十朋"（《集成》05433）。此"瀕"字原作瀕臨、水濱之"瀕"的表意初文。白川靜《金文通釋》指出卣銘既記公與其子效之間存在分賜的行爲，效只能是"別子分宗"；"新亭客"（網名）據此認爲"瀕子"當讀爲"別子"。② 今按，如果"瀕子"確當讀爲"別子"，甲骨卜辭中△多讀爲水濱之"濱/瀕"，是不是我們釋爲"擯"之初文的△也可以改釋爲"別"呢？從△的字形看，釋爲"別"當然講得通。但是，"瀕/濱"與"別"上古主元音雖近，畢竟不同，二字韻尾也有别（"瀕/濱"爲*-in，"別"爲*-et），讀"瀕"爲"別"，語音上不很理想。頗疑"瀕子"之"瀕"當讀爲"擯"，"瀕（擯）子"指被排斥、擯出於大宗之外者，其意與"分子"（《清華（拾）·四告》第二篇簡18"乃建侯設衛，封出分子"；③《穀梁傳》莊公三十年"燕，周之分子也"，范寧注："分子，謂周之別子孫也"）、"別子"、"北（背）子"近。《清華（貳）·繫年》第四章説周成王、周公"追念夏商之亡由"，"方（旁）埶（設）出宗子，以作周厚粵（屏）"（簡17—18）。此文"出"當與"宗子"連讀，指"由本宗分出另立宗氏（即國氏）而自爲其宗子者，即各同姓諸侯國之始封君"。④ "出宗子"就是上引清華簡《四告》"封出分子"的"分子"（《四告》的"封出"則與《繫年》的"設"相當），亦猶效卣所言"瀕（擯）子"。

2023年2月6日初稿
2023年6月18日改定

　　附識：本文初稿先後蒙張昂、蔡一峰、蘇建洲、陳琦先生審閱指正，他們的修改意見對於提高文章的質量起到了很大作用。作者對他們的幫助十分感謝！

---

① 宋華强先生認爲"北"本有"乖""別"義，所謂"仌（別）"可能都是"北"的訛體，"仌〈北〉"讀"別"音則是同義换讀（《由楚簡"北子"、"北宗"説到甲骨金文"丁宗"、"啻宗"》，《簡帛》第4輯，第126—127頁）。這個問題有待於進一步研究，問題的關鍵在於"仌（別）"是否真有其字。

② 新亭客《異簋銘文尋證》，復旦大學出土文獻與古文字研究中心網，2017年12月13日。白川靜説見此文引。

③ "封"字從尉侯凱《"甸"還是"封"？》釋，斷句亦從其説（《中國語文》2023年第2期，第230—235頁）。此蒙蘇建洲先生賜示。

④ 朱鳳瀚《清華簡〈繫年〉所記西周史事考》，《甲骨與青銅的王朝》中冊，上海古籍出版社，2022年，第879頁。按《清華（壹）·祭公之顧命》簡13—14云："惟我後嗣，方（旁）建宗子，丕惟周之厚茾（屏）。"這裏的"宗子"便是自爲宗子者，即"各同姓諸侯國之始封君"，它雖與"出宗子""分子"所指一致，名則有别：後二者就"本宗""大宗"之"出""分"而言，前者就所分出之"宗"而言。

堵(圖)字補說[*]

吳國昇

貴州師範大學文學院

鄭州大學漢字文明研究中心

("古文字與中華文明傳承發展工程"協同攻關創新平臺)

  春秋銅器銘文及戰國簡數見"堵"字。目前所見,最早出現於春秋中晚期的叔夷鐘鎛銘文。叔夷鐘鎛係北宋時期出土,銘文爲宋代學者所著録,今僅存摹本。字凡三見,臚列如下:

  (叔夷鐘·《集成》276.1) (叔夷鐘·《集成》283)

  (叔夷鎛·《集成》285.6)

  該字結構明確,由"工""者"兩個部件構成,以往學者隸定爲"堵",但未有説法。大概認爲其係摹本,"工""土"形近,存在誤摹"土"爲"工"的可能。銘文辭例爲"咸有九州,處禹之堵",並讀"堵"爲"土"。[①]

  2009 年湖北隨州出土曾侯與編鐘及曾侯與殘鐘,字凡兩見:

  (曾侯與鐘·《銘續》1029) (曾侯殘鐘·《銘續》1031)

---

[*] 本文爲"古文字與中華文明傳承發展工程"資助項目"春秋金文集釋、字詞全編及春秋戰國字詞關係對應圖譜數據庫"(G3208)階段性成果。

[①] 參看郭沫若《兩周金文辭大系圖録考釋》1957 年科學出版社影印本,轉引自劉慶柱、段志洪、馮時主編《金文文獻集成》第 21 册,綫裝書局,2005 年,第 501 頁;張世超、孫淩安、金國泰、馬如森《金文形義通解》,中文出版社,1996 年,第 3160—3161 頁。

發布者原釋"表",辭例爲"伐武之表"。① 陳劍改釋爲"代武之堵",並指出其用法與叔夷鎛"處禹之堵"等之"堵"字同。②

2017 年發布的清華簡柒《越公其事》也見該字:

（簡 28）

整理者隸作"堵",辭例爲"攸(修)於民三工之堵",疑"堵"讀爲"工"或"圖"。③ 蕭旭讀爲"圖",並指出"工"當爲義符,"圖"可訓"規劃"。④ 滕勝霖讀"署",義爲"安排"。⑤

2019 年 5 月湖北隨州棗樹林第 169 號墓出土嬭加編鐘,時代屬於春秋,銘文中亦有"堵"字,字形如下:

（嬭加編鐘,《考古》2020 年第 7 期）

發布者隸定作"堵",銘文辭例爲"白括受命,帥禹之堵,有此南洍"。⑥陳民鎮從石小力提示,指出該字實从"工",隸定爲"堵",讀作"功"或者"緒",都指功業,並認爲讀作"緒"的可能性更大。⑦

應該說,該字在出土春秋戰國文字中多次出現,且結構明確,隸定爲"堵",可以成爲共識。檢討已有的釋讀,有些問題尚需要進一步探討:

其一,"堵"構字本義是什麼? 讀"土",或"功",或"圖",或"緒"等,與"土""功""圖""緒"等字分別是什麼關係? 訛字? 通假? 異體? 未見說明,都是所謂的"不完全考釋"。

其二,"堵"讀作"土",清華簡柒《越公其事》"修於民三工之堵"講不通;讀作"功"或"緒",意義抽象,涵蓋性大,嬭加編鐘"帥禹之堵",曾侯與鐘"代武之堵"可以講得通,但叔夷鐘鎛"處禹之堵",清華簡柒《越公其事》"修於民三工之堵"則窒礙不通。

---

① 湖北省文物考古研究所、隨州市博物館《隨州文峰塔 M1(曾侯與墓)、M2 發掘簡報》,《江漢考古》2014 年第 4 期,第 16—22 頁;凡國棟《曾侯與鐘銘文束釋》,《江漢考古》2014 年第 4 期,第 61—67 頁;曹錦炎《曾侯殘鐘銘文考釋》,《江漢考古》2014 年第 4 期,第 70—73 頁。
② 陳劍 2014 年 10 月 5 日於董珊《隨州文峰塔 M1 出土三種曾侯與編鐘銘文考釋》一文下兩則評論(復旦大學出土文獻與古文字研究中心網,2014 年 10 月 4 日)。
③ 清華大學出土文獻研究與保護中心編,李學勤主編《清華大學藏戰國竹簡(柒)》,中西書局,2017 年。
④ 蕭旭《清華簡〈越公其事〉校補(二)》,復旦大學出土文獻與古文字研究中心網,2017 年 6 月 5 日。
⑤ 滕勝霖《〈清華大學藏戰國竹簡(七)〉集釋》,西南師範大學出版社,2021 年,第 269 頁。
⑥ 郭長江、李曉楊、凡國棟、陳虎《嬭加編鐘銘文的初步釋讀》,《江漢考古》2019 年第 3 期。
⑦ 陳民鎮《嬭加編鐘銘"帥禹之堵"解——兼說"禹績/蹟/跡"》,清華大學出土文獻研究與保護中心網,2019 年 8 月 7 日。

筆者認爲，"堵"字从"工""者"聲，是"圖"字異體。申述如下：

先説从囗从啚的"圖"字。《説文》："圖，畫計難也。从囗从啚。啚，難意也。"所述釋義不是很好理解，但字形分析明確。目前所見出土文字材料中，从囗从啚之"圖"字，最早見於商末及西周早期金文，一直流傳至今，結構穩定。古文字字形如：

商末或西周早期： （子廠圖方彝·《集成》9870） （子廠圖卣·《集成》5005.1）

西周早期： （宜侯夨簋·《集成》4320） （宜侯夨簋·《集成》4320）

西周晚期： （散氏盤·《集成》10176）

戰國時期： （五年吕不韋戈·《集成》11396） （《睡虎地·日甲》73反）

需要説明的是，目前所見春秋時期文字材料中，尚未見从囗从啚之"圖"字形；所見戰國文字材料中，从囗从啚之"圖"字屬於秦系文字。

在出土和傳世典籍中，"圖"的用法與本文論述關聯密切的有以下幾項：

1. 地圖、版圖。何琳儀謂"圖"从啚从囗，會圍繞鄙（啚）邑繪畫地圖之意。[①] 所指的是此字的構形意圖，合乎事理，可以信從。楊樹達認爲，其本義爲地圖。[②] 出土和傳世文獻都有用例支撐，如西周晚期散氏盤（《集成》10176）："武父則誓，厥受（授）圖，矢王于豆新宮東廷。"銘文記載散、矢兩國土地糾紛，周王派人從中調解，矢人將交於散人的田地繪製成圖，成爲矢、散兩國的正式券約。語義明確，"圖"爲"地圖"義。西周早期宜侯夨簋（《集成》4320）："王省武王、成王伐商圖，誕省東國圖。"兩個"圖"也當是此義。《周禮·夏官·職方氏》"職方氏掌天下之圖以掌天下之地"，鄭玄注："天下之圖，如今司空輿地圖也。"《周禮·春官·冢人》"掌公墓之地，辨其兆域而爲之圖"，鄭玄注："圖，謂畫其地形及丘壟所處而藏之。"《周禮·天官·司會》"凡在書契版圖者之貳"，鄭玄注："版，户籍也。圖，土地形象，田地廣狹。"《周禮·天官·小宰》"三曰聽閭里以版圖"，鄭注引鄭司農云："圖，地圖也。"賈公彦疏："閭里之中有争訟，則以户籍之版、土地之圖聽決之。"

2. 畫。《荀子·榮辱》"刑辟圖籍"，楊倞注："圖，謂模寫土地之形。"即畫製山川地理形勢。《史記·司馬相如列傳》"衆物居之，不可勝圖"，裴駰《集解》引郭璞曰："圖，畫也。"《廣雅·釋詁四》："圖，畫也。"《説文》釋"畫"爲"界也。象田四界，聿所以畫之"，指的是劃分地界。《左傳》襄公四年："茫茫禹迹，畫爲九州。""圖""畫"兩字，其構形字義

---

① 何琳儀《戰國古文字典》，中華書局，1998年，第539頁。
② 楊樹達《積微居小學述林》，中國科學院，1954年，第56—57頁。

與山川地理形勢的描畫都是相關聯的。

3. 謀劃。《書·多方》"洪惟圖天之命",蔡沈集傳:"圖,謀也。"《儀禮·聘禮》"君與卿圖事",鄭玄注:"圖,謀也。"《詩·小雅·雨無正》"弗慮弗圖",鄭玄箋:"慮、圖,皆謀也。"《爾雅·釋詁》:"圖,謀也。"《睡虎地·爲吏一》:"凡治事,敢爲固,謁私圖,畫局陳以爲楷。"

在出土戰國文獻中,"圖"字出現有从"囗""者"聲、从"心""者"聲和从"心""圖"聲三種異構字形。

一作"圕"。上博二《魯邦大旱》簡1:"魯邦大旱,哀公謂孔子:'子不爲我 ▨ 之?'" "▨",整理者隸作"圕",認爲从"囗""者"聲,讀爲"圖",謀劃。① 陳斯鵬謂"圖"本从"囗"从"啚"會意,後爲滿足表音的需要,遂易"啚"爲"者"而成"圕"。② 劉寶俊認爲,"圕"是圖畫的"圖"異體。③ "圕"至遲到西漢初仍在使用,張家山漢墓遣策八號簡記隨葬物有"版圕一","版圕"即"版圖",用"圖"字本義。

二作"惹"。"惹"字在戰國簡中多見,如 ▨（郭店《緇衣》簡23）、▨（上博一《緇衣》簡12）、▨（清華簡壹《祭公》簡3）。郭店《緇衣》簡23和上博一《緇衣》簡12辭例相同:"毋以小謀敗大惹。"孟蓬生謂"惹"爲"圖"之借字,圖與謀同義。④ 陳斯鵬指出,"惹"當从心者聲,"者""圖"古音相通。惹,爲表"圖謀"義的專字。⑤

三作"慁"。中山王兆域圖版（《集成》10478）:"有事諸官 ▨ 之。"慁,謀劃,亦"圖謀"義專字。

綜合已見出土文字材料和研究成果,可以得到以下幾點認識:

其一,从囗从啚的"圖"字出現於商末西周,後行用於戰國秦文字,傳流入《説文》小篆及漢代文字系統。

其二,"圖"的構形理據爲畫製地圖,本義爲"地圖",引申有"畫"義。再引申有"圖謀""謀劃"義。此皆古文獻中常用義。

其三,{圖}有"畫"和"謀劃"兩個詞義。《説文》之釋"圖",以往讀爲"圖,畫計難也",扞格難通,當屬"一句數讀"現象,讀爲"畫,計難也"。

其四,戰國楚簡"圖"有"者"聲的異體字"圕",和"者"聲的表"圖謀"義的專字"惹"。

---

① 馬承源《上海博物館藏戰國楚竹書（二）》,上海古籍出版社,2001年,第204—205頁。
② 陳斯鵬《楚簡"圖"字補證》,中山大學古文字研究所編《康樂集:曾憲通教授七十壽慶論文集》,中山大學出版社,2006年,第196—198頁。
③ 劉寶俊《楚國出土文獻異形文字形義關係研究》,《語言研究》2015年第3期。
④ 孟蓬生《郭店楚簡字詞考釋（續）》,《簡帛語言文字研究》第1輯,巴蜀書社,2002年。
⑤ 陳斯鵬《楚簡"圖"字補證》,中山大學古文字研究所編《康樂集:曾憲通教授七十壽慶論文集》,第196—198頁。

者,端紐魚部,圖,定紐魚部,兩字古音相近。

回到"𡔷"的造字構形上,首先,從語音角度,"𡔷"从"者"聲以記{圖}一詞,是没問題的。其次,從意義關聯角度說,以"工"爲義符,與{圖}一詞也相洽。《説文》:"工,巧飾也。象人有規矩也。"又"巨,規矩也。从工,象手持之。"《墨子·法儀》"百工爲方以矩,爲圓以規",楊樹達曰:"工象曲尺之形,蓋即曲尺也。矩所以爲方。"[1]工是古代畫圖工具,用於繪製方形或直角。從圖的畫製形成角度,以"工"爲義符構形造"𡔷"字表達{圖}詞義,符合漢字構形的基本原理和古人的思維習慣。

釋"𡔷"爲"圖"字異體,可以解決前述出土文獻的釋讀問題。

叔夷鐘鎛與嬭加編鐘銘文中的"禹之𡔷",即"禹之圖",意爲禹所平治規劃的疆域版圖,與"禹迹""九州"意思相近。叔夷鐘鎛"處禹之𡔷(圖)",意爲居處在大禹所平治規劃的疆域版圖内。嬭加編鐘"帥禹之𡔷(圖)","帥",《國語·周語上》"帥舊德而守終純固",韋昭注:"循也。"即遵循、繼承之意,意爲繼承了大禹所平治規劃的疆域版圖。

在商周古人觀念中,有華夏蠻夷之分,"禹迹""九州""禹之圖"不單是一個地理區域概念,更偏重於指文明程度高,代表華夏先進文明惠及的地區。叔夷鐘鎛:"夷典其先舊及其高祖:赫赫成唐,有嚴在帝所,溥受天命,翦伐夏後,敗厥靈師。伊小臣唯輔,咸有九州,處禹之𡔷(圖)。"叔夷爲殷商後裔,其先祖商湯在伊尹的輔佐下,受天命而翦滅夏人,因而統治九州,領有了華夏這一文明開化的疆域。商革代夏,乃受天命,宣示其政權的正統性和合法性;居處於華夏文明這片疆域版圖,意在表達其榮耀感、優越感。

嬭加編鐘:"白括受命,帥禹之𡔷(圖),有此南洍。"南宫括輔佐周文王、周武王翦滅殷商,受命分封到南土,承繼了大禹平治規劃的、文明開化的疆域版圖,建立曾國。

曾侯與鐘:"穆穆曾侯,壯武畏忌,恭寅齋盟,代武之𡔷(圖),懷燮四方。"曾侯繼承武王開拓分封的疆域版圖,創建曾國,擔負著藩屏周王室,教化周邊蠻夷的重任。

清華簡柒《越公其事》:"王㳄亡(無)好攸(修)於民三工之𡔷(圖)。""㳄",季旭昇認爲从"立"聲,讀"合","聚集、集合"之意;"無好"指那些没有專長的人[2]。"𡔷(圖)"從蕭旭訓"規劃"。"圖"由"畫"義引申爲"規劃",《説文》口部桂馥義證:"圖从囗,即規畫。"全句意爲:王召集無業之民,實施耗費人力的那些基建工程規劃。

---

[1] 楊樹達《積微居小學述林》,第58頁。
[2] 季旭昇《〈清華七·越公其事〉第四章"不稱貸""無好"句考釋》,"上古音與古文字研究的整合"國際學術研討會主題演講,澳門大學中國語言文學系、香港浸會大學饒宗頤國學院,2017年7月15—17日。

北大漢簡中{谷}{書}楚系
用字遺存考辨*

楊 瑩
中山大學中文系

北大漢簡文字多爲隸書，已屬今文字範疇，其用字從整體上看，與戰國以來的秦人的用字是一脈相承的。但其時距先秦未遠，其中也保留了一部分楚系用字方法，這豐富了北大漢簡用字的來源，且使得其中涉及的字詞關係錯綜複雜。北大漢簡中山谷之{谷}[①]和書籍之{書}保留了楚系用字"浴$_1$"和"箸$_1$"，此二用字與沐浴義的"浴$_2$"、飯敊義的"箸$_2$"[②]爲同形字，本文將考察北大漢簡中{谷}與{書}的用字情況，並進一步辨析其中涉及的字詞關係。

一、北大漢簡中{谷}{書}用字的使用情況及來源

1. 山谷之{谷}——"谷""浴$_1$"

北大漢簡中山谷之{谷}可寫作"谷"和"浴$_1$"，其中用字"谷"源自商周春秋時期文字，而用字"浴$_1$"源自楚系文字特有用法。北大漢簡中有11例{谷}，其中有10例寫作"谷"，見於《老子》《周訓》，舉例如下：

---

* 本文爲國家社科基金重大項目"上古漢語字詞關係史研究"（22&ZD300）階段性成果。
① 爲了行文的方便和明確字跟詞的區別，本文采取裘錫圭《文字學概要》的做法，用"{ }"來標明文章中提到的詞。
② 爲了行文方便，下面以"浴$_1$"代指楚系文字中山谷之{谷}的用字，以"浴$_2$"代指現在通行文字中淋浴之{浴}的用字；以"箸$_1$"代指楚系文字中書籍之{書}的用字，以"箸$_2$"代指現在通行文字中飯敊之{箸}的用字。

(1) 上德如谷,大白如辱(纇),廣德如不足,建德如榆(偷),桎(質)真如輪(渝)。

(《老子》簡 13—14)

(2) 江海之所以能爲百谷王者,以其善下之也,故能爲百谷王。 (《老子》簡 81)

(3) 避(譬)道之在天下,猶小谷之與江海。 (《老子》簡 210—211)

(4) 昔秦穆公臨陓谷之水,而身貳(敕)其嗣焉。 (《周訓》簡 190)

僅 1 例寫作"浴₁",見於《老子》,文例如下:

(1) 沌虖其如濁,廣(曠)虖其如浴(谷)。 (《老子》簡 161)

《説文》谷部:"谷,泉出通川爲谷。从水半見,出於口。""谷"字起源甚早,爲溪谷之{谷}的本字。自商周至秦漢以降,山谷之{谷}往往以"谷"爲習用字形。① "谷"字在商代即已出現,爲山谷之{谷}的本字,甲骨文作"谷"(《合》8395),金文作"谷"(啓卣,《集成》5410),上象水半見,下象山口,泉出通川爲谷。② 以"谷"爲{谷}的用法,可見於西周早期金文,如"啓從王南征,珊山谷,在洀水上"(啓尊,《集成》5983)。秦漢文字大多承襲此傳統用法,如睡虎地秦簡、放馬灘秦簡、嶽麓秦簡、張家山漢簡等都以"谷"爲{谷}的習用字形。商周至今,此用字在{谷}的所有用字中都占據主要地位,這也反映出山谷之{谷}的用字較爲穩定。

以"浴₁"爲山谷之{谷}的用法承襲自楚系文字,是楚系文字特有的用字習慣。楚簡中溪谷之{谷}有 23 例,皆寫作"浴",舉例如下:

(1) 百神、山川、溝(瀆)浴(谷)。 (子彈庫帛書甲篇《歲》③行 11)

(2) 猷(猶)少(小)浴(谷)之與江海(海)。 (郭店簡《老子》甲本簡 20)

(3) 疋(疏)川(川)記(起)浴(谷)。 (上博簡《舉治王天下》簡 30)

(4) 致(掘)浴(谷)甬(用)土大尻(居)則丘(谷)。 (清華簡《參不韋》簡 117)

(5) 陀(施)于审(中)浴(谷)。 (安大簡《詩經·周南·葛覃》簡 3)

(6) 【君】子之道,必若五浴(谷)之【溥】。 (信陽簡簡 5)

郭店楚簡中此用法皆見於《老子》,其中有一字形"𧝋",爲"浴"的異體字,亦讀爲{谷}。古文字偏旁位置每不固定,即以楚系文字中从"水"之字而言,"水"旁既可豎寫,也可橫寫,並無用法區別。④ 此用法還可見於上博楚簡《周易》等,可與今本比證,其讀

---

① 在一音義的多個對應字形中,往往有某一個或多個字形是最常見的,這些字形就是該詞的習用字形。參陳斯鵬《楚系簡帛中字形與音義關係研究(修訂本)》,中西書局,2022 年,第 202 頁。

② 季旭昇《説文新證》,藝文印書館,2014 年,第 809—810 頁。

③ 篇名爲李零所擬,參李零《子彈庫帛書》,文物出版社,2017 年,第 45 頁。

④ 陳斯鵬《楚系簡帛中字形與音義關係研究(修訂本)》,第 74 頁。

"浴₁"爲{谷}確鑿無疑。

楚系文字中的"浴₁"字與《說文》釋爲"洒身也"的"浴₂"爲音義不同的同形字。以"浴₂"表沐浴之{浴}在楚系文字中可見於清華簡《五紀》簡 32—33"其水沈澤，五穀濾酒，鬻䰞濯溉浴沐"，[①]秦文字如睡虎地秦簡、周家臺秦簡、嶽麓秦簡、秦璽印中亦有此用例，如睡虎地秦簡《日甲》簡 38 背叁："欲去，自浴以犬矢，毄（擊）以葦，則死矣。"楚系文字則以"浴"爲沐浴之{浴}的專字，見於楚系金文，如"▨"（鄔子𠫑浴缶，《新收》460）、"▨"（孟滕姬缶，《集成》10005）等。可見在漢代以前的文字系統中，"浴₁"與"浴₂"爲同形字，在楚系文字系統中，"谷"字的習用讀法爲{欲}，與"浴₁"的職能分明，並不曾出現同表一音義的情況。故在楚系文字中，"浴₁"并不能視爲"谷"的異體字，兩者是獨立的、有各自承載音義職能的字形，"浴₁"是楚系文字爲山谷義而造。

2. 書寫、書籍之{書}——"書""箸₁"

北大漢簡中書寫、書籍之{書}可寫作"書""箸₁"，以"書"爲{書}是西周金文至秦漢通行的用字習慣，而以"箸₁"記寫則源自楚系文字的特有用法。

同樣的現象還可見於北大漢簡。書寫、書籍之{書}在北大漢簡中可寫作"書"和"箸₁"，其比例爲 31∶1。"書"是其習用字形，共 31 例，舉例如下：

(1) 已學（教），大（太）子用兹念，欺〈斯〉乃受（授）之書。　　　（《周訓》簡 25）

(2) 斯且死，故上書曰。　　　（《趙正書》簡 28）

(3) 左手持書，右手操算，必東面。　　　（《荆決》簡 2）

作"箸₁"時僅一例，見於《周訓》，文例如下：

(1) 此《書》之所謂曰"主擇臣，臣亦擇主"者也，既箸（書）[②]於志。　　　（簡 84）

---

① 此例蒙劉洪濤老師提示，謹致謝忱。

② 關於此"箸"字的讀法，學界有不同意見。整理者注："'箸'通'書'，戰國楚文字'書'即寫作'箸'。"蘇建洲先生認爲《周訓》的"既箸於志"完全可以如字讀，文義如同馬王堆帛書《戰國縱橫家書》的"箸之盤盂"（232 行），不可視其爲楚國文字的遺迹。高中正先生進一步指出整理者的注釋有誤，舉例說明"箸"表示的是"寫、記錄"這一動作行爲的結果，即動作的完成，即"寫了、記錄了"；而"書"作動詞一般只表示動作行爲，強調"書寫"這一動作。故高文認爲《周訓》此句的"既箸於志"說的是已經發生的事實，只能將"箸"讀{著}。（參北京大學出土文獻研究所《北京大學藏西漢竹書(三)》，上海古籍出版社，2015 年，第 130 頁；蘇建洲《論〈北大漢簡（三）·周馴（訓）〉的抄本年代、底本來源以及成篇過程》，復旦大學出土文獻與古文字研究中心網，2022 年 1 月 2 日；高中正《北大簡零札三則》，《歷史文獻研究》2020 年第 2 期，第 63—69 頁。）

按，此處"箸"應讀爲"書"，視爲楚系文字用字的遺迹。原因有二：一、高文引證豐富，但其所引文例中表動作完成的"箸"字，都是作動詞單獨使用，前面並未添加副詞。而《周訓》此句"箸"字前有副詞"既"，表已經義，在先秦兩漢文獻中並無"既"與"箸"連用的用例，却有"既書"連用的用法，如《左傳》襄公二十五年："南史氏聞大史盡死，執簡以往，聞既書矣，乃還。"《蔡中郎集·麟頌》："《春秋》既書，爾來告就。"雖然"箸"本身具（轉下頁）

《説文》聿部:"書,箸也。从聿者聲。"以"書"爲書寫、書籍之{書}是西周金文至秦漢通行的用字習慣。西周金文中用例有如"尹氏受王令書"(頌鼎,《集成》2827);秦系文字只以"書"記寫,可見於里耶秦簡、睡虎地秦簡、龍崗秦簡、周家臺秦簡等,用例有如:"令吏徒將傳及恆書一封詣"(睡虎地秦簡《封診式》簡48)、"取傳書鄉部稗官"(龍崗秦簡簡10A)、"廷下御史書舉事可爲恆程者"(里耶秦簡J1.8.152正)、"臣請具刻詔書"(泰山刻石)。漢代簡帛承襲秦系文字用法,皆以"書"爲習用字形。

　　戰國時期,楚文字並不繼承傳統的用字習慣記作"書",而是將書寫、書籍義寄託在"箸₁"字上,此用法未見於先秦其他出土材料。此處的"箸₁"與《説文》訓爲"飯欹"的"箸₂"屬同形字關係。① 以"箸₁"爲{書}是楚系文字特有的用字習慣,楚簡中書籍、書寫之{書}只寫作"箸₁",舉例如下:

(1) 喜之子庚一夫,凥(處)鄳里,司馬徒箸(書)之。　　　　　　　　　(包山簡簡8)
(2) 時(詩)、箸(書)、豊(禮)、樂,亓(其)㕫(始)出皆生於人。
　　　　　　　　　　　　　　　　　　　　　　　　　　(郭店簡《性自命出》簡15)
(3) 夫箸(書)者㠯(以)書君子之悳(德)也。　　　(上博簡《季庚子問於孔子》簡6)
(4) 君子而不諱(讀)箸(書)占。　　　　　　　(清華簡《殷高宗問於三壽》簡9)

楚系文字中少見承載書寫、書籍義的"書"字,②在其文字系統中,"箸₁"从竹者聲,表意重點爲書籍載體竹簡,就是{書}的本用字形,而"書"字多讀作晝夜之{晝}(可見於上博楚簡、清華簡)。

二、需要辨析的字詞關係

　　北大漢簡中{谷}和{書}同時保留了兩種來源的用字,因此產生了一詞用多字形現

(接上頁) 有表動作完成的意義,且《周訓》此句也指事件已經被記錄在志,但因前文已有一表完成態的副詞"既",後接"書"更符合先秦兩漢的用法。二、北大漢簡全篇並無"箸"字,且表書寫、記錄義時,無論時態是否爲完成或進行,均寫作"書",將"書"讀爲{著}並不符合北大漢簡的用字習慣。而北大漢簡以"書"爲{箸}的用法源自楚系文字,是楚系文字的用字遺存,來源可考。"既箸(書)於志","志"是先秦古書的一種體裁,"箸於志"即"書於志",書,書寫、記載。

① 陳斯鵬《楚系簡帛中字形與音義關係研究》,第246頁;禤健聰《戰國楚系簡帛用字習慣研究》,科學出版社,2017年,第295頁。
② 楚系文字材料中"書"字可表書寫義的僅1例,見於曾侯乙墓竹簡《入車》簡1:"大莫嚻膓爲適貈之春八月庚申,畢趎執事人書入車。"整理者認爲"書入車"即記錄所納之車。參陳偉等《楚地出土戰國簡册[十四種]》,經濟科學出版社,2009年,第341、348頁。

象,即以"谷""浴₁"表山谷之{谷}和以"書""箸₁"表書籍、書寫之{書}。我們先以{谷}爲代表,考察以"浴₁"爲{谷}在楚系文字中的使用情況和用字地位,再進一步探析此一詞用多字形的成因。

1. 以{谷}爲例探析一詞用多字形的成因

沐浴之{浴}、山谷之{谷}與欲望之{欲}在楚系文字中的用字與傳統商周、秦系文字用字截然有別。上文提及,山谷之{谷}在西周以前的傳統用字是其本用對應字形"谷",戰國楚系文字中不見以"谷"表山谷之{谷}的用法,僅以"浴₁"記寫;楚文字中常以專字"浴"表沐浴義;欲望之{欲}以"欲"記寫的用法見於秦系文字,西周金文則假"俗"字爲{欲}(可見於毛公鼎,《集成》2841),而楚系文字却常假"谷"字表{欲}。可見楚系文字中沐浴之{浴}、山谷之{谷}與欲望之{欲}的用字情況與商周春秋、秦漢用字習慣有很大的不盡相同,三者常用字對比見表1:

表1 商周春秋、楚系、秦漢文字中{谷}{浴}{欲}常用字對照表

詞	商周春秋常用字	楚系文字常用字	秦漢文字常用字
山谷之{谷}	"谷"	"浴₁"	"谷"
沐浴之{浴}		"浴"	"浴₂"
欲望之{欲}	"俗"	"欲""谷"	"欲"

楚系文字中,"谷"字已完全不具備山谷義,而是大部分被用作表欲望之{欲}(少量被借表{俗}),在戰國時期欲望之{欲}的用字蓋仍未成熟,未有其固定的本用對應字形,從楚系文字{欲}用字"欲""谷"占比皆高可看出這一點。由於楚系文字中"谷"由於古音相同被借表{欲},造成山谷義用字的空缺,因此楚系文字造"浴₁"來作爲{谷}的本用對應字形。但此種用法影響範圍較少,僅在楚系文字系統内部通行,而由於秦統一六國,"書同文字"後,用字"谷"不再以{欲}爲習用讀法,此用法逐漸被淘汰,而"谷"字也承襲商周春秋用法繼續作爲{谷}的本用對應字形使用。

雖然出於秦漢文字統一的需要,大多楚系文字用字最終都被淘汰,但文字統一是一個漫長的過程。以"浴₁"爲山谷之{谷}的用法並非在秦統一六國之後馬上就被完全廢除,這種楚系文字的特色用法仍被西漢早期簡帛承襲,如馬王堆帛書、銀雀山漢簡、阜陽漢簡皆以"浴₁"字作爲{谷}的習用字形,用例可見於馬王堆帛書《老子》《周易》《陰陽五行》《相馬經》、銀雀山漢簡《守法守令》、阜陽漢簡《詩經》中,如"入于要(幽)浴(谷)"(馬王堆帛書《周易》行62上)、"小溪浴(谷)古(罟)罔(網)不得入焉"(銀雀山漢簡《守法守

令》簡 955)、"出自幼(幽)浴(谷)"(阜陽漢簡《詩經》簡 S139)。西漢中晚期簡帛中,雖然商周春秋的用法再次復興,習寫作"谷","浴₁"已不再用成爲{谷}的習用字形,但北大漢簡仍有保留山谷義的"浴₁"。

戰國時期,楚系文字中山谷之{谷}並不存在一詞用多字形現象,而北大漢簡因爲保留了楚系用字遺迹,所以產生了一詞用多字形現象。我們將這種一詞用多字形現象視作由一字異體造成。所謂"一字異體",是指彼此音義相同而外形不同的字,從本質上講,就是同一音義有兩個或兩個以上形體不同的本用對應字形,"浴₁"和"谷"同時作爲山谷義的本用對應字形,因此二者是異體關係。這種一詞用多字形現象往往容易被誤認爲是由於假借或文字分化造成的,下面將對此成因進行辨析。

如果將北大漢簡中{谷}一詞用多字形現象視作由假借造成,即將"浴₁"視作"谷"的假借字,這就與前文所分析的"浴₁"與"浴₂"爲同形字的結論衝突,既然"浴₁"是{谷}的本用對應字形,而非沐浴之{沐}的本用對應字形,自然不宜將此視作假借字。那麼能否不將北大漢簡中的"浴"視作源自楚系文字用字,而視作秦漢文字通用的沐浴之"浴"字被假借表山谷義呢? 我們認爲,如果爲了方便解釋北大漢簡中{谷}的一詞用多字形現象,而忽略來源如此清晰明確的楚系文字用字習慣,這亦不妥。

如果將北大漢簡中{谷}一詞用多字形現象視作由文字分化造成,即將"浴₁"視作"谷"的分化字,這種看法從"浴₁"和"谷"的字際關係上看是沒有問題的,"浴₁"確實可以視爲楚系文字系統在{谷}的商周春秋本用對應字形"谷"上通過疊加意符"氵"而造的分化字。但這一説法仍然不能很好地解釋北大漢簡此一詞用多字形現象的成因。由於文字分化產生一詞用多字形的原理是:由於一個字形長期被用來記錄不同的詞,人們爲了分散它的記詞職務,在它原來字形的基礎上加以局部改造,從而分化出新的字形來分擔它原先的部分職務。這種文字的分化,往往不可能在短時間內完成得十分徹底。這就意味着,分化出來的新字形與原來的字形有一個共存的過程,因而造成了由原字形負責記錄的一個或多個詞同時對應不同字形的局面。[①] 而在楚系文字中,"浴₁"和"谷"並没有共存表山谷義的過程,而北大漢簡中的"谷"亦非源自楚系文字中"浴₁"的母字"谷",而是源自商周春秋、秦系文字的"谷"字,在此二用字體系中,"谷"字並未作爲"浴"的母字存在。總之,將北大漢簡中{谷}的用字"谷"和"浴₁"視作是母字和分化字,於文字本身字際關係而言並無不妥,但却未能貼合因文字分化產生一詞用多字形的原理,因此這種解釋亦不合理。

---

① 陳斯鵬《楚系簡帛中字形與音義關係研究(修訂本)》,第 163 頁。

2. 複雜因素影響下的產生的一字異體

這種一字異體造成的一詞用多字形，本質上是由於楚系用字遺存形成的。而楚系用字遺存的原因又與秦漢文字統一、文獻底本來源、書手的書寫習慣密切相關。

第一，這種現象的形成與秦漢文字統一有關。由於戰國時代秦國與東方六國的文字發展速度、變化方向有很大的差異，東方各國通行的文字跟西周晚期和春秋時代的正體相比幾乎已經面目全非，而秦國文字中，繼承舊傳統的正體却仍然保持着重要地位。這不僅影響了六國和秦系文字的文字形體變化，對其用字系統亦有重要影響。楚系文字中，山谷之{谷}的傳統正體用字"谷"被俗體"浴"衝擊得潰不成軍，甚至"谷"字已不存山谷義用法，可以説俗體"浴"在楚系文字系統中已經完全取代了傳統正體"谷"，成爲楚系文字{谷}的"新正體"。秦"書同文"的推行，自然意味着很大一部分楚系文字用字會被廢除和淘汰，以"浴₁"爲{谷}的用法正屬此列。但文字統一是一個漫長的過程，不可能一蹴而就，此楚系文字用字並非在秦統一之後就立刻消失，而是與傳統正體用字"谷"同時並行了一段時間，最後才逐漸消失。而北大漢簡正是因爲既保留了楚系文字用字"浴₁"，又承襲商周、秦系文字用字"谷"，因此造成一詞用多字形現象。

北大漢簡中以"箸₁""書"爲{書}的用法亦如此。在楚系文字中，書寫之{書}的傳統正體用字"書"被俗體"箸₁"衝擊得潰不成軍，甚至"書"字已幾乎不存書寫義用法，可以説俗體"箸₁"在楚系文字系統中已經完全取代了傳統正體"書"，成爲楚系文字{書}的"新正體"。此楚系文字用字並非在秦統一之後就立刻消失，而是與傳統正體用字"書"同時並行了一段時間，最後才逐漸消失。北大漢簡正是因爲即保留了楚系文字用字"箸₁"，又承襲商周、秦系文字用字"書"，因此造成一詞用多字形現象。本質上這種現象是由於"書同文字"進程複雜、漫長而形成的。

第二，這種現象的形成與文獻底本來源有關。北大漢簡能保留"箸₁""浴₁"此類楚系用字遺迹是因爲書手在抄寫時受到了文獻底本來源的影響，抄寫了較古的、具有楚系文字特色的文本。筆者曾以北京大學藏西漢竹書、楚系文字材料爲研究對象，通過對比兩種材料用字的異同，以"北大漢簡的某一用字與楚系文字恰相合，而不同於秦系文字、其他六國文字的習慣用法"爲判斷標準，從北大漢簡的所有用字習慣中發現了 21 例不同於秦系文字、其他六國文字習用字形，却合於楚系文字的用字。通過考察這些楚系用字遺存在北大漢簡内的文獻分布情况，可以發現其主要集中在《老子》與《周訓》中。[1] 具體分布情况見表 2：

---

[1] 楊瑩《北大漢簡所見楚系文字用字習慣考察》，福建師範大學碩士學位論文，2023 年，第 73—76 頁。

表 2 北大漢簡楚系用字遺存的文獻分布情況表

序號	北大漢簡所見楚系文字用字習慣		北大漢簡各篇名									
			周訓	老子	妄稽	堪輿	荆决	趙正書	儒家説叢	六博	反淫	節	雨書
1	{獨}：蜀			2	3		2	1					
2	{惡}：亞			1				0					
3	{谷}：浴			1			0						
4	{故}：	古						3					
		故		0	0								
5	{胡 2}【疑問副詞】：古						1						
6	{惑}：或		0	1						0	0	0	0
7	{郊}：鄗			1		0			0				
8	{舅}：咎			0	5								
9	{莅}：位			1		0		0					
10	{迷}：迷			1									
11	{豈}【反詰副詞】：	幾		0	2								
		剴	18										
12	{容}【容貌】：頌		0	1	0								
13	{設}：埶			1									
14	{書}：箸		1	0		0	0						
15	{雖}【連詞】：唯		7	4		5	1			1			
16	{遂}：述		11	0		0							
17	{忘}：忘			1		0			0				
18	{位}：位		0	1		4		0		0			
19	{祥}：羕			3									
20	{焉}【代詞、虛詞】：安			8		0							
21	{仲}：中		5	0					2				
所見用字習慣文例數量			42	27	10	9	4	4	2	1	0	0	0
所見用字習慣數量			5	14	3	2	3	2	1	1	0	0	0

表 2 反映出以下現象：

(1) 北大漢簡各篇中，《周訓》所見用字習慣文例數量最多，爲 42 例，其次是《老子》

27例,《妄稽》10例,《堪輿》9例;

(2)《周訓》雖然保留了較多的文例,但是保留最多個楚系文字用字習慣的篇目爲《老子》,有14個用字習慣,即北大漢簡所見楚系文字用字習慣中有約63%都見於《老子》。另外《周訓》所見5個用字習慣,約占27%;《妄稽》與《荊決》所見6個,約占18%;

(3)《反淫》《節》《雨書》並未見楚系文字用字習慣的遺存;

(4)北大漢簡僅見於《老子》的楚系文字用字習慣最多,共13例,約占57%。且這些用字遺存數量很少,大部分只遺存1例。

綜上,可知《老子》與《周訓》是保留楚系文字用字遺存最多的兩篇文獻,這兩篇文獻的特殊性質對這些楚系文字用字能保留在北大漢簡中起着至關重要的作用。因戰國楚墓出的郭店本《老子》的存在,使得北大漢簡《老子》的書手在抄寫時有戰國底本可參成爲可能,相關的討論已有許多,本文主要以未見其戰國本的《周訓》來作具體說明。《周訓》的文本性質是周昭文公教導共太子的政治教材,雖未見《周訓》的其他版本,但韓巍的《西漢竹書〈周訓〉若干問題的探討》①以及蘇建洲的《論〈北大漢簡(三)・周馴〉的抄本年代、底本來源以及成篇過程》②都曾論及《周訓》存在戰國底本。其最初的編寫者可能是周昭文公的臣下、門客或後學。這些底本到秦漢時期又經歷一個加工的過程。除了將戰國底本文字直接轉寫爲秦漢文字之外,在轉寫的過程中秦漢編纂者又加以改編,新增當時的用語與文字。比如"大""太"寫作"泰";使用"往適"一詞,而不作"適";出現"把""蒞"字;{恥}寫作"聭";等等。甚至還可能存在全由秦漢人所編寫的內容。另外,有些章節所舉歷史事件與史實不符,顯然是後人僞託。

通過上文的分析,我們可以得知《周訓》所存在的戰國底本很有可能有較多的楚系文字因素。《周訓》在北大漢簡所有篇目中保留的楚系文字用字習慣文例最多,辭例數量僅次於《老子》,其保留的用字習慣有:以"剀"表反詰副詞{豈}(所見18例)、以"述"表副詞{遂}(所見11例),以"唯"表讓步連詞{雖}(所見6例)、以"中"表伯仲之{仲}(所見5例),以"箸"表書籍之{書}(所見1例)。其中有大部分的用字習慣都是在北大漢簡中僅見於《周訓》,如{豈}{箸}{妄},這說明在北大漢簡內部,《周訓》具有其特殊性,保留了許多《老子》未能涉及,其他篇目未能保留的楚系文字用字習慣。

北大漢簡《周訓》與《老子》特殊的文本性質不僅是此類一字異體造成的一詞用多字

---

① 韓巍《西漢竹書〈周馴〉若干問題的探討》,北京大學出土文獻研究所編《北京大學藏西漢竹書(叁)(下)》,上海古籍出版社,2015年,第249—298頁。
② 蘇建洲《論〈北大漢簡(三)・周馴(訓)〉的抄本年代、底本來源以及成篇過程》,復旦大學出土文獻與古文字研究中心網,2022年1月2日。

形現象的形成因素之一,也是楚系用字得以在北大漢簡中遺存的重要原因之一。

第三,這種現象的形成與書手的書寫習慣有關。公元前689年楚文王遷都郢,以後楚莊王一度成爲霸王,楚國的疆域西北到武關,東到昭關,北到今河南南陽市,南到洞庭湖以南。在疆域擴展的過程中,本國、本宗族的人口也隨之擴散到新的範圍之内。公元前278年,秦軍攻郢,楚國遷都於陳,遷都的過程,是楚國宗族、大臣和國人的一次大遷徙。但在秦軍的追擊下,考烈王十年、二十一年都再次遷都。在這幾次大規模的戰爭、人口遷徙中,定然會產生大量的人口流動。而在文字尚未統一時,人口流動帶來的就是楚系文字用字的輻射範圍擴大。由於文字的統一過程是緩慢且漫長的,在這期間,漢代的文人也有可能受到有楚系因素的語言文字教育,如陸賈、劉秀、袁安、許慎等文人據《史記》《後漢書》等所記載,皆屬楚方言區。由此猜測北大漢簡的書手受到舊有的楚系文字書寫習慣影響,亦是有可能的。

小　　結

北大漢簡在保留{谷}和{書}的楚系文字用字"浴$_1$""箸$_1$"的同時,又保留了秦系文字的通行用法"谷""書";而楚系文字系統中所用的"浴$_1$""箸$_1$"與沐浴之"浴$_2$"、飯歠之"箸$_2$"爲同形字,在戰國時期由於楚系文字中沐浴義和筷子義皆不以"浴$_2$""箸$_2$"記寫,所以並未產生一字對多詞或一詞對多字現象。但在漢代文字系統中,書寫形式"浴""箸"同時需要承擔記錄沐浴義與山谷義、書籍義與飯歠義的職能,在產生由文字同形而造成的一字用表多詞現象的同時,漢代簡帛中的{浴}與{書}亦產生了由於一字異體造成的一詞用多字形的現象。這種一詞用多字形現象較爲特殊,容易將此誤認爲是由假借或文字分化產生的。這是由於在北大漢簡中雖有楚系用字遺存,但實際上以"浴$_1$"表山谷義、以"箸$_1$"表書寫、書籍義的楚文字特有用字方法已幾乎被廢棄,可能是受到較古的楚系文字文獻底本或是書手個人的書寫習慣的影響才得以保留,但時人已普遍以"谷""書"記寫此二音義。我們只有從歷時的視角去考察這類用字的來源,才能發現其中存在歷時抄寫造成的滯後,由於楚系用字遺存到北大漢簡中,"浴$_1$"與"谷"、"箸$_1$"與"書"才形成一字異體,造成一詞用多字形現象。

2023年5月初稿
2023年9月修訂

也説《方言》"蠅，東齊謂之羊"*

游 帥

北京語言大學北京文獻語言與文化傳承研究基地

《方言》卷一一有這樣一條記述：

蠅，東齊謂之羊。陳楚之間謂之蠅。自關而西秦晉之間謂之蠅。

《中國語文》2019年第4期發表了錢曾怡先生的文章《揚雄"蠅，東齊謂之羊"古今考》，重點討論了《方言》中這條材料所包含的特殊語音信息。錢先生認爲，在現代山東中部一些方言中，雙音詞"蒼蠅"讀爲 ts'aŋ$^{213\text{-}21}$ iaŋ^0，説明西漢時期"蠅"爲"羊"的讀音至今仍然保存。同時錢先生認爲通過從古代文獻和今山東方言兩方面進行的考察，歷代文獻並没有單字"蠅"作"羊"的記載，而且從現代山東方言的情況推斷，東齊謂之"羊"的"蠅"字，當是在雙音節"蒼蠅"這個詞中，後字的韻母受前字韻母同化的結果。即蒼 aŋ 蠅 iŋ→蒼 aŋ 蠅 iaŋ。錢文的思路新穎且具有啓發意義，但問題在於是否果如錢先生所説的那樣，歷代文獻中没有單字"蠅"作"羊"的相關記載？

我們知道揚雄《方言》中多單純記音材料，且其用字多爲臨時性的或者説是帶有揚雄個人色彩的選擇。因此，是不宜拘泥於具體字形在文獻中的使用情況的。此類材料的本質只是在於記録一種音義組合形式，既是記音材料，那麼顯然語音是起決定作用的核心要素，尤其在一音能够對應多字的情況下，選擇何種字形便不具備必然性。僅僅依據"歷代文獻並没有單字'蠅'作'羊'的記載"也就遠不能構成對單字"蠅"和"羊"所記録的詞之間存在轉語關係的有效否定。《方言》中類似這種轉語記載反映的主要是一種語音聯繫。圍繞這一點，欲證成此種轉語關係，我們自然要從字形中跳脱出來，尋求與"蠅""羊"之間語音關係平行的互證材料。

---

* 本文得到國家社科基金冷門絶學研究專項(學術團隊)"古代文獻方言研究史"(24VJXT015)的資助。

而在考察過歷史文獻之後,我們還是能夠發現與"蠅""羊"之間語音關係平行的單字音轉材料,進而可以證明《方言》"蠅,東齊謂之羊"只是反映了在特定方言中蒸陽旁轉的語音現象,與韻母順同化等作用的關係並不大。如:

《禮記·燕禮》"升媵觚於賓",鄭玄注:"媵,讀或爲揚。"

蠅、媵古音同在以母蒸部,羊、揚古音同在以母陽部,則蠅之於羊,猶媵之於揚也。這條材料中的"媵"正是以單字形式出現。鄭玄籍貫北海,地域劃分上亦與《方言》之"東齊"契合。這恰反映了漢代在一定範圍內存在類似"蠅"讀如"羊",即蒸、陽旁轉的現象。再如:

《禮記·檀弓下》"杜蕢洗而揚觶",鄭注:"《禮》'揚'作'騰'。"

騰古音在定紐蒸部,定母和以母(喻四)關係密切,曾運乾即提出了"喻四古歸定母"的說法,文獻中"騰""媵"更是多相通用,如《儀禮·燕禮》"請媵爵者",《文選》李善注引"媵"作"騰"。武威漢簡甲本《儀禮·燕禮》:"騰(媵)爵者立于洗南,西面,北上。"甲本《儀禮·泰射》:"公坐取大夫所騰(媵)觚(觶),興以州(酬)賓。"等等。因此,這條材料的平行性同樣可觀。

在鄭玄本人對"三禮"等經典的箋注中,也能夠看到多處反映蒸、陽二部之間關係的音訓材料,如《禮記·禮器》"因名山,升中於天",鄭玄注:"升(書蒸),上(禪陽)也。"《周禮·地官·遂人》"凡治野:以下劑致甿,以田里安甿,以樂昏擾甿,以土宜教甿稼穡,以興鋤利甿,以時器勸甿,以疆予任甿,以土均平政",鄭玄注:"甿(明陽),猶言懵(明蒸)。"

事實上,蒸、陽之間密切的關係在漢代文獻尤其是韻文中不乏表現。據丁啓陣《秦漢方言》針對兩漢詩文合韻關係的統計分析,海岱方言中也確實存在蒸陽通押的情況。①以韻文中的蒸、陽合韻例看,如東漢徐幹《雜詩》:"沈陰結愁憂,愁憂爲誰興(蒸)。念與君相別,各在天一方(陽)。"而徐幹與鄭玄恰同爲北海郡人。又如東漢《周易參同契·聖人上觀章第四》:"三日出爲爽,震受庚西方(陽),八日兌受丁,上弦平如繩(蒸),十五乾體就,盛滿甲東方(陽)。""壬癸配甲乙,乾坤括始終(冬),七八數十五,九六亦相應(蒸),四者合三十,陽氣索滅藏(陽)。"亦體現了蒸、陽合韻的特點。汪啓明詳細考察過《周易參同契》一書的作者問題,從史料鑒別、文本用韻等角度論證了該書爲齊人所著。② 除此之外,還有諸如東漢《潘乾碑》:"實天生德,有漢將興(蒸)。子子孫孫,俾爾熾昌(陽)。"再如同碑文中"宛宛黃龍,興德而升(蒸);采色玄耀,炳炳輝煌(陽)。正陽顯見,覺寤黎烝(蒸)。於傳載之,云受命所乘(蒸)"。另《釋名·釋車》:"隆強……或曰車弓,似弓曲

---

① 丁啓陣《秦漢方言》,東方出版社,1991年,第112頁。
② 汪啓明《考據學論稿》,巴蜀書社,2010年,第825—876頁。

也。""隆强"即"隆穹"也,《漢書·季布傳》"衣褐,置廣柳車中",顔師古注引李奇曰:"廣柳,大隆穹也。"倒言之則爲"穹隆",《説文》車部:"轒,淮揚名車穹隆[爲]轒。""穹""强"之間便爲蒸、陽旁轉。後世文獻中此類現象更是不煩贅舉。

值得一提的是,《方言》此條郭璞注還專門提到:"此亦語轉耳。今江東人呼羊聲如蠅。凡此之類皆不宜別立名也。"這在郭璞本人的作品中恰恰也能得到反映。如其《江賦》:"注五湖以漫澥,灌三江而漰沛。""漰沛"顯然即"滂沛",漢劉向《九歎·逢紛》:"波逢洶湧,濆滂沛兮。"又"鼓唇窟以漰浡,乃溢湧而駕隈"。"漰浡"亦即"滂浡"之音轉,《後漢書·馮衍傳》:"淚汍瀾而雨集兮,氣滂浡而雲披。""漰""滂"之間乃蒸、陽旁轉。

關於蒸、陽旁轉的音變規律,學界也已有學者進行過專門分析。王志平認爲,這一音變實際"是長母音ə發生了ə:＞a:的母音低化。而短元音高化則是a＞ə,正好方向相反。所以過去有學者講之、魚合一,實際上應該分爲元音低化ə:＞a:和短元音高化a＞ə兩個方向的"。[①] 近來,王志平則又進一步指出:"從親屬語言、域外對音、漢語方言、擬聲詞等角度看來,一些之職蒸部字皆有主母音爲a的證據,之職蒸部皆應一分爲a與ə二部。而混元音ə是一個後起的弱化元音,a＞ə既是漢語發展史上的一個廣泛現象,a～ə交替也是歷史語言學上的一個普遍規律。"[②]《方言》"蠅,東齊謂之羊"以及"縢"異讀爲"揚",實際應當都是這一語音演變規律的反映。

綜合以上,我們認爲《方言》"蠅,東齊謂之羊"只是對當時特定方言區中蒸、陽旁轉語音現象的一種常規記録,蒸、陽旁轉的語音現象亦有一定的普遍性。至於"蠅"讀如"羊"是不是就是受"蒼"字韻母順同化,或者説它一定是發生這種變化的條件,從歷史文獻材料看,恐怕暫時並不能得出一個肯定的結論。

附記:原載《上古漢語研究》第 6 輯,商務印書館,2024 年。

---

① 王志平《上古漢語中的母音鏈式轉移與長短對立》,《學燈》第 1 輯,上海古籍出版社,2016 年,第 56 頁。
② 王志平《之魚通轉的新認識》,《勵耘語言學刊》第 37 輯,中華書局,2022 年,第 49—86 頁。

《懸泉漢簡（叁）》新見
一枚典籍簡初探*

張傳官

復旦大學出土文獻與古文字研究中心
（"古文字與中華文明傳承發展工程"協同攻關創新平臺）

  《懸泉漢簡（叁）》①公布了一枚編號爲ⅡT90DXT0114③：299＋ⅡT90DXT0114②：84＋ⅡT90DXT0114②：261的漢簡，簡文如下（標點爲筆者所加）：

    賢，無其爵不敢服其服。唯富，無 ⅡT90DXT0114③：299 其禄不敢自用其財。子深察之。度 ⅡT90DXT0114②：84 量不可不明也，意欲不可不節也。ⅡT90DXT0114②：261

此簡由三枚殘簡拼合爲一枚完簡。三枚殘簡字體、字間距一致（典型者如"不"字），木紋相似，碴口相合，尤其是"無""度"可補出全字，内容亦相連，可見此拼合是正確的。

  這段簡文的内容見於多處傳世典籍，如"賢，無其爵不敢服其服。唯富，無其禄不敢自用其財"諸語可與下列文獻對照：

    率得十六萬國三分之，則各度爵而制服，量禄而用財。飲食有量，衣服有制，宫室有度，畜産人徒有數，舟車甲器有禁。生有軒冕之服位、貴禄、田宅之分，死有棺椁、絞衾、壙襲之度。**雖有賢才美體，無其爵不敢服其服；雖有富家多貨，無其禄不敢用其財**。天子服有文章，不得以燕；公以朝；將軍大夫不得以燕；將軍大夫以朝；官吏，命；士止於帶緣。散民不敢服雜采，百工商賈不敢服狐貉，刑餘戮民不敢服絲

---

* 本文爲國家社科基金重大項目"西北漢簡字詞全編及數據庫建設"（24&ZD248）、國家社科基金冷門絶學研究專項學術團隊項目"中國出土典籍的分類整理與綜合研究"（20VJXT018）、國家社科基金重大項目"阜陽漢簡整理與研究"（21&ZD305）的成果。

① 甘肅簡牘博物館等編《懸泉漢簡（叁）》，中西書局，2023年，第73、361頁。

玄纁乘馬,謂之服制。　　　　　　　　　　　　（《春秋繁露·服制》）①

度爵而制服,量禄而用財。飲食有量,衣服有制,宫室有度,六畜人徒有數,舟車陳器有禁。脩生則有軒冕、服位、穀禄、田宅之分,死則有棺椁、絞衾、壙壟之度。**雖有賢身貴體,毋其爵不敢服其服;雖有富家多資,毋其禄不敢用其財**。天子服文有章,而夫人不敢以燕以饗廟。將軍大夫以朝,官吏以命,士止于帶緣。散民不敢服雜采,百工商賈不得服長鬈貂,刑餘戮民不敢服絻,不敢畜連乘車。（《管子·立政·服制》）②

對比上引傳世文獻可知,"唯"當讀爲"雖";"賢"前尚缺一"唯（雖）"字,此字可能是書手漏抄,也可能位於可以與此簡編聯的前一枚簡的末尾。從後文"子深察之"一語來看,簡文應該還有上下文,則後一種可能性較大。傳世文獻的"有賢才美體"或"有賢身貴體",簡文僅用一"賢"字;傳世文獻的"有富家多貨"或"有富家多資",簡文僅用一"富"字,可見簡文用語更爲簡潔。

"度量不可不明也,意欲不可不節也"兩句則可與下列文獻對照:

孔子曰:"中人之情,有餘則侈,不足則儉,無禁則淫,無度則失,縱欲則敗。飲食有量,衣服有節,宫室有度,畜聚有數,車器有限,以防亂之源也。故**夫度量不可不明也,善欲不可不聽也**。"　　　　　　（《説苑·雜言》）③

孔子曰:"中人之情也,有餘則侈,不足則儉,無禁則淫,無度則逸,從欲則敗。是故鞭朴之子,不從父之教;刑戮之民,不從君之令。此言疾之難忍,急之難行也。故君子不急斷,不急制,使飲食有量,衣服有節,宫室有度,畜積有數,車器有限,所以防亂之原也。**夫度量不可不明**,是中人所由之令。"　　（《孔子家語·六本》）④

《孔子家語》少了後半句,而前半句亦無實質性異文,可以不論。《説苑·雜言》與簡文相比較,有兩處不同:《説苑》之"善欲",簡文作"意欲";《説苑》之"聽",簡文作"節"。暫且不論簡文的"節意欲",《説苑》的"聽善欲"本身就存在不少問題:一則作爲名詞的"善欲"先秦秦漢時期幾乎未見。二則"善欲"本似當與"度量"具有同樣的結構,但實際上"善"很難作爲"聽"的賓語,因此"善欲"就無法理解成"度量"那樣的並列結構,而只能是偏正結構。三則"聽善欲"也與文意不合。此段主要是講中人凡事都要節制有度,末尾却強調聽從人的"善欲",頗有些自相矛盾。

大概正是由於上述原因,前人對"善欲不可不聽"有過不少解釋和推測:

第一種是將"善欲"視爲"善教"之誤,如向宗魯先生引日本學者關嘉《説苑纂注》曰:

---

① 〔清〕蘇輿《春秋繁露義證》,中華書局,1992年,第221—225頁。本文的標點與原書略有不同。
② 黎翔鳳撰,梁運華整理《管子校注》,中華書局,2004年,第76頁。
③ 向宗魯《説苑校證》,中華書局,1987年,第432頁。
④ 陳士珂《孔子家語疏證》,鳳凰出版社,2017年,第118頁。

"《家語》無此七字,太室(引者按:指日本學者澀井孝德)曰:'善欲當作善教。'"①王鍈、王天海二位先生亦從之,謂:"善欲:語意不明。日人關嘉引太室疑當作'善教'。譯文姑據此譯出。"並譯此句爲"好的教誨不能不聽從"。② 羅少卿先生亦謂"或以爲'善欲'當作'善教'",並譯此句爲"對有益的教誨不可不聽從"。③

第二種是將"善欲"視爲"善言"之誤,如程翔先生認爲"欲,疑當作'言'",並譯此句爲"有益的話不能不聽"。④

第三種是將"善欲"視爲"養欲"之誤,而"聽"爲"節"之誤。岡本保孝《說苑考》引桃氏曰:"'善'當作'養','聽'當作'節'。《荀子·正名篇》:'欲養其欲而縱其情。'"⑤

第四種是將"善欲"解釋成"好的勸慰",如盧元駿先生譯此句爲"不可不聽好的勸慰"。⑥

以上四種說法都是爲了將文意解釋得更爲順暢,但也都是理校性質的推論,缺乏文獻依據。其中,將"欲"說成"勸慰"於訓詁無據,自不必細論。而前兩種說法則都是立足於"聽",從而將其賓語由"欲"改成更爲常見的"教"或"言",但這些校改後的文句依舊與"節制有度"的主旨不太相合。只有岡本保孝所引桃氏從文意出發,推論此句的重心在於節欲,從而加以校改。

前引懸泉漢簡簡文雖然不能認定就是屬於《說苑》的(詳後文),但其中類似文句所提供的異文却足以爲前引《說苑·雜言》提供校勘的依據。首先,簡文作"度量不可不明也,悥欲不可不節也",正契合此段節制有度的文意。其次,"悥欲"爲近義詞並列,正好與"度量"義近並列相一致。最後,正如前文所述,"善欲"很難理解成並列結構,而偏正結構的"善欲"似不見於先秦秦漢文獻,直到中古佛、道相關的著作中始見。而"悥欲"既然是並列結構,本也不必固定成詞,更何況作爲"悥欲"異寫的"喜欲"實際上已見於下列典籍:

  志意、喜欲、思慮、智謀,皆由門戶出入。   (《鬼谷子·捭闔》)⑦
  故言長生、安樂、富貴、尊榮、顯名、愛好、財利、得意、喜欲,爲"陽",曰始。
                  (《鬼谷子·捭闔》)⑧

---

① 向宗魯《說苑校證》,第 432 頁。
② 劉向原著,王鍈、王天海譯注《說苑全譯》,貴州人民出版社,1992 年,第 743—744 頁。
③ 羅少卿注譯,周鳳五校閱《新譯說苑讀本(第二版)》,三民書局,2009 年,第 577 頁。
④ 程翔評注《說苑》,商務印書館,2018 年,第 805 頁。
⑤ 左松超《說苑集證》,臺灣編譯館,2001 年,第 1087—1088 頁。
⑥ 盧元駿注譯《說苑今注今譯》,臺灣商務印書館,1979 年,第 595 頁。
⑦ 許富宏校注《鬼谷子集校集注》,中華書局,2010 年,第 15 頁。
⑧ 許富宏校注《鬼谷子集校集注》,第 17 頁。

> 身體居一,神明千之,變化不可見,喜欲不可聞,若閉若塞,獨與道存。
> 　　　　　　　　　　　　　　　　(《老子指歸》卷之一《上士聞道篇》)①
> 内多思慮,外多喜欲。　　　　　　(《老子指歸》卷之七《信言不美篇》)②

《鬼谷子》的《捭闔》篇,學者認爲是先秦時期的作品,③嚴遵《老子指歸》則是漢代文獻。上述四處"喜欲"正可作爲簡文的佐證。綜上所述,可見《説苑·雜言》相關文句當據此簡文校改;而桃氏的意見是基本正確的,可謂卓識。

"憙欲"誤成"善欲",應該主要是因爲"憙"之常見異體"喜"與"善"形近。傳世文獻中正有"喜"訛爲"善"之例,如王念孫《讀書雜志·淮南内篇第九》"效善"條謂:

> "故古之爲金石管弦者,所以宣樂也;兵革斧鉞者,所以飾怒也;觴酌俎豆酬酢之禮,所以效善也;高注:"效,致也。"衰絰菅屨辟踊哭泣,所以諭哀也"。念孫案:"效善"當爲"效喜",字之誤也。此以"喜""怒""哀""樂"相對,作"善"則義不可通。《羣書治要》引此正作"喜"。④

亦有"善"訛爲"喜"之例,如王念孫《讀書雜志·餘編上·吕氏春秋》"子姪"條引《疑似篇》"梁北有黎丘部,有奇鬼焉,善効人之子姪昆弟之狀"注謂:

> 舊本"善"譌作"喜"。《文選·思元賦》注引此作"善",今據改。⑤

這些例子皆足以爲證。此外,"憙/喜"在表示"喜好"時,與表示"善於""擅長"之"善"亦有一定的意義聯繫。"憙"經過"喜"這一中間環節誤成"善"之後,"節善欲"就變得不通順了:"善欲"是好的欲求,節制也就無從談起,因此"節"就被改成了意義相反的"聽",而"聽善欲"則勉強跟節制有度的文意有些聯繫。

從"子深察之"一語來看,簡文内容應該是一段對話或一封書信的一部分(以前者可能性爲大。不過書信實際上也是一種特殊的對話)。此簡雖爲整簡但文意未完,因此可能還有其他簡可以編聯。"子深察之"前後兩部分内容尚存在些許的區别:前者在傳世文獻中主要用於描述外在制度的規定,而後者的"憙欲不可不節也"一句則側重於内在的約束。不過這兩部分實際上也存在密切的聯繫,無論是外在的限制還是内在的自律,最終都歸結到某種規範上。而從與傳世文獻的對照來看,這兩部分應該

---

① 嚴遵《老子指歸》,中華書局,1994年,第15頁。
② 嚴遵《老子指歸》,第120頁。
③ 許富宏校注《鬼谷子集校集注》,"前言"第3—4、13頁。
④ 〔清〕王念孫《讀書雜志》,上海古籍出版社,2014年,第2173頁。
⑤ 〔清〕王念孫《讀書雜志》,第2628頁。

屬於通行言辭,^①再加上内容上的關聯,因此才被簡文作者所引用並且彙集在一段之中。

附記:本文初稿蒙劉釗師審閱指正,謹致謝忱。

2023 年 6 月 21 日初稿
2023 年 7 月 23 日改定

附圖　《懸泉漢簡(叁)》Ⅱ 90DXT0114③:299＋Ⅱ 90DXT0114②:84＋Ⅱ 90DXT0114②:261

---

① 參看劉嬌《言公與剿説:從出土簡帛古籍看西漢以前古籍中相同或類似内容重複出現現象》,綫裝書局,2012年,第 266—292 頁。

從秦牘《酒令》看秦律與秦代的社會生活

張世超

東北師範大學文學院

一

商鞅主張禁止商家售酒與百姓飲酒,《商君書·墾令》:

> 貴酒肉之價,重其租,令十倍其樸,然則商賈少,農不喜酣奭,大臣不爲荒飽。①

課以成本十倍的租稅,實際上就是不允許售賣酒類,因而百姓也就不能飲酒了。在他主持制定的秦律裏,説得更直截、嚴厲:

> 百姓居田舍者毋敢酤(酤)酉(酒),田嗇夫、部佐謹禁御之,有不從令者有罪。
>
> (簡12)②

秦國禁酒是因爲百姓飲酒會妨礙耕戰,官員飲酒則易誤事:

> 商賈少,則上不費粟。民不能[喜]酣奭,則農不慢。大臣不荒,則國事不稽,主無過舉。③

在嚴厲的禁酒律令約束下,酒、肉都成爲稀罕之物,如果官員在管理工作中表現優異,上司會以少量的酒肉作爲特殊的獎賞。睡虎地秦簡《廄苑律》:

---

① 見高亨《商君書注譯》,中華書局,1974年,第24頁。
② 睡虎地秦墓竹簡整理小組編《睡虎地秦墓竹簡·秦律十八種》,文物出版社,2001年,"釋文"第22頁。
③ 《商君令·墾令》,見高亨《商君書注譯》,第24頁。

> 以四月、七月、十月、正月臚（臚）田牛。卒歲，以正月大課之，最，賜田嗇夫壺酉（酒）、束脯。　　　　　　　　　　　　　　　　　　　　　　　　　（簡13）①

可見，官員們在平日裏飲酒吃肉幾乎是不可能的事情。據《漢書·文帝紀》，文帝即位發詔：

> 其赦天下，賜民爵一級，女子百户牛酒，酺五日。

注引文穎曰：

> 漢律，三人以上無故群飲酒，罰金四兩，今詔橫賜得令會聚飲食五日也。②

漢初之律乃承自秦律，可見終秦一世，禁酒之律未得取消。不過，強調"三人以上無故群飲酒"而處以罰金，較之商鞅所定之律，明顯寬鬆，這當是秦統一後對相關律文進行調整的結果（詳後文）。

商鞅變法後的秦國，處於一種戰時經濟狀態。百姓或從事農業生産，或上陣殺敵：

> 有軍功者，各以率受上爵；爲私鬥者，各以輕重被刑大小。僇力本業，耕織致粟帛多者復其身。事末利及怠而貧者，舉以爲收孥。宗室非有軍功論，不得爲屬籍。明尊卑爵秩等級，各以差次名田宅，臣妾衣服以家次。有功者顯榮，無功者雖富無所芬華。③

《索隱》："末謂工商也。蓋農桑爲本，故上云'本業耕織'也。"在這種情況下，市場上的商業活動是相當蕭條的。秦王政二十五年：

> 使王賁將，攻燕遼東，得燕王喜。還攻代，虜代王嘉。王翦遂定荆江南地；降越君，置會稽郡。④

至此，秦已先後平定了韓、趙、魏、燕、楚、越六國。因此，"五月，天下大酺"。《正義》曰："天下歡樂大飲酒也。"⑤二十六年又"大酺"。⑥ 這樣全國規模的宴飲需要巨量的酒水，大概以此爲界點，秦律中關於禁止生産、銷售酒類的規定被放寬了。

---

① 睡虎地秦墓竹簡整理小組編《睡虎地秦墓竹簡·秦律十八種》，"釋文"第22頁。
② 《漢書》，中華書局點校本，1983年，第110頁。
③ 《史記·商君列傳》，中華書局點校本，1975年，第2230頁。
④ 《史記·秦始皇本紀》，第234頁。
⑤ 《史記·秦始皇本紀》，第235頁。
⑥ 《史記·秦始皇本紀》，第239頁。

二

2010年入藏北京大學的秦代簡牘內容豐富。① 其中的《酒令》牘引起了學界廣泛的興趣,保存下來的秦代酒令不僅以其早期的文學樣式豐富了人們的見識,還刷新了我們關於秦律和秦代社會生活的認識。②

例如,酒令中生動地描繪了酒場上兩個形影不離的酒徒——子般和子湛。③ 寫到飲者飲至午夜,見到兩鬢垂髮的年輕人姍姍來遲,想要發怒,又覺得發怒也很無謂,沉默良久,終於請他喝了一杯酒。④

《酒令》木牘二的全文是:

> 飲不醉,非江漢殹。醉不歸,夜未半殹。趣趣駕,雞未鳴殹天未旦。一家翁濡(孺)年尚少,不大爲非勿庸譙。心不翕翕,從野草斿(游)。

"喝不醉呀,又不是江漢水那麼多的酒。喝醉了也不回去,因爲還不到午夜"。喝得如此的"嗨",這在秦統一前禁酒律嚴厲施行的時候是絕對不可能的。可見當時對禁酒律的執行已經十分寬鬆了。人們在夜裏飲酒狂歡,實際上是對長期禁酒的一種反撥。

前文説到,直至秦王朝覆亡秦律中關於禁酒的律條並未取消。因此,當年的人們飲酒還是心存忌憚的,這也解釋了何以飲酒都要在夜間進行。盡情歡樂後趕快駕車,趁着雞還没叫天還没亮回去。後面一句需解釋一下,"一家翁孺"等於説"一家老少",説明有兩代人一起參加飲酒歡樂。"年尚少"不必狹義理解爲年齡小,是時光尚好的意思。"不大爲非勿庸譙",或主張"譙"讀爲"憔":"指心中焦慮"。⑤ 其實此處依劉釗意見按原字讀即可,全句是説:"(飲酒取樂)並没有做什麼大的壞事,不必責備。"是針對秦律禁酒的條文説的。

秦代如此飲酒取樂的主要是兩類人。首先是商人,秦統一以後,秦始皇帝對商人的經營活動並不限制,相反地,是比較賞識和鼓勵的。《史記·貨殖列傳》:

> 烏氏倮畜牧,及衆,斥賣,求奇繒物,間獻遺戎王。戎王付什倍其償,與之畜,畜至用谷量馬牛。秦始皇帝令倮比封君,以時與列臣朝請。而巴寡婦清,其先得丹

---

① 北京大學出土文獻研究所《北京大學藏秦簡牘概述》,《文物》2012年第6期,第65—73頁。
② 下引酒令文參看李零《北大藏秦簡〈酒令〉》,《北京大學學報》2015年第2期,第16—20頁。
③ 竹牘:"愛般適然,般獨安(宴)湛,食般已叔(就)飲子湛。寧見子般,不見子湛?"
④ 木牘一:"檢檢(鬑鬑)柀(被)髮,中夜自來,吾欲爲怒烏不耐,良久良久,請人一杯。"
⑤ 李零《北大藏秦簡〈酒令〉》,《北京大學學報》2015年第2期,第19頁。

穴,而擅其利數世,家亦不訾。清,寡婦也,能守其業,用財自衛,不見侵犯。秦皇帝以爲貞婦而客之,爲築女懷清臺。①

《貨殖列傳》還記載了兩家成功致富的商人:

> 蜀卓氏之先,趙人也,用鐵冶富。秦破趙,遷卓氏。卓氏見虜略,獨夫妻推輦,行詣遷處。諸遷虜少有餘財,爭與吏,求近處,處葭萌。唯卓氏曰:"此地狹薄,吾聞汶山之下,沃野,下有蹲鴟,至死不飢。民工于市,易賈。"乃求遠遷。致之臨邛,大喜,即鐵山鼓鑄,運籌策,傾滇蜀之民,富至僮千人。田池射獵之樂,擬於人君。②

> 宛孔氏之先,梁人也,用鐵冶爲業。秦伐魏,遷孔氏南陽。大鼓鑄,規陂池,連車騎,游諸侯,因通商賈之利,有游閑公子之賜與名。然其贏得過當,愈於纖嗇,家致富數千金,故南陽行賈盡法孔氏之雍容。③

這只是幾家著名的富商大賈,其他中小商人商業活動之頻繁,可以想見。惟其如此,漢高祖平定天下後對商人進行了限制和打擊:

> 天下已平,高祖乃令賈人不得衣絲乘車,重租稅以困辱之。④

這一禁令,也從反面映襯出之前商人之活躍,生活之富裕狀態。商賈是傾向於享樂的,卓氏"富至僮千人,田池射獵之樂,擬於人君",其生活自是十分奢華。他們進行商業活動,免不了"公關"的行爲——拉攏、結交官員:

> 因其富厚,交通王侯,力過吏勢,以利相傾,千里游敖,冠蓋相望,乘堅策肥,履絲曳縞。⑤

鼂錯說的是文、景時期的情況,也適用於對商人活躍的秦始皇時期的認識。在這過程中,設宴飲酒是其主要的手段之一。今於出土之秦酒令中,得窺其宴樂場景,這是從前我們在對秦代社會生活的認識中所不知道的。

其次是官員,官員對秦律是最爲敏感和忌憚的。儘管秦律中關於禁酒的規定實際上已經放鬆,但趁雞鳴天亮之前"趣趣駕"的,恐怕主要是這一類人。

2023 年 8 月 6 日

---

① 《史記》,第 3260 頁。
② 《史記》,第 3277 頁。
③ 《史記》,第 3278 頁。
④ 《史記·平準書》,第 1418 頁。
⑤ 鼂錯《論貴粟疏》,見《漢書·食貨志》,第 1132 頁。

漢印與漢字職用史研究謅論*

趙　岩　銀麗瑋

東北師範大學文學院

因爲内容的局限性，璽印文獻在以往的漢字職用史研究材料中是邊緣化的，並不被研究者廣泛重視。然而，綜觀璽印文獻，其以有限的内容呈現了複雜的用字面貌，對於漢字職用史研究具有獨特的價值。同時，基於漢字職用史的研究成果，也可以進一步加強對璽印的斷代、考釋等相關研究工作。以下我們以漢印爲例，[①]談談關涉漢印與漢字職用史研究的兩個問題。

一、漢印對於漢字職用史研究的價值

漢印對於漢字職用史研究有重要的價值，主要表現在以下三個方面。

(一) 可以爲漢字職用史研究提供關鍵綫索

漢字職用史研究，需要我們在掌握各個時期文字記詞、詞語用字的完整面貌的基礎上全面描寫漢語字詞的職用流變過程，材料的完整是全面描寫的保證。漢印中包含大量的人名、地名、職官、吉語等材料，[②]相比於同時期其他文字材料如簡牘、石刻等的内容，具有一定的特殊性。體現在漢字職用面貌上，既呈現了大批特殊的記詞用字現象，也反映了一些特殊的規律。

漢印中的一些詞語在同時期傳世文獻及其他類型的出土文獻中出現頻次較低，漢印用字可以豐富我們對這些詞語的用字史的認知。如《虛無有齋摹輯漢印》2471號印是

---

* 本文爲國家社科基金重大項目"東漢至唐朝出土文獻漢語用字研究"(21&ZD295)階段性成果。
① "漢印"一般是對從西漢到南北朝這一時期内的印章的統稱，本文沿用這一慣例。
② 含有地名的漢印又往往是職官印，但是職官印不一定含有地名。

一枚兩面穿帶印,印文爲私名"王絲—王單奚"。① 魏宜輝指出"單奚"應該讀爲"驒騱",是一種馬名,②可從。《説文》馬部載:"驒騱,野馬也。"《文選·司馬相如〈上林賦〉》載"蛩蛩驒騱,駃騠驢驘",郭璞注:"驒騱,駈驉類也。"③與《説文》的解釋略有不同。{驒騱}在傳世文獻中多寫作"驒騱",④如《史記·匈奴列傳》載:"其畜之所多則馬、牛、羊,其奇畜則橐馳、驢、驘、駃騠、騊駼、驒騱。"《鹽鐵論·力耕》載:"是以騾驢馲駝,銜尾入塞,驒騱騵馬,盡爲我畜,鼲貂狐貉,采旃文罽,充於内府,而璧玉珊瑚琉璃,咸爲國之寶。"⑤或寫作"驒奚",如《漢書·匈奴傳上》載:"其畜之所多則馬、牛、羊,其奇畜則橐佗、驢、驘、駃騠、騊駼、驒奚。"漢印中則只見"單奚"。《里耶秦簡》9-758號簡中也載有人名"單奚",⑥與漢印書寫方式一致。結合秦簡和漢印材料,{驒騱}最初大概是寫作"單奚"來記音的,後來由於表義需要,分别在兩個字上增加"馬"作爲形旁。很多聯綿詞的用字演變都伴隨着表意功能的增强,{驒騱}的用字變化進一步印證了這一點。

　　漢印突出地反映了專名與日常用語、專名與專名之間用字的差異性。以采自日常用語的漢印人名爲例,與作日常用語相比,作人名時的用字往往更爲多樣化。如漢印中常見以{它人}爲名者,取意旁人、别人,或寫作"它人",或寫作"沱人""駝人"。⑦ 而{它人}在用於日常用語時,則未見{它}寫作"沱""駝"者。再如漢印中常見以{甫始}爲名者,"甫"與"始"同義連用,取意開始。漢印人名{甫始}之{甫}或作"扶""輔""夫"等,⑧而用作日常用語時,文獻中開始義的{甫}則不寫作"扶""輔""夫"等。再如漢印中有名{破戎}者,⑨擊潰、攻破義的"破"或寫作"皮",也不見於同時期其他文獻。⑩ 當用地名等專名作爲人名時的用字也往往更爲多樣化。如漢印中有名{琅邪}者,以地名作爲人名,或寫作"良邪",如"趙良(琅)邪"(《印典》第 2 册,第 1322 頁),而一般同時期其他文獻中,

---

① 施謝捷《虚無有齋摹輯漢印》,藝文書院,2014 年,第 419 頁。
② 魏宜輝《秦漢璽印人名考析(續八)》,《印學研究》第 17 輯,文物出版社,2021 年,第 171 頁。
③ 〔梁〕蕭統編,〔唐〕李善等注《六臣注文選》,中華書局,2012 年,第 159 頁。
④ 爲論述方便,在描述字詞關係時,本文用{ }括詞,用" "標示用字,以區别詞及字。
⑤ 〔漢〕桓寬撰,陳桐生譯注《鹽鐵論》,中華書局,2015 年,第 22 頁。
⑥ 陳偉主編《里耶秦簡牘校釋(第 2 卷)》,武漢大學出版社,2018 年,第 199 頁。
⑦ 張傳官《〈急就篇〉人名"慈仁他"校正》,《中國典籍與文化》2012 年第 2 期。
⑧ 魏宜輝《秦漢璽印人名考釋(九題)》,《中國文字學報》第 7 輯,商務印書館,2017 年,第 140 頁。
⑨ 劉釗《古文字中的人名資料》,《吉林大學社會科學學報》1999 年第 1 期。
⑩ "皮"讀爲"破"在戰國楚簡中可以見到,如郭店楚簡《語叢(四)》6—7 號簡載:"皮(破)邦芒(亡)將,流澤而行。"(陳偉主編《楚地出土戰國簡册(十四種)》,經濟科學出版社,2009 年,第 263 頁)不過綜合來看,漢印中單字與以其爲聲旁的字通用的例證頗多,用"皮"記{破}更有可能屬於載體特徵,不能證明其承自楚系文字用字習慣。

作地名的{琅邪}中的{琅}寫作"琅",未見寫作"良"者。①

(二) 可以印證其他文獻的記詞、用字方式

有些見於其他載體材料的記詞、用字方式,同樣見於漢印,不同材料間可以相互印證,如:

  頃—傾:田頃(傾)間印   (《盛世璽印録·續四》291)②
  無—蕪:槁麋無(蕪)   (《陝西新出土古代璽印》1330)③
  北—背:沈青北(背)   (《虚無有齋摹輯漢印》1862)④

這幾種文字通用現象也屢見於漢代簡帛文獻。特别值得注意的是,有些記詞、用字方式,在其他文獻中出現頻次較低,甚至存在争議。而漢印可以豐富此類記詞、用字方式,印證其可靠性。

《詩·大雅·桑柔》載:"我生不辰,逢天僤怒。"該句中的"僤"至少有以下幾種釋讀意見。一是將"僤"理解爲怒。《方言》載:"戲,憚,怒也。齊曰戲,楚曰憚。"《廣雅·釋詁》載:"憚,怒也。"馬瑞辰據此認爲"僤"當讀爲憚怒之"憚","憚""怒"二字同義,猶云震怒、馮怒,"震""馮"皆怒也。⑤ 二是將"僤"理解爲厚。毛傳:"僤,厚也。"⑥至於爲什麼"僤"有厚義,後世學者有不同認識。或將"僤"與"亶"聯繫起來,如陸德明《經典釋文》認爲:"僤,都但反,厚也。本亦作'亶',同。"⑦孔穎達疏:"僤、亶音相近,義亦同。《釋詁》云:'亶,厚也。'"⑧或將"僤"與"憚"聯繫起來,如王念孫認爲:"盛威謂之憚,故盛怒亦謂之憚。《大雅·桑柔》篇曰'逢天僤怒'是也。'僤'與'憚'同。"⑨我們認爲,讀"僤"爲"憚"是正確的,"僤怒"即"憚怒"。不過《方言》之説稍嫌過晚,先秦文獻中不見"僤"釋爲"怒"的用例,以此印證《桑柔》中"僤"的詞義並不可靠。王念孫所謂"盛威謂之憚,故盛怒亦謂之憚"的解釋則稍嫌粗疏。與"憚怒"類似的結構還有"威怒""震怒"等。《吕氏春秋·

---

① 秦簡中有寫作"狼"者,如里耶秦簡 8-2129 號簡(陳偉主編《里耶秦簡牘校釋(第 1 卷)》,武漢大學出版社,2012 年,第 434 頁)。
② 魏宜輝《秦漢璽印姓名考析(續七)》,《出土文獻與古文字研究》第 9 輯,上海古籍出版社,2020 年,第 377 頁。
③ 魏宜輝《秦漢璽印姓名考析(續二)》,《古文字研究》第 32 輯,中華書局,2018 年,第 501 頁。
④ 劉釗《古文字中的人名資料》,《吉林大學社會科學學報》1999 年第 1 期;施謝捷:《虚無有齋摹輯漢印》,第 316 頁。
⑤ 〔清〕馬瑞辰撰,陳金生點校《毛詩傳箋通釋》卷二六,中華書局,1989 年,第 965 頁。
⑥ 〔漢〕毛亨傳,〔漢〕鄭玄箋,〔唐〕陸德明音義,孔祥軍點校《毛詩傳箋》卷一八,中華書局,2018 年,第 419 頁。
⑦ 〔唐〕陸德明撰,張一弓點校《經典釋文》卷七,上海古籍出版社,2012 年,第 153 頁。
⑧ 〔唐〕孔穎達《毛詩正義》卷一八,中華書局,2009 年影印本,第 1204 頁。
⑨ 〔清〕王念孫《讀書雜志·戰國策》,江蘇古籍出版社,1985 年,第 42 頁。

審分》載:"今有人於此,求牛則名馬,求馬則名牛,所求必不得矣,而因用威怒,有司必誹怨矣。""威"有畏懼義,如《國語·晉語八》載"欒書實覆宗弒厲公以厚其家,若滅欒氏,則民威矣",韋昭注:"威,畏也。"①也有震懾、使知畏懼而服從義,如《易·繫辭下》載:"弦木爲弧,剡木爲矢,弧矢之利,以威天下,蓋取諸《睽》。"因此,"威怒"可指讓人畏懼的憤怒。《書·泰誓上》載:"皇天震怒,命我文考,肅將天威,大勳未集。"震有威勢、威嚴義,如《詩·商頌·長發》載"昔在中葉,有震且業",鄭玄箋:"震,猶威也。"②《國語·周語上》載:"夫兵戢而時動,動則威,觀則玩,玩則無震。"王引之《經義述聞·國語上》指出:"家大人曰:震,亦威也。上言'威',下言'無震',互文耳。"也有驚懼或使驚懼義,如《逸周書·作雒》載"二年,又作師旅,臨衛政殷,殷大震潰",朱右曾校釋:"震,懼。"③因此,"震怒"也可指讓人畏懼的憤怒。"憚"的本義是畏難、畏懼,可能"憚"的使動用法可指使人畏懼,故衍生出威盛義。結合"威怒""震怒"看,將"憚怒"理解爲讓人畏懼的憤怒似乎更爲合適。

但是,"僤"通"憚"在文獻中基本不見,此爲孤例,一定程度上影響了上述釋讀意見的可信度。《漢語大詞典》在解釋"僤"時就依照毛亨的説法立有義項"盛,大",所引例證正是《詩·大雅·桑柔》中的這一辭例。不過編寫者同時在該辭例下説明"一説同'憚'",並引用了王念孫的意見,體現了編寫者的猶疑態度。而漢印文獻中却可見到"僤"通"憚"的辭例,如《虛無有齋摹輯漢印》中存有一枚兩面穿帶印,編號爲1459號,印文正反面分別作"劉何僤""妾何僤",④張傳官指出:"此處人名之'僤(憚)'當訓爲畏懼、畏難,'何僤(憚)'即'何所畏懼',亦即無所畏懼。"⑤此説有其他同類型印文"毋單(憚)""毋畏"等參證,是較爲可靠的。這一用字方式正可輔證《詩·大雅·桑柔》中的"僤"讀爲"憚"的可靠性。

(三)可以印證其他材料的漢字職用史價值

理想的漢字職用史研究應該能夠兼顧各種類型的材料,如近些年大家越來越關注的異文、古書注解、域外漢字材料等。但在漢字職用史個案研究中,這些材料因爲較爲零散,往往容易被忽視。如有些一詞用多字現象,出現在傳世文獻的不同版本中,但漢字職用史研究往往擇一從之,忽視了版本異文的研究價值。而漢印文獻可以印證一些

---

① 〔春秋〕左丘明撰,徐元誥集解,王樹民、沈長雲點校《國語集解》,中華書局,2002年,第420頁。
② 〔漢〕毛亨傳,〔漢〕鄭玄箋,〔唐〕陸德明音義,孔祥軍點校《毛詩傳箋》卷二〇,第498頁。
③ 〔清〕朱右曾《逸周書集訓校釋》,世界書局,1957年,第127頁。
④ 施謝捷《虛無有齋摹輯漢印》,第247頁。
⑤ 張傳官《璽印姓名釋叢(三則)》,《古文字研究》第33輯,中華書局,2020年,第630頁。

此類異文,使人們正視這些異文的漢字職用史價值。

《急就篇》載"柘温舒",顏師古注:"柘,楚地名也,後更爲縣,時屬淮陽國。所居之人因而命氏。温舒,言其温裕而安舒。漢有路温舒。"①"舒"字在一些版本中寫作"郘"。張傳官指出:古文字中"予""邑(阝)"二字寫法已較爲相近,至漢代則更是如此。"舒"本從予得聲,後因形近訛爲"郘",二字後爲一字異體。②"舒""郘"這對異體字在漢印中也能見到。漢印中多見{温舒}這一人名,{舒}或寫作"舒",如"馬温舒印"(《金薤留珍》圖集31.3)、"楥温舒印"(《王氏集古印譜》2.37)等,或寫作"郘",如"杜温郘印"(《十鍾山房印舉》19.3)、"京温郘印"(《漢印文字徵》11.2)等。③漢印人名{温舒}的書寫形式所見的"舒""郘"異體,正可以印證《急就篇》不同版本所見的"舒"字異文,提示我們以《急就篇》的異文爲綫索可以揭示漢字職用史中的一些現象。

二、漢字職用史與漢印的年代判定及考釋

漢字職用史研究成果也有助於漢印的相關研究,特別是對於漢印的年代判定與考釋具有重要意義。

(一) 漢字職用史與漢印的年代判定

一個時代有一個時代的用字習慣,雖然漢印的用字有一定的特殊性,但總體來講還是要遵循所處時代的用字習慣的。所以當一枚"漢印"特別是地名印、職官印等的用字與某個時代的用字習慣相差較大時,大概率上其應該不屬於這個時代。

《玉篇》水部載:"淄,水名。"④傳世秦漢文獻中,作地名的{淄}大多寫作"淄",《漢書·地理志》中則或寫作"甾",顏師古注:"甾字或作淄,古今通用也。"⑤在出土秦漢文獻中,{臨淄}之{淄}基本都寫作"甾",如:

臨甾司馬⑥

---

① 參見張傳官《急就篇校理》,中華書局,2017年,第52頁。
② 張傳官《急就篇校理》,第53頁。
③ 施謝捷《新見戰國私璽零釋》,《中國書法》2012年第11期;石繼承《漢印文字研究》,上海古籍出版社,2021年,第90—91頁。
④ 王平、劉元春、李建廷《宋本玉篇標點整理本》,上海書店出版社,2017年,第306頁。
⑤ 〔漢〕班固撰,〔唐〕顏師古注,中華書局編輯部點校《漢書》卷二八上,中華書局,1962年,第1526頁。
⑥ 劉瑞《秦封泥集存》,中國社會科學出版社,2020年,第906頁。

臨菑丞印①

刻(核)曰：臨菑獄史闌令女子南冠繳(縞)冠，詳(佯)病卧車中，襲大夫虞傳，以闌出關。　　　　　　　　　　　　　　　　　　　　（張家山漢簡《奏讞書》17—18）②

防東長齊國臨菑□　　　　　　　　　　　　　　　　　　　　（武斑碑）③

臨菑邸閣督印④

上述材料的時間範圍涵蓋秦到東漢晚期，兩枚封泥屬秦，《奏讞書》文本的年代在漢初，武斑碑造成於東漢桓帝時，"臨菑邸閣督印"的年代在三國時期或稍晚，⑤大體可以說明秦到東漢晚期{臨淄}之{淄}寫作"菑"。類似的還有秦漢出土材料所見地名{淄川}中的{淄}也都寫作"菑"。《漢印文字徵補遺·第十一》記載有一枚漢印的印文内容是"臨淄"，⑥與秦漢時代其他文獻用字不合，這枚印的使用應該晚於漢代。⑦

(二) 漢字職用史與漢印的考釋

漢印字數較少，用字複雜，這就需要我們準確把握這一時期的漢語用字、漢字記詞情況，對同時期漢字職用有清醒的認識，才能準確判定漢印文字的記詞情況，並進一步正確考釋其意義。如施謝捷曾將《湖南省博物館藏古璽印集》中的璽印人名"女巳"讀爲"毋已"，⑧但後來他注意到在秦漢文字資料中"女"與"母""毋"一般不再通用，從而否定了之前的意見。⑨ 這是一個利用漢字職用史研究成果糾正漢印誤讀的典型案例。以下我們以兩組漢印的考釋爲例，進一步説明漢字職用史研究對於考釋漢印的重要意義。

1. 赦之

漢印中多見人名"赦之"，如"廬赦之"(《十鍾山房印舉》17.15)、"公孫赦之"(《鶴廬印存》第262頁)等。魏宜輝認爲："作爲人名的'錯之''舍之''置之''捐之''赦之''釋之'

---

① 劉瑞《秦封泥集存》，第905—906頁。
② 彭浩、陳偉、[日]工藤元男主編《二年律令與奏讞書》，上海古籍出版社，2007年，第338頁。
③ 參見王立軍《漢碑文字通釋》，中華書局，2020年，第818頁。
④ 參見趙平安、李婧、石小力《秦漢印章封泥文字編》，中西書局，2019年，第69頁。
⑤ "邸閣督"作爲官職名稱主要見於三國時期及稍晚。
⑥ 羅福頤《漢印文字徵補遺·補十一》，文物出版社，1982年，第4頁。
⑦ 也不排除僞刻的可能。
⑧ 施謝捷《古璽印考釋十篇》，《印林》1996年第2期。
⑨ 施謝捷《江陵鳳凰山西漢墓簡牘與秦漢印所見人名(雙名)互證(之二)》，《出土文獻與古文字研究》第6輯，上海古籍出版社，2015年，第524—525頁。

'棄之'等名相類似,都應取'舍棄'義,傳世文獻中常見此義。"①將"赦之"與其他幾組人名聯繫起來釋讀的思路基本正確,需要補充的是,"赦之"與其他幾組略有不同,"赦"字並非泛指舍棄義,而是特指赦免義。

清代學者在注釋古書時常將"赦"與"舍"聯繫起來。《説文》攴部載"赦,置也",段玉裁注:"'赦'與'舍'音義同,非專謂赦罪也。後'舍'行而'赦'廢,'赦'專爲赦罪矣。"②《漢書·趙尹韓張兩王傳》載:"張敞衎衎,履忠進言,緣飾儒雅,刑罰必行,縱赦有度,條教可觀,然被輕媠之名。"王先謙認爲:"《敞傳》云:'時時越法縱舍有足大者。'贊即指此而言,則'縱赦'當爲'縱舍'。'赦''舍'音近而誤,它文亦但有'縱舍',無'縱赦'也。"③然而目前所見的上古漢語中的"赦"都用於赦免過錯、罪行,與"舍"可泛指舍棄、放下不同,如:

> 雷雨作,解。君子以赦過宥罪。孔穎達疏:"赦謂放免。" 　　　（《易·解》）④
>
> 會赦未論,有(又)亡,赦期已盡六月而得,當耐。
> 　　　　　　　　　　　　　　　　　（睡虎地秦墓竹簡《法律答問》153)⑤
>
> 翟義、劉宇、劉璜及親屬當坐者,盜臧證臧,它皆赦除之。書謹到,敢言之。
> 　　　　　　　　　　　　　　　　　（居延新簡 E.P.T59∶42)⑥

《説文》中"赦"與"置"互訓,"置"也有赦免、釋放義,如《國語·鄭語》載"褒人褒姁有獄,而以爲入於王,王遂置之,而嬖是女也,使至於爲后,而生伯服",韋昭注:"置,赦褒姁。"⑦《史記·吴王濞列傳》載"擊反虜者,深入多殺爲功,斬首捕虜比三百石以上者皆殺之,無有所置",張守節正義:"置,放釋也。"⑧因此,"赦"與"置"互訓時,二者所指都是赦免義。《漢書·趙尹韓張兩王傳》中的"縱赦"則屬近義連用。"縱"也有釋放義,如《漢書·高帝紀上》:"自度比至皆亡之,到豐西澤中亭,止飲,夜皆解縱所送徒。"與"縱赦"類似的詞語還有"縱舍""縱釋"等,如《莊子·胠篋》載:"掊擊聖人,縱舍盜賊,而天下始治

---

① 魏宜輝《秦漢璽印姓名考析(續十一)》,《出土文獻與古文字研究》第 10 輯,上海古籍出版社,2022 年,第 259 頁。
② 〔漢〕許慎撰,〔清〕段玉裁注,許惟賢整理《説文解字注》,鳳凰出版社,2007 年,第 222 頁。
③ 〔漢〕班固撰,〔唐〕顏師古注,〔清〕王先謙補注《漢書補注》,商務印書館,1959 年,第 4781 頁。
④ 〔唐〕孔穎達《周易正義》卷四,中華書局,2009 年影印本,第 106 頁。
⑤ 陳偉主編《秦簡牘合集釋文注釋修訂本(壹)》,武漢大學出版社,2016 年,第 240 頁。
⑥ 馬怡、張榮强主編《居延新簡釋校》,天津古籍出版社,2013 年,第 569 頁。
⑦ 〔春秋〕左丘明撰,徐元誥集解,王樹民、沈長雲點校《國語集解》,第 474 頁。
⑧ 〔漢〕司馬遷撰,〔南朝宋〕裴駰集解,〔唐〕司馬貞索隱,〔唐〕張守節正義,中華書局編輯部點校《史記》卷一〇六,中華書局,1982 年,第 2834 頁。

矣。"①《漢書·宣帝紀》載:"今吏或以不禁姦邪爲寬大,縱釋有罪爲不苛,或以酷惡爲賢,皆失其中。""舍""釋"都有開釋義,如《周禮·秋官·司圜》載"能改者,上罪三年而舍,中罪二年而舍",鄭玄注:"舍,釋之也。"孫詒讓正義:"釋之,謂免其罪。"②《漢書·樊酈滕灌傅靳周傳》載"至則高帝已崩,呂后釋噲,得復爵邑",顏師古注:"釋,解也,解免其罪。"③蕭旭指出《漢書·趙尹韓張兩王傳》"縱赦"亦通,④是有道理的。

《虛無有齋摹輯漢印》1905 號印的内容是"史從赦",⑤這是一枚私名印,其中的"從赦"應該讀作"縱赦"。漢印人名中,"從"字與"縱"字常互通。如"從氣"讀作"縱氣",取意"放縱意氣";⑥"償從"讀作"償縱",取"放任不矜"義;⑦"縱容"讀作"從容",取"悠閑舒緩、不慌不忙"之意。⑧ 人名中的"縱赦"大概取意與《漢書》中的"縱赦"相同,期待孩子未來即使被拘執論罪,也能被釋放、赦免,體現了當時人們對於拘執獲罪的恐懼,也反映了對孩子未來没有牢獄刑罰之災的期待。以此觀之,"赦之"印取意應與"縱赦"類似。

漢印中還常見以"從之"爲名者,如"田從之"(《秦漢印典》第 724 頁)、"胡從之"(《虛無有齋摹輯漢印》938)、"馬適從之"(《虛無有齋摹輯漢印》3749)等,從上文的討論看,可能部分"從之"中的"從"也通"縱",取意與"赦之"相同。

2. 施期

漢印中見有人名"施期",如"西郭施期-妾施期"(《鴨雄緑齋藏中國古壐印精選》332),⑨"施期"是人名。另有一枚以往被釋爲"公孫柁期"(天眷堂第 483 期壐印微拍預展)的秦印,學者們或讀"柁"爲"施",認爲二字相通。陳劍指出:"第一,漢隸'㲻'旁及'軑'旁,常可省去右上部分的'人/冖'形;第二,'㲻'旁左方部分,常可變得與'木'形近同……秦漢文字'柁'形實多即'迤(施)'字異體。"⑩基於"柁""施"異體,"公孫柁期"可釋爲"公孫施期"。"施期"或作"施旗",如"王施旗"(《盛世壐印録·續四》185)。魏宜輝最初讀"施期"作"移期",後來放棄了這一意見,改讀作"拖期",認爲"拖期"義同延期,指延

---

① 〔清〕郭慶藩撰,王孝魚點校《莊子集釋》,中華書局,2004 年,第 346 頁。
② 〔清〕孫詒讓撰,汪少華整理《周禮正義》卷六九,中華書局,2015 年,第 3457—3458 頁。
③ 〔漢〕班固撰,〔唐〕顏師古注,〔清〕王先謙補注《漢書補注》,第 3530 頁。
④ 蕭旭《群書校補·漢書校補》,廣陵書社,2011 年,第 349 頁。
⑤ 施謝捷《虛無有齋摹輯漢印》,第 323 頁。
⑥ 魏宜輝《秦漢壐印姓名考析(續六)》,《漢語史與漢藏語研究》第 7 輯,中國社會科學出版社,2020 年,第 185—186 頁。
⑦ 魏宜輝《秦漢壐印姓名考析(續二)》,第 502—503 頁。
⑧ 魏宜輝《秦漢壐印姓名考析(續十)》,《出土文獻》2022 年第 4 期。
⑨ 魏宜輝《秦漢壐印姓名考析(續七)》,第 379 頁。
⑩ 陳劍《讀簡帛醫書零札四則》,《中醫藥文化》2022 年第 5 期。

吴銘則認爲："施期"取意或非魏氏所舉"期""時"之類，當屬"仰慕古人"一類……古人名"施"字"旗"，名字相應。其中猶以孔子弟子巫馬施爲著，《論語》稱字，作"巫馬期"，期、旗相通。是則"施期"之名蓋即合彼名、字而作，與劉釗所舉"以孔門第子命名的'劉子夏''趙子贛（貢）''張子路''範曾子'等"同列。② 秦漢印文中確實存在仰慕古人而命名的方式，但印文中合古人的名與字而作名的則基本不見，因此這一意見恐難成立。

我們同意魏宜輝的解讀思路，"施期"還是與延期有關，不過我們認爲"施"應該讀爲"弛"，"施期"即"弛期"。"施"通"弛"文獻習見，如：

以時登其夫家之衆寡、六畜、車輦，辨其施舍與其可任者。鄭玄注："施，讀亦弛也。"③　　　　　　　　　　　　　　　　　　　　　　《周禮·地官·遂師》

正名施（弛）刑，執（蟄）虫（蟲）發聲，草苴復榮。

（馬王堆漢墓帛書《十六經·觀》11下/88下—12上/89上）④

欲聞民氣贏屈施（弛）張之故。　　　　　　（馬王堆漢墓帛書《十問》24）⑤

"弛期"見於文獻記載，如《吕氏春秋·開春論·開春》載："魏惠王死，葬有日矣。天大雨雪，至於牛目。群臣多諫於太子者，曰：'雪甚。如此而行葬，民必甚疾之，官費又恐不給。請弛期更日。'""太子曰：'甚善。敬弛期，更擇葬日。'"類似的記載還見於《戰國策·魏策》。"弛期"即緩期，延長預定的日期。

秦漢時期的官吏和百姓對所謂"期"是很敏感的，在他們的生活中也有衆多的"期"。徵發徭役有"期"，如睡虎地秦墓竹簡《秦律十八種·徭律》115號簡載："御中發徵，乏弗行，貲二甲。失期三日到五日，誶；六日到旬，貲一盾；過旬，貲一甲。"⑥不能按預定時間參加徭役，依據超出天數的不同要遭受不同程度的處罰。有時徭役失期的後果很嚴重，如《史記·陳涉世家》載："會天大雨，道不通，度已失期。失期，法皆斬。"官府中的手工業者學習技藝也有"期"，如睡虎地秦墓竹簡《秦律十八種·均工律》111號簡載："工師善

---

① 魏宜輝《秦漢璽印姓名考析（續七）》，第379—380頁。
② 吴銘《秦漢璽印姓名考釋疑義叢札（上）》，微信公衆號"吴銘訓詁札記"，2023年2月16日。
③ 〔清〕孫詒讓撰，汪少華整理《周禮正義》卷二九，第1375頁。
④ 湖南省博物館、復旦大學出土文獻與古文字研究中心編纂，裘錫圭主編《長沙馬王堆漢墓簡帛集成（肆）》，中華書局，2014年，第152頁。此處所引馬王堆漢墓帛書辭例均附兩種編號，用"/"隔開，"/"前爲《長沙馬王堆漢墓簡帛集成》中的編號，"/"後爲原整理者的編號。
⑤ 湖南省博物館、復旦大學出土文獻與古文字研究中心編纂，裘錫圭主編《長沙馬王堆漢墓簡帛集成（陸）》，中華書局，2014年，第143頁。
⑥ 陳偉主編《秦簡牘合集釋文注釋修訂本（壹）》，第105頁。

教之,故工一歲而成,新工二歲而成。能先期成學者謁上,上且有以賞之。盈期不成學者,籍書而上内史。"①"先期"即早於規定的日期學成者有獎勵,"盈期"即到期不能學成者,則要被上報給上級機構,應該會遭受一定的處罰。營造工程有"期",如《吕氏春秋·開春論·開春》載:"韓氏城新城,期十五日而成。段喬爲司空。有一縣後二日,段喬執其吏而囚之。"軍隊作戰也有"期",如《史記·衛將軍驃騎列傳》載:"右北平太守路博德屬驃騎將軍,會與城,不失期,從至檮余山,斬首捕虜二千七百級,以千六百户封博德爲符離侯。"因此,以"弛期"爲名恐怕表達了如下期待:遇有徭役等事務,官府能够緩期而不苛求,孩子未來能永不失期。

漢印人名中與"弛期"類似的還有"會期",此取相會於預定日期義。文獻中多見此用法,如《漢書·景武昭宣元成功臣表》載"以右北平太守從票騎將軍擊左王,得重,會期,虜首萬二千七百人,侯,千六百户",顏師古注:"會期,不失期也。"②《戰國策·魏策》載:"文侯曰:'吾與虞人期獵,雖樂,豈可不一會期哉!'"《史記·南越列傳》載:"伏波將軍將罪人,道遠,會期後,與樓船會乃有千餘人,遂俱進。"

要説明的是,漢印中還有"過期""連期""奉期""倚期"等人名,這些人名有一些恐怕要從其他角度考慮其語義構成,都將其中的"期"理解爲預定的日期未必解釋得通,即使"期"指預定的日期,結構義也可能另有所指,這也反映了漢印用字記詞的複雜性。

總之,在漢字職用史的研究範疇中,漢印是研究漢字職用的重要材料,而基於漢字職用史的研究成果,又可以科學判定漢印的年代及釋讀漢印。我們應該兩條腿走路,以漢印爲材料推動漢字職用史研究,同時,在漢字職用史的視域下關注漢印的年代,基於漢字職用史研究成果推動漢印的釋讀工作。

附記:原載《古籍整理研究學刊》2024年第2期。

---

① 陳偉主編《秦簡牘合集釋文注釋修訂本(壹)》,第104頁。
② 〔漢〕班固撰,〔唐〕顔師古注,中華書局編輯部點校《漢書》卷一七,第651頁。

出土上古文獻中襲擊之
{襲}歷時用字研究[*]

鄭舒婷

廣州鐵路職業技術學院

出土上古文獻中襲擊之{襲}歷時用字較豐富,部分字屬新見,難免存在理解上的分歧。通過梳理上古各時代讀作"襲"、理解爲襲擊一類語義的字形及所在文例,結合字形、語音、辭例三個方面討論相關字詞對應關係,不僅能爲部分釋讀意見補充新證據,也能從宏觀視角探討該詞的語義演變及用字更迭。下面按時代逐一討論。

一、西　周

上古襲擊之{襲}最早見於西周,有文例如下:

　　臧率有司、師氏奔追䢦戎于棫林,搏戎胡。　　　　　　　　(臧簋,《集成》4322)
　　王令敔追𧗟于上洛。　　　　　　　　　　　　　　　　　　(敔簋,《集成》4323)

結合字形、辭例可知,"䢦""𧗟"應是異體,從止(或辵)、從卩、兹聲。裘錫圭疑讀爲"遮闌"之"闌",後裘先生放棄該説,疑當讀爲襲擊之"襲",但未作申説。[①] 陳美蘭評述了

---

* 本文是國家社科基金重大項目"上古漢語字詞關係史研究"(22&ZD300)的成果之一。
① 裘錫圭《戰國璽印文字考釋三篇》,《古文字研究》第 10 輯,中華書局,1983 年,第 92 頁;後收入氏著《古文字論集》,中華書局,1992 年,第 478—479 頁。裘錫圭《關於晉侯銅器銘文的幾個問題》,《傳統文化與現代化》1994 年第 2 期,第 41 頁;後收入氏著《裘錫圭學術文集·金文及其他古文字卷》,復旦大學出版社,2012 年,第 75 頁。按:爲行文簡潔,引用學者觀點時均不附加"先生"。

各家關於"郅"字的意見,並肯定了讀"襲"之説。① 尉侯凱對該説持懷疑態度,認爲"追襲"一詞不見於先秦典籍,且"敵人退却時必然有所防備"而無法"趁其不備給予攻擊",故"追""襲"連讀文義不暢,加之上博六《用曰》簡 10 "之遬"若讀"之襲"也於義難通。② 然出土文獻之辭未必都見於傳世典籍,敵人退却時也不一定有防備,如清華貳《繫年》簡 135—136 所述:"楚師大敗……楚人盡棄其旃幕車兵,犬逸而還。"此外,"遬""逪"雖爲異體,但在記詞上並非只能對應襲擊之{襲},且所舉《用曰》之例"遬"字表詞尚不明確,故難以此否定"逪""襲"通假。除讀"襲"之説外,學者們還提出了諸多釋讀意見,林竹已做集釋並有所評判,③此不煩舉。下面試從音、義兩個角度補證"郅""逪"通"襲"之説。

語音上,除學者們常舉金文"原逪(隰)"(晉侯對盨甲,《銘圖》05647)之例外,戰國襲擊之{襲}的相關用字也能找到"逪""襲"音近的綫索。戰國襲擊之{襲}與因襲之{襲}有通假、諧聲的情況,如:襲擊之{襲}或借因襲之"襲"記録(如睡虎地《日甲》35 背),或以因襲之"衺"爲聲符作"閣"(如清華柒《越公其事》簡 26)。可見兩詞語音極近。戰國因襲之{襲}或作"遬",从兹得聲,如清華壹《祭公》簡 6 之"使迪遬(襲)學于文武之曼德"。由此可知,襲擊之{襲}亦與兹聲相近。此外,虎溪山漢簡中以"濕"記{襲}的用法也提供了重要的語音證據(詳下)。故西周从兹得聲之"郅""逪"讀"襲"於音應無障礙。

文義上,豰簋"奔追郅戎"緊接着"搏戎胡",反映的是有時間先後順序的一系列軍事行動。敔簋"追逪"之後即言豐碩戰果及王的大力賞賜,可見"逪"是一種武裝征服行爲。該行爲在以上文例中均發生於"追"之後,且雙方交戰都源於敵方進犯,文辭意在彰顯我方赫赫戰功及不可侵犯,可知"郅""逪"所記之{襲}並非指我方偷襲,而是正義凛然的襲擊、攻打。這在東周的辭例中也能得到印證。

關於該字詞對應,禤健聰疑"遬""逪"爲襲擊之{襲}的專字。④ 所從"辵"符蓋強調追的動作。所從"兹"符,陳劍認爲是緝絲、緝麻之"緝"的表意初文,⑤陳哲疑該符兼表音

---

① 陳美蘭《金文札記二則——"追郅""淖淖列列"》,《中國文字》新 24 期,藝文印書館,1998 年,第 61—67 頁。
② 尉侯凱《佣戈"用變不廷"解》,《中國國家博物館館刊》2018 年第 7 期,第 54 頁。
③ 林竹《伯戜墓銅器銘文整理與研究》,華東師範大學碩士學位論文,2020 年,第 103—134 頁。
④ 禤健聰《戰國楚系簡帛用字習慣研究》,科學出版社,2017 年,第 344—345 頁。
⑤ 陳劍《清華簡與〈尚書〉字詞合證零札》,教育部人文社會科學重點研究基地、清華大學出土文獻與中國古代文明研究中心、清華大學出土文獻研究與保護中心編《出土文獻與中國古代文明——李學勤先生八十壽誕紀念論文集》,中西書局,2016 年,第 213 頁(注 4)。

義。① 他們的意見是有道理的。據此，西周"勁""迦"兩異體也有可能是襲擊之{襲}的本字。

二、東　周

東周襲擊之{襲}用字較多樣，既有借字也有專字。個別辭例在讀法上存在争議，下面結合語境及相類文例略陳淺見。

1. "燮"/"㷠"

"燮"在東周有兩種寫法，春秋作"燮"，戰國作"㷠"，如：

倗用燮(燮)不廷。　　　　　　　　（倗戈，《新收殷周青銅器銘文暨器影彙編》469）
戲士奮刃，緊民之秀。方壯方武，克㷠(燮)仇讎。　　（清華壹《耆夜》簡5—6）
故我先王滅夏，㷠(燮)䢏，蔑蠢邦②。　　　　　　　（清華叁《説命中》簡3）
恆争獻其力，威㷠(燮)方讎，先君以多功。　　　　　（清華叁《芮良夫》簡13）
以力及作，㷠(燮)仇啓國。　　　　　　　　　　　　（清華叁《芮良夫》簡14）

其中"燮"字主要有四種理解：一是讀爲"襲"，③如李家浩訓作"討伐、征伐"，④趙平安訓作"襲伐"，⑤季旭昇訓作"擊伐剿滅"；⑥二是訓"燮"爲"和"，如顏偉明、陳民鎮，⑦網友"子居"，⑧

---

① 按：這是陳哲在2023年7月"第三届漢語字詞關係學術研討會"上交談時所提的觀點。
② 按：或讀爲"捷蠢邦"，但這不影響對"燮"字的理解。"捷"即戰勝，與前文之"滅"都説明敵我有過激烈交戰，可證"燮"也是一種暴力行動，而非協和或團結。
③ 按：馬瑞辰在《毛詩傳箋通釋》中提出"燮""襲"可通假，爲後世學者釋讀出土文獻之"燮"提供了重要思路。詳見：馬瑞辰撰、陳金生點校《毛詩傳箋通釋》，中華書局，1989年，第807—808頁。
④ 李家浩《説"猚不廷方"》，張光裕、黄德寬等主編《古文字學論稿》，安徽大學出版社，2008年，第14頁。
⑤ 趙平安《清華簡〈説命〉"燮䢏"考》，清華大學出土文獻研究與保護中心網，2013年5月16日。轉引自：王明娟《清華簡〈説命〉集釋》，安徽大學碩士學位論文，2016年，第63—64頁。趙文亦見：李宗焜主編《古文字與古代史》第4輯，"中研院"歷史語言研究所，2015年，第444頁；趙平安《新出簡帛與古文字古文獻研究續集》，商務印書館，2018年，第274頁。按：趙先生認爲《芮良夫毖》簡13"威燮方讎"之"燮"通"襲"，簡14"燮仇啓國"之"燮"則訓"和"，二者有别。參：清華大學出土文獻研究與保護中心編，李學勤主編《清華大學藏戰國竹簡（叁）》，中西書局，2012年，第152頁。
⑥ 季旭昇主編，王瑜楨等合撰《〈清華大學藏戰國竹簡（壹）〉讀本》，藝文印書館，2013年，第125頁。
⑦ 顏偉明、陳民鎮《清華簡〈耆夜〉集釋》，復旦大學出土文獻與古文字研究中心網，2011年9月20日。
⑧ 網友"子居"《清華簡〈芮良夫毖〉解析》，孔子2000網，2013年2月24日。轉引自：朱德威《〈芮良夫毖〉集釋》，吉林大學碩士學位論文，2017年，第116頁。

陳哲;① 三是訓"燮"爲"協同""團結",如廖名春;② 四是讀"協"、訓"和",如尉侯凱。③ "燮"雖有"協""和"之義,但與"不廷"連用的軍事動詞多表武力鎮壓,蔣玉斌、尉侯凱曾分類整理過相關辭例,④下面略舉其要並作補充:

謀其不協,而討不廷。	(《左傳》成公十二年)
藹藹文武,鎮靜不廷,柔燮百邦。	(秦公鎛,《集成》270)
俑司蠻戎,用翰不廷方。	(戎生鐘乙,《銘圖》15240)
秦公作子車用嚴龏武靈,戮畏不廷。	(秦公戈,《銘續》1238)

其中"討"指討伐,"鎮靜"表鎮壓平定,"翰"即征伐,"戮畏"是殺戮使之畏懼。故"用燮不廷"之"燮"表示"協和""團結"一類語義的可能性極小。與佣戈同出自春秋晚期楚國的競孫旟鬲(《銘圖》03036)有文"舍豤不服",董珊讀爲"戡艱不服"。⑤ 若此,該器所反映對待不臣服者的態度跟處理方式大體應與佣戈相近。這也可佐證"燮"字理解爲用武力征服更切合文義。關於《説命》之例,王志平已指出"燮彶"與"滅夏""翦蠢邦"並列,應是對外戰爭。⑥ 故"燮"的性質當與"滅""翦"一致,都是攻擊敵人的行爲。其餘各例"燮"均與"仇""仇讎""方讎"一類表示敵方的名詞相連,且前文多言己方之武、力,應是表達與敵方交戰之義。"奮刃""恆争獻其力""以力及作"即可爲證。此外,秦公鎛"柔燮百邦"、《尚書》"燮和天下"之"燮"雖有安撫、協和之義,但不能以此否定"燮"的襲伐義。因爲這與佣戈"用燮不廷"、《詩經》"燮伐大商"諸例是兩種不同的語境,二者無法做統一的解釋。此當從莊惠茹所言,分爲兩類:一類表征伐、攻擊,一類表安撫、協和。⑦ 這裏討論的是前者,可讀"襲",訓"討伐""擊伐"。

---

① 陳哲《宋人傳抄鳥蟲書鐘銘"㠯志戔事者侯"句釋讀——兼據金文、楚簡辨正〈史記·五帝本紀〉"燮""𠑽"異文》,《古文字論壇》第3輯,中西書局,2018年,第314—316頁。

② 廖名春《清華簡〈傅説之命中〉新讀》,孔子2000網,2013年1月5日。轉引自尉侯凱《佣戈"用燮不廷"解》,第56頁。

③ 尉侯凱《佣戈"用燮不廷"解》,《中國國家博物館館刊》2018年第7期,第55頁。

④ 蔣玉斌《釋西周春秋金文中的"討"》,《古文字研究》第29輯,中華書局,2012年,第275頁;尉侯凱《佣戈"用燮不廷"解》,第55—56頁。

⑤ 董珊《競孫鬲、壺銘文再考》,復旦大學出土文獻與古文字研究中心網,2012年6月4日。

⑥ 王志平《清華簡〈説命〉中的幾個地名》,清華大學出土文獻研究與保護中心網,2013年12月25日;後發表於《簡帛》第9輯,2014年,第149頁。按:清華網現已不見此文,轉引自王明娟《清華簡〈説命〉集釋》,第64頁。

⑦ 莊惠茹《兩周金文軍事動詞研究》,花木蘭文化出版社,2011年,第358頁。按:吴雪飛認爲這是"一事的兩面",既肯定"柔燮百邦"之"燮"表"和",又支持"燮伐大商"之"燮"讀"襲",與莊氏一分爲二的觀點相類。參見氏著《〈詩經·大雅·大明〉"燮伐大商"句新證》,《史學史研究》2013年第4期,第122、123頁。

語音上,上古"燮"在心紐葉部,"襲"在邪紐緝部。聲紐同屬精組,韻尾相同、韻腹相近可旁轉。"燮"字《説文》又部注"讀若溼"。"溼"即"濕",西漢有明確的記{襲}之例。故"燮""襲"通假在讀音上應無問題。該字詞對應目前僅見於楚系,具有鮮明的地域色彩。

2. "闌"

"闌"字見於戰國楚簡,用作襲擊之{襲},文例如下:

(1) 戰於魚羅,吾乃獲鄭、訾,覆車闌(襲)厷克鄅。

(清華陸《鄭文公問太伯》甲本簡6、《鄭文公問太伯》乙本簡5—6)

(2) 吴人既闌(襲)越邦。 （清華柒《越公其事》簡26)

(3) 越師乃因軍吴,吴人昆奴乃入越師,越師乃遂闌(襲)吴。

(清華柒《越公其事》簡68)

(4) [越王句踐遂]闌(襲)吴邦,圍王宫。 （清華柒《越公其事》簡69)

該字从門袤聲,《説文》未見。馬楠認爲"襲厷"讀"襲介",猶云"被甲","厷"或指地名。① 徐在國疑此字當爲"襲"字繁體,贅加"門",意爲出其不意的進攻。② 李守奎疑爲破國入侵之專名。③ 關於"厷"字,范常喜傾向於馬氏的第二種解釋,認爲該字似是新蔡簡訓"間"之"汴"的異體,可訓爲二水之間。④ 按:上舉之"闌"均表示襲擊、攻打,"闌厷"之"厷"無論解釋爲甲介抑或地名,都不影響對"闌"字的理解。"闌""袤"雖音近,但記詞職能一向涇渭分明:"闌"字只與襲擊之{襲}對應,而"袤"未見記録該詞之例。可見,二字並非異體關係,"闌"所从之"門"當是表義構件而非贅加。《漢書》云"城門關守,國之固",足見嚴守城門對國家安全的重要性。這樣看來,"闌"字確極有可能是襲擊之{襲}的專字,强調敵方城門失守式的淪陷。例(2)至例(4)涉及越王勾踐破國及復國報仇的歷史事件,例(2)後一句即言勾踐欲復吴邦,可見該"闌"字有攻陷之義。例(3)、例(4)記述越師攻吴,由"圍王宫"一辭便可看出文例之"闌"是攻破城門、長驅直入的襲擊。由此反觀例1之"闌(襲)厷",該"厷"字表示的更有可能是地名。若此,"闌"便是真正的專字專用了。

3. "嚞"

在出土文獻中,上古"嚞"字所見辭例均記録襲擊之{襲}。該字詞關係最早見於戰

---

① 清華大學出土文獻研究與保護中心編,李學勤主編《清華大學藏戰國竹簡(陸)》,中西書局,2016年,第121頁。
② 徐在國《清華六〈鄭文公問太伯〉札記一則》,簡帛網,2016年4月17日。
③ 清華大學出土文獻研究與保護中心編,李學勤主編《清華大學藏戰國竹簡(柒)》,中西書局,2017年,第127頁。
④ 范常喜《清華六〈鄭文公問太伯〉札記三則》,《出土文獻》第12輯,中西書局,2018年,第160—161頁。

國早期,清華貳《繫年》之例王永昌認爲與驫羌鐘都是典型晉系用字,[①]可從。文例如下:

(1) 武鷲恃力,𰻞(襲)奪楚京。　　　　　　　　　　　（驫羌鐘丁,《集成》160）
(2) 我既得鄭之門管矣,來𰻞(襲)之。　　　　　　　　（清華貳《繫年》簡46）
(3) 秦師將東𰻞(襲)鄭,鄭之賈人弦高將西市,遇之,乃以鄭君之命勞秦三帥。
　　　　　　　　　　　　　　　　　　　　　　　　　（清華貳《繫年》簡46—47）
(4) 欒盈𰻞(襲)絳而不果,奔入於曲沃。齊莊公涉河𰻞(襲)朝歌,以復平陰之師。
　　　　　　　　　　　　　　　　　　　　　　　　　（清華貳《繫年》簡93—94）

"𰻞",从"宀"䇂聲,亦不見於《説文》。所从"宀"符的造字構意蓋與"闞"之"門"相類。那麼,"𰻞"很有可能也是襲擊之{襲}的專字。值得注意的是,以上"𰻞"字雖記詞相同,但語境義存在差異。例(1)之"𰻞(襲)奪",唐蘭訓作疾速奪取,李家浩認爲是出其不意而奪取。[②] 根據前文"征秦迮齊"的表述,該句之"襲"蓋與"征""迮"相類,可訓作"征討""襲伐"。緊接的"武鷲恃力"也表明,該"襲"具有正面的感情色彩,傾向於表達光明正大、英勇攻打之義,而非偷襲。至於是否迅疾,暫存疑。例(2)因前面交代了鄭國已降秦,而"我"(即秦之戍人)取得鄭國城門鑰匙後又通知秦國"來襲之",故此"襲"字帶有趁人不備的意味。例(3)緊接於例(2)之後,叙述秦國果真出師準備"襲鄭",故該"襲"字亦有偷襲之義。例(4)兩"襲"字反映的都是一種報復性的軍事行爲:欒盈因出奔時遭齊莊公驅逐遂"襲絳",齊莊公爲報平陰之仇亦"襲朝歌"。前者發生於欒盈逃亡之際,故更可能表示偷襲或一般意義的攻打。至於後一"襲"字的語境義,因缺乏細節描述,單憑文例暫難斷定。

4. "襲"

以"襲"記錄襲擊之{襲}首見於戰國秦系,是秦系的特色用字。如:

有衆蟲襲入人室。　　　　　　　　　　　　　　　　（睡虎地《日甲》35背）
雲氣襲人之宫,以人火向之,則已矣。　　　　　　　（睡虎地《日甲》44背叁）

上舉"襲"字有侵襲義,與前文所列諸例的語境義有所不同,强調環境受到外界侵擾而非軍事討伐。語法上,除緊跟受事賓語外,還出現了插入補語的情況,如"襲入人室"。

---

① 王永昌《清華簡文字與晉系文字對比研究》,吉林大學博士學位論文,2018年,第30、127頁。
② 唐蘭《驫羌鐘考釋》,《國立北平圖書館月刊》1932年第6卷第1期。轉引自:故宫博物院主編,唐蘭著《唐蘭先生金文論集》,紫禁城出版社,1995年,第4頁。李家浩《釋上博戰國竹簡〈緇衣〉中的"兹臣"合文——兼釋兆域圖"逫"和驫羌鐘"𰻞"等字》,中山大學古文字研究所編《康樂集——曾憲通教授七十壽慶論文集》,中山大學出版社,2006年,第21—26頁;後收入氏著《安徽大學漢語言文字研究叢書·李家浩卷》,安徽大學出版社,2013年,第143—150頁。

"襲"字本對應因襲之{襲},該詞西周記作"龑"。上古"襲"在邪紐緝部,"龍"在來紐東部,語音相去甚遠。故"龍"並非"襲"之聲符,"襲"應如《説文》衣部所釋"从衣、龖省聲"。秦文字借因襲之"襲"表襲擊義,可見兩詞音近。《説文》的注音材料也能證明這一點:表因襲之"襲"的聲符"龖"與表襲擊之"𩖁"的聲符"𠱁",《説文》均注"讀若沓"。這亦爲上文"𩖁"讀"襲"提供了語音支持。

由上可見,襲擊之{襲}在東周有五個記錄字形,具有鮮明的地域特色。其中,楚系或作借字"燮""熒"、或作專字"閶",晉系作專字"𩖁",秦系作借字"襲"。諸字雖均可對應襲擊之{襲},但語境義不盡相同,需作具體分析。所見文例多表正義的襲伐,偶指外界對環境的侵擾,還明確出現了"偷襲"這一語境義。雖學界對部分文辭的理解存在分歧,但綜合多方信息探尋形音義的證據或可讓問題涣然冰釋。

三、西　漢

出土西漢文獻中,襲擊之{襲}除沿用"襲"字外,還出現了新的記錄字形"濕"。銀雀簡個別文句的釋讀尚有商討餘地,下面稍作分析。

1. "襲"

"襲"與{襲}在西漢爲習用對應,該用法源自秦系,如:

繞山林以曲次,襲國邑以水則。　　　　　　　　（銀壹·孫臏 409—410）
襲其郢,居其君室,徙其祭器。　　　　　　　　　（馬王堆·繆和 63）

這跟前代相比,用法上無特殊之處,寫法上與秦簡牘一致。

2. "濕"

"濕"是{襲}的新見用字,出自虎溪山漢簡,如:

秦攻荆,秦將軍李信、新民將蒙武濕(襲)楚□☒。　　　（虎·閶 554）

朱國雷、魏宜輝均讀"襲",並從音義的角度加以論證。[①] 該字詞關係説明:自西周至西漢,襲擊之{襲}都與"玆"聲相近。

此外,銀雀簡《守令守法等十三篇·兵令》有文"……□之恒令,非追北衲邑,先□……"（簡 966）,傳世本《尉繚子·兵令》作:"常令者,非追北襲邑攸用也。"整理者據此

[①] 朱國雷《虎溪山漢簡〈閶昭〉"濕"字釋讀——兼説與臧荼、陳豨反漢有關的幾條簡文》,《楚學論叢》第 10 輯,湖北人民出版社,2021 年,第 78—80 頁;魏宜輝《讀虎溪山漢簡字詞札記》,《中國文字學報》第 13 輯,商務印書館,2023 年,第 146 頁。

疑簡文"衲"字當讀"襲"。① 劉小文疑讀"納",訓"奪取"。② 白於藍指出"衲""襲"聲紐遠隔且未見通假例,故改讀"入",訓"襲"。③ "衲"讀"襲"確實於音欠妥,頗疑異文"襲"是同義換讀。上舉文句中,簡本之"恒",傳世本作"常",陳偉武指出這是同義替代的異文,而非假借。④ "衲""襲"對應的情況蓋與之相類。劉、白二氏的讀法語音上均可通,但讀"入"更符合古人的用字習慣,暫從之。

小　結

綜上可知,襲擊之{襲}在出土上古文獻中同時發生了用字更迭及語義演變。用字上,西周對應"鄧""迺"兩異體,東周用字地域性明顯,包括楚系之"燮(燮/燮)""閣",晉系之"霯",秦系之"襲"。語義上,襲擊之{襲}據已有西周文例看不出含有"攻其不備"的意味,而表示正義凜然的襲擊、攻打。東周除表襲伐、征伐外,還出現了"偷襲""侵擾環境"等語境義。

該詞部分記錄字形的釋讀存在爭議,有時單據斷代材料很難找到出路。但同一對象歷時的字詞對應是一個聯動的整體。通過綜合不同時代的字詞關係,可能會發掘出部分隱匿的綫索,爲解決問題打開新思路。

引書簡稱對照表
《集成》　　《殷周金文集成(修訂增補本)》
《銘圖》　　《商周青銅器銘文暨圖像集成》
《銘續》　　《商周青銅器銘文暨圖像集成續編》

附記:拙文是在陳斯鵬教授的指導下完成的,曾在第三屆漢語字詞關係學術研討會上匯報。會後,劉洪濤先生慷慨分享了個人項目稿與{襲}相關的部分,陳哲賢弟惠告拙文部分漏引文獻。這對小文的完善大有裨益,在此謹致謝忱!

---

① 銀雀山漢墓竹簡整理小組《銀雀山漢墓竹簡(壹)》,文物出版社,1985年,第151頁。
② 劉小文《〈銀雀山漢墓竹簡(壹)〉軍事用語研究》,四川大學博士學位論文,2007年,第258頁。
③ 白於藍《銀雀山漢簡校釋》,《考古》2010年第12期,第86—87頁。
④ 陳偉武《銀雀山漢簡通假字辨議》,《古漢語研究》1997年第3期,第77頁。

"雞璧""雞辟"補説

陳 哲

暨南大學文學院

孔廣陶重刊影宋本《北堂書鈔》卷一二二武功部一有如下詩句：

(1a) 所齎千金劍，通犀間碧璵。翡翠飾<u>雞璧</u>，標首明月珠。

("明珠標首"條引傅玄樂府《九思》)

(1b) 所齎千金劍，通犀間碧璵。翡翠飾<u>雞必</u>，標首明月珠。

("齎千金劍"條引曹植《樂府歌》)[1]

清儒錢東垣、孔廣陶在校語中已指出"璧""必"異文屬於音近通借。傅亞庶疑"雞璧"爲玉石名"碧雞"之倒訛，[2]王巍從傅説但又認爲"於此不明其義"。[3] 范常喜指出古代刀劍各部位或部件無"雞璧"之稱，"雞璧"與"通犀""碧璵""翡翠""明月珠"應同爲"千金劍"上的飾物，並聯繫到出土漢魏文字資料中的"雞辟"：

(2) 於窴(闐)白玉四具，有扶，<u>雞辟</u>校短鋏一，衣柙自副。

(洛陽西朱村 M1 號曹魏墓出土 M1∶1 號石牌銘文)[4]

(3) 面衣一，玉席一，玉枕一，玉温明一，<u>雞辟</u>佩刀一，頓(玩)茅(珺)蠶(簪)二，竹蠶

---

* 本文爲國家社科基金重大項目"上古漢語字詞關係史研究"(22&ZD300)階段性成果。

[1] 虞世南纂《北堂書鈔》卷一二二，清光緒十四年孔廣陶校注重刊影宋本，收入董治安主編《唐代四大類書》，清華大學出版社，2003年，第511頁下"明珠標首"條、第516頁上"齎千金劍"條。按丁晏《曹集銓評》卷五(文學古籍刊行社，1957年，第81頁)所引"影宋"本《北堂書鈔》卷一二二在"千金""通犀"後分別多出"之寶""文玉"二字，國家圖書館藏百衲本《北堂書鈔》(善本書號 02140)卷一二二作"所淬千金之寶劍，通犀文玉紫碧璵，翡翠飾雞碧，首有明月珠""所齎千金之寶劍，通犀文玉紫碧璵，翡翠飾雞璧，標道〈首〉明月珠"。

[2] 傅亞庶《三曹詩文全集譯注》，吉林文史出版社，1997年，第709—710頁。

[3] 王巍《曹植集校注》，河北教育出版社，2013年，第142頁。

[4] 拓本和基礎釋文見李零《洛陽曹魏大墓出土石牌銘文分類考釋》，《博物院》2019年第5期，第14頁。

（簪）三，頓（玳）茅（瑁）横簚（簪）三。

（青島土山屯 M147 號漢墓出土遣册木牘）①

范常喜指出"雞辟"在例(2)中校飾"短鋏"（即短劍）而在例(3)中當指"佩刀"之飾，應即例(1)中飾"千金之寶劍"的"雞璧"，是一種與西朱村曹魏墓石牌銘文中提到的"金""銀""翡翠""白珠""白玉""碧寶""車琚""玳瑁"等物相類的裝飾材料；又指出西朱村曹魏墓石牌銘文已多見"璧"字，則"雞辟"之"辟"與玉璧之"璧"所記可能不是同一個詞，認爲"雞璧/雞辟"具體爲何種飾物待考。② 侯洪震認爲"雞辟"是犀角材料，古書中有"駭雞犀""雞駭之犀"，"雞辟"意謂使雞驚駭退避。③ 范常喜也推測"雞辟"可能與"雞駭"有關，但又指出歌辭中"通犀間碧璵"一句已出現"通犀"，而《抱朴子·登涉》稱"南人或名通天犀爲駭雞犀"，故"雞璧"與"通犀"是否會同指仍有疑問。④ 歐佳從讀音和辭例上懷疑"雞璧""雞辟"與《宋書·禮志五》"闐碧校鞍"之"闐碧"可能是一個外來詞的不同記録形式，但"闐碧"在文獻中亦未見其他用例，所指不明。⑤

結合傳世古書記載考慮，筆者認爲上述用於裝飾刀劍的"雞璧""雞辟"可考慮讀爲同時代文獻中的"蠵璧"，是一種類似玳瑁的材料。"璧""璧"皆从"辟"得聲，"雞""蠵"也具備音近通假條件。上古"雞""蠵"屬牙喉音聲母的支部字，中古二字都有齊韻四等的讀音，聲韻俱近。"雞"从"奚"得聲，古文獻中"奚"聲字、"𦥔"聲字都可與"幵"聲字、"圭"聲字相通假。《禮記·問喪》的"雞斯"鄭玄注說"當爲'笄纚'，聲之誤也"，而《說文》目部云"盻"讀若"攜"。⑥ 睡虎地秦簡《日書甲種·取妻出女》中"謑訽"之"謑"（《說文》載其異體作"諈"）寫作"𡢧"（簡 8 背貳—9 背貳），《墨子·備城門》中指水瓢的"奚蠹"在馬王堆帛書《五十二病方·癩》第 225 行中寫作"奎蠹"；而北大漢簡中，《堪輿》簡 15 壹—16 壹的"此畦"即星宿"觜觿"，《周馴》簡 57—58 的"挂幼扶老"讀爲"攜幼扶老"。⑦ 雖然"奚"聲系和"巂"聲系有開合口之別，但上述例證中"攜"（合

---

① 青島市文物保護考古研究所、黄島區博物館《山東青島土山屯墓群四號封土與墓葬的發掘》，《考古學報》2019 年第 3 期，第 430 頁，圖版拾捌。
② 范常喜《"雞璧"新證》，《文學遺産》2021 年第 4 期，第 187—188 頁。例(2)"有扶"的斷讀從此文意見。
③ 侯洪震《"雞辟"爲何物》，《讀書》2022 年第 4 期，第 150 頁。
④ 范常喜《雞璧千金劍、雞辟校短鋏、雞辟佩刀合證》，《出土文獻名物考》，中華書局，2022 年，第 229 頁。
⑤ 歐佳《繁華致飾：說洛陽西朱村曹魏墓 M1 出土石楬中的"校"及相關問題》，《中國訓詁學報》第 8 輯，商務印書館，2023 年，第 224—225 頁。
⑥ 參見高亨著，董治安整理《古字通假會典》，齊魯書社，1989 年，第 185 頁。
⑦ 參見張儒、劉毓慶《漢字通用聲素研究》，山西古籍出版社，2002 年，第 515—516 頁；白於藍《簡帛古書通假字大系》，福建人民出版社，2017 年，第 435—436 頁。

口)與"盱"(開口)、"奚"(開口)與"奎"(合口)的關係都反映了主元音爲-e-的牙喉音開口、合口字的偶爾交涉,①這可能與合口介音-w-有時脱落有關。馬王堆一號漢墓遣册所記食物中有"鯽離〈離〉舊〈牘〉"(簡 47)、"鯉離〈離〉舊〈牘〉"(簡 48),亦見於三號墓遣册簡 88、89,朱德熙、裘錫圭讀"牘"爲指肉脯的"腏"並訓"離"爲"割開",②若其説可信,則此例正爲"牘""奚"二聲系直接相通之佳證。故從通假理據上看,"雞璧""雞辟"可以讀爲"蠵鼉"。與曹植(192—232)、傅玄(217—278)時代相近的王粲(177—217)在《游海賦》中以"蠵鼉"與"玳瑁"並舉:

(4) 乃有賁蛟大貝,明月夜光,蠵鼉玳瑁,金質黑章。若夫長洲别島,旗布星峙,高或萬尋,近或千里,桂林聚乎其上,珊瑚周乎其趾,群犀代角,巨象解齒,黄金碧玉,名不可紀。　　　　　　　　(《藝文類聚》卷八水部上"海水"條引)③

《太平御覽》卷八〇七珍寶部六"玳瑁"條引"左思《吴都賦》"作"蠵璧玳瑁":

(5) 左思《吴都賦》曰:蠵璧玳瑁,金質黑章。④

"蠵鼉"和"玳瑁"都是指龜類動物,其甲殼有文彩,故可用作裝飾材料。揚雄《羽獵賦》"據黿鼉,拔靈蠵",應劭注:"蠵,大龜也。雄曰毒冒,雌曰觜蠵。"⑤《山海經·東山經》"有水焉,廣員四十里皆涌,其名曰深澤,其中多蠵龜",郭璞注:"蠵,觜蠵,大龜也。甲

---

① 張富海曾指出,"開合口諧聲假借的例子,如'佳 kree''街 kree'从'圭 kwee'聲,'庋 kwre'从'支 ke'聲;清華簡《繫年》簡 99、105、107 假借'阋(閒) kreens'爲'縣 gweens';清華簡《芮良夫毖》簡 15'脛(巠)蜀(獨)',用'巠 keeŋ'聲之字爲'瑩 gweŋ';《芮良夫毖》簡 20'肩 kween'字作'𡉺',从'巠'聲;清華簡《殷高宗問於三壽》簡 7'傾 khweŋ'作'睲',从'聖 qhleŋs'聲。值得注意的是,這些例子都是主要元音爲 e 者,不知何故。主要元音不是 e 的例子當然也有,但比較少見。"見張富海《諧聲假借的原則及複雜性》,《古文字與上古音論稿》,上海古籍出版社,2021 年,第 263 頁。
② 湖南省博物館、復旦大學出土文獻與古文字研究中心編纂,裘錫圭主編《長沙馬王堆漢墓簡帛集成(陸)》,中華書局,2014 年,第 180、238 頁。朱曉雪認爲"離舊"非"離牘"之訛,而是應據"萬"聲、"堇"聲作解,與包山簡 256 所記食物"薑旻"所指相同(《楚簡拾零四則》,《江漢考古》2022 年第 2 期,第 139 頁)。按:將"離舊"視爲"離牘"之訛符合秦漢文字構形通例,目前看來尚難否定,有關字形的討論可參程少軒《試説"牘"字及相關問題》,《出土文獻與古文字研究》第 2 輯,復旦大學出版社,2008 年,第 143 頁;陳斯鵬《巴東縣張家墳墓群 M1"元和四年刻石"考釋》,《考古》2011 年第 6 期,第 66 頁。
③ 歐陽詢等纂,汪紹楹校《藝文類聚》,上海古籍出版社,1982 年,第 152—153 頁。
④ 李昉等纂《太平御覽》,中華書局,1960 年,第 3587 頁。《文選》各本所録左思《吴都賦》均無此句,此條引文應屬誤植,參見劉躍進主編,徐華校《文選舊注輯存》第 2 册,鳳凰出版社,2017 年,第 994—1250 頁。
⑤ 劉躍進著,徐華校《文選舊注輯存》第 3 册,第 1895 頁。

有文彩,似玳瑁而薄。"①《宋本玉篇》黽部:"鼊,音壁。𪓟鼊似龜而大,文如玳瑁,可飾物。"②

"鼊"與"玳瑁"一樣兼有龜名與質料名二義。唐代文獻有用鼊甲裝飾書畫卷軸的記載。竇臮《述書賦》:"至如虹縈絲帶,鸞舞錦褾,青間綾文,出之衣表。檀心鼊首,金印銀絡,舒囊貌妍,撫卷香作。多此飾類,又難詳備。"③張彥遠《歷代名畫記》卷三"論裝背褾軸"條提到"以鏤沉檀爲軸首,或裹鼊束金爲飾"。④顧雲《謝徐學士啓》:"謹當卷之鼊軸,飾以錦籤。置在書囊,永當家寶。"⑤宋郭若虛《圖畫見聞志》卷五:"唐外郎滎陽鄭贊宰萬年日,有以賊名而荷校者。贊命取所盜以視,則煙晦古絲三四幅,齊闕裁褾,班鼊皮軸之。"⑥與"鼊軸"相近者爲"玳瑁軸"。南朝虞龢《論書表》:"二王縑素書珊瑚軸,二帙二十四卷;紙書金軸,二帙二十四卷;又紙書玳瑁軸,五帙五十卷。"⑦唐武平一《徐氏法書記》:"其中有故青綾褾玳瑁軸者,云是梁朝舊跡。"⑧

由上文所述可知,鼊甲、玳瑁甲有相似的外觀和裝飾作用。還值得注意的是,漢晉之間有以玳瑁飾劍之例。馬王堆三號漢墓出土過劍首、劍格、劍珥、劍珌"均用木製,均外包玳瑁"的牛角長劍一柄,⑨即同墓所出遣冊記錄的"象劍毒(玳)𧚃(冒-瑁)具一"(簡234/33)。⑩四川奉節風箱峽西漢崖棺葬也曾發現殘玳瑁劍飾兩件。⑪《晉書·輿服志》:"漢制,自天子至於百官無不配劍,其後惟朝帶劍。晉世始代之以木,貴者猶用玉首,賤者亦用蚌、金銀、玳瑁爲雕飾。"由此看來,漢魏文獻中用於裝飾刀劍的"雞壁""雞辟"讀爲與"玳瑁"形、用俱近的"蠣鼊"頗爲合適。在傳世和出土文獻中,"玳瑁"一詞有

---

① 袁珂《山海經校注》,北京聯合出版公司,2013年,第102—103頁。
② 《宋本玉篇》卷二五,中國書店,1983年,第472頁。
③ 張彥遠輯錄,范祥雍點校《法書要錄》卷六,上海古籍出版社,2013年,第152頁。
④ 張彥遠撰《歷代名畫記》,中華書局,1985年,第108頁。
⑤ 董誥等編《全唐文》卷八一五,中華書局,1983年,第8585頁。
⑥ 郭若虛撰,吳企明校注《圖畫見聞志校注》,上海書畫出版社,2020年,第564頁。
⑦ 張彥遠輯錄,范祥雍點校《法書要錄》卷二,第26頁。
⑧ 張彥遠輯錄,范祥雍點校《法書要錄》卷三,第78頁。
⑨ 高至喜《從馬王堆二、三號漢墓出土文物看西漢早期兵器的發展》,湖南省博物館編《馬王堆漢墓研究文集——1992年馬王堆漢墓國際學術研討會論文選》,湖南出版社,1994年,第196頁;參見湖南省博物館、湖南省文物考古研究所編著《長沙馬王堆二、三號漢墓 第一卷 田野考古發掘報告》,文物出版社,2004年,第203頁。
⑩ 湖南省博物館、復旦大學出土文獻與古文字研究中心編纂,裘錫圭主編《長沙馬王堆漢墓簡帛集成(陸)》,第249頁。
⑪ 李莉《四川奉節縣風箱峽崖棺葬》,《文物》1978年第7期,第89—90頁。

"玳瑁""瑇瑁""毒冒""毒瑁""頓牟""頓牟"等多種記録形式,①循此也就不難理解"蠣鼊"會被記寫爲"蠣璧""雞辟""雞璧""雞必""雞碧"等形式了。

唐代文獻中還有一種海龜名爲"係臂":

(6) 係臂,如龜。入海捕之,人必先祭,又陳所取之數,則自出,因取之。

(《酉陽雜俎》卷一七《鱗介篇》)②

明代周祈認爲"係臂"是"臂係"之誤倒,即張衡《西京賦》"巨靈贔屭"、左思《吴都賦》"巨鰲贔屭"之"贔屭"。③《本草綱目》"蠣龜"條收録"蟕蠵""靈蠵""靈龜""黿鼊""員贔"五個異名,"員贔"下注"音戲備,《雜俎》作'係臂'者非"。④ 按古文獻中"系"聲字與"奚"聲字相通之例甚多,⑤"係臂"有可能是"雞辟/蠣鼊"的後起記録形式。⑥

綜上所述,根據通假綫索、詞彙用例、飾物史料等,筆者認爲曹植《樂府歌》(或傅玄樂府《九思》)中的"雞璧"和西朱村曹魏墓石牌銘文、土山屯漢墓遣册中的"雞辟"可能讀爲王粲《游海賦》中的"蠣鼊",指一種近於玳瑁的龜甲類裝飾材料,但究竟是否如此尚有待考古實物材料的檢驗。

---

① 參見馬怡《尹灣漢墓遣册劄記》,《簡帛研究 二〇〇二、二〇〇三》,廣西師範大學出版社,2005年,第265—266頁;羅小華《海昏侯墓出土木楬劄記》,《出土文獻綜合研究集刊》第10輯,巴蜀書社,2019年,第59—60頁。
② 段成式撰,許逸民校箋《酉陽雜俎校箋》,中華書局,2015年,第1233—1234頁。
③ 周祈撰,王衛峰箋證《名義考》卷一〇,上海古籍出版社,2021年,第533頁。
④ 李時珍撰,趙衡如校點《本草綱目》卷四五,人民衛生出版社,1981年,第2497頁。趙衡如將"員贔""戲備"校作"贔員""備戲"。
⑤ 參高亨著,董治安整理《古字通假會典》,第454頁;白於藍《簡帛古書通假字大系》,第751—753頁。
⑥ 東晉瞿曇僧伽提婆譯《中阿含經》卷八:"珍寶名者,謂金、銀、水精、琉璃、摩尼、真珠、碧玉、白珂、螺璧、珊瑚、虎珀、馬瑙、玳瑁、赤石、璇珠。"(T01,no26,p476a15-18)五代可洪《新集藏經音義隨函録》卷一二解釋"螺璧"説:"上洛禾反。下正作鼊,補覓反,《説文》:'似龜而漫胡无指爪,其甲有黑珠,文如玳瑁,可飾物也。'或作璧。"(K34,no1257,p1066b10-11)按古文獻中"螺"與"鼊"連言似僅此一見,從上下文看"螺璧"應該是指一種珍寶而非兩種珍寶並列,頗疑"螺"爲"蜈"之訛而"螺(蜈)璧"本亦讀爲"蠣鼊"。

釋"甴曱"

——聯綿詞俗字探究一例*

古廣政

中山大學中文系

("古文字與中華文明傳承發展工程"協同攻關創新平臺)

一、以往對"甴曱"的認識

《漢語大字典(第二版)》田部：

甴(一)zhá《改併四聲篇海·田部》引《餘文》："甴,士甲切。俗用。"又《字彙補·田部》："甴,悉合切,音霅。出《篇韻》。"

(二)yóu 同"由"。《武威漢簡·儀禮·士相見禮》："無甴達。"

曱 yuē《字彙補》烏譎切。取物。《字彙補·曰部》："曱,《字學指南》：取物也。與甲字不同。"①

《漢語方言大詞典》：

【曱甴】〈名〉蟑螂。(一)吴語。浙江温州[kɔ⁵ dzɔ²¹³]。(二)粵語。廣東廣州[kat²² tʃat²²]香港地～多到死多得要命。香港。譚達先《香港掌故·新界民間哭嫁歌》："螭蟧蜘蛛～隨籬網,愁人開口你擔當。"廣西南寧[kat₂ tʃat₂]。②

二書可代表人們對"甴曱"的一般認識。實際上這些説解存在不少問題。《漢語大

---

* 本文爲國家社科基金重大項目"上古漢語字詞關係史研究"(22&ZD300)階段性成果。

① 漢語大字典編輯委員會《漢語大字典(第二版)》,崇文書局、四川辭書出版社,2010年,第2705頁。

② 許寳華、[日]宮田一郎主編《漢語方言大詞典》,中華書局,1999年,第1254頁。

字典》引《篇海》僅謂"甴,士甲切",而失引原書"曱,于甲切",使"曱"字頭下缺少一音;"士甲切"的"甴"有音無義,也無文獻例證;"曱"字所收"烏譎切,取物"的音義也有可疑之處。而粵方言詞典在提及"曱甴"二字來歷時,大多只簡單説是"借用字",但"曱甴"到底借用了什麽字,被借字的形音義又是什麽,則語焉不詳。事實上"曱甴(甴曱)"的記詞情況並非如此簡單。據筆者所見,此前對二字進行專門考證的,大約只有樓啓明《"甴曱""曱甴"小考》一篇。① 樓文注意到"甴曱"普通話中不能念成"yuē yóu";"曱甴"表示"蟑螂"是借用字,字書中的"甴曱"另有所指;上海方言借"曱甴"用爲"促掐"等等,説多可從,但文中仍有不少可補正之處。此外,張小豔對敦煌文獻中的"甴曱"有很好的梳理,尤其是確認"甴曱"是"劄劉"的會意俗字,②對於弄清"甴曱"的源流幫助很大。本文擬在二位先生成果的基礎上略作補充,重點關注"甴曱"在不同時期和地域所表詞的情況,並試圖對二字的構形作出新的解釋。

二、"甴曱"相關同形字梳理

正式討論之前,首先需要剔除一些與聯綿詞無關的同形字。

"甴"字或作爲"由"的異體,漢代文字多見,③此不贅。

關於"曱"字,研究者多引《字彙補》説解:"曱,烏譎切,音押。《字學指南》:'取物也。'與甲字不同。"《漢語大字典》《中華字海》等大型字書亦從之,實際上不可信。《字彙補》所引《字學指南》"曱"字抄自《玉篇》。《玉篇·分毫字樣》:"甲曱,上古狎反,兵甲。下女洽反,取物。"④已有學者指出,"女洽反,取物"的"曱"字實爲"図"的俗訛,形近而音義全同;《篇海》另有"音押"的"曱"字,《字彙補》作者編纂失誤,將兩個不同音義的同形字相混,此説甚確。⑤ 不過,"曱(図)"音"押"可能也有另一層原因。字書中"図"與"柙/押"有糾葛。敦煌本《大唐刊謬補闕切韻》(P.2015)洽韻女洽反:"図,女洽反。手図,亦作囲、匣、図、扨。又女咸反。又女縶反。"當中"匣"字,一般認爲是"柙"的古體(見《玉

---

① 樓啓明《"甴曱""曱甴"小考》,《語言文字周報》2019年12月11日第2版。
② 張小豔《唐五代韻書與敦煌文獻的解讀》,《敦煌研究》2008年第5期,第38—44、116頁;收入《探尋中華文化的基因(一)》,商務印書館,2018年,第398—410頁。下文引用時僅標注後者頁碼。
③ 參[日]佐野光一編《木簡字典》,雄山閣,1985年,第500頁。
④ 〔南朝梁〕顧野王《宋本玉篇》,中國書店,1983年,第539頁。
⑤ 張孟晉、韓瑞芳《〈分毫字樣〉研究》,《古籍整理研究學刊》2014年第4期,第106—109頁;張孟晉《唐代字樣學文獻數種綜合研究》,吉林大學博士學位論文,2019年,第350頁;梁春勝《〈漢語大字典〉第二版疑難字例釋》,《北斗語言學刊》2020年第1期,第81—90頁。

篇》,實爲"匣"字之變),這裏爲什麽又是"囟"的異體呢? 從"囟"的角度看,"囲"有可能由"囲"一類的形體訛變而來。從"柙"的角度看,《説文》古文"柙"字作"◯",《汗簡》古文"押"字作"◯",[1]楷定後與"囟"形體頗近,也可能是字書編者把"柙"或"押"的古文與女洽切的"囟"相混。[2] 無論如何,既然"囟"有"柙/押"音,那麼它的訛體"甲"似乎也可以被認爲有"押"音。

總之,以上音義都是"由""甲"單用時出現的,與"由甲"連用表示的聯綿詞無關,只是偶然同形而已。

三、"由甲"記錄聯綿詞的情況

1. {㑳㑻}[3]

"由甲"在唐代已出現,但音義與今時不同。敦煌本《字寶》入聲:

> 人㑳㑻,知角〈甲〉反,知訖反。由甲,同上。

此"由甲"即"㑳㑻"異構,張涌泉、張小豔已有詳論。[4]《廣韻》洽韻竹洽切:"㑳㑻,忽觸人也。"又質韻陟栗切:"㑻,㑳㑻,愛觸忤人也。"《祖堂集》卷四"藥山和尚":"進曰:'此兩人被什摩時節因緣即不濤汰?'對曰:'㑳㑻則過於老兄。'""由甲"記錄{㑳㑻},文獻中也有用例。宋程正同《朝中措·題集閑教頭簇》:"少年不入利名場。花柳作家鄉。一片由甲口觜,幾多要俏心腸。"張小豔指出"由甲"應是"甴甲"形訛,"甴甲口嘴"謂言語上愛衝撞人,[5]其説甚是。

法藏敦煌五代刻本《大唐刊謬補闕切韻》(P.2015)洽韻女洽反:"甲,由甲。"張小豔

---

[1] 按古文就是"甲"字之變,音近假借爲"柙""押"。參李春桃《古文異體關係整理與研究》,中華書局,2016 年,第 252 頁。【看校補記:李美娟從字形演變上主張古文"甲"是"囟"字(參李美娟《楚系文字考釋專題》,復旦大學博士學位論文,2024 年,第 176—186 頁)。但"甲""囟"聲母不近,且假借不太常用的"囟"用爲常見字"甲"不易理解,故我們不取此説。】

[2] 參張涌泉主編《敦煌經部文獻合集·小學類韻書之屬(三)·大唐刊謬補闕切韻·大唐刊謬補闕切韻(序,卷一全三、五)·【校記】》,中華書局,2008 年,第 3520 頁。

[3] 本文參照裘錫圭《文字學概要》的做法,用{ }表示詞或語素。

[4] 張涌泉主編《敦煌經部文獻合集·小學類訓詁之屬·字寶》,中華書局,2008 年,第 3788—3789 頁;張小豔《唐五代韻書與敦煌文獻的解讀》,第 398—410 頁;張涌泉、張小豔、郜同麟《敦煌文獻語言大詞典》,四川辭書出版社,2022 年,第 2606 頁。

[5] 張小豔《説"傻"》,《漢語史學報》2017 年第 1 期,第 122—139 頁。

將其與義爲"刳劉"的"甴甲"當作一詞,①可從。當中注音可以稍作補充。此卷未收"甴"字,而"甲"字音"女洽反",與"刳"或"劉"均不合。前面提到,"甲"單用時是"囝"的俗字,因而此處"女洽反"其實也是韻書編者將單用的"甲"與聯綿詞"甴甲"音義相混的結果。此條"甲,甴甲"當移入"劉"同一小韻下爲是。

{刳劉}或寫作"啅喠""啅唯""刳窒""諮諠"等形。② 從讀音和意義上看,它似與表示多言義的"謷讔""嘲唽""周遮"等詞同源。

2.{雩押}

敦煌字書顯示"甴甲"記録{刳劉}。傳世《篇海》系字書中"甴甲"的音義與此不同。金代字書《新修玉篇》在甲部和田部都收録了"甴甲",其中卷三〇甲部引《類篇》:

甴甲,上音雩,下音押。③

田部所收音義與此有異,當表另一詞,詳下文。在此基礎上增删成書的《改併四聲篇海》也在甲部和田部分别收録了"甴甲"。其中卷二甲部説解與《新修玉篇》甲部相同,但田部的"甴甲"又與《新修玉篇》不同。《篇海》卷四田部引"俗字背篇":

甴甲,上士甲切,下亏〈于〉甲切。俗用。④

樓啓明《"甴甲""甲甴"小考》認爲此讀音與"上音雩,下音押"一脈相承,其説可從。以《集韻》反切爲例,雩字色甲切一讀與"士甲切"同音,押字乙甲切一讀與"于甲切"同音,二者當指向同一詞。根據《篇海》"俗用"的説解,"音雩押"的"甴甲"應該在元代仍有使用。這説明近代"甴甲"的記詞出現了新變化。

張涌泉在爲《字寶》"甴甲"條作注時提到《篇海》"上士甲切,下于甲切"的"甴甲",認爲"讀音有别,或别爲一詞",這是很謹慎的意見。⑤ 由於資料缺乏,確定"雩押"記録的詞有一定困難,不過結合語音綫索和"甴甲"的慣用讀法,我們仍能對其音義作出一點推測。{雩

---

① 張小豔《唐五代韻書與敦煌文獻的解讀》,第 398—410 頁。
② 江藍生、曹廣順《唐五代語言詞典》,上海教育出版社,1997 年,第 430—431 頁;張小豔《敦煌社會經濟文獻詞語論考》,上海人民出版社,2013 年,第 62—63 頁。
③ 邢準《新修絫音引證群籍玉篇》,《續修四庫全書》第 229 册,上海古籍出版社,2002 年影印金刻本,第 237 頁。
④ 韓孝彦、韓道昭撰,釋文儒、思遠、文通删補《成化丁亥重刊改併四音類聚四聲篇海》,《續修四庫全書》第 229 册,上海古籍出版社,2002 年影印成化本,第 326 頁。金刻元修本、成化本引書符號皆作《川篇》,正德本始添"俗字背篇"符號,二者有出入。按二字説解謂"俗用",根據《篇海》體例,"俗用"多是韓道昭後補俗字,故引書符號當從正德本作"俗字背篇"。《漢語大字典》謂引《餘文》,亦非是。
⑤ 張涌泉主編《敦煌經部文獻合集·小學類訓詁之屬·字寶》,第 3789 頁;張涌泉、張小豔、郜同麟《敦煌文獻語言大詞典》,第 2606 頁。

押}的讀音與{劄劉}相去不遠。《字寶》反映晚唐五代西北方音特點,澄母已經清化,知組、精組與莊組互注,洽、狎韻互注。① 可見前一音節澄母狎韻的"霅"與知母洽韻的"劄"在當時已經同音,"劄劉"與"霅押"的區別只是後一音節將雙聲改爲-p尾疊韻而已。考慮到當時"甴甲"主要記録{劄劉},而"霅"本身恰好也有多言的意思(《説文》"一曰衆言也"),可以認爲{霅押}應當是由"霅"順向重疊構成的聯綿詞,與{劄劉}有同源關係,核心語素義都是"多言"。古書中有{讘誻}一詞,它與{霅押}的音義比較接近。《韓非子·奸劫弑臣》:"且夫世之愚學,皆不知治亂之情,讘誻多誦先古之書,以亂當世之治。""讘誻"即多言。《集韻》"讘"音質涉切,"誻"音吉協切,是一個葉/帖疊韻的聯綿詞。{霅押}的聲母與其相同,都是章母和見母,韻母方面則是狎韻疊韻。可見它們在語音上也有聯繫,可能也是一組同源詞。

明代南曲中有"甴甲"用作{霅押}的用例,可進一步證實上面的推論。明散套《舞榭歌臺》正宫過曲【天燈照魚雁】:

【普天樂】多俊雅,忒甴甲。【漁家傲】□□□自小爲人,聲透閨閣。脚到處 聽得 科底瞞兒,是 風流陣馬。【剔銀燈】懺作調坎通嗏罷,能撒嵌 也會 商謎續麻,曾學書會社家。【雁過聲】有情人禮節知高下,好 純善性兒不會假。②

鈕少雅《纂集元譜南曲九宮正始》眉批注"甴甲,音扎押"。李穎認爲"甴甲"即促狹,謂"愛捉弄人,刁鑽刻薄"。③ 今按,"促狹"與"音扎押"讀音不合;且從文義上看,此曲描寫一位多才多藝的風流男子,他能説唱諸宫調(撒嵌嗏罷),還擅長猜謎(商謎)、接龍(續麻)等文字游戲,可見其口齒伶俐,用貶義的"促狹"形容不妥當,也與下句"有禮節""好純善"矛盾。這裏的"甴甲"當是用作{霅押},以"説話多且快"作解便文意通暢。{霅押}與"扎押"音正合,明代字書《篇海類編》《詳校篇海》等書中"甴甲"的直音即作"扎押",可參。

3. {㚻㚻}

《新修玉篇》卷二田部引《川篇》:

甴甲,上所覽切,下所六切。不定也。④

按:此音義僅見於《新修玉篇》,《篇海》删去該條説解,而以"上士甲切,下于甲切"替

---

① 劉燕文《從敦煌寫本〈字寶〉的注音看晚唐五代西北方音》,《出土文獻研究續集》,文物出版社,1989年,第236—252頁。
② 俞爲民、孫蓉蓉編《歷代曲話彙編 新編中國古典戲曲論著集成 清代編 南曲九宫正始》,黄山書社,2008年,第120頁;洪振寧、俞爲民主編《南戲大典 資料編 清代卷2·舞榭歌臺(明散套)》,黄山書社,2012年,第90頁。二書將"甴甲"録作"甴甲",誤,此據中國國家圖書館藏清抄本改。
③ 李穎《南戲詞語考釋》,山西師範大學碩士學位論文,2020年,第36頁。
④ 邢準《新修絫音引證群籍玉篇》,第20頁。

之,其他字書也未見收錄。它與上述"劄劉""雴押"等音義無法溝通,當別爲一詞。以音義求之,此"甴甲"當是{觳觫}的俗字,又作"閃爍""閃鑠"等。① 《集韻》藥韻式灼切:"觫,觳觫,不定皃。"《吳音奇字·通用門》:"觳觫,閃縮,不定貌。方言～～～～。"桂馥《劄樸》卷九《鄉言正字》:"詭詐曰觳觫。"《新撰字鏡》卷一二《連字部》:"閃鑠,甓(暫)見也,不定也。""觳觫"《集韻》音失冉切、式灼切,與"甴甲"音同。【看校補記:從注音看,"觳"本當从"夾"得聲,左旁非"夾"。】借用"甴甲"二形,大概是因爲意義上"言語閃爍不定"與"言語上衝撞人"有共通之處。目前文獻中尚未發現"甴甲"記錄{觳觫}的用例,值得繼續留意。不過,《川篇》一書五代《可洪音義》曾有引用,② 至少能説明"甴甲"用作{觳觫},與用作{劄劉}的時代相去不遠。

4. {促狹}(吳語)

《平江區志》:"甴甲亦作'促恰、促狹、促掐、捉狹、鏃掐'。甴,力竹切(引者按:反切疑有誤),音戳。甲,苦格切,音客。(1)刁鑽刻薄,愛使壞點子捉弄人。(2)尷尬,(事情)麻煩難辦。"③《上海方言詞典》:"【促掐】① 心地狹窄,行爲刁鑽,愛捉弄人,損害別人的利益② 使人難以對付或難以想到:辯隻問題問得真～。加重語氣時説'促里促掐'。"④ "甴甲"記錄{促狹},通行於吳方言區。清抄本《佛門破獄科》有一處較早的用例:

我昨日走在十街前,遇著王魯志先生在講書,我在旁邊插了幾句嘴,他説我説得不是,把我臉上説得班班點點,麻麻綠綠,**甴裡甴早**鮮紅的。

曹婕校注:"甴裡甴早,底、甲本作'甴裡甴甲',據乙本改。"⑤ 按"甴裡甴早"不辭,此處當以"甴裡甴甲"爲是,記錄的詞就是{促里促掐},形容人的言語刁鑽刻薄。據曹文所列版本資料,《破獄科》底本較早者抄寫時間爲同治十二年(1873),⑥ 可知至遲在清末"甴甲"就有用作{促狹}的記錄。

民間長篇吳歌中也有一些用例:

(1) 久旱逢雨本來喜甘霖,落曉得**甴甲**格天氣嘸好心。 (《沈七哥·七哥出世》)
(2) 烏龜王八**甴甲**主意來打定,偷偷竄到天師面前鬼話説仔嘸淘成。

(《沈七哥·沈歌村受難》)

---

① 參蕭旭《群書校補·敦煌契約文書校補》,廣陵書社,2011年,第1095頁。
② 參馮先思《〈可洪音義〉所見五代〈玉篇〉傳本考》,《古籍研究》2016年第1期,第92—99頁。
③ 蘇州市平江區地方誌編纂委員會編《平江區志 下》,上海社會科學院出版社,2006年,第1299頁。
④ 李榮主編,許寶華、陶寰編纂《上海方言詞典》,江蘇教育出版社,1997年,第386頁。
⑤ 曹婕《〈佛門破獄科〉研究》,上海師範大學碩士學位論文,2016年,第71頁。
⑥ 曹婕《〈佛門破獄科〉研究》,第9頁。

(3) 正月梅花寒裡開，勿怕霜打雪壓冷風吹，山浪助我破仔**占甲占甲**格四大關，見
　　難相助第一對。　　　　　　　　　　　　　　　　　　　（《沈七哥·沈歌村受難》）

(4) 第一惡，像狐狸，眼睛骨溜，刁奸**占甲**、黑肝黑肺黑良心。

　　　　　　　　　　　　　　　　　　　　　　　　　　　　（《沈七哥·贊善懲惡》）

(5) 前前後後全是你隻老狐狸起個十惡勿赦格**占甲**心。　　　（《薛六郎·婚變》）

(6) 扁豆藤來末是窮人格根，趙巷全家末打野馬精，**占甲**白馬一蹄踢勒爺爺格笑腰
　　裡，一陣癡笑末倒勒得田中心。　　　　　　　　　　　　（《小青青·託孤》）

(7) 刁奸**占甲**末自扳磚頭自打脚，但願人間善惡黑白能分明。（《小青青·塔倒》）①

　　或說"占甲"見於民國時期的上海方言小說和《申報》等報刊，②但我們暫未檢索到用
例。幾本常見的吴方言詞典亦未收録"占甲"。

　　{促狹}的用字除"促狹""促掐""占甲"之外，又有"促恰""促却""促俠"③"撮掐""鏃
掐"④"搯揹(掐)"⑤"悠愡"⑥等異寫形式。

　　{促狹}的語源不明。從書寫形式看，它應當是一聯綿詞。王勇以"促"的狹小、狹窄
義作解，認爲"促狹"是同義並列複合詞，未必爲探本之論。⑦ 雖然"促狹"在《三國志》中
已見，但去掉此例之後真正形容刻薄愛捉弄人的"促狹"，出現時間反而比"促掐""促恰"
等更晚，這是值得懷疑的，有待進一步研究。

　　5.{蛞蚾}（粵語）

　　《廣州方言詞典》："甴曱，蟑螂。俗字。"⑧通行於粵方言區。今多寫作"曱甴"，而早
期材料基本都作"甴曱"。實際上此類聯綿詞俗字表音能力弱，書寫常常不拘順序，如
"旮旯"或作"旯旮"、"乓乒"或作"乒乓"、"尸尸月月"或作"月月尸尸"等。⑨ 論者或用"誤

---

① 姜彬主編，吴歌學會編《江南十大民間叙事詩 長篇吴歌集》，上海文藝出版社，1989年，第99、141、144、165、
　422、645、728頁。
② 邵宛澍《上海閒話》，上海文化出版社，2014年，第168頁。
③ 王勇《近代漢語合成詞理據探尋方法——異形詞互證》，《漢語史研究集刊》2018年第2期，第133—144頁。
④ 石汝傑、[日]宮田一郎主編《明清吴語詞典》，上海辭書出版社，2005年，第99頁、776頁。
⑤ 《啟蒙六言雜字》："刻剥搯揹狡猾。"轉引自戴元枝《明清徽州雜字研究》，上海教育出版社，2017年，第187頁。
⑥ 《精校音釋分門定類啓蒙全書》："狠毒兇暴殘酷，刻薄悠愡荒淫。"轉引自蔡穎《徽州雜字書字詞研究》，浙江師
　範大學碩士學位論文，2022年，第90頁。
⑦ 王勇《近代漢語合成詞理據探尋方法——異形詞互證》，第138頁下引汪維輝説："'促狹'可能是流俗詞源的放
　映，可以做進一步考查。"
⑧ 李榮主編，白宛如編纂《廣州方言詞典》，江蘇教育出版社，1998年，第440頁。
⑨ 後一例參崔山佳《再説擬聲詞"尸月"》，《漢字漢語研究》2021年第2期，第115—123、128頁。但偏旁連讀成語
　會意的"忐忑"一類則不能前後互換，說詳拙文《非形聲結構的聯綿詞專用字》（未刊稿）。

书""误倒"解释这种"颠倒书写"现象,甚至反过来认爲聯綿詞音節需要逆讀,實不必。下面列舉一些較早的用例:

(1)"甴曱"表示蟑螂的最早書面記録,見於1841年裨治文《廣東方言讀本》(*A Chinese Chrestomathy in the Canton Dialect*)。除此之外據筆者所見,近代粵語教材或詞典收録"Cockroach 甴曱"條目的,還有《英粵字典》(1859)、《英語集全》(1862)、《初學階》(1874)、《粵語中文字典》(1877)、《粵語速成》(1888)、《唐字音英語》(1904)、《增訂粵語撮要》(1929)等。

(2)《廣州兒歌甲集·甴曱仔》(1928):"甴曱仔,飲啖油,亞哥叫妹纖絲綢。"注:"甴曱,蟲名,(即蟑螂)甴讀作 gat,曱讀作 jat。"①

或加蟲旁作"蚰蚏",此二形未見字書收録:

(3)《華英字典集成》附録《雜字撮要》(1887):"蚰蚏 Cockroach。"②

(4)民國三年《初學分類七十二行雜字·蟲蟻》(1914):"蚏蚰。"③按文獻未見"蚏蚰"的蟲名,此二字當即"蚰蚏"之訛。

又寫作"蛺蟽""蛣蚻":

(5)光緒癸卯正月澳門蒙學書塾編輯《改良婦孺須知》(1903)上卷動物類:"蛺蟽。"④梅喬甫《新體通俗方音韻譜》(1929):"蛺蟽,蜚蠊也。一名偷油婆,土音讀如卡擦。"⑤

(6)孔仲南《廣東俗語考·釋動物》(1933):"夜行蟲曰蛣蚻,讀若過疾。"⑥

目前所見,粵語用"甴曱"表示{蛣蚻}的時間似乎並不早,大約清末民初開始流行。

關於[kat tsat]{蛣蚻}的語源,游汝傑認爲第一個音節可能來自壯侗語的詞頭,表示蟲類類名,⑦可參。

【看校補記:傳教士巴色會於1880年出版的客家方言課本《客家書·啓蒙淺學》中有反切字"蠿"(音 tshat6,翟虱切),聲旁取"翟""虱"(省去虫形)相拼,爲記録蟑螂的合音式專造字。參張榮榮《明清時期南方地區方言文獻文字研究》(中國廣播影視出版社,

---

① 劉萬章《廣州兒歌甲集》,國立中山大學出版部,1928年,第48—49頁。
② 王建軍主編《清至民國嶺南雜字文獻集刊》第14册,廣西師範大學出版社,2018年,第494頁。
③ 王建軍主編《清至民國嶺南雜字文獻集刊》第5册,第241頁。又第328頁所收録另一版本《七十二行雜字》寫法相同。
④ 王建軍主編《清至民國嶺南雜字文獻集刊》第15册,第311頁。
⑤ 轉引自王毅力《民國韻書〈方音韻譜〉所記粵方言字詞釋例》,《五邑大學學報(社會科學版)》2018年第4期,第82—85、92頁。
⑥ 孔仲南《廣東俗語考 下》,上海文藝出版社,1992年,第65頁。
⑦ 游汝傑《漢語方言學教程(第二版)》,上海教育出版社,2016年,第192頁。

2022年,第289頁)轉引楊澤生《一種特殊的形聲字〈客家書·啓蒙淺學〉中的反切形聲字及相關問題》。】

6. 待考:"甴甲"

日本江户時期漢語辭書《胡言漢語》卷上:

> 甴甲,音勒忒。《西洋記》:"今日受了這箇和尚許多甴甲。"①

按:日本雙紅堂文庫藏清步月樓刻本《三寶太監西洋記》第十三回:"好個天師,眉頭一蹙,計上心來,心裏想道:'今日受了這個和尚許多甴甲,就在取璽上還他一個席兒罷。'"通行本《西洋記》作"周折"。《聯綿難字音義表》據此將其直接等同於"周折",②但注音"勒忒"與"周折"明顯不能溝通。我們曾認爲"勒忒"記錄的可能是{肋賊},《集韻》謂"肋賊"義爲"不正容止也",明清吳語中又有"無賴""不正經"的意思。③ 蒙曾良、李偉大等先生賜告,"甴甲"記錄的詞應爲{蹦蹋},此處是糟蹋的意思,通行本"周折"是同義替代,此説當更可信。"甴甲"構形奇特,它與"甴甲"字形非常相近,不知二字是否本爲"甴甲"之變。{剒剠}形容行爲舉止不明事理,好觸忤人。本段寫張天師與金碧峰鬥法,天師謂和尚令他周折不順,意義與其相近,借"甴甲"同義換讀爲{蹦蹋}。録此備考。【看校補記:佚名編、嘉陵卧雲山人校《新刊無價寶禮儀雜字》(民國二十四年順慶博古齋刻本):"咱甲甴,旨忙乎著看。拘所狐狸,踤犇山。"(參李國慶、韓寶林編《雜字類函續》第14册,學苑出版社,2018年,第205頁)亦出現二字,同爲吳方言(後文"踤"徐州方言指在水、泥或田地裏踏行),句中多僻字,文意難解。"甲甴"似形容一類人。】

7. 小結

"甴甲"最初記録的詞是{剒剠},可以認爲原本是爲聯綿詞{剒剠}而造的俗字。後又用來表示音義俱近的{霅押}。表示{奊㩉}尚未發現文獻用例,可能是臨時的同義換讀現象。吳語和粵語分別借來表示{促狹}和{蛣蚍},涉及音義兩方面因素,但主要是出於意義相近。刁鑽刻薄者的言行總是冒犯他人,用來比喻"人人喊打"的蟑螂也是情理中事。語音上,吳語的[tsʰoʔ kʰaʔ]、粵語的[kat tsat]與近代的"霅押(扎押)"聲韻皆有關係,如{蛣蚍}音節倒置後聲式即TS-K-,與{促狹}和{霅押}相同,似可反映這些詞在借用同一字形時,音節的相近也在考慮範圍内。

從歷時角度看,中古時期"甴甲"主要記録{剒剠},偶爾記録{奊㩉};近代則記録{霅押};現代記録{促狹}或{蛣蚍}。從共時角度看,"甴甲"唐代在西北地區仍有使用,後來

---

① [日]古典研究會《唐話辭書類集(第一集)》,日本汲古書院,1969年,第383頁。
② [日]竹澤雅文《聯綿難字音義表》,2018年。
③ 石汝傑、[日]宫田一郎主編《明清吳語詞典》,第383頁"勒脱"條。

基本在南方方言區流行。二字今通語已不存,僅在吳方言和粵方言區使用。且現今粵方言區使用"甴曱"的頻率比吳方言高,大概是因爲"甴曱"在粵方言區依靠正字法取得了一定地位,而在吳方言區一直未被收入方言字規範,只作爲民間手頭俗字存在,生命力也就不及前者了。

雖然"甴曱"所表示的聯綿詞複雜多樣,但在特定時期和地域的記詞職能是較爲單一的。歷史上{劉劉}{䨳押}等詞今已不再使用,而近代出現的{促狹}當時也並不用"甴曱"記錄。操粵語的人見到"甴曱"只會想起蟑螂,而不會想到吳語的{促狹}。因此面對文獻中各種"甴曱"的用例,只要確定其時間和地域範圍,其音義是不難判斷的。

值得留意的是,敦煌文獻"甴曱""俉㕒(㕒)"皆可用爲{劉劉};而吳語中既有"甴曱",也有"俉㕒(㕒)",但二者並不用來記錄{劉劉}:前者用爲{促狹},後者對應的則是{紮致}。《越諺·器用》:"俉㕒,札至。牢固。"《吳音奇字·通用門》:"俉㕒,音扎緻,牢固也。"可見即使是歷史上記錄過同一聯綿詞的字形,在不同時期和地域也可能用來記錄其他不相干的音義,這無疑深化了我們對聯綿詞字詞關係複雜性的認識。

四、"甴曱"構形解釋

"甴""曱"二字的構形舊無善解。張小豔認爲"甴曱"从曰、从丨,表示"丨"在"曰"中,不上也不下,謂不會說話做事、常常冒犯他人之意。① 此可爲一說,但構意上似乎不夠顯豁。根據現有資料以及對同類聯綿詞俗字的認識,我們認爲"甴曱"二字應是將"甲"字變筆改造再倒置造出來的。《篇海》系字書引《類篇》"曱"字"音押",押字古狎切一讀即與甲字同音。因此,最初很可能是假借"甲"字縮短豎畫變筆改造出"曱"。類似造字方法,可參考生字豎畫不出頭作"𠂉"(gǎ,乖僻)、坐字豎畫不出頭作"𡉴"(kú,蹲)、來字豎畫不出頭作"𠒰"(pā,躲藏)等。② 相較而言,此說的好處是更爲簡單直接。③ 至於倒置造出"甴",可參考如下幾例:"了𠄌"(懸掛貌,或作"了佻",見《一切經音義》引《方言》)、"凹㘡"(物低垂貌,《集韻》音乙洽切、昵洽切)、"甴冎"(音"渣巴",義爲土塊,見民國《安徽通志稿》)。它們的共同特徵都是借用一字(音借或形借),又倒置造出新字表示

---

① 張小豔《唐五代韻書與敦煌文獻的解讀》,第 398—410 頁。
② 參許寶華、[日]宮田一郎主編《漢語方言大詞典》,第 1351、2780、3185 頁。
③ 前面提到,"曱"單用時是"図"的俗字,而"図"又與古文"柙(押)"有糾葛。"図"有"押"音,那麼"曱"也可能被認爲有"押"音。其實"図"不僅可能音"押",還有可能音"劉",如《廣韻》洽韻竹洽切:"蚓,斑身小蟲。"由此看來,直接借用音"押"的"曱"字後再倒置造出"甴",這種可能性似乎也不能排除。由於時人心目中"曱"是否有"押"音尚難論定,我們不取此說。但無論"曱"是新造還是借用,倒"曱"爲"甴"這一點應該沒有疑問。

聯綿詞的兩個音節。

結　　語

　　經過以上梳理，我們可初步得出以下結論："甴曱"最早出現於唐代，是爲{刱刜}一詞造的俗字，表示不懂事理，言語或行爲上愛衝撞人。中古文獻中"甴曱"的慣用讀法是{刱刜}。《篇海》系字書收錄的{䰽䵝}當是表示多言義的一個詞，與{譶詨}音義皆近。近代文獻中"甴曱"主要記錄的是{䰽䵝}，明代南曲中有用例。《新修玉篇》音"所覽切""所六切"，所表之詞爲"不定也"的{欻翕/閃爍}，但尚未見到文獻用例，可能是臨時的同義換讀。在吳語中，"甴曱"用來記錄刁鑽刻薄義的方言詞{促狹}，較早的用例見於清末抄本《佛門破獄科》。在粵語中，"甴曱"表示蟑螂義的方言詞{蛣蚻}，早見於1841年裨治文《廣東方言讀本》，或寫作"曱甴""蚰蛐"。此外《三寶太監西洋記》的"屮甲"可能也是"甴曱"的訛寫，同義換讀爲{蹣跚}。"甴""曱"二形可能是借用音近字"甲"縮短豎筆又倒置造出來的變體字。

　　目前各種工具書對"甴曱"的解釋難稱完備，還有混淆同形字的情況，相關字詞的整理可爲大型字書和方言詞典修訂提供補充和參考。"甴曱"作爲聯綿詞俗字中一例較典型的個案，它的結構與一般形聲字不同，屬於變體字的一種，表音和表意功能很弱，使得其記詞情況複雜多樣。而且記錄雙音節聯綿詞的職能使得它在用字上也有較爲獨特之處，如存在顛倒書寫順序而不影響音節的現象。從"甴曱"的例子可見，這類聯綿詞俗字資料仍有整理與研究空間。但由於我們掌握的資料十分有限，文中多推測之語，希望方家批評指正。

　　後記：本文是《非形聲結構的聯綿詞專用字》（未刊稿）的一部分。寫作中得到張嘉潔、陳楷森、陳哲等師友的幫助，會上蒙曾良先生惠賜寶貴意見，謹致謝忱。

2022 年 3 月初稿
2023 年 1 月 6 日二稿
2023 年 6 月 30 日三稿
2023 年中秋修改

弘仁本《文館詞林》訛混俗字補證

梁春勝

河北大學文學院

唐許敬宗編《文館詞林》，是一部多達一千卷的文學總集。惜乎其書卷帙浩繁，宋代以後便已失傳，現今僅留殘卷於日本。此殘卷在晚清民國時期陸續回傳，先後有《粵雅堂叢書》本（1853年）、《古逸叢書》本（1884年）、楊葆初成都刻本（1893年）、《適園叢書》本（1914年）、董康影印本（1927年）、《叢書集成初編》本（1936年）等。這些本子在傳錄的同時，還做了一定的文字釋讀和校勘工作，正確辨釋了一些疑難俗字，校正了寫卷本身的不少俗訛。孟森《文館詞林校記》校正了寫本和前人錄文中的很多疏誤，有不少很精闢的意見。[1] 另外，《全上古三代秦漢三國六朝文》《唐文拾遺》《先秦漢魏晉南北朝詩》等輯佚之作在利用《文館詞林》輯錄佚篇時，也對文字有所辨釋和校訂。日本古典研究會1969年出版的《影弘仁本〈文館詞林〉》（以下簡稱"弘仁本"），囊括了日本所發現的弘仁本及其他古鈔、刻本，是目前最爲齊備的本子。此書在國內一直未見影印本，但有兩種據日本影印弘仁本所作的整理本，分別是羅國威《日藏弘仁本文館詞林校證》[2]（以下簡稱"《校證》"），林家驪、鄧成林《日本影弘仁本〈文館詞林〉校注》[3]（以下簡稱"《校注》"），爲國內學人瞭解此書提供了很大幫助，功不可没。但以上兩種整理本未能很好地吸收晚清民國以來學者的研究成果，在釋錄和點校方面存在不少問題。尤其是弘仁本存在大量的訛混俗字，一部分字晚清民國學者已有校正（但限於體例未説明理由），而《校證》《校注》等未能吸收。本文選取52例試作補充論證，以期爲該書的進一步整理提

---

[1] 孟森《文館詞林校記》，《孟森遺稿彙刊》第4册，中華書局，2014年，第1875—2026頁。此書承河北大學博士生何亞星提供，謹此致謝！

[2] 羅國威《日藏弘仁本文館詞林校證》，中華書局，2001年。

[3] 林家驪、鄧成林《日本影弘仁本〈文館詞林〉校注》，中國社會科學出版社，2021年。

供參考。不當之處,敬請方家指正。

1. 卷一五六西晉鄭豐《答陸士龍》:"鴛鴦于飛,在江之涘。和音交暢,拊翼雙起。朝游蘭池,夕宿蘭沚。清風翕習,扇彼蘭芭。凌雲高厲,載翔載止。"(《校注》56)

按:"芭"弘仁本作"芑"(22a),《叢書集成初編》本(1690/2a)、①《適園叢書》本(413a)、②《先秦漢魏晉南北朝詩》(720)③校錄作"芑",是也。"己"旁俗書或與"巴"相亂,如 P.4506《金光明經卷二》"尒時王妃"之"妃"作"妃"(《法藏》31/212a),④唐孟師墓誌"朽壤頹圯"之"圯"作"圯"(《北圖》14/118),⑤P.3930《醫方書》"苟杞子三升"之"杞"作"杷"(《法藏》30/213b),皆其例。"蘭芑"爲香草。北齊李君妻崔宣華墓誌:"性潔冰露,質薰蘭芑。"(《北圖》7/123)"蘭芑"義同,可以比参。"清風翕習,扇彼蘭芑",即以清風扇動蘭草,來稱贊陸雲美名遠揚。《陸雲集》其字作"苣"(57),⑥"蘭苣"亦指香草,與"蘭芑"蓋爲同義異文。"涘""起""沚""芑""止""苣"西晉時皆爲之部字(《魏晉南北朝韻部之演變》67),⑦合於押韻規律。"蘭芭"不辭,且"芭"西晉時爲歌部字(《魏晉南北朝韻部之演變》190),亦失韻,故作"芭"非是。《校證》亦失校(25)。

2. 卷一五六西晉張翰《贈張弋陽》:"時道玄曠,階軌難尋。散纓放冕,員劍長吟。"(《校注》62)

按:"員"弘仁本作"負"(25a),《適園叢書》本(414a)、《先秦漢魏晉南北朝詩》(736)、《文館詞林校記》(1891)校錄作"負",是也。"負劍"指"佩劍""持劍"。"散纓放冕,負劍長吟",寫的是隱士的情狀,正合於文意。東魏元玕墓誌:"除平南將軍、太中大夫、武衛將軍。負劍星闈,承神月户,出入青蒲,往來紫閣。"(《北圖》6/30)陳徐陵《爲貞陽侯與太尉王僧辯書》:"況復邦家不造,至此橫流;宗社無依,何所逃責。因以提戈負劍,卧泣行號,言念荆巫,志雪仇恥。"⑧"負劍"義皆同,可以比参。"員劍"則不辭,故非是。《校注》

---

① 收入王雲五主編《叢書集成初編》第1690—1691册,商務印書館,1935年,本文即以此爲據。斜綫前的數字表册數,後表頁數,a代表上欄,b代表下欄。下同。
② 《適園叢書》本《文館詞林》,收入《續修四庫全書》編委會編《續修四庫全書》第1582册,上海古籍出版社,2002年,本文即以此爲據。
③ 逯欽立輯校《先秦漢魏晉南北朝詩》,中華書局,1983年。
④ 上海古籍出版社、法國國家圖書館編《法藏敦煌西域文獻》(以下簡稱"《法藏》"),上海古籍出版社,1994—2005年。
⑤ 北京圖書館金石組編《北京圖書館藏中國歷代石刻拓本匯編》(以下簡稱"《北圖》"),中州古籍出版社,1989年。
⑥ 〔晉〕陸雲《陸雲集》,中華書局,1988年。
⑦ 周祖謨《魏晉南北朝韻部之演變》,臺北東大圖書股份有限公司,1996年。
⑧ 〔南朝陳〕徐陵撰,許逸民校箋《徐陵集校箋》,中華書局,2008年,第600頁。

云:"員劍,當指馮諼劍把。出自《戰國策·齊策四》馮諼歌曰:'長鋏歸來乎,食無魚。'後因以馮諼劍謂有才華人暫處困境。"釋字既誤,説解因而亦非。《叢書集成初編》本(1690/3b)、《校證》(28)亦失校。

3. 卷一五六西晉孫承《贈陸士龍》:"五龍戢號,雲鳥慕紀。淳化既離,義風載始。"(《校注》72)

按:"慕"弘仁本作""(28b),《陸雲集》作"纂"(79),《先秦漢魏晉南北朝詩》從之(723),是也,其字當是"纂"字俗訛。竹頭、草頭混用自隸書已然,故"纂"俗或从草頭,如漢劉衡碑"纂周行而彌長"之"纂"作""(《隸辨》101a),①又因形近而訛作"慕"。曹植《文帝誄》:"擬跡穀林,追堯慕唐。"②"慕"《藝文類聚》卷一三作"纂"(243),③此"慕"亦是"纂"的訛俗字,可資比勘。"纂"訓"繼","五龍戢號,雲鳥纂紀",是説遠古五龍之君(指皇伯、皇仲、皇叔、皇季、皇少)的時代落幕後,接着相繼是以雲紀事、名百官的黃帝軒轅氏,以及以鳥紀事、名百官的少暤金天氏。此處是追溯陸氏之源至黃帝軒轅氏,以稱美陸雲家世源遠流長,地位顯赫。陸氏出自嬀姓(見《新唐書》卷七三《宰相世系表下》),嬀姓出自帝舜(見《元和姓纂》卷二引《世本》),帝舜爲黃帝之後(見《史記·五帝本紀》),故此處追溯陸氏之源至於黃帝。《叢書集成初編》本(1690/4b)、《適園叢書》本(415a)、《校證》(32)亦皆失校。

4. 卷一五六西晉孫承《贈陸士龍》:"釋彼短寄,樂此窈冥。形以神和,思以情新。清雲可乘,芳餌可捐。達觀在一,萬物自賓。"(《校注》73)

按:"損"弘仁本作""(29a),《陸雲集》(81)、《先秦漢魏晉南北朝詩》(724)作"捐",《叢書集成初編》本(1690/5a)、《適園叢書》本(415b)、《文館詞林校記》(1893)亦校錄作"捐",是也。""當是"捐"字俗訛。"貝""員"二旁俗書形近相亂,故"捐"俗書或與"損"相混,如北齊道政等造像記"便捐七尺之軀"之"捐"作""(《北圖》7/138),隋寇奉叔墓誌"奄捐館舍"作""(《北圖》9/9),《玉篇殘卷·阜部》"階"字下釋文"捐"寫作""(553),④皆其證。此處"捐"是"捐棄"義,"清雲可⑤乘,芳餌可捐",謂當隱居山林,捐棄祿位也,正合於文意。若作"損"則文意不通,因爲芳餌(喻指祿位)可以捐棄,但不可損壞。"捐"西晉時爲先部字(《魏晉南北朝韻部之演變》439),"冥"爲庚部字(《魏晉

---

① 〔清〕顧藹吉《隸辨》,中華書局,1986年影印清玉淵堂刻本。
② 〔三國魏〕曹植著,趙幼文校注《曹植集校注》,中華書局,2017年,第511頁。
③ 〔唐〕歐陽詢撰,汪紹楹校《藝文類聚》,上海古籍出版社,1982年。
④ 〔南朝梁〕顧野王《玉篇(殘卷)》,《續修四庫全書》編委會編《續修四庫全書》第228册,影印日本《東方文化叢書》本。
⑤ "可",當據《陸雲集》作"方"。

南北朝韻部之演變》338),"新""賓"爲真部字(《魏晉南北朝韻部之演變》393),先庚真合韻(《魏晉南北朝韻部之演變》380、426、457、461)。"損"爲真部字(《魏晉南北朝韻部之演變》392),但爲上聲,而"冥""新""賓"皆爲平聲,故作"損"於韻亦不諧。《校證》亦失校(32)。

5. 卷一五七西晉曹攄《答趙景猷詩》:"素秋授終,玄節敬御。游將離征,我整我車。"(《校注》98)

按:"游"弘仁本作"遊"(40a),《叢書集成初編》本(1690/10a)、《適園叢書》本(419b)、《先秦漢魏晉南北朝詩》(755)、《文館詞林校記》(1899)校録作"逝",是也。"逝將"是"將要"義,如《詩·魏風·碩鼠》:"逝將去女,適彼樂土。"(《十三經注疏》359b)①《文選》卷二四曹植《贈白馬王彪》:"謁帝承明廬,逝將歸舊疆。"(1123)②卷二五傅咸《贈何劭王濟》:"槁葉待風飄,逝將與君違。"(1162)東晉郭璞《答賈九州愁詩》:"正未墨突,逝將命駕。"(弘仁本45b)"逝將"義皆同,可以比參。"逝"俗書或與"遊"相混,如唐馮承素墓誌"逝川遽隔"之"逝"作"遊",③S.4992《文樣·賢者文》"逝水不停"作"遊"(《英藏》7/11),④《名義·厂部》"厲"字下釋文"逝"作"遊"(221a),⑤皆其比。《校證》録作"遊"(46),亦失校。

卷六六五後魏孝文帝《遷都洛陽大赦詔》:"是以因承平之休會,藉立政之嘉運,思滌蒼波,一澄海嶽(獄)。順天龍遊,電遊南離,蕩逆柔吭,事貫幽顯。"(《校注》515)"電遊"之"遊"弘仁本作"遊"(284a),據文意亦當是"逝"字俗訛。"電逝"指如閃電般行進,"南離"指南方,"電逝南離"謂閃電般向南進擊,即指孝文帝以南伐爲名進軍至洛陽。《適園叢書》本(500a)、《校證》(275)、《全北魏東魏西魏文補遺》⑥亦皆録作"遊"而失校。

6. 卷一五七西晉棗嵩《贈杜方叔》:"綽矣杜生,應期特授。人以位瞻,而能義富。"(《校注》101)

按:"瞻"弘仁本作"贍"(43a),《先秦漢魏晉南北朝詩》認爲當作"贍"(773),是也。此處"贍"與"富"對文同義,句意是説:別人是憑藉禄位富足,你却能靠道義富足。釋作

---

① 〔清〕阮元校刻《十三經注疏》,中華書局,1980年。
② 〔南朝梁〕蕭統編,李善注《文選》,上海古籍出版社,1986年。
③ 胡海帆、湯燕編《1996—2017北京大學圖書館新藏金石拓本菁華(續編)》,北京大學出版社,2018年,第194頁。
④ 中國社會科學院歷史研究所等編《英藏敦煌文獻(漢文佛經以外部分)》(簡稱《英藏》),四川人民出版社,1990—1995年。
⑤ 〔日〕釋空海《篆隸萬象名義》(簡稱《名義》),中華書局,1995年。
⑥ 韓理洲等輯校編年《全北魏東魏西魏文補遺》,三秦出版社,2010年,第3頁。

"贍"文意通順,若作"瞻"則文意不通,故作"瞻"非是。"贍"俗書或與"瞻"相混,如東魏陸子玉墓誌"唯君衿情贍逸"之"贍"作"瞻"(《文化安豐》192),①唐李壽墓誌"贍恤之義"作"瞻"(《隋唐五代墓誌匯編》陝西1/9),②唐霍漢墓誌"英才富贍"作"瞻"(《北圖》11/132),皆其比。《叢書集成初編》本(1690/10b)、《適園叢書》本(420b)、《校證》(48)亦皆失校。

7. 卷一五七西晉棗嵩《贈杜方叔》:"名以實顯,形端景立。弘之匪他,唯我所執。"(《校注》101)

按:"寶"弘仁本作"寶"(43a),《叢書集成初編》本(1690/10b)、《適園叢書》本(420b)、《先秦漢魏晉南北朝詩》(773)、《文館詞林校記》(1900)校錄作"實",是也。此處"名"與"實"反義對舉,"形"與"景(影)"反義對舉,句意是説:名聲要靠實際才能而彰顯,身形端正則影子也會挺直。作"實"文意通順,若作"寶"則文意不通,故作"寶"必非。"實"俗書或與"寶"相混,如甘博001《法句經卷下》"危脆非實真"之"實"作"寶",③唐張鳳憐墓誌"夙昭名實"作"寶",④皆其比。《校證》亦失校(48)。

8. 卷一五七西晉棗嵩《贈杜方叔》:"余與吾生,處非先後。神結傾蓋,情固白首。推年不交,以文會友。"(《校注》102)

按:"不"弘仁本作"不"(43b),《叢書集成初編》本(1690/11a)、《適園叢書》本(420b)、《先秦漢魏晉南北朝詩》(773)、《文館詞林校記》(1900)校錄作"下",是也。"下交"指地位高的人與地位低的人交往,此處是謙辭。若作"不"則文不可通,故非是。"下"俗書或與"不"相混,如《玉篇殘卷·舟部》"服"字下釋文"下"作"不"(418),《名義·水部》"滲"字下釋文"下"作"下"(189b),皆其例。《校證》亦失校(48)。

9. 卷一五七東晉王胡之《答謝安》:"疇昔晏遊,繾綣髫齔。或方童顔,或始角巾。騫(褰)褐攬帔,濯素[□]袷。壑無染流,丘無囂刃。今也華髮,卑高殊韻。形跡外乖,理暢內潤。"(《校注》114)

按:"染"弘仁本作"深"(50a),《叢書集成初編》本(1690/13b)、《適園叢書》本(423a)、《先秦漢魏晉南北朝詩》(887)校錄作"深",是也。"深"俗書或與"染"相混,如S.2733《法華義記卷三》"明經深重"之"深"作"深"(《英藏縮微膠卷》44/175),⑤唐支敬

---

① 賈振林編《文化安豐》,大象出版社,2011年。
② 《隋唐五代墓誌匯編》編輯委員會編《隋唐五代墓誌匯編》,天津古籍出版社,1991—1992年。
③ 段文傑主編《甘肅藏敦煌文獻》第4册,甘肅人民出版社,1999年,第2頁下欄。
④ 河南省文物研究所、河南省洛陽地區文管處編《千唐誌齋藏誌》,文物出版社,1984年,第58頁。
⑤ 本文所據爲電子版。

倫墓誌"孝挺淳深"作"深"(《北圖》14/157),《可洪音義》"深"或作"深"(《可研》670),[1]皆其例。"塹無深流,丘無嚚刃",以塹不深、丘不高,喻指少小之時,胸無城府。下文"今也華髮,卑高殊韻。形跡外乖,理暢内潤",則是慨歎老大以後,城府深沉,外表與内心反差極大。釋作"深"文意通順,若作"染"則文意不通,故非是。《校證》亦失校(55)。

10. 卷一五七東晉郗超《答傅郎》:"昔在總角,有懷大方。雖乏超諸,性不比常。"(《校注》122)

按:"諸"弘仁本作"諸"(55a),《叢書集成初編》本校録作"詣"(1690/15b),《先秦漢魏晉南北朝詩》(887)、《文館詞林校記》(1905)從之,是也。"詣"俗書或與"諸"相混,如上博01《佛説維摩詰經卷上》"故我不任詣彼問疾"之"詣"作"諸",[2]是其比。"超詣"是"高超脱俗"義,句謂自己年幼時希望成爲識見廣博之人,雖然不能高超脱俗,但也非常人可比。作"詣"文意通順,而作"諸"則文不可通。《適園叢書》本校録作"誼"(424b),字形既不合,文意亦難通,故亦非。《校證》亦失校(60)。

11. 卷一六〇南齊王僧令《皇太子釋奠會》:"沖心幽被,獎逯無偏。栖質瓊伍,儷服華筵。"(《校注》166)

按:"逯"弘仁本作"逯"(76a),《文館詞林校記》認爲當是"逮"字(1911),是也。此處"逮"是"及"義,"獎逮無偏"指帝王恩獎所及公正無偏,釋作"逮"合於文意,若作"逯"則文意不通。"逮"俗書常與"逯"相混,如魏侯剛墓誌"爰逮于公"之"逮"作"逯"(《北圖》5/36),東魏乞伏鋭造像記"逮及含生"作"逯"(《北圖》6/54),隋宇文穆墓誌"爰逮笄年"作"逯"(《蒐續》181),唐獨孤思貞墓誌"下逮王莽"作"逯",[3]皆其比。《適園叢書》本(432b)、《先秦漢魏晉南北朝詩》(1462)、《校證》(85)亦皆録作"逯"而失校。《漢語大字典》"逯"字下義項③:"衆。《玉篇·辵部》:'逯,衆也。'南齊王僧令《皇太子釋奠會》:'沖心幽被,獎逯無偏。'"[4]亦因失校而張冠李戴。

12. 卷一六〇梁陸倕《釋奠應令》:"迺據石推,言藏金斧。"(《校注》174)

按:"推"弘仁本作"推"(77b),《文館詞林校記》認爲當是"椎"字(1911),是也。"木""扌"二旁俗書常相混,故"椎"俗書或與"推"相混,如唐孫成墓誌"椎心淚盡"之"椎"作"推",[5]是其比。《太平御覽》卷八一引《雒書靈准聽》:"有人方面,日衡重華,握石椎,懷神珠。"小字注:"椎讀曰錘,錘平輕重也,握謂知琁璣玉衡之道。懷神珠,喻有聖性

---

[1] 韓小荆《〈可洪音義〉研究——以文字爲中心》(簡稱"《可研》"),巴蜀書社,2009年。
[2] 上海古籍出版社、上海博物館編《上海博物館藏敦煌吐魯番文獻》第1册,上海古籍出版社,1993年,第6頁。
[3] 胡海帆、湯燕《1996—2017北京大學圖書館新藏金石拓本菁華(續編)》,第199頁。
[4] 漢語大字典編輯委員會編纂《漢語大字典(第二版)》,崇文書局、四川辭書出版社,2010年,第4110頁左欄。
[5] 河南省文物研究所、河南省洛陽地區文管處《千唐誌齋藏誌》,第950頁。

也。"又引《尚書帝命驗》："虞舜聖，在側陋，光耀顯都，握石椎，懷神珠。"小字注："椎讀曰錘。神珠，喻聖性。"（376b）"石椎"即本此。《古今注》卷上："金斧，黄鉞也；鐵斧，玄鉞也。三代通相用之斷斬。"① "石椎""金斧"皆爲王權象徵，故"據石椎""藏金斧"皆指掌握王權。《校證》亦失校（90）。《適園叢書》本（433a）、《先秦漢魏晉南北朝詩》（1774）錄作"稚"，非是。

13. 卷三四七後漢崔駰《竇將軍北征頌》："匈夷殄兮清北區，命元帥兮昨太師。"（《校注》243）

按："昨"弘仁本作"![昨]"（108b），《適園叢書》本校錄作"胙"（444a），《文館詞林校記》（1923）、《歷代辭賦總匯·先秦漢魏晉南北朝卷》②承之，是也。"月""日"二旁俗書相亂，故"胙"俗書或與"昨"相混，如魏辛璞墓誌"胙土命氏之隆"之"胙"作"![昨]"（《蒐續》87），③東魏宇文紹義墓誌"胙土非遥"作"![昨]"（《文化安豐》194），北齊楊元讓妻宋氏墓誌"胙土于宋"作"![昨]"（《文化安豐》230），北周曹宴墓誌"胙國始於微子"作"![昨]"，④唐盧習善墓誌"其先胙土建國"作"![昨]"，⑤唐苻鳳子墓誌"分珪胙[土]"作"![昨]"，⑥江總《釋奠詩應令》"蘋蘩式胙"作"![昨]"（弘仁本82a），皆其例。《左傳》襄公十四年"昔伯舅大公，右我先王，股肱周室，師保萬民。世胙大師，以表東海"，杜預注："胙，報也。表，顯也。謂顯封東海以報大師之功。"（《十三經注疏》1958c）"胙太師"即出此，"太師"本指姜太公，此處用以代指竇憲。太公爲周之伯舅，竇憲爲漢之"元舅"（見《後漢書》卷五三《竇憲傳》），故引以爲比。《叢書集成初編》本（1690/22b）、《校證》（118）亦皆失校。

14. 卷四一四魏傅巽《七誨》："其母先生體杜志烈，貴義尚功，晞慕明哲，忿慍末俗。"（《校注》275）

按："杜"弘仁本作"![杜]"（129a），《適園叢書》本校錄作"壯"（450a），蔡偉《讀〈文館詞林〉》亦疑爲"壯"之誤字，⑦是也。"爿"旁俗書或與"木"旁相亂，故"壯"俗書或與"杜"相混，如隋王成墓誌"幼壯風雲"之"壯"作"![杜]"（《北圖》10/167），唐楊佰儱墓誌"壯氣不停"作"![杜]"（《北圖》12/46），唐魏德墓誌"克壯方剛"作"![杜]"（《北圖》12/70），《可洪音義》"壯"或作"![杜]"（《可研》837），皆其比。此處"體壯""志烈"對文，猶下句"貴義""尚

---

① 〔西晉〕崔豹撰，牟華林校箋《〈古今注〉校箋》，綫裝書局，2015年，第8頁。
② 馬積高主編《歷代辭賦總匯·先秦漢魏晉南北朝卷》，湖南文藝出版社，2014年，第263頁。
③ 趙文成、趙君平編《秦晉豫新出墓誌蒐佚續編》（簡稱"《蒐續》"），國家圖書館出版社，2015年。
④ 齊運通主編《洛陽新獲墓誌百品》，國家圖書館出版社，2020年，第20頁。
⑤ 毛陽光編《洛陽流散唐代墓誌彙編續集》，國家圖書館出版社，2018年，第18頁。
⑥ 毛陽光編《洛陽流散唐代墓誌彙編續集》，第112頁。
⑦ 蔡偉《讀〈文館詞林〉》，《古文獻叢札》，花木蘭文化事業有限公司，2022年，第277頁。

功"對文。若作"體杜",則文意不通,故作"杜"非是。《校證》(139)、《全三國兩晉南朝文補遺》(3)①亦失校。

15. 卷四一四魏傅巽《七誨》:"衆鳥驚翔,群獸否[駓]駿。"(《校注》276)

按:"否"弘仁本作"吞"(132a),《文館詞林校記》云:"否當作丕,即駓字,本句見《西京賦》。"(1929)其説近是而未確,《西京賦》其字作"駓"而非"駓"。《文選》卷二張衡《西京賦》:"衆鳥翩翻,羣獸駓駿。"李善注:"薛君《韓詩章句》曰:趨曰駓,行曰駿。駓音鄙。"(64)是其證。《適園叢書》本(451a)、《校證》(140)、《全三國兩晉南朝文補遺》(4)皆録作"否"而失校。《校注》校改作"駓","駓"指毛色黃白相雜的馬,於文意不合,故不可從。

16. 卷四五三唐虞世南《左武候將軍龐某碑序》:"貞觀元年七月,詔授左武候將軍,居陪闌錡,出導金輿。戒式道之青旂,引金吾之緹綺。"(《校注》318)

按:"綺"弘仁本作"綺"(160a),《唐文拾遺》卷一三(《全唐文》10509b)、②《適園叢書》本(459a)校録作"騎",是也,"騎"受上"緹"字影響而誤作糸旁,遂與"羅綺"之"綺"相混。"緹騎"指穿紅色軍服的騎士,漢執金吾下有緹騎二百人。漢代執金吾掌禁軍,與隋唐時的左武候將軍職責相當,故引以爲比。"式道"費解,"戒式"二字疑倒,"戒道"指啓程、出發。碑主時任左武候將軍,平時負責宮禁宿衛,車駕出巡則掌營衛,故"式戒道之青旂,引金吾之緹騎",是指帝王車駕出巡時,碑主擔任前導和護衛之職。《叢書集成初編》本(1690/48b)、《校證》(161)亦失校。

17. 卷四五三唐褚亮《左屯衛大將軍周孝範碑銘》:"及皇朋革運,品物咸亨,越自遐方,歸于京城。"(《校注》325)

按:"皇朋"不辭。"朋"弘仁本作"朋"(162b),《唐文拾遺》卷一五校録作"明"(《全唐文》10527a),是也,其字當是"明"字俗訛。"明"俗書或與"朋"相混,如北齊許儁等造像記"淳于明貳"之"明"作"朋"(《北圖》7/109),S.4642《文樣·李十一父》"痛幽明之頓隔"作"朋"(《英藏》6/185),皆其例。"皇明"謂皇帝的聖明,此處是對帝王的敬稱。如魏高廣墓誌:"方當緝熙情〔清〕猷,翼讚皇明,而福善無甄,名哲仍委。"(《北圖》5/45)隋楊弘墓誌:"既而帝出膺圖,皇明御極,文詔武穆,具爾周親,錫土分圭,式光彝典。"(《隋彙》3/229)③唐斛斯政則墓誌:"迥棄昏孽,驟款皇明,一參藩邸,載荷恩榮。"(《隋唐五代墓誌匯編》陝西3/80)其中"皇明"義同,可以比參。"皇明革運",指李淵代隋,建立唐朝。《叢書集成初編》本(1690/51a)、《適園叢書》本(460a)、《校證》(163)亦皆失校。

---

① 韓理洲等輯校編年《全三國兩晉南朝文補遺》,三秦出版社,2013年。
② 〔清〕陸心源輯《唐文拾遺》,附於《全唐文》之後,中華書局,1983年。
③ 王其褘、周曉薇編著《隋代墓誌銘彙考》(簡稱"《隋彙》"),綫裝書局,2007年。

18. 卷四五三唐褚亮《左屯衛大將軍周孝範碑銘》："輕劉德之貨財,重季布之然諾。終如一心,涉歷二代。"(《校注》326)

按:"如"弘仁本作"如"(165a),《唐文拾遺》卷一五校録作"始"(《全唐文》10528a),《文館詞林校記》亦認爲當作"始"(1935),是也,其字當是"始"字俗訛。"始"俗書或與"如"相混,如 S.1427《成實論卷一四》"故知生死輪轉无始"之"始"作"始"(《英藏縮微膠卷》20/507),是其比。"終始一心"爲唐代習語,謂始終忠誠不二,如《晉書》卷六五《王導傳論》:"至若夷吾體仁,能相小國,孔明踐義,善翊新邦,撫事論情,抑斯之類也。提挈三世,終始一心,稱爲'仲父',蓋其宜矣。"(1761)①褚亮《隋右驍衛將軍上官政碑銘》:"加以終始一心,駈馳兩代,亟經征討,屢典軍人,去必見思,居常稱職。"(弘仁本175b)皆可比勘。《叢書集成初編》本(1690/53a)、《適園叢書》本(460b)、《校證》(164)亦皆失校。

19. 卷四五三唐褚亮《隋右驍衛將軍上官政碑銘》："其先惟德受氏,因官賜姓,青史孤其長源,丹契傳其遠葉。"(《校注》343)

按:"孤"弘仁本作"孤"(172a),《適園叢書》本校録作"派"(462b),是也。"派"俗書作"泒",與"孤"形近,因而致誤。"派其長源",即"派源",猶發源。魏司空參軍元頣墓誌:"君以擢櫱層基,派源天漢,故能姿神夙成,文義早著,經通行脩,遠邇傾矚。"(《北圖》5/173)北齊華考墓誌:"自玄鳥承天,德崇曩代;白馬來朝,□流遂遠。派源攸注,繼別爲宗,冠冕仍襲,衣纓弗隕。"(《文化安豐》262)隋成瞽墓誌:"於是派源玉樹,分影若枝,鍾兹下武,因官命族。"(《陝西》22)②隋元君妻崔暹墓誌:"大岳垂胤,姜水派源。迺祖迺考,位重望尊。"(《北圖》10/15)"派源"皆義同,可以參比。"青史派其長源,丹契傳其遠葉",指史書中記載了碑主源遠而流長的世系。《叢書集成初編》本(1690/60a)、《唐文拾遺》卷一五(《全唐文》10523a)、《校證》(169)亦皆失校。

20. 卷四五三唐褚亮《隋右驍衛將軍上官政碑銘》："及鑾駕西幸,怨其南征,轍迹所臻,方任尤忉。於是又以本官檢校西平太守。"(《校注》344)

按:"忉"弘仁本作"忉"(174b),《唐文拾遺》卷一五校録作"切"(《全唐文》10524a),《文館詞林校記》疑當作"切"(1939),是也。"切"俗書或與"忉"相混,如 P.4506《金光明經卷二》"憂苦所切"之"切"作"忉"(《法藏》31/212b),北齊堯奮妻獨孤華墓誌"每切風雲"作"切",③唐程君妻周氏墓誌"切寒泉之貫脾"作"忉"(《北圖》14/165),

---

① 〔唐〕房玄齡等《晉書》,中華書局,1974 年。
② 劉文編著《陝西新見隋朝墓誌》(簡稱"《陝西》"),三秦出版社,2018 年。
③ 毛遠明編著《西南大學新藏墓誌集釋》,鳳凰出版社,2018 年,第 65 頁。

唐王福墓誌"聽松風之慘切"作"忉",①魏收《征南將軍和安碑銘》"英賢居腹心之切"作"切"(弘仁本134b),皆其例。此處"切"是"切要""重要"義。大業五年,煬帝西巡,出兵破吐谷渾,至於燕支山,高昌、伊吾君長皆來朝見。西平郡治今青海樂都縣,其西爲吐谷渾之地,故爲煬帝西巡之屏障。"轍迹所臻,方任尤切",是指煬帝西巡所經之地,地方長官的職任非常重要,正合於文意。若作"切",則文意不通,故非是。《叢書集成初編》本(1690/62b)、《適園叢書》本(463b)、《校證》(170)亦皆失校。

21. 卷四五三唐褚亮《隋右驍衛將軍上官政碑銘》:"得經邦之妙旨,識美化之有由。可謂共綏,兼稱能吏。"(《校注》344)

按:"共綏"不辭。"綏"弘仁本作"矮"(175a),《文館詞林校記》認爲當是"綏"字(1939),是也。"妥""委"二旁俗書常互作,就字形而言,"矮"當是"綏"之俗省,而"綏"又當是"綏"之俗訛。"綏"有"安撫"義,"共綏"即共同安撫,此處與"能吏"相對,是指可與帝王共同安撫百姓的官員。《唐文拾遺》卷一五(《全唐文》10524a)、《叢書集成初編》本(1690/62b)、《適園叢書》本(463b)、《校證》(170)亦皆錄作"矮"而失校。

22. 卷四五三唐褚亮《隋右驍衛將軍上官政碑銘》:"每至營圖却月,氣析寒膠,矢石如飛,旗鼓相望,公則雅歌臨陣,搖扇從戎,威稜獨遠,隱如敵國。"(《校注》345)

按:"析"弘仁本作"析"(175b),《適園叢書》本校錄作"折"(463b),是也。"折"俗書常與"析"相混,如唐柳真召墓誌"蘭芬而摧,玉美亦折"之"折"作"析"(《北圖》27/20),唐邢倨妻景氏墓誌"桂折蘭摧"作"析"(《北圖》28/46),薛道衡《後周大將軍楊紹碑銘》"折衝禦侮"作"析"(弘仁本143b),褚亮《左屯衛大將軍周孝範碑銘》"折衝之任"作"析"(弘仁本163a),皆其比。《漢書》卷四九《鼂錯傳》:"欲立威者,始於折膠。"顏師古注引蘇林曰:"秋氣至,膠可折,弓弩可用,匈奴常以爲候而出軍。"②"氣折寒膠"即出此,指秋季用兵之時。《北齊書》卷三《文襄紀》:"今寒膠向折,白露將團,方憑國靈,龔行天罰。"③北周楊操墓誌:"秋塵聽起,寒膠待折。悽愴斷魂,遂落寒原。"④"寒膠向折""寒膠待折"表意相同,可以比參。《唐文拾遺》卷一五(《全唐文》10524b)、《叢書集成初編》本(1690/63a)、《校證》(171)亦皆失校。

卷四五七北齊魏收《兗州都督胡延碑銘》:"無或奪魯龜之智,不言析楚客之辯。"(《校注》385)"析"弘仁本作"析"(200b),據文意亦當是"折"字俗訛。"折"是"挫敗"

---

① 趙力光主編《西安碑林博物館新藏墓誌彙編》,綫裝書局,2007年,第514頁。
② 〔漢〕班固《漢書》,中華書局,1962年,第2289頁。
③ 〔唐〕李百藥《北齊書》,中華書局,1972年,第33頁。
④ 吳鋼主編《全唐文補遺·千唐誌齋新藏專輯》,三秦出版社,2006年,第445頁。

義。《陳書》卷一九《虞寄傳》:"將軍運動微之鑒,折從衡之辯,策名委質,自託宗盟,此將軍妙筭遠圖,發於衷誠者也。"①"折從衡之辯"與"折楚客之辯"文同一例,可以比參。《叢書集成初編》本(1690/73a)、《適園叢書》本(471b)、《校證》(189)、《全北齊北周文補遺》(21)亦皆失校。

23. 卷四五七東晉張望《江州都督庾翼碑銘》:"君雖提衡嗣書一之烈,紐綱振惟新之緒,申教官能,綏撫邦域。"(《校注》361)

按:"書"弘仁本作"畫"(184a),《叢書集成初編》本(1690/67a)、《適園叢書》本(466a)、《文館詞林校記》(1941)校錄作"畫",是也。"畫"俗書或與"書"相混,如隋李盛墓誌"從橫畫計"之"畫"作"畫"(《隋彙》2/288),S.2832《文樣·皇甫長官病可事》"畫日公府"作"畫"(《英藏》4/248b),《名義·歹部》"氪"字下釋文"畫"寫作"畫"(113a),《可洪音義》"畫"或作"畫"(《可研》483),皆其比。《史記》卷五四《曹相國世家》:"百姓歌之曰:'蕭何爲法,顜若畫一;曹參代之,守而勿失。載其清净,民以寧一。'"②"畫一"即出此。此處是説庾翼繼其兄庾亮之業,承其遺法;猶曹參繼蕭何爲相,蕭規曹隨。《校注》釋"書一"爲"統一",釋字既誤,注釋因而亦誤。《校證》(179)、《全三國兩晉南朝文補遺》(60)亦失校。

24. 卷四五七東晉張望《江州都督庾翼碑銘》:"禮信弘敷,而邦城鈞《漢廣》之詠;愛人平賦,則坰野存史克之歌。"(《校注》361)

按:"城"弘仁本作"城"(184b),《叢書集成初編》本(1690/67a)、《適園叢書》本(466b)、《文館詞林校記》(1941)校錄作"域",是也。"域"俗書或與"城"相混,如魏于仙姬墓誌"西域宇闐國主女也"之"域"作"城"(《北圖》5/23),魏收《北齊文宣帝大赦詔》"加仁域外"作"城"(弘仁本385a),《名義·田部》"甾"字下釋文"域"寫作"城"(11a),皆其比。"邦域"指境内,這裏指庾翼所統御的地域。《論語·季氏》:"夫顓臾,昔者先王以爲東蒙主,且在邦域之中矣,是社稷之臣也,何以伐爲?"(《十三經注疏》2520c)"邦域"義同,可以比參。"邦城"則不辭,故非是。《校證》(179)、《全三國兩晉南朝文補遺》(60)亦失校。

25. 卷四五七東晉張望《江州都督庾翼碑銘》:"建元二年,康帝晏駕,俄而季兄司空薨逝,陽九垂消,而霙剥累集,顧睇嵩華,撫劍風慨。釋狼狐殆發之機,謀尚父琁軫之會。"(《校注》362)

按:"狐"弘仁本作"狐"(186a),《適園叢書》本校錄作"弧"(467a),是也。"弧"與

---

① 〔唐〕姚思廉《陳書》,中華書局,1972年,第260頁。
② 〔漢〕司馬遷《史記》,中華書局,1959年,第2031頁。

"狐"音同形近,俗書或相混,如唐趙晏墓誌"武盡弧矢之妙"之"弧"作"狐",①是其比。《後漢書》卷八〇上《杜篤傳》:"要龍淵,首鏌鋣,命騰太白,親發狼弧。"李賢注:"太白,天之將軍。狼、弧,並星名也。《史記》曰:'天苑東有大星曰天狼,下有四星曰弧。'宋均《注演孔圖》曰:'狼爲野將,用兵象也。'《合誠圖》曰:'弧主司兵,兵弩象。'"②《三國志》卷六二《吴志·胡綜傳》:"乾坤肇立,三才是生。狼弧垂象,實惟兵精。"③可見"狼弧"本爲星名,古人以爲主兵。"釋狼弧殆發之機"指暫時停兵休戰。"琁"弘仁本作"㧕",《適園叢書》本釋作"旋",亦是。魏元略墓誌"旋軸象魏"之"旋"作"㧕"(《北圖》5/101),敦煌俗字"旋"或作"㧕",④《龍龕手鏡·手部》"旋"俗作"㧕"(210),⑤皆其比。《史記》卷三二《齊太公世家》:"文王崩,武王即位。九年,欲修文王業,東伐以觀諸侯集否。師行,師尚父左杖黄鉞,右把白旄以誓,曰:'蒼兕蒼兕,總爾眾庶,與爾舟楫,後至者斬!'遂至盟津。諸侯不期而會者八百諸侯。諸侯皆曰:'紂可伐也。'武王曰:'未可。'還師,與太公作此《太誓》。"⑥"謀尚父旋軫之會"即出此,指旋師而歸。"季兄司空"指庾冰。據《晉書》卷七《康帝紀》和卷七三《庾翼傳》,建元元年七月,庾翼北伐,遷鎮襄陽;建元二年九月,康帝崩,十一月,庾冰卒,庾翼乃留子方之戍襄陽,還鎮夏口。上引碑文所述,即其事也。《叢書集成初編》本(1690/67b)、《校證》(180)兩處皆照録原形。

26. 卷四五七東晉張望《江州都督庾翼碑銘》:"凡在有識,建我臣故,追述七德,永歌九功。"(《校注》363)

按:"建"弘仁本作"逮"(187a),《文館詞林校記》以爲"逮"字(1942),是也。"逮"訓"及"。此處是説有識之士,以及庾翼的下屬和故人,皆追懷其功德。釋作"逮"文意通順。若作"建",則文意不通。"逮"俗書或與"建"相混,弘仁本中即有數例,如褚亮《隋車騎將軍莊元始碑銘》"逮乎立勳江外"之"逮"作"逮"(170a),沈約《祭故徐崔文教》"不逮疇往"作"逮"(442b),皆其比。《叢書集成初編》本照録原形(1690/68a),《適園叢書》本(467a)、《校證》(181)、《全三國兩晉南朝文補遺》(61)亦録作"建"而失校。

卷四五七梁元帝《郢州都督蕭子昭碑銘》:"淮海惟揚,是稱司隸。哿矣中撫,其儀建逮。"(《校注》377)"建"弘仁本作"逮"(197b),《叢書集成初編》本(1690/72a)、《適園叢書》本(470b)校録作"逮",是也。"逮逮"又作"棣棣",指雍容閑雅之貌。《詩·邶風·柏

---

① 洛陽市文物工作隊《洛陽出土歷代墓誌輯繩》,中國社會科學出版社,1991年,第629頁。
② 〔南朝宋〕范曄《後漢書》,中華書局,1965年,第2606頁。
③ 〔晉〕陳壽《三國志》,中華書局,1971年,第1414頁。
④ 黄征《敦煌俗字典(第二版)》,上海教育出版社,2019年,第905頁。
⑤ 〔遼〕釋行均《龍龕手鏡》,中華書局,1985年影印高麗本。
⑥ 〔漢〕司馬遷《史記》,第1479頁。

舟》:"威儀棣棣,不可選也。"《釋文》:"棣,本或作逮,同徒帝反,又音代。"(《十三經注疏》297a)是其證。"建逮"則不辭,故非是。《校證》(187)、《全三國兩晉南朝文補遺》(259)亦失校。

27. 卷四五七梁元帝《郢州都督蕭子昭碑銘》:"班宣條詔,光今邁昔。必則今典,爲教所擇。"(《校注》377)

按:"今典"之"今",弘仁本作"令"(197b),《叢書集成初編》本(1690/72a)、《適園叢書》本(470b)校録作"令",是也。"令典"指好的典章法度。蕭子昭曾任侍中,掌諫諍糾察、璽封詔奏等,有封駁權。此處所言,正是針對其侍中一職而言。"令""今"形近,俗書或相混,如中村044《小乘戒律注疏》"令至彼居士前説其過"之"令"作"令",[1]隋于斌墓誌"良令之選惟允"作"令"(《陝西》79),唐劉延壽墓誌"令問令望"作"令"(《北圖》13/150),唐任儵墓誌"令問已著"作"令"(《北圖》30/109),皆其比。《校證》(187)、《全三國兩晉南朝文補遺》(259)亦失校。

28. 卷四五九唐李百藥《洛州都督竇軌碑銘》:"自秦昭平蜀,歷兹永久。或班條刺舉,或部符共化,竊比明德,彼用多慙。"(《校注》397)

按:"部"弘仁本作"剖"(211a),《適園叢書》本校録作"剖"(475a),是也。"剖符"又作"剖竹",是古代帝王分封諸侯、功臣時,以竹符爲信證,剖分爲二,君臣各執其一,後因以爲分封、授官之稱。此處是説自秦昭王平蜀以來,歷朝或遣刺史班行六條詔書以刺舉非違,或剖符授官與朝廷共同教化百姓,但與竇軌治蜀相比,皆不能及。"剖"俗書或與"部"相混,如隋鄧晒墓誌"討亂剖符"之"剖"作"部"(《北圖》10/112),P.2526V《發願文》"魂消剖蚌之前"作"剖"(《法藏》15/140a),《可洪音義》"剖"或作"部"(《可研》626),皆其比。《校注》云:"部符共化,天下都遵從統治者教化。"釋字既誤,説解亦非。《叢書集成初編》本(1690/82a)、《唐文拾遺》卷一四(《全唐文》10512b)、《校證》(199)亦皆失校。

29. 卷四五九唐李百藥《洛州都督竇軌碑銘》:"王襄《樂職》之篇,蓋爲小技;王尊比馭之舉,非曰大忠。"(《校注》397)

按:《校注》云:"比馭,未詳。""比"弘仁本作"比"(211a),《叢書集成初編》本(1690/82a)、《適園叢書》本(475a)、《唐文拾遺》卷一四(《全唐文》10512b)校録作"叱",是也。《漢書》卷七六《王尊傳》:"遷益州刺史。先是,琅邪王陽爲益州刺史,行部至邛郲九折阪,歎曰:'奉先人遺體,奈何數乘此險!'後以病去。及尊爲刺史,至其阪,問吏曰:

---

[1] [日]磯部彰編《中村不折舊藏禹域墨書集成》上册,日本二玄社,2005年,第226頁上欄。

'此非王陽所畏道邪?'吏對曰:'是.'尊叱其馭曰:'驅之! 王陽爲孝子,王尊爲忠臣.'"①"王尊叱馭之舉"即出此。寶軌時爲益州刺史,此處是以曾任益州刺史的王襄、王尊與其相比,謂二王皆不如寶氏,諛墓之詞也。《校證》亦失校(199)。

30. 卷四五九唐李百藥《荆州都督劉贍碑銘》:"士感思惠,以死爲期。"(《校注》411)

按:"思"弘仁本作"![思]"(216b),《適園叢書》本(477a)、《唐文拾遺》卷一四(《全唐文》10517a)校録作"恩",是也。"恩"俗書或與"思"相混,如褚亮《左屯衛大將軍周孝範碑銘》"恩加丘隴"之"恩"作"![恩]"(弘仁本 165b),後周武帝《誅宇文護大赦詔》"侯伏侯龍恩"作"![恩]"(弘仁本 370b),皆其例。《叢書集成初編》本(1690/87a)、《校證》(202)亦失校。

卷六七○魏收《北齊武成帝大赦詔》:"蕩刷瑕穢,混清區宇,與物更始,無思不洽,可大赦天下。"(《校注》655)"思"弘仁本作"![恩]"(387a),《叢書集成初編》本校録作"恩"(1691/140a),是也,"恩"同"恩"。"無恩不洽",謂恩惠遍及天下。《適園叢書》本(530a)、《校證》(390)、《全北齊北周文補遺》(14)亦失校。

31. 卷四五九唐李百藥《夒州都督黃君漢碑銘》:"人靈之貴,涉血履腸;地載之厚,爪分龥切。"(《校注》420)

按:"爪"弘仁本作"![爪]"(222b),《適園叢書》本校録作"瓜"(479a),是也。"瓜"俗書常與"爪"相混,如魏元孟輝墓誌"瓜葛河誕之潤"之"瓜"作"![瓜]"(《北圖》4/85),魏封延之墓誌"綿瓜播於上誌"作"![瓜]"(《北圖》6/79),北周去斤鍾馗妻莫多婁氏墓誌"瓜州刺史"作"![瓜]",②皆其比。"地載之厚,瓜分龥切",指分割土地,如分瓜切肉。《太平御覽》卷九○引袁山松《後漢書》:"茫茫九州,瓜分龥切;泯泯蒼生,塵消鼎沸。"(433b)③可以比參。《叢書集成初編》本(1690/93a)、《唐文拾遺》卷一四(《全唐文》10515b)、《校證》(206)亦皆失校。

32. 卷六六二梁沈約《梁武帝北伐詔》:"郢、司、雍,自知先相督。"(《校注》463)

按:"知"弘仁本作"![知]"(247b),《粵雅堂叢書》本卷六六二(17b)、《叢書集成初編》本(1691/104b)、《適園叢書》本(486a)校録作"如",是也。此處是説郢、司、雍三州,仍然如先前那樣由其督帥督領。若作"知",則文意不通,故非是。"如"俗書或與"知"相混,如唐賈德茂墓誌"懷抱宴如"之"如"作"![知]"(《北圖》13/185),《可洪音義》"如"或作"![知]"(《可研》655),皆可比參。《校證》(232)、《全三國兩晉南朝文補遺》(268)亦失校。

---

① 〔漢〕班固《漢書》,第 3229 頁。
② 陝西省考古研究院編《陝西省考古研究院新入藏墓誌》,上海古籍出版社,2019 年,第 7 頁。
③ 〔宋〕李昉等編《太平御覽》,中華書局,1960 年。

33. 卷六六二梁武帝《北伐詔》:"加以醜數云亡,幽顯咸應,訛謠表微,灾沴備兆。"(《校注》465)

按:"微"弘仁本作"徵"(248b),《全梁文》卷二校錄作"徵",①是也。"表徵"謂顯示徵兆,與"備兆"相對,"徵""兆"對文同義。《三國志》卷二《魏志·文帝紀》裴松之注引《獻帝傳》:"伏惟陛下體有虞之上聖,承土德之行運,當亢陽明夷之會,應漢氏祚終之數,合契皇極,同符兩儀。是以聖瑞表徵,天下同應,曆運去就,深切著明。"②《藝文類聚》卷八九引嵇含《長生樹賦》:"猥有長生,育于域內,豈老母至行,表徵於嘉木哉!"(1543)《太平御覽》卷三四二引《梁書》:"天監五年,廬陵太守王希聘於高昌縣獲銅瑞劍二口以聞,曰:'薄伐凶醜,而龍淵耀質,凶奴將滅,白旗表徵。'"(1573b)隋劉則墓誌:"若夫赤龍命瑞,唐典載其昌言;白虵表徵,漢册陳其大業。"(《北圖》10/48)"表徵"皆義同,可以比參。"徵"俗書或與"微"相混,如隋王昞墓誌"丞掾時徵"之"徵"作"微"(《隋彙》3/294),李百藥《荊州都督劉瞻碑銘》"自永州行佐徵授雍州萬年縣丞"作"微"(弘仁本215b),《可洪音義》"徵"或作"微"(《可研》822),《名義·肉部》"脰"字下釋文"徵"寫作"微"(70a),皆其例。《粵雅堂叢書》本卷六六二(18b)、《叢書集成初編》本(1691/105a)、《適園叢書》本(486b)、《校證》(232)亦皆失校。

34. 卷六六四隋文帝《頒下突厥稱臣詔》:"沙鉢略稱雄漢北,多歷歲年,左極東胡之土,右苞西域之地,遐方部落,皆所吞并。"(《校注》478)

按:"漢"弘仁本作"漢"(256a),《隋書》卷八四《突厥傳》作"漠",③《文館詞林校記》認為當作"漠"(1962),是也。"漠北"指大漠以北,正是突厥之地。"漢北"指漢水以北,非突厥之地,故非是。"漠"俗書或與"漢"相混,如隋王袞墓誌"懼貽問於冥漠"之"漠"作"漢"(《北圖》10/119),S.4642《文樣》"聲飛漠北"作"漢"(《英藏》6/189),P.2204V《釋門文範·太保相公》"沙漠逍遙"作"漢"(《法藏》3/127b),《玉篇殘卷·言部》"誅"字下釋文"漠"寫作"漢"(287),皆可比參。《粵雅堂叢書》本卷六六四(4b)、《叢書集成初編》本(1691/109a)、《適園叢書》本(489b)、《校證》(243)、《全隋文補遺》(2)亦皆失校。

35. 卷六六五東晉成帝《郊祀大赦詔》:"奚猶朕躬,荷斯休祐?思與兆庶,共同斯慶。"(《校注》494)

按:"猶"弘仁本作"猶"(268a),《適園叢書》本校錄作"獨"(494b),是也。"奚獨"義為"何止",詔書是說:何止我一人,承擔這美好的福祐?我還想與天下百姓,一起來共

---

① 嚴可均《全上古三代秦漢三國六朝文》,中華書局,1958年,第2957頁下欄。

② 〔晉〕陳壽《三國志》,第72頁。

③ 〔唐〕魏徵等《隋書》,中華書局,1973年,第1870頁。

享這福澤。《晏子春秋》卷七《外篇·景公嘗見彗星使人占之晏子諫》："君居處無節,衣服無度,不聽正諫,興事無已,賦斂無厭,使民如將不勝,萬民懟怨。弗星又將見萓,奚獨彗星乎！"①《弘明集》卷八釋僧順《答道士假稱張融三破論》："且四萬八千皆稱法門,奚獨喪、桑二門哉？"②"奚獨"義同,皆可比參。若作"猶"則文意不通,故非是。《叢書集成初編》本(1691/112b)、《校證》(257)、《全三國兩晉南朝文補遺》(35)亦皆失校。

36. 卷六六五宋文帝《南郊大赦詔》："今履端郊禋,大典允備,誠敬既遂,幽顯同洽,思播休慶,宣被率土。"(《校注》496)

按："宣"弘仁本作"宣"(269b),《適園叢書》本校錄作"宜"(495a),是也。"宜"俗書或訛作"宣",如《方言》舊本"中宣"乃"中宜"之誤,③是其比。《貞觀年中獲石瑞曲赦涼州詔》："神祇介福,豈獨在予,和樂之慶,宜被率土,可賜天下大酺三日。"(弘仁本313b)可以比參。《校證》(259)、《全三國兩晉南朝文補遺》(214)亦失校。

37. 卷六六五宋文帝《親祠廟大赦詔》："思播仁澤,治被率土。"(《校注》497)

按："治"弘仁本作"洽"(270a),《適園叢書》本校錄作"洽"(495b),是也。"合"俗書或與"台"相混,如《名義·足部》"躓"字下釋文"跆"寫作"跆"(61b),《可洪音義》"蛤"或作"蛤"(《可研》454),皆其比。此處"洽"是"遍"義,"洽被"即"遍被"。《晉書》卷九八《桓溫傳》載溫上疏曰："誠宜遠圖廟算,大存經略,光復舊京,疆理華夏,使惠風陽澤洽被八表,霜威寒飆陵振無外,豈不允應靈休,天人齊契！"(2573)"洽被"義同,可以比參。若作"治",則文意不通,故非是。《校證》(260)、《全三國兩晉南朝文補遺》(214)亦失校。

38. 卷六六五宋文帝《藉田大赦詔》："凡欲附農而種銅匱乏者,並加給貨。"(《校注》508)

按："銅"弘仁本作"銅"(278a),《適園叢書》本校錄作"餇"(498a),是也。"食""金"二旁俗書相亂,故"餇"俗訛作"銅",如《玉篇殘卷·食部》"饂"字下釋文"餇"寫作"銅"(352),《可洪音義》"餇"或作"銅"(《可研》743),《龍龕手鏡·金部》"餇"俗作"銅"(17),皆其比。"種餇"指穀種和糧食。《後漢書》卷五《安帝紀》："庚子,詔長吏案行在所,皆令種宿麥蔬食,務盡地力,其貧者給種餇。"④"種餇"義同,可以比參。《校證》(270)、《全三國兩晉南朝文補遺》(215)亦失校。"貨"弘仁本作"貸",《適園叢書》本、《校證》、《全三國兩晉南朝文補遺》皆錄作"貸",是也。

---

① 吳則虞《晏子春秋集釋》,中華書局,1962年,第440頁。
② 〔日〕大正一切經刊行會《大正新脩大藏經》第52冊,新文豐出版公司,1983年,第52頁中欄。
③ 華學誠《揚雄方言校釋匯證》,中華書局,2006年,第814頁。
④ 〔南朝宋〕范曄《後漢書》,第213頁。

39. 卷六六六東晉孝武帝《立皇太子大赦詔》:"今東宮始建,皇祚有寄,社稷之慶,豈惟朕躬?將與億兆夷人,成同斯祜。"(《校注》522)

按:"成"弘仁本作"成"(292a),《叢書集成初編》本(1691/117a)、《適園叢書》本(503a)校錄作"咸",是也。《晉書》卷七《成帝紀》載元和八年正月辛亥詔書:"思蠲密網,咸同斯惠,其赦五歲刑以下。"(177)東晉成帝《立皇后大赦詔》:"將與四海,咸同斯慶。"(弘仁本290a)"咸同斯祜""咸同斯惠""咸同斯慶"皆表意相同,可以比參。若作"成",則文意不通,故非是。"咸""成"形近,俗書或相混,如S.343《文樣·願文》"勝福咸享"之"咸"作"戌"(《英藏》1/140b),《玉篇殘卷·阜部》"隱"字下釋文"咸"寫作"成"(547),《可洪音義》"咸"或作"成"(《可研》739),皆其比。《校證》(285)、《全三國兩晉南朝文補遺》(40)亦失校。

40. 卷六六六梁武帝《誕皇子恩降詔》:"朕招樹洪業,光宅區宇,而本枝之慶,未廣椒掖,滕衛之地,猶闕藩屏。"(《校注》530)

按:"招樹"費解。"招"弘仁本作"抇"(296a),《叢書集成初編》本(1691/118b)、《適園叢書》本(504b)皆校錄作"拓",是也。"石"旁俗書或與"召"俗書"㕣"相混,如《玉篇殘卷·石部》"磧"字下釋文"厤"寫作"厯"(515),"石"旁寫法相同,可以比參。《四聲篇海·雨部》"磙"俗作"䃰",①左旁"召"即當由"㕣"形變來,亦可參證。"拓樹"是"開拓建立"義,正合於文意。宋蘇舜欽《投匦疏》:"及我炎統勃興,不血刃而得天下,太祖、太宗,拓樹基局,誕布鴻文,而大變污俗。"②"拓樹"義同,可以比參。《校證》(290)、《全三國兩晉南朝文補遺》(249)亦失校。

41. 卷六六六宋孝武帝《春蒐大赦詔》:"盡天磐瑞,率宇竭歡,思散太極之泉,以福無萬之元。"(《校注》536)

按:"萬"弘仁本作"万"(300a),《宋書》卷六《孝武帝紀》作"方"(131),③《叢書集成初編》本(1691/120b)、《適園叢書》本(506a)亦校錄作"方",是也,"万"乃是"方"之俗訛。"元"《宋書》作"外",亦是。"無方"謂無所不至,"無方之外"指天地之外,極言其遠。《淮南子·俶真》:"何況懷瓖瑋之道,忘肝膽,遺耳目,獨浮游無方之外,不與物相弊撽,中徙倚無形之域,而和以天地者乎?"④"無方之外"即出此。《校證》亦失校(296)。

42. 卷六六六宋孝武帝《巡幸歷陽郡大赦詔》:"有犯贓汙勤注,特宜蕩除,與之更

---

① 〔金〕韓道昭《改併五音類聚四聲篇海》(習稱"《四聲篇海》"),《續修四庫全書》第229冊,影印明成化刻本,第502頁上欄。此字考釋參楊寶忠《疑難字考釋與研究》,中華書局,2005年,第68頁。
② 〔宋〕蘇舜欽著,傅平驤、胡問陶校注《蘇舜欽集編年校注》,巴蜀書社,1990年,第357頁。
③ 〔梁〕沈約《宋書》,中華書局,1974年。
④ 何寧《淮南子集釋》,中華書局,1998年,第108—109頁。

始。"(《校注》537)

按:"勤"弘仁本作"勤"(300b),《叢書集成初編》本(1691/121a)、《適園叢書》本(506b)校錄作"勒",是也。"勒"俗書或與"勤"相混,如隋于儀墓誌"北説敕勒"之"勒"作"勤",①是其比。"勒"有"寫"義,"勒注"猶記注,謂記録在案。《通典》卷八〇:"東晉成帝咸康中,恭皇后山陵,司徒西曹屬王濛議立奔赴之制曰:'三代垂文,觀時損益。今服教之地,遠於古之九服,若守七月之斷,遠近一槩者,違實,懼非通制。請王畿以外,南極五嶺,非守見職,周年不至者,宜勒注黄紙,有爵土者削降。'"②"勒注"義同,可以比參。《校證》(296)、《全三國兩晉南朝文補遺》(219)亦失校。

43. 卷六六六北齊劉逖《北齊後主幸大明宫大赦詔》:"且異宫之義,聞之昔典,聊命有司,或營别館。黎庶子來,成之不日,重門層殿,連閣對廊,像以兼山,取乎大牡。"(《校證》298)

按:"牡"弘仁本作"牡"(302a),《文館詞林校記》釋録作"壯"(1978),是也,其字應是"壯"字俗訛。"爿""牛"二旁俗書相亂,故"壯"俗書或與"牡"相混,如隋吕胡墓誌"壯士孤墳"之"壯"作"牡"(《隋彙》4/13),隋宫人馮氏墓誌"豈期壯心未遂"作"牡"(《隋彙》4/83),隋劉度墓誌"壯士思奮"作"牡"(《隋彙》5/2),唐申屠踐忠墓誌"壯心泉涌"作"牡",③李百藥《夔州都督黄君漢碑銘》"斃江神而憤壯氣"作"牡"(弘仁本220a),晉成帝《北討詔》"義誠壯烈"作"牡"(弘仁本238a),皆其比。《易·繫辭下》:"上古穴居而野處,後世聖人易之以宫室,上棟下宇,以待風雨,蓋取諸《大壯》。"韓康伯注:"宫室壯大於穴居,故制爲宫室,取諸《大壯》也。"(《十三經注疏》87a)"取乎《大壯》"即本《周易》,此處用作建造宫室之典。《全北齊北周文補遺》亦失校(23)。《校注》録作"牧"(539),則是誤上加誤。

44. 卷六六七後魏孝靜帝《膏雨大赦詔》:"青祇候節,則嘉液從來;未明在律,而膏潤應序。"(《校注》550)

按:"未"弘仁本作"未"(309a),《適園叢書》本校録作"朱"(508a),是也。"朱"俗書或與"未"相混,如隋梁瓊墓誌"朱棘荒田"之"朱"作"未"(《隋彙》4/107),隋宋永貴墓誌"自染朱藍之色"作"未"(《北圖》10/160),S.2832《文樣·十二月時景》"朱明將熱"作"未"(《英藏》4/242a),皆其例。"朱明在律"指夏季,與之相對的"青祇候節"指春季。《藝文類聚》卷六二宋江夏王劉義恭《華林清暑殿賦》:"至于朱明在運,鬱夕嚻晨,寒堂涼

---

① 胡戟《珍稀墓誌百品》,陝西師範大學出版社,2016年,第26頁。
② 〔唐〕杜佑《通典》,中華書局,1988年,第2173頁。
③ 趙力光主編《西安碑林博物館新藏墓誌彙編》,第325頁。

結,清觀風臻。"(1125)温子昇《孝靖帝納皇后大赦詔》:"今朱明在辰,祝融御節,蒼蒼品物,成是南訛。"(弘仁本291b)"朱明在律"與"朱明在運""朱明在辰"表意相同,可以比參。若作"未明",則文意不通,故非是。《叢書集成初編》本(1691/123b)、《校證》(308)、《全北魏東魏西魏文補遺》①亦皆失校。

45. 卷六六七隋李德林《隋文帝獲寶龜大赦詔》:"朕以薄德,荷天之休,道未僭通,常懷愧悚。"(《校注》555)

按:"僭"弘仁本作"僣"(312a),《叢書集成初編》本(1691/125a)、《適園叢書》本(509a)、《文館詞林校記》(1986)校錄作"潛",是也。"氵"旁與"亻"旁俗書相亂,故"潛"俗書或與"僭"相混,如S.5561《社齋文》"毒龍隱潛"之"潛"作"僣"(《英藏》8/24a),《可洪音義》"潛"或作"僣"(《可研》636),皆其例。"潛通"是"暗通"義,"道未潛通"謂自身尚未暗通於大道,正合於文意。嵇康《聲無哀樂論》:"古之王者,承天理物,必崇簡易之教,御無爲之治,君静於上,臣順於下,玄化潛通,天下交泰。"②《魏書》卷五四《高閭傳》載顯祖傳位,徙御崇光宮,閭上表頌曰:"伏惟太上皇帝,道光二儀,明齊日月,至德潛通,武功四暢。"③《全唐文》卷七二八封敖《立春日玉晨觀歎道文》:"伏惟冥鑒照臨,神功保衛,精誠上感,至道潛通,高明廣被於無窮,福祐庶垂於有感。"(7507b)可見古人認爲潛通於玄化、至德、至道,則可得神靈福祐,天下太平,皆可以比參。

46. 卷六六九東晉安帝《平姚泓大赦詔》:"遂乃戎輅西轅,彤弧遠指。解網倒戈之徒,長驅奔北之虜,崩僞帥於崤潼,羈大憝於關右。"(《校注》604)

按:"彤"弘仁本作"肜"(351b),《適園叢書》本校錄作"彤"(517b),是也。"丹"與"月"隸書相亂,故"彤"或與"肜"相混,如漢陳彤鐘之"彤"作"肜"。④ 後世俗書承之,如魏元願平妻王氏墓誌"憑彤管以彰烈"之"彤"作"肜"(《北圖》3/128),北周斛律豊洛墓誌"出入彤闈"作"肜",⑤隋王楚英墓誌"彤管嬪嬙"作"肜"(《北圖》9/6),唐獨孤開遠墓誌"彤弓比寵"作"肜"(《北圖》11/105),皆其例。"彤弧"即彤弓,古代天子用以賜有功之臣使專征伐。"戎輅西轅,彤弧遠指",指劉裕奉朝廷之命西征後秦。若作"肜",則文意不通,故非是。《校證》(354)、《全三國兩晉南朝文補遺》(43)亦失校。

47. 卷六六九唐太宗《貞觀年中平高昌曲赦高昌部內詔》:"蠢尒高昌,獨懷逆節,奉上之禮頓闕,恤下之道盡廢。虐其萌庶,吞噬甚於豺狼;遏絶行旅,敓戮極於葱潮。"(《校

---

① 韓理洲等輯校編年《全北魏東魏西魏文補遺》,第11頁。
② 〔三國〕嵇康著,戴明揚校注《嵇康集校注》,人民文學出版社,1962年,第221頁。
③ 〔南北朝〕魏收《魏書》,中華書局,1974年,第1197頁。
④ 漢語大字典字形組《秦漢魏晉篆隸字形表》,四川辭書出版社,1985年,第328頁。
⑤ 大同北朝藝術研究院《北朝藝術研究院藏品圖錄:墓誌》,文物出版社,2016年,第191頁。

注》622）

按："潮"弘仁本作"潮"（363b），《適園叢書》本校錄作"瀚"（521b），是也。"葱瀚"指葱嶺與瀚海。南齊謝朓《三日侍宴曲水代人應詔》："正朔葱瀚，冠冕印越。争長明堂，相趨魏闕。"曹融南注："葱，指葱嶺。瀚，瀚海。"①可以比參。此處是説高昌麴氏背逆唐廷，虐使其民，又阻斷唐廷與西域道路，攘奪至於葱嶺、瀚海一帶。可見作"瀚"文意通順。若作"潮"，則"葱潮"不可解，故非是。《校證》亦失校（364）。

48. 卷六六九梁沈約《南齊東昏侯誅崔惠景大赦詔》："且邊寇未夷，役連遐邇，刑政施張，陷罪非一。"（《校注》629）

按："施"弘仁本作"施"（368b），《適園叢書》本（523a）、《校證》（368）校錄作"弛"，是也，"弛"同"弛"，《文苑英華》卷四三一正作"弛"（2182b）。②"刑政弛張"指刑法政令皆廢弛不振。"弛"異體作"弛"，俗書"弓"與"方"形近，"弛"遂與"施"形近易混，如東晉安帝《平姚泓大赦詔》"弛（弛）其密網"之"弛"作"施"（弘仁本352a），唐高祖《武德年中平王充竇建德大赦詔》"條章弛（弛）紊"作"施"（弘仁本359b），皆與"施"形極近，可以比參。

49. 卷六七〇張華《西晉武帝赦詔》："居德厚以濟物，清刑罰以服毗，此皇羲垂象，所以使群生逸豫也。"（《校注》636）

按："毗"弘仁本作"毗"（373b），《叢書集成初編》本（1691/135a）、《適園叢書》本（525b）、《文館詞林校記》（1994）皆校錄作"甿"，是也。"甿"與"物"對文同義，"濟物"即"濟人"，指救濟百姓，"服甿"即"服民"，指治理百姓。《左傳》昭公二十年："鄭子產有疾，謂子大叔曰：'我死，子必爲政。唯有德者能以寬服民，其次莫如猛。夫火烈，民望而畏之，故鮮死焉；水懦弱，民狎而翫之，則多死焉。故寬難。'"（《十三經注疏》2094c）"服民"義同，可以比參。若作"毗"，則文不可通，故非是。《校證》（377）、《全三國兩晉南朝文補遺》（44）亦失校。

卷六七〇沈約《梁武帝恩赦詔》："雖静言宣室，留心聽斷，而九服遐阻，四聽靡達，恩未被毗，化闕覃遠，不能以仁義浸漉，禮讓甄陶。"（《校注》648）"毗"弘仁本作"毗"（380b），《適園叢書》本（528a）、《文館詞林校記》（1996）校錄作"甿"，是也。"被甿"與"覃遠"相對，"恩未被甿"指朝廷恩澤尚未及於百姓，文意通順。若作"毗"，則"被毗"不辭，故非是。《叢書集成初編》本（1691/138a）、《校證》（385）、《全三國兩晉南朝文補遺》（269）亦皆失校。

卷六七〇徐勉《梁武帝開恩詔》："朕矜此庶毗，無忘待旦，亟弘生聚之略，每布寬恤

---

① 〔南北朝〕謝朓著，曹融南校注《謝宣城集校注》，上海古籍出版社，1991年，第137頁。
② 〔宋〕李昉等編《文苑英華》，中華書局，1966年。

之恩,而編户未滋,遷徙尚有。"(《校注》650)"毗"弘仁本作"[毗]"(382a),《叢書集成初編》本(1691/138b)、《適園叢書》本(528b)、《文館詞林校記》(1997)校録作"岷",是也。《梁書》卷二《武帝紀中》亦載此詔,對應之字作"氓",①"岷""氓"古字通,是其切證。"庶岷"即庶民,"庶毗"則不辭,故非是。《校證》(386)、《全三國兩晉南朝文補遺》(275)亦失校。

50. 卷六九一梁武帝《與劉孝綽敕》:"凡事萌雖輕,未累恒重,不得謂是小闕,惰而不言,致成後患,爲弊不淺。"(《校注》668)

按:"未"弘仁本作"[末]"(399b),《叢書集成初編》本校録作"末"(1691/145b),是也。"事萌雖輕,末累恒重",指事情剛發生時雖然很輕微,但最後常常造成嚴重的後果,與下文"不得謂是小闕,惰而不言,致成後患,爲弊不淺"正相承接,故釋作"末"文意通順。若作"未"則文意不通,故非是。"末"俗書或與"未"相混,如魏青州刺史元馗墓誌"正光之末"作"[末]"(《北圖》5/119),敦煌俗字"末"或作"[未]",②皆其比。《適園叢書》本(534b)、《校證》(404)、《全三國兩晉南朝文補遺》(250)亦皆失校。

51. 卷六九一李德林《隋文帝解石孝義等官敕》:"功成闢地,是將帥之司;録功鈘勞,歸文吏之職。"(《校注》684)

按:"鈘"弘仁本作"[鈘]"(410b),《叢書集成初編》本(1691/152b)、《適園叢書》本(538b)、《全隋文補遺》(15)校録作"叙",是也。"叙勞"指按照勞績的大小予以獎勵。北齊庫狄迴洛墓誌:"世宗纂業,班爵叙勞,除征西大將軍、儀同三司。"③《唐大詔令集》卷三八李嶠《諸王男等加封邑制》:"三雍肇建,萬品惟新。褒德叙勞,式遵行慶之典;疏藩樹屏,允叶推恩之令。"④《全唐文》卷二八四張九齡《敕幽州節度張守珪書》:"言而不賞,示信何歸?賞而有虛,叙勞何勸?"(2887a)"叙勞"義同,皆可比參。"余"旁俗書或與"金"相混,如 S.2053V《禮記音》"叙"寫作"[鈘]"(《英藏》3/221),《可洪音義》"斜"或作"鈄"(《可研》747),《龍龕手鏡·足部》"跦"俗作"[跰]"(460),故"叙"俗訛可作"鈘"。《玉篇殘卷·广部》"序"字下釋文"叙"寫作"[鈘]"(481),是其切證。《校證》照録原形作"鈘"(417),蓋不識其字。

52. 卷六九五梁孝元帝《遣上封令》:"方今菽粟充仞,倉廩欲實,多載糧粒,廣命甲兵,迅揮飛舸,直指姑孰。"(《校注》718)

---

① 〔唐〕姚思廉《梁書》,中華書局,1973 年,第 57 頁。
② 黄征《敦煌俗字典(第二版)》,第 552 頁。
③ 毛遠明《漢魏六朝碑刻校注》第 9 册,綫裝書局,2009 年,第 110 頁。
④ 宋敏求編《唐大詔令集》,商務印書館,1959 年,第 177 頁。

弘仁本《文館詞林》訛混俗字補證 • 249 •

　　按："揖"弘仁本作"揖"(435b)，《粵雅堂叢書》本卷六九五(21b)、《叢書集成初編》本(1691/163b)、《適園叢書》本(546b)校錄作"檝"，是也。"木""扌"二旁俗書不別，故"檝"俗書與"揖"相混，如魏收《征南將軍和安碑銘》"在川方檝"之"檝"作"揖"(弘仁本140b)，《玄應音義》"檝"或作"揖"，①皆其比。"檝"本指船槳，此處代指船，"迅檝""飛舸"是同義並列結構，指速度飛快的船隻。《梁書》卷一《武帝紀上》："南中郎諮議參軍、軍主蕭偉等三十九軍主，巨艦迅檝，衝波噴水，旗鼓八萬，焱集石頭。"②《文苑英華》卷一〇何類瑜《查客至斗牛賦》："信其致人於霄漢者，不必輕舟迅檝之力；忘情於夷險者，亦無波臣川后之欺。"(50b)"檝"同"檝"，二"迅檝"義同，可以比參。若作"揖"，則文意不通，故非是。《校證》(447)、《全三國兩晉南朝文補遺》(260)亦失校。

① 〔唐〕釋玄應《一切經音義》(習稱"《玄應音義》")，《中華大藏經》第57冊，中華書局，1993年影印本，第49頁上欄。
② 〔唐〕姚思廉《梁書》，第8頁。

"胭脂"用字研究*

馬　乾

西北大學文學院

周豔紅

陝西中醫藥大學人文管理學院

張騫鑿空西域以來，大批外來藥物進入中國，促成了一大批外來藥物名詞進入漢語詞彙系統。外來藥物名詞進入漢語詞彙系統後，其用字既受到音譯方式的限制，又需遵守漢語用字基本規則，這就造成這批外來中草藥詞彙用字多元的現象。這種用字局面爲中醫古籍閱讀、中醫古籍點校、中醫藥知識元深度加工等帶來一定的困難。這一點在"胭脂"一詞上表現尤爲明顯。

"胭脂"爲中醫藥文獻中常見詞彙，其即指中藥材紅花、紅藍花，同時"胭脂"也指用紅花、紅藍花等製成的顏料、化妝品，也用來指稱具有相似顏色特徵的其他植物。在漢語文獻，特別是中醫古籍中，"胭脂"一詞用字複雜。這些用字情況在今人點校整理《本草衍義》《政和本草》《本草品匯精要》《本草綱目》等文獻中有所繼承和發展。本文在全面搜集"胭脂"一詞用字的基礎上，探討本草類中醫文獻的"胭脂"一詞的用字特徵，並對其現代整理方式提出思考。

一、文獻中常見"胭脂"用字

學界一般認爲"胭脂"語源爲匈奴語，其較早作"閼氏""焉氏"[①]等，其在西漢時期進

---

* 本文是教育部人文社會科學基金青年項目(22YJC740108)、陝西省社科基金項目(2024K026)、國家社科基金一般項目(22BYY122)階段性成果。

① 日本曇寂《大日經住心品疏私記》卷第十作"嬰氏"，當爲音轉。

入漢語言系統。據劉敬林[①]考察,"胭脂"又作"焉支""燕支""燕脂""臙脂""䞓赦""烟肢""烟支""烟脂"等。據明方以智《通雅》"燕支"條、清吳玉搢《別雅》"燕支"條等,"胭脂"又作"綑脂"。徐振邦《聯綿詞大詞典》收録了"燕支""燕脂""臙脂""闟支""胭脂""綑脂""烟支""烟肢""烟脂""煙脂""殷脂""煙支""䞓赦""閼氏""焉支""焉提"等16個。據俞樾《茶香室四鈔》"䞓赦"誤作"埏赦",[②]傳世本《集韻•煙韻》"因蓮切"下"䞓赦"多誤作"䞓赦",而《類篇•赤部》均作"䞓赦",不誤。文獻中又有"䞓赦",見於明李時珍所撰《本草綱目》、清王道純等所撰《本草品匯精要續集》卷二,以及《大正藏》所收日本曇寂撰《大日經住心品疏私記》卷第十等。又據《大正藏》所收唐不空譯《十一面觀自在菩薩心密言念誦儀軌經》載,"烟脂""檼支""烟支"爲異文,則"胭脂"又作"檼[③]支",文獻或傳抄作"撚支"。文獻中"胭脂"又作"烟枝""煙枝"等。

我們將上述21個異形詞,依據首見文獻[④]的時代稍作排序如下:

表1 "胭脂"組異形詞首見文獻表

詞　　形	首　見　文　獻
焉支	漢司馬遷《史記》卷一〇〇《匈奴列傳》、卷一一一《衛將軍驃騎列傳》
焉提	漢王充《論衡》
燕支	晉崔豹《古今注•草木》
烟支、煙支	南朝宋裴駰《史記集解》,後人徵引或作"煙支"
燕脂	南朝梁蕭統《美人晨妝》詩、北魏賈思勰《齊民要術》卷八
烟脂	北周耶舍崛多譯《佛説十一面觀世音神呪經》、唐阿地瞿多譯《陀羅尼集經》、唐玄奘譯《阿毘達磨大毘婆沙論》
臙脂	唐房玄齡等《晉書•佛圖澄傳》、唐釋道世《法苑珠林•咒術篇》
烟肢	唐司馬貞《史記索隱》引晉習鑿齒《與燕王書》,後人或引作"烟支""煙脂"
檼(撚)支	唐不空譯《十一面觀自在菩薩心密言念誦儀軌經》

---

① 劉敬林、黃静、王曉賢《海外回歸醫籍〈風科集驗名方〉疑難字詞續考》,《安慶師範學院學報(社會科學版)》2016年第1期,第42頁。
② 〔清〕俞樾《茶香室四鈔》卷二七:"宋趙叔向《肯綮録》云:燕脂,《集韻》作埏赦。按此二字誤,《集韻》作䞓赦。蓋二字並從赤爲義,一從亞聲,一從支聲耳。"《春在堂全書》《叢書集成》初編本宋趙叔向《肯綮録》即作"埏赦"。
③ 文獻多注"檼,音煙"。字書載其異體作"㷄",其與"胭"異字同用。
④ "首見文獻"的判定主要使用了"瀚堂典藏"資料庫,判定依據主要依據著作的作者時代。這種做法忽略了文獻傳抄過程中的改字問題,故此表僅能作爲參考。

續 表

詞　形	首　見　文　獻
䪿赬(赦赦)	宋司馬光《類篇》、宋丁度等《集韻》
㘧𰉣(赬)	宋趙叔向《肯綮錄》
煙脂	宋程大昌《演繁露》、宋葛立方《韻語陽秋》
梱脂	金王予可《小重山》："鳳奩尖瑩恨，浥梱霜。"
殷脂	明《六十種曲・玉合記》
烟枝、煙枝	清顧嗣立《元詩選》初集六十六・句曲外史張雨《墨海棠》
閼支	清曹寅《題畫・桃柳蝴蝶》

從歷時來看，"胭脂"一詞的用字具有三個典型特徵：

（1）唐以前用字均使用借字。外來詞彙以音譯或者半音譯半意譯的方式進入漢語詞彙系統時，往往會有多種書寫形式，這就產生了借用一組音近音同字來記錄同一個語言單位的情況。"胭脂"用字中，"焉—燕—烟—煙"與"支—提—脂"組書寫形式不同，但屬於音同、音近字，記錄的語言單位是一致的。

（2）唐宋以來本字與借字並行。受到字詞關係系統影響，至晚唐太宗時期出現"胭脂"一詞的專用字，即在借字的"燕"的基礎上增加"月（肉）"、改"煙""烟"從火爲從赤、在借字"支"的基礎上增加形符"赤"，從而構造了後出本字"臙""䪿""梱""赬"等。但同時，我們也可以看到，"胭脂"一詞後起本字的出現並沒有影響借字使用，甚至出現了"㘧""㰒""殷""閼""枝"等新的音近借字，豐富了"胭脂"一詞的用字材料。我們可以將"臙""䪿""梱"處理爲一組記詞功能完全相同的異體字，其與"焉—殷—閼"等構成了本字與借字的關係；將"赬"與"提—脂—枝"等處理爲本字與借字的關係。

（3）唐宋以來用字中多見書寫變異現象。受到書寫變異規律的影響，近代漢字系統中儲存了大量因爲書寫變異造成的異體字材料。"胭脂"一詞的用字中"㰒—㪇""赬—赦—赬—𰉣"組用字即屬於此類。構件"木""扌"形近混同，"㰒"遂書寫變異作"㪇"；構件"支"與"攵""支""皮"形近混同，"赬"遂書寫變異作"赦""赬""𰉣"。

二、本草類中醫古籍中的"胭脂"用字

傳世本草文獻多達數十種，其類型大體可分爲主流本草、旁系本草、子孫本草、游戲

本草等 4 種。① 我們選取《本草衍義》《政和本草》《本草品匯精要》《本草綱目》《本草乘雅半偈》《本草綱目拾遺》等 6 部影響比較大的主流本草中醫古籍進行了測查，前文 20 餘個"胭脂"異形詞中，"烟脂""䞓赥""燕脂""臙肢""胭支""臙脂""胭肢""胭脂"等 8 個均見於本草文獻，這 8 個的分布如下：

表 2　常見本草中醫古籍中"胭脂"用字分布表

書　名	詞形/頻次							
	烟脂	䞓赥	燕脂	臙肢	胭支	臙脂	胭肢	胭脂
本草衍義	1	×	×	×	×	×	×	×
政和本草	×	1	6	×	×	×	×	×
本草品匯精要	×	×	1	×	×	3	×	1
本草綱目	×	3	28	2	1	17	1	14
本草乘雅半偈	×	1	×	×	×	×	×	1
本草綱目拾遺	×	×	×	×	×	×	×	17

從表 2 可以看出，本草類中醫文獻中"胭脂"一詞的用字具有一定的特點。

1. 官修本草文獻用字受到官修辭書影響

目前存世的官修本草文獻主要包括唐蘇敬《新修本草》殘卷、宋曹孝忠《政和本草》、明劉文泰《本草品匯精要》等。《新修本草》殘卷未見"胭脂"一詞。而《政和本草》《本草品匯精要》收錄有"胭脂"一詞，其用字受到同朝官修辭書的影響。

北宋醫官曹孝忠《政和本草》卷一三"紫鉚"條："《衍義》曰：……今人用造綿䞓赥，邇來亦難得。餘如經。"②此條實傳承自宋寇宗奭《本草衍義》。《本草衍義》卷一四"紫鉚"條，曰："今人用造綿烟脂，邇來亦難得。餘如經。"各本同。而自《政和本草》始作"䞓赥"，而"䞓赥"始見於《類篇》《集韻》。《類篇·赤部》："赥，章移切。䞓赥，面飾。䞓，因蓮切。䞓赥，婦人面飾。"《集韻·支韻》章移切："赥，䞓赥，面飾。"《集韻·先韻》因蓮切："䞓，䞓赥，婦人面節。"此當爲《政和本草》作"䞓赥"的依據。顯然是曹孝忠等編修《政和本草》時參考了官修辭書《類篇》《集韻》而調整了詞形。明劉文泰編修《本草品匯精要》卷一八"紫鉚"條下引《本草衍義》詞形又作"胭脂"，《洪武正韻·先韻》煙小韻："胭，胭

---

① 王家葵《本草文獻十八講》，中華書局，2020 年，第 6—12 頁。
② 〔宋〕唐慎微《重修政和經史證類備用本草》，湖南科學技術出版社，2014 年，第 1336 頁。

脂。"劉文泰當是根據《洪武正韻》對詞形做了調整。

我們可以看到《政和本草》《本草品匯精要》作爲官修本草文獻,其編纂時根據官修辭書對詞形進行了調整和規範,這種調整與規範是自發的、有意識的,這也反映了官修語文辭書的規範性。

2. 名實關係影響了本草文獻用字選擇

本草文獻研究內容之一即名實關係的研究。歷代本草文獻編纂者皆重視本草的名實對應與理據闡釋問題。關於"胭脂"命名理據問題,不同學者的觀點不盡相同。南北朝徐陵《玉臺新詠序》:"北地燕脂。"五代馬縞《中華古今注·燕脂》:"蓋起自紂,以紅藍花汁凝作燕脂。以燕國所生,故曰燕脂。塗之作桃花妝。"這個觀點或許影響了宋明時期的中醫學者,故《政和本草》《本草綱目》中"燕脂""臙脂"的頻度尤其高。特別是"燕脂""臙脂"的關係比較緊密,"臙"顯然是"燕"受到"脂"字的同化影響而增加了形符"肉(月)"。如果我們將"燕脂""臙脂"合併會發現,"燕脂""臙脂"的高頻特徵更加明顯。這應當是《政和本草》6處作"燕脂"而只有1處作"緾赦"的原因。此外,李時珍在《本草綱目·草部》新增"燕脂"條,乃是從"紫鉚""落葵"等條下析出。李時珍特別引《中華古今注》的內容對"燕脂"的命名理據進行了注釋,並指出"俗作臙肢、胭支者,並謬也",這一點直接說明名實關係影響了李時珍設立藥名條目、選擇詞彙用字等工作。

3. 集大成性質的中醫古籍多保留底本用字

這一點在《本草綱目》上表現尤其突出。作爲一部集大成性質的本草文獻,李時珍一開始就確立"集解""纂修""纂述"的體例和性質,這就使得《本草綱目》在一定程度上保留了其徵引文獻底本用字的特徵,故明李時珍《本草綱目》也傳抄了《政和本草》的詞形"緾赦",儘管在抄寫刊刻過程"緾赦"書寫形式稍有變異。同時李時珍還從其他文獻中傳承了"燕脂""臙肢""胭支""臙脂""胭肢""胭脂"等,使得"胭脂"一詞整體用字較爲複雜,不如《政和本草》《本草品匯精要》用字整齊。

4. 本草文獻中書寫變異現象頻發

"胭脂"一詞常見用字中,"撚—撚""赦—赦—赦—赦"組是因書寫變異造成的異體字現象。在本草類也存在這樣因爲書寫變異造成的用字不同的材料,這一類現象主要發生在"緾赦"用字上。受到漢字書寫規則影響,"緾赦"在《本草綱目》《本草乘雅半偈》中產生了書寫變異形體。

(1) 緾赦—緾赦

《本草綱目》卷三九《蟲部》"紫鉚"條"集解"段:

> 宗奭曰:"紫鉚狀如糖霜,結於細枝上,累累然,紫黑色,研破則紅,今人用造綿緾赦。"

粙赦,金陵本、江西本、文淵閣《四庫全書》本等同。從文獻源流來看,"粙赦"即"䅫赦"之變無疑,"里""䵿"形近而誤。

(2) 䅫赦—栖赦

明盧之頤著有《本草乘雅半偈》一書,此書本於李時珍《本草綱目》。《本草乘雅半偈》卷九"紫鉚"條下:

> 核曰:段成式《酉陽雜俎》云:紫鉚樹……天有霧露,及雨沾濡,則枝條出鉚,狀如糖霜,累累紫赤,破則鮮紅,用造栖赦,作婦女面飾。　　(文淵閣《四庫全書》本)

"栖赦"即本於"粙赦""䅫赦"。"栖"即"粙""䅫"的書寫變異。

(3) 䅫赦—䅫敊

李時珍據醫理於《本草綱目·草部》增立"燕脂"條,曰:

> 【釋名】䅫敊:時珍曰:"按,伏侯《中華古今注》云:'燕脂起自紂,以紅藍花汁凝作之,調脂飾女面,産于燕地,故名燕脂。'或作䅫敊。匈奴人名妻爲閼氏,音同。燕脂謂其顔色可愛如燕脂也。俗作臙肢、胭支者,並謬也。"

這裏的"䅫敊"即本於《政和本草》,與《蟲部》可互見互證。然金陵本、江西本、張紹棠本《本草綱目》"燕脂"條下二處"䅫敊"均作"䅫赦","赦""敊"二字的聲符"攴""夂(支)"形近混同。

三、本草文獻校注本"胭脂"用字

中華人民共和國成立以來,黨和國家組織了多次中醫古籍整理計劃,《新修本草》《本草綱目》等本草類中醫古籍的影印、點校、翻譯、輯佚本不斷出版。這些本草文獻校注本中對於"胭脂"一詞用字的點校整理比較混亂。如前面《本草衍義》"今人用造綿煙脂"句,今人點校整理本均傳抄"烟脂",而未使用現代通用字作"胭脂";《政和本草》"今人用造綿䅫赦"句,今人點校整理本,或根據《本草衍義》回改爲"烟脂",或調整爲現代通用字作"胭脂",但未見傳抄"䅫赦"者。從造詞理據來看,"䅫赦"即反映了胭脂的"紫黑色,研破則紅"等特徵,保留"䅫赦"或許可以保留本草類中醫古籍的用字特徵。從文獻源流來看,"烟脂"則保留了本草文獻早期用字面貌;但作"胭脂"則比較符合現代出版物用字規範,《現代漢語詞典》《新華字典》等權威性工具書中,均以"胭脂"爲規範用字。

需要特別指出的是,本草文獻校注者對"䅫赦"及其書寫變異形式的點校整理比較混亂,出現了新的用字現象。這種情況在今人整理本《本草綱目》《本草乘雅半偈》,以及今人徵引《本草綱目》時有所反映。

1. 傳承本草類中醫古籍用字

(1) 傳承"䩾䩯"

《中華醫書集成》所收周慎等整理本《本草綱目》、《中華大典·生物學典·動物分典》"紫膠蟲"條下引《本草綱目》同作"䩾䩯"。部分點校本於"䩾䩯"下增加了注釋，溝通了其於"䩾䩯""胭脂"之間的異字同用關係，如史世勤、賀昌木主編《李時珍全集》傳抄金陵本等作"䩾䩯"，並校注："《政和本草》卷十三紫鉚作'䩾䩯'，音義同'胭脂'。"

(2) 傳承"䩾赦"

劉衡如點校本、柳長華與柳璿點校本、王育傑點校本、柳長華點校本的"紫鉚"條下，以及錢超塵與董連榮主編《本草綱目詳譯》、呂蘭薰編譯《白話全譯本草綱目》等書的"燕脂"條均承襲這個用字。

2. 據古籍源流關係調整用字

(1) 據《政和本草》等校改"䩾䩯"爲"䩾赦"

劉衡如點校本《本草綱目》改"䩾"爲"䩾"，並指出《本草衍義》卷一四作"煙脂"；劉衡如、劉山永點校本《本草綱目》同作"䩾赦"，並注釋："'䩾'：原作'䩾'，字書無。今據政和本草卷十三紫鉚條改。本草衍義卷十四，'䩾赦'作'煙脂'。"[①]尚志鈞《本草綱目(金陵初刻本校注)》校注："䩾赦：原作'䩾䩯'。從政和本草卷十三紫鉚條改。䩾赦，也作'胭脂'。"[②]

(2) 據《本草衍義》校改"䩾䩯"爲"烟脂"

李伯欽點校本《本草綱目》作"烟脂"。此外，陸拯等校注本《政和本草》改"䩾䩯"作"烟脂"，[③]當是據《本草衍義》所改。

3. 據異形詞用字規範整理作"胭脂"

尚志鈞點校本《證類本草》、[④]郭君雙點校本《證類本草》[⑤]、陸拯等人點校本《本草品匯精要》[⑥]等均作"燕脂""臙脂"。目前尚未見點校本《本草綱目》中整理作"胭脂"的情況。

4. 點校整理本產生新訛誤

今人點校整理本草文獻時，"䩾赦"又形成了一批新的書寫變異形態，如九洲圖書出版社 1991 年標點本《本草綱目》、夏魁周等校注《李時珍醫學全書》本、中國中醫藥出版社 1998 年標點本《本草綱目》等傳抄"䩾赦"作"赦䩾"，《中醫非物質文化遺產臨床經典

---

① 劉衡如、劉山永《本草綱目新校注本》，華夏出版社，1998 年，第 1494 頁。
② 尚志鈞等《本草綱目(金陵初刻本校注)》，安徽科學技術出版社，2002 年，第 128 頁。
③ 陸拯等校注《重修政和經史證類備用本草》，中國中醫藥出版社，2013 年，第 866 頁。
④ 尚志鈞等校點《證類本草》，華夏出版社，1993 年，第 380 頁。
⑤ 郭君雙、金秀梅、趙益梅《證類本草》，中國醫藥科技出版社，2011 年，第 420 頁。
⑥ 陸拯等《本草品匯精要》，中國中醫藥出版社，2013 年，第 431 頁。

名著》叢書本《本草綱目》誤作"菝梗"。又如,《本草乘雅半偈》中的"栖菝",冷方南、王齊南校點本傳抄作"栖菝",①張永鵬點校本整理作"栖菝",並校注:"菝,冷本作'菝'。"②劉更生點校本則整理作"栖菝"③。

從以上點校、整理本《本草綱目》等本草文獻來看,今人或轉錄中醫古籍中的原字形,但也有失真的情況,或根據文獻源流選用較早的用字,或根據異形詞用字規範選用現代通用用字,同時部分文獻在點校出版過程中產生了新的訛誤。造成這種差異的主要原因在於今人點校整理的原則與方法不同,也存在文獻校理工作不扎實、語言文字規範意識不強等問題。從《本草衍義》中的"烟脂",到《證類本草》的"梗菝""胭脂"、《本草綱目》的"梗菝""梗菝""菝梗""菝梗",再到《本草乘雅半偈》"栖菝""栖菝""栖菝""栖菝"等,用字差異明顯,這也直接造成了今人閱讀、理解的困難。

四、"胭脂"用字整理的探討

1. 部分本草文獻宜選用現代通用字作"胭脂"

前文指出,除了《本草綱目》外,其他本草類中醫古籍中"胭脂"的用字較爲固定,今人點校整理時是否可以根據《通用規範漢字表》《現代漢語詞典》等統一用字"胭脂"呢?我們可以逐一來討論一下。

(1)見於《本草衍義》者

① 如糖霜結於細枝上,累累然,紫黑色,研破則紅。今人用造綿烟脂,邇來亦難得。餘如經。　　　　　　　　　　　　　　　　　　(卷一四"紫鉚"條)

(2)見於《政和本草》者

① 紅藍花……堪作燕脂……其燕脂,主小兒聤耳……《圖經》曰:……其花暴幹以染真紅及作燕脂。　　　　　　　　　　　(卷九"紅藍花"條)
② 又可造胡燕脂,餘滓則主作家使也　　　　　(卷一三"海藥"條注)
③ 《唐本》注……若今婦人以置燕脂者,殊非海蛤之類也。(卷二〇"文蛤"條下注)
④ 《圖經》云:……一名豕露,俗呼曰胡燕脂。　(卷二七"冬葵子"條注)
⑤ 陶隱居云:……俗呼爲胡燕脂。　　　　　　(卷二九"落葵"條下注)

---

① 冷方南、王齊南校點《本草乘雅半偈》,人民衛生出版社,1986年,第546頁。
② 張永鵬《本草乘雅半偈》,中國醫藥科技出版社,2014年,第185頁。
③ 劉更生等《本草乘雅半偈》,中國中醫藥出版社,2016年,第387頁。

(3) 見於《本草品匯精要》者

① 堪作臙脂……臙脂主小兒聤耳。　　　　　　　　　　　　　　（卷一一"紅藍花"條）
②《衍義》曰：……今人造綿胭脂,邇來亦難得也。　　　　　　　（卷一八"紫鉚"條）
③【名】……胡燕脂。……【苗】《圖經》曰：……俗呼爲胡臙脂也。（卷四〇"落葵"條）

(4) 見於《本草乘雅半偈》者

① 別有狀元紅、胭脂樓、醉西施……　　　　　　　　　　　　　（卷四"牡丹"條）
② 用造䕡茢,作婦女面飾。　　　　　　　　　　　　　　　　　（卷九"紫鉚"條）

從《本草衍義》《政和本草》《本草品匯精要》《本草乘雅半偈》這些句子來看,"煙脂""䕡茢""燕脂""臙脂"只是用字不同,其與"胭脂"不構成記詞功能層面的對立。同時,這些文獻前後傳承有序,"胭脂"一詞的用字差異也只是反映不同時代本草文獻的編纂體例、用字習慣等差異。今人點校整理本可將這些文獻中的"煙脂""䕡茢""燕脂""臙脂"統一用字作"胭脂",這種處理方式也延續了歷代本草學研究者根據時代用字規範調整文獻用字的精神。因此,我們主張今人點校本《政和本草》《本草乘雅半偈》中的"䕡茢"及其書寫變異形式統一用字作"胭脂"。當然,如果校注體例設置爲保留古籍用字習慣,那麼可以保留"䕡茢"這個詞形,但要將見於《本草乘雅半偈》"䕡"之類的異寫字校正爲"䕡"。

2.《本草綱目》不宜選用現代通用字作"胭脂"

《本草綱目》中涉及"胭脂"用字不盡統一,除了"䕡茢"外,還有"燕脂""臙肢""胭支"(以上見於"燕脂"條)、"臙脂"(見於"烏賊魚"條、"阿魏"條、"海紅"條等)、"胭肢"(見於"胡麻花"條)等。《本草綱目》中"胭脂"用字是否可以統一規範爲"胭脂"呢？我們認爲這種做法不具有可行性,這是因爲《本草綱目》注意廣泛收錄中草藥的同實異稱、同詞異字類材料,且專設"釋名"段進行理據解釋和判定,如果以"胭脂"統一用字,那就與《本草綱目》內部體例相違背,以及《本草綱目》語言邏輯的混亂。

在《本草綱目》中,李時珍設立了"燕脂"條,且明確表示贊同"燕脂謂其顏色可愛如燕脂也"這個命名理據,李時珍還特別指出"俗作臙肢、胭支者,並謬也",顯然是否定了"臙肢""胭支"的用字情況。這種情況說明,我們顯然不能直接用"胭脂"統一《本草綱目》中的"䕡茢"等用字。因此,我們在整理《本草綱目》時要注意保留其用字習慣。我們注意到,今人徵引或點校《本草綱目》時有作"俗作胭肢、胭支者,並謬也"[①]者,有作"俗作

---

① 周慎、李佑生、楊維華、蔡鐵如、何清湖、秦華珍《本草綱目》,《中華醫書集成》第 6 册,中醫古籍出版社,1997年,第 767 頁;夏魁周等校注《李時珍醫學全書》,中國中醫藥出版社,1996 年,第 449 頁;陳企望撰集《神農本草經注》,中醫古籍出版社,2018 年,第 575 頁;鄭樺《漢字與服飾文化》,寧夏人民出版社,2018 年,第 293 頁;王劍《李時珍大傳》,中國中醫藥出版社,2011 年,第 171 頁。

臙脂、胭支者,並謬也"①者。這兩種點校整理方式完全違背了《中華古今注》以及李時珍徵引的本意,以及《本草綱目》的内部體例,是不妥當的,應當予以糾正。

3. 妥善處理"䐈"的字符問題

關於"䐈赾"一詞中的"䐈"字,今人點校本《本草綱目》等本草文獻中有作"䐈"的情況,即字形右上從西。我們應該注意到,"䐈"爲中國臺灣地區提交國際標準組織ISO的編碼字形,而"䐈"則爲中國大陸地區提交的國際編碼字形。從語言文字規範角度來看,整理作"䐈"應該更妥當,這也與中國大陸頒布的《古籍印刷通用字規範字形表》所收録的"煙""黶"等字形相統一,也與《漢語大字典》《中華字海》等工具書相一致。

結　語

周有光先生在《規範音譯用字芻議》一文中指出,音譯詞用字混亂會産生"譯者麻煩,讀者不便,檢索困難,印刷出版、網絡傳輸,不斷造成混亂。這種狀況不應當再聽之任之了"。② 綜合來看,古今文獻中"胭脂"一詞用字較爲複雜,借字、專用字非一,不利於中醫藥文獻的閱讀和傳播。數字人文時代,"䐈""䐈""栖""赾""栖"等未編碼的字形會導致漢語語料庫中"噪音"和漏檢③現象頻發,這種情況給中醫藥文獻整理、中醫藥知識元加工、中醫學教育、中醫藥文化知識外譯等工作均帶來了一定的困難,這就需要我們全面梳理"胭脂"一詞的歷史用字情況,並對其進行用字規範整理。實際上學界很早就注意到"胭脂"的用字問題。如宋趙叔向《肯綮録》"燕脂":"《本草》亦作'燕脂',惟《集韻》作埃赦。今人所寫不一,惟從《本草》,庶易識而有據。"(學海類編本)這應該是較早對"胭脂"用字進行評價。"易識而有據"與今人所提出的"儘量選用常用字"、"避免生僻字"、④"書寫的簡便性"⑤一脈相承。隨着中醫典籍與文化研究的深入,以及中外交流的深入,我們有必要開展中醫藥文獻中外來詞用字專題研究。

---

① 劉敬林、黄静、王曉賢《海外回歸醫籍〈風科集驗名方〉疑難字詞續考》,《安慶師範學院學報(社會科學版)》2016年第1期,第42頁。
② 張森根、向珂編《從世界看中國——周有光百歲文萃》,生活·讀書·新知三聯書店,2015年,第663頁。
③ 廖强《異形詞的電腦處理》,《語言研究》2008年第3期,第108頁。
④ 周有光《規範音譯用字芻議》,李宇明、費錦昌主編《漢字規範百家談》,商務印書館,2004年,第109頁。
⑤ 姜豔紅《漢俄語外來詞的社會語言學研究》,蘇州大學出版社,2011年,第71頁。

明清《幾何原本》漢譯本數學譯詞考察

——以利瑪竇和徐光啓合譯本第一卷爲中心

牛 振 宋仕麗

鄭州大學文學院/國家語委科研機構"中華漢字文明研究中心"
("古文字與中華文明傳承發展工程"協同攻關創新平臺)

明朝末年,西方數學知識由傳教士傳入中國,漢譯《幾何原本》是歐洲數學傳入我國的開端[①],也是研究數學譯詞的重要材料。

歐幾里得的《幾何原本》是歐洲數學的基礎,先後出現了多種譯本和改寫本。1607年,利瑪竇和徐光啓以克拉維烏斯編訂的拉丁文版歐幾里得《幾何原本》(1574)爲底本,合作翻譯了《幾何原本》前6卷(以下簡稱"利、徐本")。1688年,法國傳教士白晉、張誠以法國數學家巴蒂編著的《幾何原本》爲底本,將其譯作滿、漢兩種文本(以下簡稱"白、張本")。[②] 巴蒂編著本是歐幾里得《幾何原本》的改寫版本之一,它脱離了歐幾里得的公理化模式,全書雖與歐幾里得本内容相同,但著述體例差别很大。1857年,偉烈亞力和李善蘭以比林斯利翻譯的英文版15卷本歐幾里得《幾何原本》爲底本,將歐幾里得《幾何原本》後9卷(以下簡稱"偉、李本")翻譯完畢。

自利、徐本始,西方數學譯詞開始進入漢語詞彙系統,由於翻譯所據的底本和譯者各不相同,明清數學譯詞使用混亂。1938年,科學名詞審查會審定的《算學名詞彙編》正式出版,是爲中國首部現代數學詞表,對數學名詞進行了規範統一。中華人民共和國成立後,科技名詞審定機構於1956年、1994年先後審定、出版了《數學名詞》,數學名詞更加規範化。

利、徐本第一卷中出現了比較多重要的數學譯詞,故本文將考察利、徐本第一卷中

---

① 李儼、錢寶琮《科學史全集·中國數學史》,遼寧教育出版社,1998年,第262頁。
② 本文僅測查臺北"央圖"館藏漢譯本,爲1723年正式出版的《數理精藴·幾何原本》的母本之一。

的數學譯詞,以及白、張本和偉、李本中相對應的數學譯詞;然後比對《算學名詞彙編》《數學名詞》中的對應名詞;探究明清時期 3 個《幾何原本》漢譯本中的數學譯詞的發展演變及其動因,探討各譯本數學譯詞對後世所產生的影響。

一、明清《幾何原本》漢譯本數學譯詞概貌

利、徐本第一卷的主要内容包括界説 36 則、求作 4 則、公論 19 則以及例題部分,經測查,共有數學譯詞 49 個;白、張本的前 4 卷與利、徐本第一卷的内容基本一致,經測查,對應的譯詞共有 42 個;偉、李本是對利、徐本的補充,二者重合内容相對較少,測查所見,偉、李本中對應的譯詞共有 30 個。所見譯詞如表 1 所示:

表 1 明清《幾何原本》漢譯本數學譯詞表①

序號	利、徐本譯詞 譯詞	利、徐本譯詞 源語詞②	利、徐本譯詞 翻譯方式	白、張本對應譯詞	偉、李本對應譯詞	《算學名詞彙編》對應名詞	《數學名詞》對應名詞
1	點	punctum	純意譯	点	點	點	点
2	線	linea	純意譯	線	線	線	线
3	垂線	Perpendicularies	仿譯	垂線	垂線	垂線	垂线
4	對角線	diameter	純意譯	對角線	對角線	對角線	对角线
5	橫線	Rectam lineam consistens	仿譯	橫線	平線		
6	平行線	Parallelae rectae lineae	仿譯	平行線	平行線	平行線	平行线
7	曲線	Curva linea	仿譯	曲線		曲線/曲線形	曲线
8	無界直線	Lineam infinitam	仿譯				直線
9	有界直線	Lineam terminatam	仿譯				线段

---

① 表中的譯詞按照類名排序,含有同一類名的譯詞以字音爲序。
② 表中的源語詞主要參考王宏晨博士學位論文《克拉維烏斯〈原本〉及其漢譯研究》第四章《幾何原本》界説翻譯中的詞表。

续表

序號	利、徐本譯詞			白、張本對應譯詞	偉、李本對應譯詞	《算學名詞彙編》對應名詞	《數學名詞》對應名詞
	譯詞	源語詞	翻譯方式				
10	直線	Recta linea	仿譯	直線	直線	直線	直线
11	面	superficies	純意譯	面	面	面	面
12	平面	Plana superficies	仿譯		平面	平面	平面
13	界	terminus	純意譯	界	界	界線	
14	形	figura	純意譯	形	形	形	形
15	長斜方形	Rhomboides	純意譯	每兩等邊斜形			平行四边形
16	多邊形	Multilaterae figurae	仿譯	衆角形/衆邊形	諸邊形/多邊形	多邊形/多角形	多边形
17	兩邊等三角形	Isosceles triangulum	仿譯	兩邊線相等之三角形①		等腰三角形	等腰三角形
18	角線方形	Parallelogramma circa diametrum consistere	仿譯	對角線内之形			
19	平邊三角形	Aequilaterum triangulum	仿譯		等邊三角形	等邊三角形	等边三角形
20	平行線方形	Parallelogrammum	仿譯	四邊平行線形/平行四邊形/平行線四邊形/平行線之四邊形	平行邊形	平行四邊形	平行四边形
21	三邊形	Trilaterae figurae	仿譯	三邊形		三邊形	
22	三邊鈍角形	Amblygonium triangulum	仿譯	鈍角三角形		鈍角三角形	钝角三角形
23	三邊各鋭角形	Oxygonium triganulum	仿譯	鋭角三角形		鋭角三角形	锐角三角形
24	三邊直角形	Rectangulum triangulum	仿譯	直角三角形	直角三角形	直角三角形	直角三角形

---

① 早期數學譯詞有結構相對鬆散的短語形式，爲方便稱説，統稱爲譯詞或名詞，在具體分析時加以區分和解釋。

續　表

序號	利、徐本譯詞 譯詞	利、徐本譯詞 源語詞	翻譯方式	白、張本對應譯詞	偉、李本對應譯詞	《算學名詞彙編》對應名詞	《數學名詞》對應名詞
25	三不等三角形	Scalenum triangulum	仿譯			不規則三角形	
26	三角形	Triangula figuratum	仿譯	三角形	三角形	三角形	三角形
27	四邊形	Quadrilaterae figurae	仿譯	四邊形/四角形	四邊形	四邊形	四边形/四角形
28	無法四邊形	Trapezia	純意譯	無法形		不規則四邊形	
29	斜方形	Rhombus	純意譯	等邊斜形		菱形	菱形
30	餘方形	Complementa parallelogramma	仿譯	對角線旁餘之形			
31	直角方形	Quadratum	純意譯	四方形	正方形/正方	正方形	正方形
32	直角形	Altera parte longior figura	純意譯	長方形	矩形/長方形	矩形/長方形	长方形/矩形
33	直線形	Rectilineae figurae	仿譯	直界形		直線形	直线
34	圜	circulus	純意譯	圜	圓/圓形/圓面/平圓/平圓面	圓	圓
35	半圜	semicirculus	仿譯	半圜	半圓/半圓面	半圓	半圓
36	半徑	semidiameter	仿譯	半徑/半徑線/輻線	半徑/半徑線/圓半徑	半徑	半径
37	圜徑	Diameter circuli	仿譯	圜徑/圜徑線/徑線	圓徑/徑線	圓徑/直徑	直径
38	圜心	Centrum circuli	仿譯	圜心	圓心	圓心	圓心
39	圜之界	Circuli peripheriam	仿譯	圜之界/圜界/圜線/圜周界/圜線式	圓周	圓周/圓線	圓周

續　表

序號	利、徐本譯詞 譯詞	利、徐本譯詞 源語詞	利、徐本譯詞 翻譯方式	白、張本對應譯詞	偉、李本對應譯詞	《算學名詞彙編》對應名詞	《數學名詞》對應名詞
40	角	angulus	純意譯	角	角	角	角
41	鈍角	Obtusus angulus	仿譯	鈍角		鈍角	鈍角
42	平角	Planus angulus	仿譯			平面角	平面角
43	曲線角	Cirvilineus angulus	仿譯	曲線角		曲線角	
44	鋭角	Acutus angulus	仿譯	鋭角		鋭角	锐角
45	直角	Rectus angulus	仿譯	直角	直角	直角	直角
46	直線角	Rectilineus angulus	仿譯	直線角		直線角	
47	腰	latus	純意譯		腰	腰	
48	邊	latus	純意譯	邊	邊	邊	边
49	底	basis	純意譯	底/底線	底/底邊/底界	底/底邊/底線	

　　表 1 所列譯詞，可從翻譯方式、是否統一、沿用情況三個方面探究其基本面貌。

1. 譯詞全部采用意譯

　　利、徐本第一卷中的 49 個數學譯詞全部爲意譯詞，白、張本和偉、李本中對應的譯詞基本上是在利、徐本譯詞的基礎上稍加變化，或在其後加上類名，如"圓形""圓面""半徑線"等，譯者也全部采用意譯的方式選用或創制譯詞。追根溯源，這一現象與徐光啓的翻譯策略密切相關。徐光啓身處明朝末年，明廷政治腐朽、國力衰弱，使他認識到了西方科技的先進性以及發展科技改變國運的迫切性。他曾在崇禎四年(1631)春上呈《曆書總目表》中説："欲求超勝，必先會通；會通之前，必先翻譯。"[1]徐光啓正是秉持着這一精神來翻譯《幾何原本》的，其翻譯的本質是爲了"自强"和"救國"。因此，他在翻譯過程中，一方面考慮如何將西方數學公理化體系翻譯準確，另一方面又考慮如何使翻譯的術語更好地被國人接受和傳播，因此徐光啓儘可能地采用意譯的方式進行翻譯。受其影響，後代的譯者

---

[1] 徐光啓《奏呈曆書總目表》(明崇禎四年正月)，收入《增訂徐文定公集》第 4 卷，上海徐順興印刷所，1933 年，第 39 頁。

在翻譯《幾何原本》的過程中也基本采用意譯的方式來選用或創制數學名詞。

同是意譯數學名詞,其實又可以進一步細分爲兩類。楊錫彭曾指出:"意譯詞主要是仿譯詞,而根據外來詞的意義采取'重新命名'的方法構造的新詞,也是意譯詞的一種翻譯方式。"[1]爲方便指稱,我們把"仿譯詞"之外的意譯詞稱爲史金生[2]提到的純意譯詞。

2. 部分譯詞存在一詞多譯現象

表1中,同一譯本中相同的外語詞,譯者可能譯爲不同的漢語詞,致使出現了一詞多譯現象。利、徐本譯詞前後統一,白、張本中這種現象比較多見,比如:

(1) {多邊形}[3],記作"衆角形""衆邊形";

(2) {平行四邊形},記作"平行四邊形""四邊平行線形""平行線四邊形""平行線之四邊形";

(3) {四邊形},記作"四邊形""四角形";

(4) {圓周},記作"圜之界""圜界""圜線""圜周界""圜線式"等。

偉、李本中這種現象也很普遍,如:

(1) {多邊形},記作"諸邊形""多邊形";

(2) {圓},記作"圓""圓形""圓面""平圓""平圓面";

(3) {半徑},記作"半徑""半徑線""圓半徑";

(4) {圓徑},記作"圓徑""徑線";

(5) {底},記作"底""底邊""底界"等。

利、徐本譯詞統一,是因爲他們二人率先翻譯《幾何原本》,不受前人翻譯的影響;另一方面,也與其"反復輾轉,求合本書之意,以中夏之文重複訂政,凡三易稿"[4]的科學嚴謹的精神有關。

白、張本中的譯詞歧異現象非常嚴重,一方面可能是受前人譯名的影響。在利、徐譯出《幾何原本》前6卷後,又相繼出現了一些翻譯和編譯的科技著作,如徐光啓還編譯了《測量法義》《測量異同》《勾股義》,李之藻編譯了《渾蓋通憲圖說》《圜容較義》《同文算指》等,白、張本的很多歧異詞形在這些著作中已出現,如"四角形",在李之藻的《圜容較義》已使用:"凡同周四角形,其等邊等角者所容,大於不等邊等角所容。""無法形"在徐

---

[1] 楊錫彭《漢語外來詞研究》,上海人民出版社,2007年,第107頁。
[2] 史金生、刁晏斌主編《語義功能語法研究》,首都師範大學出版社,2018年,第314頁。
[3] 爲方便稱說,以代表譯詞加{ }括注的形式表示譯詞表達的概念,其後羅列表達該概念的不同譯詞。
[4] 梁家勉《徐光啓年譜》,上海古籍出版社,1981年,第81—82頁。

光啓、李之藻等人合譯的《新法算書》中已見:"從形心至邊作直角者爲中垂線,有法形之各中垂線必等;無法形各邊不等,中垂線亦不等。"另一方面應該也與康熙皇帝所學的幾何書籍較爲冗雜有關。最初,康熙皇帝向傳教士南懷仁學習拉丁文版本的歐幾里得《幾何原本》;後來,傳教士白晉、張誠向康熙皇帝講授此版本,後又改授巴蒂的《幾何原本》。在此過程中,喜歡鑽研數學的康熙帝難免參閱其他數學書籍,正是這種複雜的背景,致使白、張譯本中出現了大量的一詞多譯現象。

偉、李合譯的《幾何原本》中一詞多譯現象仍很普遍,則是因爲偉、李一方面沿用中國傳統數學名詞及前人譯詞,同時又自行選用和創制新詞的結果。

綜觀明清時期的不同譯本,還可以發現同一個數學概念與多個漢譯詞對應的現象。比如:

(1){多邊形},利、徐本記作"多邊形",白、張本記作"衆角形""衆邊形",偉、李本記作"諸邊形""多邊形";

(2){正方形},利、徐本記作"直角方形",白、張本記作"四方形",偉、李譯本記作"正方形""正方";

(3){圓周},利、徐本記作"圜之界",白、張本記作"圜之界""圜界""圜線""圜周界""圜線式",偉、李譯本記作"圓周"等。

不同譯本中使用了同一個譯詞,個別譯詞還存在用字差異,比如:點/点,垂線/垂線,面/面/平面/平面,分別爲換用異體字點/点、垂/垂、面/面而出現的譯詞歧異。

上述現象都從一個側面揭示了明清時期數學譯詞使用混亂的歷史事實。

3. 譯詞沿用情況

隨着數學知識體系的不斷發展、完善,一部分明清《幾何原本》漢譯本數學譯詞所表達的概念已經消失,或仍存在於知識體系之中但不再納入學科名詞範圍內,比如利、徐本中所見的 49 個數學譯詞中,有 11 個譯詞所記錄的概念在《數學名詞》中已經沒有對應的名詞。但從整體來看,各譯本譯詞沿用至今的爲數不少,有必要對其沿用情況作出進一步分析。

表 2 《幾何原本》漢譯本數學譯詞沿用情況一覽表

譯 本	譯詞總數	與《算學名詞彙編》一致的譯詞數量	與《數學名詞》一致的譯詞數量	與《數學名詞》一致的譯詞/譯詞總數×100%	繼承利、徐本的譯詞數量	沿用至今的譯詞數量
利、徐本	49	29	22	44.9%		22
白、張本	42	31	25	59.5%	20	6
偉、李本	30	27	24	80%	20	4

如表 2 所示,利、徐本 49 個譯詞中,有 22 個譯詞沿用至今,約占總數的 44.9％；白、張本 42 個譯詞中沿用至今的有 25 個,約占總數的 59.5％；偉、李本 30 個譯詞中沿用至今的有 24 個,約占總數的 80％。

從歷時的角度看,明清《幾何原本》漢譯本數學譯詞沿用至今的比例不斷提高,但白、張本和偉、李本中有很多譯詞沿用了利、徐本的譯詞,他們自己選用或創制的譯詞的數量並不多。白、張本中沿用至今的 25 個譯詞中有 20 個沿用了利、徐本的譯詞,只有 6 個自行選用或創制的譯詞,分別是"平行四邊形""鈍角三角形""銳角三角形""直角三角形""長方形""四角形",其中"四角形"與利、徐本中的"四邊形"表達同一概念,在《數學名詞》中都被審定爲規範名詞。偉、李本中沿用至今的 24 個譯詞中也有 20 個承自利、徐本,譯者自行選用或創制的 4 個譯詞爲"等邊三角形""正方形""矩形""圓周"。可見,利、徐本譯詞在後世譯本及現代數學知識體系中多被沿用,下文將作重點分析。

二、關於利、徐本數學譯詞的分類考察

基於以上針對明清《幾何原本》漢譯本數學譯詞概貌的描述,下面我們將從翻譯方式、造詞法、構詞法等角度分類討論利、徐本譯詞。

1. 純意譯詞

所謂純意譯詞,即葛本儀先生所提到的:"在外語詞的基礎上,借鑒其意義,然後用漢語的語素和組詞規則形成新詞。"[①]從造詞法的角度分析,利、徐本中的純意譯詞包括借用中國傳統數學名詞、利用移植手法創造的新詞及利用漢語詞和語素構造的新詞三類。

(1) 借用傳統數學名詞

中國傳統數學萌芽較早,秦漢時期就出現了一批數學專著,如《周髀算經》《九章算術》等,此後又有《海島算經》《緝古算經》《綴術》等數學著作不斷問世。利、徐二人注重借用中國傳統數學名詞來進行翻譯,選用了 7 個詞：

① 面

《幾何原本》曰:"面者,止有長有廣,一體所見爲面。"在古代漢語中,"面"的本義指臉面,《説文》面部:"面,顔前也。"中國古代已經開始用"面"來表示幾何學中"綫移動形成的形跡,有長、寬,没有厚"的概念。如《墨子·大取》:"方之一面,非方也。"張純一集

---

① 葛本儀《現代漢語詞彙學》,山東人民出版社,2001 年,第 13 頁。

解:"方之一面,如方冪,無厚,非同六面之方體。"

② 形

南朝梁劉勰《文心雕龍·定勢》:"圓者規體,其勢也自轉;方者矩形,其勢也自安。""矩形"指方形,"形"已表示"形狀"義。

③ 圜

"圜",《說文》囗部:"圜,天體也。"本義應爲天體,如《易·說卦》:"乾爲天,爲圜。"古人認爲天圓地方,後詞義泛化引申出圓形義,《廣雅·釋詁三》:"圜,圓也。"如《周禮·考工記·輿人》:"圜者中規,方者中矩。"再如戰國時期的"圜錢"這種貨幣就因形狀爲圓形而得名,《漢書·食貨志下》記載曰:"太公爲周立九府圜法:黄金方寸而重一斤;錢圜函方,輕重以銖;布、帛廣二尺二寸爲幅,長四丈爲匹。""圓"則是"圜"的後起字,阮元《經籍籑詁》:"圓,本作圜,通作員。"後在表示圓形這個意義上,"圓"行而"圜"廢。中國古代數學家已經對"圓"做了多方面的研究,如祖沖之的圓周率、劉徽的割圓術等,《周髀算經》中也記載了對方和圓的認識:"環矩以爲圓,合矩以爲方。方屬地,圓屬天,天圓地方。"①《九章算術》中已有關於圓周率的記載:"假令圓徑二尺,圓中容六觚之一面,與圓徑之半,其數均等,合徑率一而弧周率三也。"②

④ 角

"角",《甲骨文合集》3306 字形作" ",《說文》角部曰:"角,獸角也。"由獸角義引申指形狀像獸角的東西,如"菱角""豆角",李時珍《本草綱目·穀三·大豆》:"角曰莢,葉曰藿,莖曰萁。"又引申指物體兩個邊沿相接的地方,如宋陸游《晚雨》詩:"回頭忽陳迹,簷角掛斜陽。""角"也作爲數學名詞使用,如唐李淳風《九章算術》注:"假令六觚之田,觚間各一尺爲面,自然從角至角,其徑二尺可知。"③

"半徑""半圓""圜徑"等三個詞既是中國傳統數學名詞,又與源語詞結構相仿,我們放在下面的仿譯詞部分進行討論。

(2) 利用移植手法創造的新詞

譯者使用漢語中的固有詞彙,賦以新義,形成了這種移植詞。移植詞與原詞的意義之間有一定的聯繫,同時又在原詞的基礎上增添了新的意義,類似於佛經翻譯中的"移植"手法④,這樣的詞有 6 個:

---

① 趙爽注,甄鸞重述,李淳風注釋《周髀算經》,上海古籍出版社,1990 年,第 11b 頁。
② 劉徽注,李淳風注釋《九章算術》,中華書局,1985 年,第 10 頁。
③ 劉徽注,李淳風注釋《九章算術》,第 15 頁。
④ 朱冠明《佛教漢語研究概況》,《文獻語言學》2021 年第 1 期,第 164 頁。

① 點

《說文》黑部:"點,小黑也。""點"的本義指黑色的小點。後泛指斑點,如《晉書·袁宏傳》:"如彼白珪,質無塵點。"但"點"在古代漢語中多指具象可視的斑點,譯者利用其"小而圓"的特徵來對譯數學名詞 punctum,從而在舊詞的基礎上增加了數學意義。

② 綫

《幾何原本》:"綫,有長無廣。試如一平面,光照之,有光無光之間,不容一物,是綫也。"《說文》糸部:"綫,縷也。……線,古文綫。""綫"的本義指用棉麻絲毛等材料拈成的細縷,引申指細長如綫的東西。譯者著眼於"綫"細長可彎曲的特點,用來對譯 linea。

③ 界

《說文》田部:"界,境也。"其本義指地界、邊界,如《詩·周頌·思文》:"無此疆爾界,陳常於時夏。"譯者以"界"來對譯"一物之始終"(terminus)的概念,將幾何學中的幾個重要概念串聯起來:點爲綫之界,綫爲面之界,面爲體之界。

④ 腰

"腰"本作"要",《說文》臼部:"要,身中也。象人要自之形。"其本義指身體胯上肋下的部分,後來引申泛指事物的中間部分,如北周庾信《枯樹賦》:"橫洞口而欹臥,頓山腰而半折。"

⑤ 邊

《宋本玉篇》辵部曰:"邊,畔也,邊境也。""邊"在古代常用來指物體的四側、邊緣部分,如宋趙與時《賓退錄》卷六:"如佛說蜜,中邊皆甜;若中與邊皆枯,淡亦何用?""腰"和"邊"都譯自 latus,譯者根據三角形與山等事物形狀類似的特點,將表三角形兩邊的 latus 譯作"腰",而將幾何圖形上夾成角或圍成多角形的直綫譯作"邊"。

⑥ 底

《說文》广部:"底,一曰下也。"段玉裁注:"下爲底,上爲蓋。""底"可表示"下"的方位義,故譯者用其對譯 basis。

(3) 利用漢語詞和語素構造的新詞

譯者在翻譯過程中還會利用漢語詞和語素創制新詞,表達西方的數學概念。這樣的詞有 6 個:

① 對角綫

源語詞爲 diameter,與"徑"所對應的源語詞相同,說明克拉維烏斯編訂本中並沒有將這兩個術語區分開,因爲它們都屬於從彼界過中心至他界的範疇,譯者用"對角綫"來翻譯,或許是因爲在古代就已出現了"對角"一詞,如元薩都剌《手帕》詩:"一幅生綃對角裁,出懷風送粉香來。"這裏的"對角"就是指四邊形中不相鄰的兩角。譯者用漢語詞"對角"加類名"線"的方式創制新詞對譯 diameter。

② 斜方形

源語詞爲 Rhombus。漢語中有"方形"一詞，如《宋史·輿服志一》："中興制，赤質，方形，四面曲闌，下結繡裙網。"譯者在漢語詞"方形"的基礎上，在前面加上限定性語素"斜"，創制"斜方形"一詞，表達"四邊等，但非直角"的概念，相當於現在的{菱形}。

③ 長斜方形

《幾何原本》："長斜方形，其邊兩兩相等，但非直角。"拉丁文底本的原文翻譯過來應是："對角彼此相等，其邊兩兩相等但並不等邊，但並非直角。"①與"斜方形"相比，"長斜方形"並不等邊，所以前加語素"長"構成"長斜方形"以示區別。

利、徐本中另有"平行線方形"，其定義爲："一形，每兩邊有平行線爲平行線方形。"在利、徐本中，"平行線方形""長斜方形"雖有細微差別但都符合現在對{平行四邊形}的定義，後逐漸混用不別，在現代數學體系中，則只以"平行四邊形"爲規範名詞。

④ 無法四邊形

源語詞爲 Trapezia。譯者將"直角方形""直角形""斜方形"和"長斜方形"稱爲"有法四邊形"，這是譯者自己新增的一個數學名詞。與之對應，"四種之外，他方形，皆謂之無法四邊形"。其中的"四邊形"也是譯者創制的仿譯詞。

⑤ 直角方形

源語詞爲 Quadratum，相當於現在的{正方形}，因其"四邊線等而角直"，故在"方形"前加限定語"直角"構成新詞"直角方形"進行對譯。其中的"直角"爲下文所及的仿譯詞，由於漢語詞彙系統中原有詞彙不足以用來表達所有引入的西方數學概念，新創制的仿譯詞就被用來創制新詞，以滿足譯者的需求。

⑥ 直角形

源語詞爲 Altera parte longior figura，相當於現在的{長方形}，譯者根據"長方形"四角爲直角的特點，以"直角"和"形"構成新詞進行對譯。

2. 仿譯詞

張永言認爲："當我們保留外語詞的形態結構和內部形式不變、用自己的語言的材料逐'字'（詞、詞素）翻譯過來的時候，這種詞就叫作'仿譯詞'。"②仿譯詞多爲兩個及兩個音節以上，爲便於討論，以下分雙音節詞、三音節和三音節以上的詞兩部分進行探究。

---

① 王宏晨《克拉維烏斯〈原本〉及其漢譯研究》，上海交通大學博士學位論文，2019 年，第 126 頁。
② 張永言《詞彙學簡論 訓詁學簡論》，復旦大學出版社，2015 年，第 87—88 頁。

(1) 雙音節仿譯詞

利、徐譯本中的雙音節仿譯詞共有 10 個,分別是"垂線""橫線""曲線""直線""平面""圜心""鈍角""平角""鋭角"和"直角"。這 10 個詞的拉丁文源語詞多爲"詞根+詞綴"的派生詞,翻譯成漢語則采用相應的定中結構,如"平面"的源語詞是 Plana superficies,plana 的意義是平面,譯作"平";superficies 的意義是外表、表面,譯作"面"。"垂線""橫線""曲線""直線"都是譯者采用這種方式創制而成的。比較特殊的是"圜心",源語詞爲 Centrum circuli,定語"圜"譯自 circuli,中心語"心"譯自 centrum,譯者采用逆序構造新詞,主要是爲了適應漢語定語在前、中心語在後的語法規則。

下面這 3 個譯詞屬於譯者借用的中國傳統數學名詞,但從詞語結構分析它們也可屬於仿譯詞:

① 半圜

源語詞爲 semicirculus,semi-爲前綴,意義相當於漢語中的"半",circulus 對譯爲"圜"。《九章算術》有關於"半圓"一詞的記載:"弧田,半圓之冪也,故依半之體而爲之術。"①

② 半徑

源語詞爲 semidiameter,"semi-"與上同,"diameter"對譯爲"徑"。《周髀算經》中有"半徑"一詞:"理之法者,半周半徑相乘,則得方矣。"②

③ 圜徑

源語詞爲 Diameter circuli,"圜"譯自 circuli,"徑"譯自 diameter。"圓徑"爲中國傳統數學名詞,《九章算術》已有記載:"今有句八步,股十五步,問句中容圓徑幾何?"③

(2) 三音節及三音節以上的仿譯詞

利、徐本中三音節及三音節以上的仿譯詞共有 20 個,這些詞多是譯者利用類名前加定語創制而成,下面我們根據其類名分別討論。

① X+線/X+直線:平行線、無界直線、有界直線

這三個詞中,"平行線"爲譯者按照源語詞的語序逐字對譯創制。"有界直線""無界直線"的源語詞分別是 Lineam terminatam 和 Lineam infinitam,"直線"譯自 lineam,"有界"和"無界"分別譯自 terminatam 和 infinitam,譯者采用逆序創制新詞,以適應漢語的語法規則。

---

① 劉徽注,李淳風注釋《九章算術》,第 19 頁。
② 趙爽注,甄鸞重述,李淳風注釋《周髀算經》,上海古籍出版社,1990 年,第 12a 頁。
③ 劉徽注,李淳風注釋《九章算術》,第 159 頁。

② X+角：曲線角、直線角

這兩個詞都是譯者按照源語詞的語序逐字對譯創制而成的，其中"直線"和"曲線"爲譯者自行創制的雙音節仿譯詞來對譯的，與固有數學名詞"角"以定中結構構成新詞。

③ X+形：多邊形、三邊形、三角形、四邊形、直線形

X+方形：角線方形、平行線方形、餘方形

X+三角形：兩邊等三角形、平邊三角形、三邊鈍角形、三邊各鋭角形、三邊直角形、三不等三角形

以"形"爲中心語的譯詞基本上都是采用"2+1"的形式創制。其中中心語"形"譯自 fugurae，雙音節修飾成分譯自源語詞的修飾成分。

以"方形"爲中心語的譯詞中，"平行線方形"譯自 Parallelogrammum，按照源語詞的語序創制而成；"餘方形"的源語詞爲 Complementa parallelogramma，"角線方形"的源語詞爲 Parallelogramma circa diametrum consistere，譯者在將 parallelogramma 仿譯爲"平行線方形"的基礎上，將 parallelogramma 省譯作"方形"，然後按照順序將 Complementa parallelogramma 譯爲"餘方形"，按照逆序將 Parallelogramma circa diametrum consistere 譯爲"角線方形"。

而以"三角形"爲中心語的各個譯詞，譯者在翻譯過程中也對部分譯詞進行了調整。譯者將 Isosceles triangulum、Aequilaterum triangulum、Scalenum triangulum 按照其語序仿譯爲"兩邊等三角形""平邊三角形""三不等三角形"；照此翻譯，則 Rectangulum triangulum 應譯爲"直角三角形"，但譯者爲與前面的三個譯詞保持一致，也按照"先邊后角"的原則，將其翻譯爲"三邊直角形"。後面的"三邊鈍角形""三邊各鋭角形"也是譯者爲了貫徹"先邊後角"的原則創制而成的。

比較特殊的是"圜之界"，源語詞爲 Circuli peripheriam，circuli 是拉丁文中的"名詞+屬格"的形式，表示領屬關係，因此徐光啓在翻譯時也相應地對譯爲"圜+之"的形式，"圜"爲實詞意義的對譯，"之"是表示語法意義的屬格的對譯，① 從而創制出新詞"圜之界"。

綜上所述，譯者基本仿照拉丁語的結構，創制出以定中結構爲主的仿譯詞。由於仿譯詞表達的多是漢語中原來没有的概念，爲了儘可能地表達準確，譯者在譯介過程中對個別詞的語序進行了調整，或者對某些構成比較複雜的源語詞作了省譯，但整體上譯者還是秉持忠於原文的原則完成了翻譯工作。

---

① 王宏晨《克拉維烏斯〈原本〉及其漢譯研究》，第 116 頁。

三、明清《幾何原本》漢譯本數學譯詞的演變及其動因

徐光啓和利瑪竇首先合作翻譯《幾何原本》,具有導夫先路之功。他們選用或創制的譯詞前後統一,在後世也得到了比較多的沿用,但其翻譯工作難免存在缺憾和疏漏,後世譯者在翻譯過程中又對譯詞進行了調整,使之更加簡潔、更加系統化。本節我們將分類考察譯詞的演變過程,分析其演變的動因,以期對明清《幾何原本》漢譯本數學譯詞有更加全面深入的認識。

1. 明清《幾何原本》漢譯本數學譯詞的發展演變

(1) 純意譯詞的發展演變

利、徐本的 49 個譯詞中有 19 個純意譯詞,其發展演變情況如下。

① 借用詞的發展演變

利、徐本 7 個借用詞中,"面""形""圜""角"4 個詞一直沿用至今,沒有歧異譯詞。

"半圜""半徑""圜徑"等 3 個詞在其後兩種譯本中有加類名的方式產生的對應譯詞,如"圜徑線""半徑線"。白、張本中還出現了與"半徑"對應的譯詞"輻線",這屬於比喻造詞法,以圓"半徑"與"車輻"類似而造出新詞。最終,"半徑"和"半圜"留存使用到現在,成爲規範名詞;而"圜徑""圜徑線"等詞被"直徑"所取代,這或許與"直徑"的義域範圍更廣有關——既可用於平面圖形,如圓;還可指立體圖形,如球、立方體等,而不用單獨再設"球徑""正方體徑"等名詞,用"直徑"可能會使數學名詞體系更加簡潔、更具概括性。

② 移植詞的發展演變

利、徐本的 6 個移植詞中,"點""線""邊""腰"一直沿用至今,沒有歧異譯詞。

"界"在後兩種譯本都一直留存使用,在《算學名詞彙編》中還出現了加類名構成的對應譯詞"界線"。但"界"的義域與"綫"和"邊"有重合,且含義過於抽象,最終在《數學名詞》中被淘汰。

"底"在後兩種譯本中的對應譯詞都是加類名創制的新詞,如"底線""底邊""底界"等。從表 1 中可以看出,直到民國時期,{底}的譯詞歧異現象也未完全消除,有 3 個譯詞可以表達這一概念。《數學名詞》中不再收入"底"和"腰"這兩個詞,但是在實際教學和應用中,"底"和"腰"作爲通俗易懂的基本數學名詞仍在廣泛使用。

③ 新造詞的發展演變

利、徐本中的 6 個新造詞中,只有"對角線"一詞一直沿用至今,沒有歧異譯詞。

"長斜方形"和"斜方形"在白、張本中又被譯爲"每兩等邊斜形"和"等邊斜形",相對於利、徐本譯詞,雖更符合原文定義但不够簡潔。在《算學名詞彙編》中,"長斜方形"和"平行線方形"被統一審定爲"平行四邊形","等邊斜形"被審定爲"菱形"。

"直角方形"和"直角形"則因譯詞所表達的概念太過寬泛,在後兩種譯本中被改譯。"直角方形"在偉、李本中對應的譯詞爲"正方""正方形","正方"因缺少類名、表達定義不够準確後被淘汰,"正方形"則作爲規範名詞留存至今。"直角形"在偉、李本中對應的譯詞爲"長方形""矩形","長方形"表達定義更加準確,"矩形"是中國傳統數學名詞,這兩個名詞沿用至今。

"無法四邊形"在白、張本中改用"無法形"翻譯,但可能因爲其定語"無法"二字具有一定的文言意味且語義含混,因此《算學名詞彙編》中改用"不規則四邊形";最終在《數學名詞》中這些譯詞都被淘汰,其所表達的概念不再納入現行數學知識體系中。

(2) 仿譯詞的發展演變

利、徐本中共有 30 個仿譯詞,下面分類討論其發展演變情況。

① 雙音節仿譯詞的發展演變

利、徐譯本中共有 10 個雙音節仿譯詞,其中"垂線""直線""平面""圓心""鈍角""鋭角""直角"等 7 個譯詞沿用至今,没有歧異譯詞。其餘 3 個譯詞,"橫線"屬於"直線"的一種,可以用"直線"替代稱説,在《數學名詞》中被淘汰;"曲線"在《算學名詞彙編》中有對應譯詞"曲線形",屬於加類名的形式構成的新詞,但在《數學名詞》中仍以"曲線"爲規範名詞;"平角"與拉丁原文定義不符[①],在《算學名詞彙編》中被審定爲"平面角"並沿用至今。

② 三音節仿譯詞的發展演變

利、徐譯本共有 10 個三音節仿譯詞:"平行線""多邊形""三邊形""三角形""四邊形""餘方形""直線形""圓之界""曲線角""直線角"。

"平行線"在後兩個譯本中没有歧異詞形,一直沿用至今。

"多邊形",在後兩個譯本中對應的譯詞有"衆角形""衆邊形""諸邊形""多邊形"等,大概是因爲"角"和"邊"在幾何圖形中毗連,所以譯者可以從不同角度造詞進行翻譯;而"多""衆""諸"意義相近,譯者可以換用;最終"多邊形"一詞意義通俗且與"五邊形""六邊形"等規範名詞命名角度一致而沿用下來,在《數學名詞》中成爲規範名詞。

"三邊形"和"三角形"所記爲同一概念,二者並行使用到民國時期;《數學名詞》中將

---

① 紀志剛《從拉丁語到古漢語——漢譯〈幾何原本〉卷一"界説"的翻譯分析》,《自然辯證法通訊》2017 年第 2 期,第 8 頁。

"三角形"列爲規範名詞,以與"等腰三角形""等邊三角形"等詞對應統一。

"四邊形"在白、張本中的對應譯詞爲"四邊形""四角形",但是與"三角形"等譯詞的汰選機制不同,"四邊形"和"四角形"在《數學名詞》中都被列爲規範名詞,這可能是因爲在現代數學體系中,"四邊形"和"四角形"的概念並不完全等同,"四邊形"還包括"空間四邊形","空間四邊形"不一定只有四個角,所以這兩個詞形都被保留下來;而"三邊形"無法存在異面現象,三個内角和恒爲180度,數學中常用定量來表示,所以只把"三角形"作爲規範名詞使用。

"直線形"在利、徐本中與"直線"有細微差別,但在後世的使用中逐漸混同,在《數學名詞》中都以"直線"爲規範名詞。

"圜之界"在白、張本中的對應譯詞有5個,這種加助詞"之"構造的短語形式的譯詞結構並不凝固,後世譯者在對其進行調整優化過程中出現了較多歧異現象;偉、李本中採用中國傳統數學名詞"圓周"來對譯,並沿用下來,成爲現行規範名詞。

"餘方形""曲線角""直線角"所指的概念在現代數學知識體系中已經消失。

因此,利、徐本三音節仿譯詞中,只有"平行線""多邊形""三角形""四邊形"沿用至今。

③ 三音節以上的仿譯詞的發展演變

利、徐本中共有10個三音節以上的仿譯詞:"無界直線""有界直線""兩邊等三角形""角線方形""平邊三角形""平行線方形""三邊鈍角形""三邊各銳角形""三邊直角形""三不等三角形"。

其中,"無界直線"和"有界直線"以及"直線形""直線"雖有細微差別但有時難以區分。根據利、徐本的定義,"有界直線"和"直線形"表達{綫段}的概念,"無界直線"則表達{直綫}的概念;利、徐本中,"直線"是一個上位概念,包含了現行的{直綫}和{綫段}等概念。"無界直線"和"有界直線"在後兩種譯本中沒有對應的譯詞,在《數學名詞》中與"直線形""直線"等名詞合併,使用"綫段"和"直綫"作爲規範名詞。

"角線方形"的概念在現行數學知識體系中已經消失。

"平行線方形"在白、張本中的對應譯詞歧異嚴重,共有4種對應譯詞。從表1可以看出,白、張二人在譯介過程中似乎更加注重譯詞的準確、嚴密,往往採用下定義式的翻譯方式,而忽略了譯詞的簡明性,比如用助詞"之"來連接前後兩個成分。但白、張本中已經出現了"平行四邊形",《算學名詞彙編》中以其爲規範名詞,並沿用至今。

"兩邊等三角形""平邊三角形""三邊鈍角形""三邊各銳角形""三邊直角形""三不等三角形"這6個譯詞都與"三角形"有關,譯者創製爲結構較爲鬆散的短語形式,識記和使用多有不便,後世譯者就對其進行了調整和優化。白、張本中使用了"鈍角三角形"

"鋭角三角形"和"直角三角形"等譯詞;但"兩邊等三角形"改譯爲"兩邊線相等之三角形",需要進一步優化。《算學名詞彙編》中以"等腰三角形""等邊三角形""鈍角三角形""鋭角三角形""直角三角形""不規則三角形"爲規範名詞,其詞形進一步凝固並具有較强的系統性,這些名詞多在《數學名詞》中得到沿用,只有"不規則三角形"被淘汰。

2. 譯詞演變的動因

上文述及的數學譯詞數量並不多,但其發展演變具有代表性,其發展演變的動因也值得深究,主要包括以下幾點。

(1) 歸化原則的影響

所謂歸化,就是指"采取民族中心主義的態度,使外語文本符合譯入語的文化價值觀,把原作者帶入到譯入語文化"。[1] 這種翻譯原則要求譯者向目的語讀者靠近,采取譯語讀者習慣的表達方式。明末社會動盪,科技遠落後於西方,徐光啓翻譯《幾何原本》是爲了經世致用,挽救民族命運,所以他特別注重術語翻譯的"本土化",儘量便於國民理解和接受。徐光啓采用意譯的方式進行翻譯,注重借用中國傳統數學中已有的詞,或選用漢語固有詞賦以新義,從而實現其"翻譯—會通—超勝"的目的。後世譯者在利、徐本的基礎上不斷修正和完善,以更好地使外來譯詞融入漢語中。考察明清《幾何原本》漢譯本譯詞的演變過程,這些借用詞和移植詞大都留存沿用下來成爲現行規範名詞。一些譯者自行創制的譯詞,如"圓之界",在汰選過程中最終被中國傳統數學名詞"圓周"淘汰,後者成爲規範名詞。

(2) 傳統系統論思想的影響

中國古代就有博大精深的系統哲學思想,如《莊子·天下》有言:"至大無外,謂之大一;至小無内,謂之小一。"古代人民在實踐中形成了把各個因素聯繫起來作爲一個整體進行分析的思想,强調系統内部的各要素的關聯性。通觀利、徐本譯詞,已體現出一定程度的系統論思想。如:

① 用"鈍角""鋭角""直角"作爲構詞成分創制了"三邊鈍角形""三邊各鋭角形""三邊直角形"等譯詞;

② 用"直角"作爲構詞成分創制了"直角形"和"直角方形"等譯詞。

這樣創制譯詞,方便使用者形成知識的類聚,易於識記和使用。但利、徐譯本中譯詞之間的聯繫仍然比較鬆散,到了白、張本中,這種系統性的表現進一步加强,最明顯的例證就是譯者創制了以"三角形"爲中心語的"鈍角三角形""鋭角三角形""直角三角形"等譯詞;且"平行線方形"改譯爲"平行四邊形",也加强了其與"四邊形"的聯繫。

---

[1] [美]勞倫斯·韋努蒂《譯者的隱身 一部翻譯史》,上海外語教育出版社,2004年,第20頁。

在《算學名詞彙編》中,譯詞之間的聯繫更加緊密,諸多以"線""形""三角形""角"爲中心語的名詞都可以形成詞的聚合,現代數學名詞系統基本形成。《數學名詞》在此基礎上作了進一步的優化。

可見,從利、徐本開始,歷代學者都朝着數學名詞的系統化不斷做出努力,爲數學名詞找出最優表達形式,以適應整個數學知識體系,最終才形成現行的數學名詞系統。

(3) 漢語雙音化規律的制約

雙音化是漢語詞彙發展的重要規律。在利、徐本中,雙音節譯詞共有 13 個,其中有 10 個譯詞一直沿用至今。"圜徑"被替換爲"直徑",但仍采用雙音形式。在譯詞演變過程中,受漢語雙音化規律的制約,一部分三音節和三音節以上的譯詞被雙音節譯詞所取代。如:

① "有界直線"和"無界直線"被"綫段"和"直綫"代替;
② "直線形"被"直綫"代替;
③ "斜方形"被"菱形"代替;
④ "圜之界"被"圓周"代替。

可見,數學譯詞進入漢語詞彙系統後,爲了適應漢語雙音化的規律而不斷進行調整。在此過程中,雙音節譯詞大多得以留存沿用,而部分三音節和三音節以上的譯詞則在雙音化規律的制約下,不斷進行調整優化,最終也被雙音節名詞所取代。

以上所述爲明清《幾何原本》漢譯本數學譯詞發展演變的主要動因。除此之外,科技名詞的簡明性、通俗性、社會約定俗成性、結構的凝固性等原則也對上述譯詞的發展演變產生了一定作用。

四、利、徐本數學譯詞的影響

利、徐本數學譯詞作爲異質成分,在進入漢語詞彙系統之後,一方面要受漢語系統的制約,促使其系統內部不斷調整;另一方面,這些譯詞也對後世選用與創制數學名詞產生了重要影響。

1. 確立了數學譯詞以意譯爲主的翻譯方式

在"西學東漸"的大背景下,徐光啓是從"救亡圖存""裨益民用"的實用目的出發來翻譯《幾何原本》的,在這種使命的驅動下,在翻譯方式上,徐光啓選擇了更易於被國民理解和接受的"意譯"的方式。從表 2 中可以看出,利、徐本中的 49 個譯詞,有 22 個沿用至今;白、張本和偉、李本大量沿用了利、徐本譯詞,同時也繼承了利、徐本"意譯"的翻譯方式選用或創制了譯詞,這些譯詞分別有 6 個和 4 個沿用下來。一些在明清譯本中尚未定型的譯詞,在後世被進一步的汰選和規範,在《算學名詞彙編》和《數學名詞》中,這些規範名詞也都是意譯詞。這説明了徐光啓作爲率先翻譯西方數學著作的譯者,選擇以意譯爲主的翻譯方式經受住了歷史的檢驗,其選用和創制的譯詞對後世的影響也非常大。

2. 注重與中國傳統知識相結合

利、徐本49個譯詞中,有10個是借用了中國傳統數學名詞,有6個是利用移植手法選用漢語固有詞灌注新義,這表明譯者有意將西方數學知識翻譯與中國傳統知識相結合,會通中西數學思想,構建適應中國的西方數學體系,體現出一定的實學思想。荷蘭漢學家安國風就曾指出:"歐氏幾何是公理化的邏輯演繹,重視命題推理,無涉實際應用;而中國傳統數學則以從應用出發,表現出鮮明的社會性和使用性特徵……西方數學的傳入的主要影響在於喚醒本土的數學傳統,歐氏幾何的主要的——當然不是唯一的——作用是引發了對存世的傳統數學著作的新理解。"[①]而康熙帝换用巴蒂本學習西方數學知識也是因爲其實用性更强[②],巴蒂本的副標題"通向幾何的捷徑"已説明了這種傾向。明清時期的譯者在翻譯《幾何原本》中會通中西思想所做的嘗試和努力,爲後世學者的翻譯工作提供了一種新的思維方式——古今交融、西學中用。

從翻譯的效果看,利、徐本借用詞有6個沿用至今,體現了中國傳統數學名詞强大的生命力。利、徐本移植詞中,"點""線""邊"被沿用至今。這些移植詞雖然不是中國傳統數學名詞,但它們都是漢語詞彙固有成員,賦以其新義,引入新的數學概念,易於被使用者理解和接受,方便其學習與使用。比如"界"在中國古代生活中就是一個重要概念。道教有天、地、人三界;佛教有欲界、色界和無色界,在佛經中常常出現"界"這個名稱。如《楞嚴經》卷四:"阿難,云何名爲衆生世界?世爲遷流,界爲方位。"譯者以"界"來對譯"terminus",二者意義上具有一定聯繫,原詞又爲人們所熟知,這種詞也更易於被人們理解和接受。再如,譯者選用可表身體部位義的"腰",與表方位義的"底"來對譯源語詞,更具有形象性和通俗性,便於人們記憶和使用。

3. 根據需要創制三音節及三音節以上的譯詞

創制三音節及三音節以上的譯詞,是譯者順應漢語詞彙發展的結果,正如向熹所言:"隨着詞彙的進一步發展,需要表達的新概念進一步增加。利用現有雙音詞做基礎

---

① [荷]安國風著,紀志剛、鄭誠、鄭方磊譯《歐幾里得在中國漢譯〈幾何原本〉的源流與影響》,江蘇人民出版社,2008年,第538頁。

② 馬來平主編《儒學促進科學發展的可能性與現實性 以"儒學的人文資源與科學"爲中心》,山東人民出版社,2016年,第28頁。

構成新詞也就成爲漢語近代詞彙發展的自然趨勢。"[①]譯者利用漢語材料創制的偏正式譯詞居多,也符合祝敏徹的觀點:"鴉片戰爭以後,西洋科學文化傳入我國,成千上萬的意譯新詞應運而生,其中最多的是偏正式合成詞。"[②]不過時間需要前推至明末,這正説明譯者創制譯詞與"高度複雜的科學詞彙的需求有關"[③],西方數學概念的引入,漢語詞彙系統中没有對等的概念,用雙音節詞又難以明確地表達出來,基於翻譯需求,譯者創制了大量的三音節及三音節以上的譯詞。這些譯詞創制起來更具靈活性,也爲翻譯外來概念提供了更多的可能。以此爲鑒,後世學者在翻譯外來概念時,可以選用最恰當的漢語形式,既有利於提高翻譯的準確、周密性,也進一步豐富、發展了漢語詞彙系統。

4. 注重譯詞的系統性

利、徐本譯者肇始,明清《幾何原本》譯者都注重譯詞的系統性,諸多以"線""形""三角形""角"爲中心語的名詞構成了種種數學譯詞的聚合,方便上下位概念的表達與層級構建,逐漸形成了一個個數學名詞子系統。在譯詞的規範統一與數學名詞子系統形成的過程中,繫聯譯詞構成子系統的譯詞中心語表現出較强的能產性,不斷參與構造新詞,在一定程度上也促進了漢語構詞形式的發展。如"X+綫"的構詞方式,在後世的數學翻譯中又被譯者使用產生了"射綫""中垂綫""雙曲綫""拋物綫""切綫"等詞。在類推作用下,這種構詞方式被應用到其他專業領域,產生了"經綫""緯綫""幹綫""火綫""航綫"等科技名詞。

結　語

明清時期是中國近代科技翻譯的高潮時期,徐光啓和利瑪竇首開中西合譯的先河,徐光啓在譯介過程中所采用的策略及其背後所隱含的民族精神都爲後來的翻譯提供了範例,後世譯者在利、徐本譯詞的基礎上,不斷對其進行完善,使其更加適應漢語,走向規範、科學。釐清明清時期《幾何原本》漢譯本數學譯詞的演變和規範化進程,對掌握科技譯詞的造詞原理和翻譯原則,以及後世譯者的翻譯和研究工作都具有一定的意義。

參考文獻

[1] 利瑪竇口譯,徐光啓筆受《幾何原本(韓應陛跋本)》,中國國家圖書館藏,中華再造善本影印,1607年(明萬曆三十五年)刻本。

---

① 向熹《簡明漢語史(修訂本上)》,商務印書館,2010年,第652頁。
② 祝敏徹《近代漢語句法史稿》,中州古籍出版社,1996年,第70頁。
③ [意]馬西尼著,黄河清譯《現代漢語詞彙的形成——十九世紀漢語外來詞研究》,漢語大詞典出版社,1997年,171頁。

［2］法國巴蒂原撰，張誠等譯，康熙手批《幾何原本七卷》，臺北"央圖"館藏，1986 年。

［3］利瑪竇、偉烈亞力口譯，徐光啓、李善蘭筆受《幾何原本：15 卷》，南京金陵書局，1865 年（清同治四年）。

［4］曹惠群《算學名詞彙編》，上海科學名詞審查會，1938 年。

［5］全國自然科學名詞審定委員會數學名詞審定委員會編《數學名詞》，科學出版社，1994 年。

［6］王宏晨《克拉維烏斯〈原本〉及其漢譯研究》，上海交通大學博士學位論文，2019 年。

［7］許慎《説文解字(注音版)》，中華書局，2018 年。

［8］趙爽注，甄鸞重述，李淳風注釋《周髀算經》，上海古籍出版社，1990 年。

［9］劉徽注，李淳風注釋《九章算術》，中華書局，1985 年。

［10］朱京偉《近代中日詞彙交流的軌迹——清末報紙中的日語借詞》，商務印書館，2020 年。

［11］劉鈍《訪臺所見數學珍籍》，《中國科技史料》1995 年第 4 期，第 8—21 頁。

［12］劉鈍《〈數理精藴〉中〈幾何原本〉的底本問題》，《中國科技史料》1991 年第 3 期，第 88—96 頁。

［13］莫德《〈幾何原本〉版本研究(一)》，《内蒙古師範大學學報(自然科學漢文版)》2006 年第 4 期，第 495—498 頁。

附記：原載［韓國］《漢字研究》2023 年第 3 期（總第 37 輯）。

古文研讀札記二則*

孫超傑

武漢大學文學院古籍整理研究所

  傳抄古文一般是指因輾轉傳抄而保存於後世的、以齊魯系文字風格爲主的戰國文字材料。隨着戰國文字研究的深入，傳抄古文的形體及用字習慣大多已得到合理可信的解釋。但由於其"傳抄"的特殊性，部分形體亦受到後世中古文字寫法的影響。這種影響不僅體現在"隸定古文"多與中古訛俗字相關，甚至一些"篆體古文"也是受中古文字影響而後的回改或虛造。梁春勝先生曾指出："（中古）字書中保存的大量疑難字，有相當一部分是承傳抄古文而來。如果能將出土古文字形、傳抄古文字形以及相關的字書疑難字字形結合起來，作系統的比對，則可以在這些疑難字的考釋方面開闢一條道路。"①又曾呼籲："古今漢字的源流演變研究，應是今後一個時期漢字學研究需要重點加強的一個領域。這就要求古漢字學界與近代漢字學界通力合作，加強溝通與交流，這對於雙方面的研究都是有益的。"②基於這一指導思想，我們在古文研讀過程中，發現部分形體仍有剩義可尋。不揣譾陋寫出來，敬請方家批評指教。

一、關於"躍"字古文寫法的一點補充

  "躍"字古文寫法基本分爲兩系。第一系以"龠"爲基本聲符，如"龠"（四 5·23

---

* 本文係國家社科基金青年項目"傳抄古文疑難字考釋與研究"（24CYY014）及全國高等院校古籍整理研究工作委員會項目"《集篆古文韻海》釋證"（2439）階段性成果。
① 梁春勝《利用傳抄古文考釋字書疑難字舉例》，《中國文字學報》第 7 輯，商務印書館，2017 年，第 238 頁。
② 梁春勝《"近代漢字學"芻議》，《近代漢字研究》第 1 輯，河北大學出版社，2018 年，第 203 頁。

李)、"㾕"(汗1·7)、"㾕"(四4·33李);①前一者从足,後兩者从走,屬於古文異體關係中常見的意符替換。② "翟"聲字與"龠"聲字的通用在傳世典籍和出土文獻中皆十分常見,如《説文》走部"趯,趯趯也。从走,龠聲",徐鍇繫傳:"趯,猶躍也。"《廣雅·釋詁三》"踰、扨,拔也",王念孫疏證:"踰之言躍,扨之言升,皆上出之義也。"《荀子·致士》"夫耀蟬者,務在明其火振其樹而已",《吕氏春秋·期賢》"耀"作"爚"。《易·既濟·九五》"東鄰殺牛不如西鄰之禴祭",馬王堆帛書本"禴"作"濯"。相關通假類工具書已有集中的列舉,可參看。③ 另一系作"㴞"(汗5·61義)、"㴞"(四·23義),兩者皆出《義雲章》,形體亦基本相同,當本爲一形。關於此類寫法舊多闕疑,④近見賀張凡先生提出新説,⑤我們拜讀後有一些不同意見,兹作簡單補充。

賀文隸作"㲼"形者,本源於早期古文字中"朝"字所从、或係本爲"潮汐"之"潮"所造,截取分化後作爲能産聲符仍保留母字讀音,故在出土文獻中常讀作與"龠/翟"等音近的詞;對此賀文已有較爲詳細的梳理。其中辨識出楚帛書中从走从"㲼"之字,讀爲"耀/曜",從而與典籍中"兩耀""雙耀"等繫聯,允爲卓識。但認爲傳抄古文中"㴞"等形與多見於戰國楚簡的从水从"㲼"之字有關,並關聯到"盗"等字,在我們看來有不妥之處。首先,"盗"字古文字的構形以及至小篆形體的演變途徑,尚難説已完全地落實;即使認同見於清華拾《四告》的"㴞"等形與"盗"字篆形有關,"㴞"形與它們之間的形體差異也是顯而易見的。

我們認爲"㴞"形當分析成从水旡聲。《説文》收"旡"字古文作"㤅",⑥《汗簡》中寫作"㤅(2·47)",表"既"的"旡"形寫作"㤅"(四4·9汗)、"㤅"(四4·9尚)等,與"㴞"形右側所从基本相合。从水旡聲之字當即"溉"之異體,二者是聲符替換的關係。⑦以"旡"表"既"已見於上引古文之用字習慣,出土文獻與古文中亦多見"既"聲字替換成"旡"聲者。如"愛"字在《説文》古文和石經古文中有从"既"與从"旡"的寫法,這兩類寫

---

① 此據學界通用習慣,標注《汗簡》《古文四聲韻》等古文形體出處時,先後順序分別爲:輯録書籍簡稱/卷數/原書影印頁數/出處簡稱,如"四1·20存"指該形見於《古文四聲韻》卷一第20頁,出自《王存乂切韻》。
② 二者的情況可類比於"躍"與"趯"。如《詩·小雅·巧言》"躍躍毚兔",《史記·春申君列傳》引"躍躍"作"趯趯";《漢書·李尋傳》"湧趯邪陰",顔師古注:"趯字與躍同。"
③ 高亨纂著,董治安整理《古字通假會典》,齊魯書社,1989年,第803、806頁;張儒、劉毓慶《漢字通用聲素研究》,山西古籍出版社,2002年,第251頁;白於藍編著《簡帛古書通假字大系》,福建人民出版社,2017年,第654頁。
④ 可參黄錫全《汗簡注釋》,武漢大學出版社,1990年,第389頁;岳拯士《〈汗簡〉補注》,華東師範大學博士學位論文,2021年,第489頁。
⑤ 賀張凡《从"㲼"諸字研究述議》,《出土文獻》2023年第3期,第69—83頁。下文所引賀説皆見此文,不詳出注。
⑥ 可參張富海《漢人所謂古文之研究(修訂版)》,中西書局,2023年,第114頁。
⑦ "既"字舊多以爲會意,陳劍先生持形聲説。説見陳劍《古文字基礎形體研究》,南京大學文學院暑期班課程,2022年6月27日—7月1日。

法皆見於古文字資料中,①清華拾叁《大夫食禮》簡 40 或寫作从言作"㦒";②"壁"字古文寫作"禹"(四4·6尚),③反而不如隸定古文作"坕"(四4·6籀)者準確。

如果"㦐"形確即"溉"字異體,那麽其置於"躍"字下很可能是義近誤植。④ 首先"躍"與"濯"在典籍中存在異文,如《爾雅·釋訓》"躍躍,迅也",釋文:"躍,樊本作濯。"而"濯"與"溉"皆表"洗滌"之義。如《儀禮·少牢》:"乃官戒,宗人命滌,宰命爲酒,乃退。"武威漢簡本"滌"字作"濯"。⑤《詩·檜風·匪風》"誰能亨魚? 溉之釜鬵",毛傳:"溉,滌也。"孔穎達疏:"《大宗伯》云:'祀大神則視滌濯。'"《詩·大雅·泂酌》"挹彼注兹,可以濯罍",毛傳:"濯,滌也。"《周禮·春官·宗伯》:"凡祭祀之卜日、宿、爲期,詔相其禮,眡滌濯亦如之。""溉""濯"二字或可連用,如《儀禮·士昏禮》:"某之子未得濯溉於祭祀,是以未敢見。"可見"溉""濯"義近。⑥

古文異體關係中除却音近通假外,另有一系是由於意義上的聯繫,學界或稱同義換讀、義近換用、義近誤植等。李春桃先生對此有集中的梳理,如"順"字古文作"若","續"字古文作"賡","敬"字古文作"穆",等等。⑦ "溉"與"濯"的關係當與此同。

關於這類"意義上的聯繫",我們還想多説幾句。學界習稱的同義換讀、義近換用以及義近誤植等,我們認爲當以"誤植"説較爲合適。楊寶忠先生曾指出所謂"古文"一詞者,

---

① 張富海《漢人所謂古文之研究(修訂版)》,第 129 頁。
② 清華大學出土文獻研究與保護中心編,黃德寬主編《清華大學藏戰國竹簡(拾叁)》,中西書局,2023 年,"字形表"第 159 頁。
③ 上部訛从"旡"形,劉偉浠先生認爲與中古時期"旡"形、"无"形混同有關,可信。見劉偉浠《傳抄古文與出土文字合證》,中山大學博士學位論文,2020 年,第 125—126 頁。
④ 不過古今文字資料中似未見从水旡聲之字,"溉"字是否有異體作此形是我們心存疑慮的地方,在此也提出另一種推測,以備參考。梁春勝先生論述"矢"形的種種訛形中,曾提及"矢"旁有變作"先"形、"旡"形的情況(見氏著《楷書部件演變研究》,綫裝書局,2012 年,第 98—104 頁),則此"㦐"不知是否即"洗"字因形訛之後回改的篆文。若此,則"躍/濯"字下所收古文即"洗"字,亦是義近誤植的關係。
⑤ 或以爲"簡本作濯,實爲書手涉下視濯而誤",可能失於果斷。可參張德芳主編,田河著《武威漢簡集釋》,甘肅文化出版社,2020 年,圖版第 55 頁,釋文第 362 頁。
⑥ 隋唐墓志中或有"盥風",如"世父慕宰君之盥風",鄧夢園、何如月先生解釋説:"'盥風',指人清雅高潔的作風。《文選·馬融〈長笛賦〉》:'溉盥污穢,澡雪垢滓矣。'李善注:'毛萇《詩傳》曰:溉,滌也。《禮記》曰:食於質者盥,亦滌也。''盥風'喻指清除身上污穢等不良之風。亦可參。詳見鄧夢園、何如月《隋唐墓志用語補苴〈漢語大詞典〉例釋》,《現代語文》2020 年第 12 期,第 31 頁。
⑦ 李春桃《古文異體關係整理與研究》,中華書局,2016 年,第 393—399 頁。《説文》中"洒"字,許云:"古文以爲灑掃字。"張富海先生以爲"洒"爲"灑"字古文,亦即同義換讀。見張富海《漢人所謂古文之研究(修訂版)》,第 133 頁。我們也曾找到一些相關例證,如"虔"字古文作"敬"、"譑"字古文作"訩/詾"、"嚻"字古文作"諪"等,説詳另文。附帶一提的是,"飽"字古文作"𩚁"(汗 2.26)、"𩞁"(四3·19表)等形,舊無善解,近來薄路萍先生以爲可能與"殷"有關,從而與常訓作"飽""飫"的"餰"繫聯,很可能是正確的;説見薄路萍《傳抄古文札記四則》(待刊稿)。

"所指有二,一爲文字學之古文,一爲文獻學之古文,由於古代文獻多假借,文獻古文不必即文字古文"。① 我們認爲這是很具見地、很有啓發意義的意見。"逆"字古文作"㪈"(四5·19),出自《古孝經》,從字形看明顯與"閔"字石經古文作"㣊"(四3·14)形者相關。曹景年先生曾指出,日本傳本《古文孝經孔傳》通篇無"逆"字,其中"以訓則昏"之"昏"對應今本爲"逆"。② 故可知"逆"字古文作"㪈"者,當與"昏"繫聯。③ "㪈"字左側同"閔"字古文寫法,讀音當與"文""民"等相近,④故亦可用爲"昏"。古文來源複雜,傳抄中又與文本流傳、文字訓釋、中古訛俗字等相關,有關材料較爲複雜。待一一搜集整理後,以參另文。

二、試釋"捧"字的隸定古文寫法

《古文四聲韻》收"捧"字古文寫法作"䇦"(《馬日碑集》)與"冊"(《崔希裕纂古》)。前者即"奉"字,以"奉"表"捧"無需贅言。然後者字形奇特,《集古文韻》中作"冊"形,與《崔希裕纂古》所收基本相同;於此形諸家多謹慎闕疑。⑤ 劉建民先生所作《傳抄古文新編字編》將此形置於"奉"下,想必以爲"冊"與"䇦"本一系,爲"奉"之隸訛。不過視"冊"及"冊"之形體,似難看出其與"奉"之繫聯關係。

從文字形體來看,"冊"形當與《説文》丮部末字"𠬞"有關。(按照《説文》一般體例,"反文居末",如王筠《説文釋例》卷九《列文次第》:"與部首反對者,必在末部。")"𠬞"與"冊"在形體上繫聯,還是頗爲直接的。"𠬞"隸楷寫法一般作"卌",不過由於與"丮"相對,書寫不便,又有"岊"(《海篇》)、"𠚤"(《字彙補》)、"𠦂"(宋版《玉篇》宫内廳本)、⑥"冊"(《正字通》)、"呉"(《康熙字典》)等諸多異體,小文統一以"卌"表示。古文在隸寫時常有"成字化"的傾向,即將不便書寫、不易書寫的偏旁部件寫作成字的、書寫簡易的部件,"𠬞"所從的雙手形寫作類於"中"形應該是可以接受的。不過這些仍是簡

---

① 楊寶忠《疑難字考釋與研究》,中華書局,2005年,第575頁。
② 曹景年《〈古文四聲韻〉所引"古孝經"字形考論》,《古籍研究》2017年第2期,第194頁。另,《古孝經》中字體張富海先生亦有集中的梳理,見氏著《漢人所謂古文之研究(修訂版)》,第215—238頁。
③ 劉偉浠先生亦有類似的看法,見《傳抄古文與出土文字合證》,第148—149頁。但隸定此形作從民从子从支,似泥於字形;所謂"子"形者當即圈形與又形的粘連,本源於古文字中的"𠬪""𠦑"等形。
④ 詳參陳劍《甲骨金文舊釋"尤"之字及相關問題新釋》,《甲骨金文考釋論集》,綫裝書局,2007年,第59—80頁。
⑤ 李春桃《古文異體關係整理與研究》,第265頁;段凱《〈古文四聲韻〉卷一至四校注》,華東師範大學博士學位論文,2018年,第558頁。
⑥ 〔梁〕顧野王原撰,〔唐〕孫强增字,〔宋〕陳彭年重修《宋版玉篇二種》,蔣鵬翔、沈楠主編《師顧堂叢書》,廣西師範大學出版社,2022年,第136頁。

單的形體聯繫,更多還是要看"屌"與"屌"兩者的音義關係。

《說文》"屌,拖持也。从反廾。闕",段注:"亦謂音讀不傳也。後人讀居玉切,此因毛傳云'拮据,戟挶也'。廾讀如戟,故反廾讀如挶。手部云:'挶,戟持也。'不云屌挶同字,然則寧從蓋闕。"從古文字材料看,"廾"形正反似無別,"廾"之几劇切的讀音與"屌"之居玉切的讀音,來源似皆不甚明。王筠《說文釋例》以爲"蓋廾、屌,即戟、挶,音義並同"。

後世字書注"屌"字,常言其與"匊"聲字音近。如《海篇·厂部》:"音菊。持也。"《字彙補·門部》:"鬥左,音匊。"《正字通·厂部》:"居六切,音菊。"《重訂直音篇》:"音菊。持也。"再看小文要討論的"捧"字。《集韻·腫韻》:"捧,掬也。"《類篇》《集韻》收"捧"字異體"挳""拝"等字,亦有"鞠也""掬也"之訓。此類義項亦保留在《康熙字典》中。我們知道在郭店楚簡《緇衣》中,有一個可與"桔""覺"對應的" "形(相同字形亦見於上博簡《緇衣》),張富海先生以爲"'匊'是兩手盛物之義,而此字正象兩手盛物之形"。① 此說已得到學界普遍接受。由"匊"此中間環節,我們或可對"捧"字古文作"屌"作一點推測。中古字書"重編纂而輕考據,重貯存而輕整理",②字形解說繁雜,個中訛誤亦甚多。其中常見的一種訛誤,即訓釋與注音的混淆,③具體到"捧"而言,我們推測古文整理者誤將"捧"的"匊"之義與"屌"的"匊"之音混雜,從而把"屌"誤植於"捧"字頭之下。④

當然,除此外若再作一些大膽的推測,"屌"字从反"廾",象人伸出雙手之形,本有"奉/捧"之義或後人附會此義的可能性似也不能排除。⑤ 古文中一些形體很可能有較早來源,如"實""拔"字等;⑥我們要討論的"屌"字,其相關材料仍值得今後繼續留心。

綜上,我們認爲"躍"字的一類古文寫法,可能是"溉"之異體或"洗"之訛體;"捧"字

---

① 張富海《郭店楚簡〈緇衣〉篇研究》,北京大學碩士學位論文,2002年,第12—13頁;後以"郭店簡《緇衣》篇注釋"爲題收入氏著《古文字與上古音論稿》,上海古籍出版社,2021年,第16—17頁。
② 或可參張小豔《楊寶忠〈疑難字考釋與研究〉建言》,《漢語史學報》第7輯,上海教育出版社,2008年,第282頁。
③ 或可參楊寶忠《疑難字考釋與研究》,第726—728頁。
④ 另外,《篇海》卷六《卜部》引《川篇》:"𠦄,音奉。"《新修玉篇》卷一八《卜部》引《川篇》:" 、 ,上音與,下音捧。"此類音"奉"的字形,楊寶忠先生以爲即"奉"字草書寫法之楷定(見楊寶忠《大型字書"一部"疑難字新考》,《北斗語言學刊》第7輯,鳳凰出版社,2020年,第90—91頁),與我們要討論的形體無關。
⑤ 《正字通》載:"一說敬事而拘迫不安也。"似又與古文字材料中"廾"字的某些義項相合。當然這就屬更無證據的猜測了。
⑥ 附帶一提的是,"抱"字古文作" "(四5.22華)、" "(四5.22雲)等形,李春桃先生認爲:"古文可能以雙手持器會抱取意,似有可靠的來源。"若此說可信,則" "類寫法亦有較早來源。説見《古文異體關係整理與研究》,第248頁。除此外,我們懷疑" "類寫法或與戰國文字中數見的"昪"形有關。"抱"與"揖"關係密切,如《荀子·議兵》"拱挹指麾","挹"同書《富國》作"揖";《宥坐》"此所謂挹而損之之道也"。其中"抱"字《淮南子·道應》作"揖";《晏子春秋·内諫》"晏子下車抱之"吳則虞《集釋》引蘇輿曰:"抱,與揖通。"說詳另文。

的隸定古文寫法當即"屏"字,二者的關係是源於中古字書中的音義混淆,還是"屏"形本有"捧""掬"等之類的意思,尚待相關文字材料的支持。

最後,我們想附帶提一下《集篆古文韻海》所收"楷"字的寫法,其形作"𭃂"(3·13)。劉偉浠先生以爲其與《篆隸萬象名義》中"𣀩"爲一字,並引《集韻·皆韻》"揩,或作𣀩"、《玉篇·攴部》"𣀩,口皆切,摩也"、朝鮮本《龍龕手鏡·文部》"𣀩,古文,苦皆切"爲説,以爲即"揩"字,作"楷"爲形訛。① 十分可信。惟説"'皆'爲何能寫成𭃂,其中間的訛變環節還需要進一步研究",可見相關問題尚未完全解決。我們以爲"𣀩"字左側之形,當即"皆"字古文寫法作"𢾾"(四1·28道)等形的隸訛,上部"虍"形的訛變在中古文字中多見例證,下部"日"形當即口形加飾點的變化。總之,從形體結構輪廓來看,將"𣀩"形左側與"𢾾"等形體繫聯當是可行的。據此,所謂"𣀩""𭃂"其實皆是"皆"形保留古文寫法的"𣀩"字。類似的情況又如《集韻》收"楷"字古文作"𣐀",②《新修玉篇》所收"陔"字,當即"階"字。我們知道《篆隸萬象名義》中多有古文的遺留,③而《集篆古文韻海》收字不標出處,其中亦有相當多據後世字體回改或虛造的古文(學界對此書的使用亦相當謹慎),"𭃂"字的情況與"楷"字作"𣐀"(3·13)當是一致的。

附記:小文兩則札記的基本意思,曾先在網絡上説明。前者以"關於'躍'字古文寫法的一點補充"爲名發於簡帛網(2023 年 9 月 22 日),後者以"試釋隸定古文中的'捧'"爲名發於復旦大學出土文獻與古文字研究中心網站(2023 年 11 月 26 日),今補充改定。後則札記見於網絡後,蒙中山大學古廣政先生告知,他在本科畢業論文(《隸定古文及相關俗字考釋十五則》,華南師範大學,2022 年 6 月)中亦有類似的意見;並補充説:"金刻元修本《篇海》卷十三厂部引《搜真玉鏡》:'屏,音捧。'(《大字典》《字海》未收)成化本同。正德、萬曆本訛作'音棒'。"故小文權作對古説的補充,並祈盼古文的相關內容早日發表。另,承清華大學劉大雄先生惠告,他在一篇待刊稿《秦漢官印文字選釋》中曾討論如下一枚封泥:

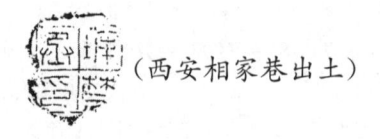

(西安相家巷出土)

---

① 劉偉浠《傳抄古文與出土文字合證》,第 177 頁。
② 此類形體亦見於《玉篇》,參看馮先思《蔣禮鴻〈類篇考索〉校議》,《近代漢字研究》第 3 輯,河北大學出版社,2023 年,第 139 頁。
③ 劉偉浠先生曾有一些列舉,見劉偉浠《〈篆隸萬象名義〉"𠣕,申字"新證》,《古文字研究》第 34 輯,中華書局,2022 年,第 578—581 頁。但文中將"𠣕"與戰國楚簡中"慎"字寫法繫聯,不一定可信。

並認爲首字與我們討論的"捧"字古文寫法有關。此說很值得重視,請讀者留心參看。

看校補記:

1.《集篆古文韻海》收"摡"字古文作"㧘(4·9)",當即據《集韻》等書所載"摡"字又作"抚"回改。"摡"可寫作"抚",與"溉"字古文寫作"㳂"或可互看。

2. 文中所述"'囂'字古文作'讟'""說詳另文"等,已以《傳抄古文"囂"字考釋——兼談古文中的"義近換用"》爲名刊於《國學學刊》2024 年第 2 期,有興趣的讀者煩請參看。

3. 關於《篆隸萬象名義》中"申"下所收的"㓞"形,王金沛先生以爲受到"申"字草書寫法的影響,此說有成立的可能。詳見氏著《〈篆隸萬象名義〉校理與文字專題研究》,華東師範大學碩士學位論文,2023 年,第 55 頁。

4. 文中所引古廣政先生文,已以《〈古文四聲韻〉隸定古文及相關疑難字考釋六則》爲名提交給第五屆文獻語言學青年論壇(武漢,2024 年 6 月),煩請讀者參看。又,近見劉偉浠先生(《隸定古文疑難字釋例(五)——兼釋古文"云"》,首屆漢字學青年學者南國論壇,珠海,2024 年 11 月)對"捧"字古文寫法亦有論述,所說與我們不同,故茲作簡單說明。劉先生將此古文寫法與"厈"繫聯,思路與上引劉大雄先生文大體相同。按"厈"所從"厂"形當即"石"之省,全字則即"砰"字異體,又意符替換从"玉",故又有"玤""班"等異體(如《集篆古文韻海》收"玤"字古文作"玨"。劉思亮先生以爲《山海經》中"庤"字亦與此相關,亦可參。詳見《出土文獻》2024 年第 1 期)。"捧"字古文與"厈"雖字形相近、讀音相合,但却無法解釋中古字書中"厈"字諸多異體中"持也""鞠也""掬也"等訓,二者不具備意義上的聯繫。此外,"厈"字構形明確,書寫簡單,似亦無由致中古字書中的種種訛寫;相反,源於小篆的"㔾"形,作反"卂"狀,因書寫不便以致異體繁多,又因典籍罕用而致音義歧出。綜合考量,我們仍比較堅持將"捧"字古文與"㔾"形繫聯的意見。

2025 年 2 月 7 日

"䫄"字形義小考

王 虎

遼寧師範大學文學院

《字寶·上聲》收"手垂䫄"，今對其形義略作小考，先看校釋：

手垂䫄〔乃我反〕

注文〔乃我反〕甲卷、乙卷、丙一卷同，丁卷作〔力我（反）〕。按《廣韻·哿韻》："䫄，垂下皃。丁可切。"《匯考》謂丁卷〔力我〕反乃〔乃我〕反之誤，其作〔乃我反〕者，係端、泥二紐相混；《研究》則謂〔乃我反〕乃〔丁我反〕之訛。按：丁卷〔力我〕反之"力"應爲"刀"字之訛，〔刀我反〕〔丁我反〕同音；〔乃我反〕則不誤，端、泥二紐互注本篇屢見，爲唐代西北方音的特點。[1]

按：《廣韻》上聲哿韻丁可切："䫄，垂下皃。"《考聲》："䫄亦垂貌也。"《龍龕手鏡》："䫄，丁可反，垂下皃也。""䫄"乃唐代新詞，文獻習見，常與"袖""柳""鞚""鞭"等組合。唐虞世南《應召嘲司花女》："學畫鴉黃半未成，垂肩䫄袖太憨生。緣憨却得君王惜，長把花枝傍輦行。"岑參《送郭乂雜言》詩："朝歌城邊柳䫄地，邯鄲道上花撲人。"杜甫《醉爲馬墜諸公攜酒相看》詩："江村野堂爭入眼，垂鞭䫄鞚凌紫陌。"白居易《同諸客嘲雪中馬上妓》詩："珊瑚鞭䫄馬蹄躕，引手低蛾索一盂。"

或組成聯合式複音詞"垂䫄"，隋闍那崛多譯《佛本行集經》卷一六："或有媒女，倚諸瓔珞，垂䫄而眠。"又卷四四《布施竹園品》："其中常有五百苦行道人而住，悉得五通，並皆年老，久修梵行，頭白少毛，齒缺背曲，身體皮膚，多有黑黶，咽喉垂䫄，如牛頸胡，容貌乾枯，形骸朽敗。"宋佚名《小兒衛生總微論方》卷三："諸般死證，病困汗出如珠不流，頭毛上逆，脣口枯乾，口鼻冷氣，頭足相抵，卧正如縛，四支垂䫄，手足掌冷。"又卷一二："頭大項細。肚大青筋。脚

---

[1] 張涌泉《敦煌經部文獻合集》，中華書局，2008年，第3758頁。

手垂軃。瘦飲水。筋痿骨重。形劣尫羸。皆其証也。"宋劉昉《幼幼新書》卷二《方書叙例》："漢東王先生小兒一見生死歌：幼童脈亂辨何形，二十五種甚分明。抱着遍身不温煖。（血絶不瘥）四肢垂軃哭鴉聲。（胃主四肢既絶不能管）啼哭無淚瀉涎清。（肝絶）"

一、"軃"之俗寫字

1. "軃"又寫作"㾖"

　　隋闍那崛多譯《佛本行集經》卷一六："或有婇女，倚諸瓔珞，垂軃而眠。"

"軃"，《大正藏》聖本作"㾖"。《廣韻》上聲紙韻承紙切："㾖，《爾雅》曰：㾖、恀，恃也。一云恃事曰㾖。"又尺氏切，諸氏切。義同。

2. "軃"又寫作"哆"

　　《佛本行集經》卷二八："或頭顛倒；或復挈頭；或頭向下，脚向於上，手足顛倒，割截而懸；或眼顛倒；或眼凸出，青碧可畏；或有赤眼；或眼出光；或轉動眼；或有耳軃；或復有耳，猶如山羊。"

"軃"，《大正藏》元本、明本皆作"哆"。《説文》："哆，張口也。从口，多聲。"《廣韻》上聲紙韻尺氏切："哆，張口。"又敕加切、昌者切等。

3. "軃"又寫作"䫂"

《慧琳音義》作"垂䫂"，《慧琳音義》卷五六《佛本行集經》上卷"垂䫂"條："丁可反。《廣雅》䫂，醜皃也。經文作㾖，尺紙反。《爾雅》㾖、恀，怙也。郭璞曰：江東謂母爲㾖。㾖非字義也。"

4. "軃"又寫作"跢"

《慧琳音義》（大正藏）卷二四《四童子經》上卷"垂軃"條："多可反。《考聲》云：軃，亦垂貌也。經文從足作跢，音都賀反，跢，倒也。"

5. "軃"又寫作"埵"

　　後秦鳩摩羅什譯《摩訶般若波羅蜜經》卷二四："二者鼻直高好孔不現；三者眉如初生月，紺琉璃色；四者耳輪埵成；五者身堅實。"

　　東晉佛陀跋陀羅共法顯譯《摩訶僧祇律》卷一八："時尊者孫陀羅難陀，佛姨母子、大愛道所生，有三十相，少白毫相、耳垂埵相。"

"埵"本指土堆。《説文》土部："埵，堅土也。"後引申有"土堆"義。《玄應音義》卷六引《字林》："埵，聚土也。"《慧琳音義》卷二七："《切韻》作𡎚，小堆。"梁法雲撰《法華經義記》卷五:"平地小高稱爲土埵。""耳輪埵成"中"埵"當是"𦕎"通讀字。《慧琳音義》卷八六引《字書》:"埵,耳下垂兒。"《篇海類編·地理類·土部》:"埵,又果實下垂兒。"或組詞"垂埵",隋闍那崛多譯《佛本行集經》卷一〇:"大王!是童子耳穿環垂埵。"

6."𦕎"又寫作"睡"

符秦僧伽跋澄等譯《僧伽羅刹所集經》卷二:"世尊有如是面,甚清净、無瑕穢、極端正、無比善。眼觀無厭,耳垂睡,脣如朱火,色如天真金。"

東晉佛陀跋陀羅譯《佛説觀佛三昧海經》卷一:"自有衆生樂觀如來腦者;自有衆生樂觀如來耳普垂睡者。"

"睡"當是"耳埵"偏旁類化字。"埵"常與"耳"連用,爲區别"土埵",造此俗字。

綜之,"㾀""哆""頦""跢""埵""睡"皆"𦕎"之俗字。弄清上述字際關係,有利於校注其他文獻。

趙洽《醜婦賦》:"結束則前褰後跢,披掩則藏頭出脣。"

"跢",伏俊連《敦煌賦校注》云:結束,裝束打扮。褰,揭衣。跢(dài),《方言》"跌,蹶也",郭璞注:"偃地也,江東言跢。"《玉篇》:"跢,倒也。"前褰後跢,謂裝束時提起前面的,後面的就掉了下去,邋遢不堪也。披掩,謂包上頭巾。"脣"疑爲"齒"字之誤。"藏頭出齒"寫醜女青面獠牙之狀,作"脣"既意不工,又不叶韻。①

今按,"跢"與"褰"對舉,"褰"謂揭衣,向上翹舉,過短;那麽,與之相反的"跢",則應指向下拖地,過長。張小豔指出"跢"當爲"𦕎"的音借字,指垂𦕎。讀音上,"跢"《廣韻》又音丁佐切,爲端紐箇韻;"𦕎"讀丁可切,屬端紐哿韻,二字紐同韻近,可得通借。"結束則前褰後跢,披掩則藏頭出脣(尾)",所寫即醜婦穿着時前高翹後垂𦕎、顧此失彼的樣子。②

"𦕎",爲什麽俗作"跢"? 二字古讀音相近。从"單"字古有"多"音(歌元對轉)。今周口鄲城市,漢代建置。《集韻》平聲歌韻當何切:"鄲,漢侯國名。一曰縣名。在沛。"《史記·高祖功臣侯者年表》"鄲,中元年,封緤子康侯應元年",司馬貞索隱:"鄲……音多。"《漢書·高惠高后文功臣表》"鄲,孝景中元年康侯應以昌弟紹封",顏師古注:"鄲,沛之縣也。音多。"

二、"𦕎"之前世與後身

"𦕎"《説文》未收,乃"䏶"之後起字。《説文》"䏶,富䏶䏶兒",徐鍇繫傳曰:"謂重而

---

① 伏俊連《敦煌賦校注》,甘肅人民出版社,1994年,第320頁。
② 張小豔《敦煌賦字詞校釋》,《出土文獻綜合研究集刊》第11輯,巴蜀書社,2020年,第173頁。

垂也。"段玉裁注："俗用軃字訓垂下兒,亦疑嚲之變也。"

宋元後,表下垂義之"嚲",又聲借爲"皴""奤",即今日之"奤拉"。"皴""聉""瞌"同源。《玉篇》皮部："皴,寬皮兒。"《集韻》入聲合韻德合切："聉,犬垂耳兒。"《五音集韻·合韻》："瞌,大垂目貌。"

垂耳作"聉",垂目作"瞌",垂皮作"皴"(皮寬則下垂)。《字詁》"嚲"下："焦澹園《俗書刊誤》云'耳垂曰奤,皮寬曰皴',並音荅,吾鄉今有此語,但呼如荅,平聲。按:此聲即嚲之轉。"①故表下垂概念,歷代用字如下:

嚲──軃(侈、跢、哆、頿、埵、睡)──皴(奤)──瞌(聉)

三、"嚲"之通讀字

"嚲"讀作"妥"。唐杜甫《重過何氏五首》之一:"花妥鶯捎蝶,溪喧獺趁魚。"宋胡仔《苕溪漁隱叢話·杜少陵五》"西北方言,以墮爲妥,花妥即花墮也",錢謙益箋注:"妥,吳若本注刊作墮,音妥,妥又音墮,關中人謂落爲妥。三山老人曰:'花妥即花墮也。'《曲禮正義》云:'妥,下也。'《毛萇詩傳》:'妥,安坐也。'"

今按,"花妥"或謂花垂。宋石孝友《點絳脣》詞:"日薄風遲,柳眠無力花枝妥。""花枝妥"即花枝下垂。唐李通玄《華嚴經合論》:"原直下三十餘里,當一土龕前,便自蹲駐,長者旋收囊裝置於龕內,虎乃屢顧妥尾而去。"宋王安石《虎圖》詩:"壯哉非羆亦非貙,目光夾鏡當坐隅。橫行妥尾不畏逐。"宋陸游《木瓜鋪短歌》:"溪橋缺斷水齧沙,崖腹崩頹風拔樹。虎狼妥尾擇肉食,狐狸豎毛啼日莫。"宋鄧牧《洞霄圖志》卷二《山水門》:"翼爲七寶鳳凰諸山,昂頭妥尾,若翔而集,前界大江乃止,盱亦異矣。""妥尾"謂尾巴下垂。

"嚲"之聲符"單",失去表音作用後,人們習慣用同音字符(侈、跢、哆、頿、埵、睡)或其他音近、音同字(妥)表示。

---

① 〔清〕黃生撰,黃承吉合按《字詁義府合按》,中華書局,1984年,第68頁。

"席、蓆、藉、籍"字際關係考辨[*]

吳亦琦

江西財經大學社會與人文學院

一、引　　言

　　根據語言反映文化的不平衡性，作爲全部詞語總和的詞彙，可分兩類：有不同程度文化意義的文化詞語和無特定文化意義的通義詞語。傳統訓詁的一個優良傳統是對兩類詞語兼訓並詁，總體上達到了語言與文化的樸素結合。[①] 漢字是中華文化的載體，其在創造之初是一形一詞/語素，但一經應用，不少漢字在形音義、表詞屬性及記錄職能等方面就可能形成種種複雜的字際關係，如異體關係、同源關係、通假關係等，[②]我們在研究漢字的歷時演變時，須予以關注。

　　文化詞語"席"蘊含着傳統禮節和社會生活的變化，在鄭張尚芳《華澳語言比較三百核心詞表》(徵求意見稿)中居 144 位。[③] 已有研究多側重"席"的文化義考釋，如黃金貴辨釋"席子"義詞"席""筵""茵"的異同，韓秋探求"席"的字義及其文化内涵，[④]姬慧研究陝北方言"坐席"的語義演變，[⑤]閆玉文、徐時儀、劉傳鴻等涉及與"席"相關的詞語考釋，[⑥]較少

---

[*] 本文是江西省社科基金項目"宋本朱子語録文獻詞彙研究"(24YY15)階段性成果。
[①] 黃金貴《古代文化詞義集類辨考》，上海教育出版社，1995 年，第 1097 頁。
[②] 李運富《論漢字的字際關係》，李運富編《漢字漢語論稿》，學苑出版社，2008 年，第 117 頁。
[③] 鄭張尚芳《漢語與親屬語同源根詞及附綴成分比較上的擇對問題》，[美]王士元主編，李葆嘉主譯《漢語的祖先》，中華書局，2005 年，第 462 頁。
[④] 韓秋《"席"的起源變遷與中國古代禮文化》，《長江大學學報(社會科學版)》2009 年第 2 期，第 138—139 頁。
[⑤] 姬慧《陝北方言"坐席"語義演變考》，《蘭州學刊》2016 年第 8 期，第 143—149 頁。
[⑥] 閆玉文《"掇坐"及其同義語詞探源》，《古漢語研究》2002 年第 2 期，第 85—87 頁；徐時儀《"錦筵""舞筵""綩綖"考》，《文學遺產》2006 年第 5 期，第 139—140 頁；劉傳鴻《釋"坐(座)頭"》，《溫州大學學報(社會科學版)》2012 年第 4 期，第 33—36 頁。

關注"席"字本身的演變及其字際關係。本文通過"繫聯辨考"等方法,探究"席"與今一般不用的"蓆"以及其與"藉""籍"等的字際關係,同時對姓氏"席""籍""藉"加以辨析。凡此問題,是漢字的整理、研究以及古代書面文獻的訓釋過程中的重要的基礎性工作,有助於漢字和文化研究,對辭書編纂也有裨益。

二、"席""蓆"交錯式異體

古人早先於地面鋪席而坐,席子是一種坐卧之具。①《禮記·曲禮上》:"有憂者側席而坐,有喪者專席而坐。"《朱子語類》卷九〇:"古者用籩豆簠簋等陳於地,當時只席地而坐,故如此飲食爲便。"又可作門。《史記·陳丞相世家》:"(平)家乃負郭窮巷,以弊席爲門。"還可作帆。《文選》:"船過於肆也,舉帆者掛蓆,用風力也。"此句中"掛蓆"之"蓆"與"席"同。

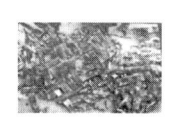

圖 1 竹片編製的竹席　　圖 2 海昏侯墓出土包金絲縷琉璃席

《兩岸常用詞典》"席"字條下列 6 個義項:① 用草莖、竹篾或藤皮等材料編成的墊子,多鋪在地面、床面上以供坐卧。也作"蓆"(今一般不用)。② 座位。③ 職位。④ 成桌的飯菜、酒席。⑤ 量詞。a) 用於計算議會的席次或名額。b) 用於酒席、談話等。⑥ 姓。②

《論語·鄉黨》:"席不正不坐。"席子供人們坐卧,故"席"引申出"座位"義。如《論語·鄉黨》:"君賜食,必正席,先嘗之。"古人崇禮,座次循禮。如《禮記·曲禮》"群居五人,則長者必異席",孔穎達疏:"古者地敷橫席,容四人,長者居席端。若五人會,則長者一人異席也。""席"又可引申出"憑藉""倚仗"義。《漢書·楚元王傳》:"吕産、吕禄席太

---

① 製"席"的用料大致有三種:草、竹和皮毛。《周禮·春官》"司几筵掌五几、五席之名物",鄭玄注:"藻席,莞席,次席,蒲席,熊席。""莞席"以莞草編織;"藻席"又稱"繅席",以五彩之畫鑲邊;"次席"即"桃枝席";"蒲席"即"蒻席",以細蒲草編織,古人以此爲精品;"熊席"以熊皮製成。此外,草席類還有"細席"、"薦席"(王逸注:卧席也)、"茵席"、"萑席"、"蕁席"、"槁席"、"藤席"、"水葱席"、"紅席"、"衽席"(卧席,坐卧具上的鋪墊物,同"袵")、"龍須席"、"豐席"(蒲草編製的席子,鄭玄:豐席,刮凍竹席)、"薰席"(水邊生的薰草製席,唐用作貢物《新唐書·地理志二》)、"苫席";竹席類有"筵席"、"簟席"(冰簟,涼簟,夏簟,暑簟)、"席箅"、"筍席"、"簀"、"笫"、"衽"、"筀"、"筠席"、"筠簟"、"符簀"(竹編粗席)、"篷笛(筥)"、"篷篨"(筳,粗席)、"蘄簟"(韭葉簟,蘄竹編成);毛皮製席有"豹席""貂席""虎皮製席""犀簟"等。

② 李行健《兩岸常用詞典》,商務印書館,2013 年,第 1039 頁。

后之寵,據將相之位。""席"可置物,故引申出"酒席"義,趙曄《吳越春秋·闔閭內傳》:"要離席闌至舍,誡其妻。"進而引申爲量詞。杜甫《種萵苣》詩序:"既雨已秋,堂下理小畦,隔種一兩席許萵苣,向二旬矣。"①《辭源》:古者布席治事,故亦謂職務曰席,如舊稱刑錢幕友曰刑席錢席是。考《儀禮·士冠禮》:"布席於門中、闑西閾外,西面。""布席"即鋪設坐席。清《治臺必告錄》:"公事泄延,其咎不盡在官,而在幕,有非幕必不能辦者。錢席更難其人官,欲另延,實無可恃者。""刑席""錢席"爲清代所設職務,由"座位"義而來。

"蓆"與"席"形音義皆相關。二字形近,區別僅在於是否有部件"艸"。字音上,"蓆"與"席"音同。《經典釋文》卷二九:"蓆,音席。"《廣韻·昔韻》:"席,祥易切。"《廣韻·昔韻》:"蓆,祥易切。"字義上,"蓆"本形容廣多。《說文》艸部:"蓆,廣多也,从艸席聲。"歷代字書皆釋"蓆"爲"大"義。慧琳《一切經音義》:"薦席,下祥亦反,《考聲》云:'藉也,茵也,或從草作蓆。'"《爾雅義疏》:"蓆者,《說文》云廣多也,廣多亦皆爲大,故《詩·緇衣》傳:蓆,大也。釋文引韓詩云:蓆,儲也。儲積與廣大義亦近也,通作席。""席"通常用本義,而"蓆"雖有"大"義,但常用來表示席子。觀歷代古籍,"蓆"除了在字書及含有"緇衣之蓆兮"詩句中釋作"大"外,其他幾乎與"席"一樣作爲供人們使用的編織物,如"草蓆""茵蓆""薦蓆"等,這說明"蓆"的本義可能停留在上古漢語時期。表示席子的"蓆"或與原來已有、訓"大"的"蓆"爲同形字關係。

"席"在歷史發展過程中不斷引申出新的義項,使用頻率和範圍相對擴大,而"蓆"雖一直表"席"的本義,未能與"席"抗衡。如《孔子家語》中"席"27例,"蓆"僅1例,見卷一〇:"今吾貧,無蓋於其封也,與之蓆,無使其首陷於土焉。"據中國基本古籍庫製"席""蓆"歷代使用頻次表如下:

表1 "席""蓆"歷代使用頻次表

	先秦	秦	漢	三國	南北朝	隋	唐	五代	宋	元	明	清	民國
席	132	8	3463	59	1538	71	8267	400	31754	8580	51623	121975	1978
蓆	3	0	10	1	22	2	90	7	491	126	1859	2884	24

可見,"席""蓆"在使用頻率上相差甚遠,"席"的使用頻率遠超過"蓆"。單看佛經用

---

① 《漢語大字典》《漢語大詞典》釋"席"時皆引書證《種萵苣》:"既雨已下理小畦,隔種一兩席萵苣。"按:此書證與原文對比脫"秋堂"二字,並將詩序誤視爲詩的主體內容,按七言詩句讀,應據此改。

例亦可知二者出現次數懸殊,"蓆"的總用例不過四十餘條。① 但在一些文獻中"蓆"集中出現,使用次數甚至超過"席"。如《漕運則例纂》中,"席"僅出現 4 次,而"蓆"有 267 次,約占這一時期"蓆"總使用量的十分之一;《度支奏議》中"蓆"出現 103 次,"席"的出現次數僅占"蓆"的一半;《那文毅公奏議》中"蓆"出現 51 次,"席"32 次。這或與文獻的性質及作者的用字習慣有關。②

馬叙倫指出:"蓆,从艸席聲。朱駿聲曰:'艸多也。'倫按:廣多見詩緇衣釋文引,然當作廣也,艸多也。廣也即大也。《爾雅·釋詁》:'蓆,大也。'此訓校者所加。或'廣'乃'席'字之訛,'席'爲隸書複舉字,傳寫訛爲'廣'。又挩艸字耳,失次。"③ 其認爲《說文》對"蓆"的解釋可更具體,除"大"義外,還可進一步表示草多,《說文》或將"席"訛成"廣",後脱"艸",應作"蓆,席也,草多也"。該説可信。據考證,"廣"可寫作"庾",與"席"以下寫法形近:"席"(東漢《鮮于璜碑》)、"席"(武威漢簡)、"席"(魏《叔孫固墓誌》)、"席"(隋《元鐘墓誌》)等。據《五經文字》:"席,作席者訛黄。""席"訛"黄"而作"席",亦或因"黄"訛作"廣",尤其"席"草書"席"(王羲之)、"席"(祝枝山)、"席"(懷素),形似"廣"。若此,《說文》或本載:"蓆,席也,艸多也,从艸席聲。"

"蓆"義項單一,古今變化不大,組合能力弱,歷史上從未能與"席"形成競爭之勢,最終被"席"取代,在"編織物"這一義項上成爲"席"的異體字。

三、"席""藉"同源

王力先生認爲"藉"和"席"从邪旁紐,鐸部疊韻,兩字同源。④《說文》段注:"席,藉也。此以疊韻爲訓。"文獻中"席"數以"藉"注音。王念孫《廣雅疏證》:"席與藉古同聲而通用。"如《漢書·賈捐之傳》:"民衆久困,連年流離,離其城郭,相枕席於道路。"集注引如淳:"席,音藉,師古曰:'席即藉也,不勞借音。'"王筠曰:"《儀禮·士虞禮》注云:'藉,古文作席。'是古席有藉音,故義依聲立。"

---

① 以釋道宣爲例,譯經時使用"席"317 次,而"蓆"只出現 2 處,用法皆與"席"同。
② 此三種書皆私修。楊錫紱在其任漕運總督時增補删修《漕運全書》編成《漕運則例纂》,主講漕運制度,"蓆"的大量使用或説明在楊錫紱看來此字與"席"無異;畢自嚴撰《度支奏議》統計崇禎時的財政收支,另作《餉撫疏草》七卷,"蓆""席"用例次數爲 35∶6;那彥成收其出任各地封疆時歷年的奏議,撰成《那文毅公奏議》,另作《阿文成公年譜》三十四卷,雖只用"席",但皆不表本義。
③ 馬叙倫《〈説文解字〉六書疏證》,上海書店出版社,1985 年,第 113 頁。
④ 王力《同源字典》,商務印書館,1982 年,第 289—291 頁。

"藉"本是祭祀時用來鋪墊的藉草,與"席"的本義相通。《說文》艸部:"藉,祭藉也。"戴侗《六書故》:"藉,慈夜切,以草薦物也,《易》曰:'藉用白茅。'""席"和"藉"可與同一語素搭配,有"茵席""茵藉"/"裀席""裀藉"/"薦席""薦藉"等。如

　　　　《韓非子·十過》:"四壁堊墀,茵席雕文。"
　　　　《聊齋志異·嬰寧》:"茵藉幾榻,罔不潔澤。"
　　　　《李章武傳》:"命從者市薪芻食物,方將具裀席,忽有一婦人持帚出房掃地。"
　　　　《郊祀慶成狀》:"始就帷官,則獨先群臣,宵興待事;及至壇場,則陟降陛級,徹去裀藉。"
　　　　《說苑·正諫》:"夫布薦席陳簠簋者有人,臣不敢與焉。"
　　　　《新唐書·李光弼傳》:"思明懼,引去,以奇兵斷餉道。馬食薦藉,光弼命將取芻行唐,賊鈔擊之,兵負戶戰,賊不得奪。"

　　"席"與"藉"還可連用,有"藉席"和"席藉"。"藉席"有三個義項:① 薦草製成的席子("藉、席"爲名詞)。如王先謙《釋名疏證補》:"集解引徐廣云:兹者,藉席之名。此以薦爲薦藉,即所云藉席也。"② 憑靠着席子("藉"爲動詞,"席"爲名詞)。如釋道世《法苑珠林》:"晉明帝時,甚見敬事,以華藉席,驗其所得,果不萎焉。"③ 借宿("藉"爲動詞,"席"爲名詞)。《戰國策·趙策》:"今日臣之來也暮,後郭門,藉席無所得,寄宿人田中,傍有大叢。"范祥雍:"關修齡:'藉席,謂借宿逆旅也。舍者借席,故《列子》有舍者與之争席。''藉席',尤言'借宿'。"①"席藉"僅一個義項:可倚仗的人或物。《舊五代史·僭僞傳三·王建》:"韓生所謂入爲扞蔽,出爲席藉。"

　　現代漢語中"席藉"和"藉席"都不常用,這主要與席子的使用情況以及"藉"的字義演變有關。文字的使用總是和人們的生活密切相關,如今科技發達,椅子、沙發等家具陸續替代席子,門和帆也多爲化工製品,名稱更加細化具體。席子使用次數愈少,"席"字作爲本義出現的頻率愈低,與"席"連用的詞語便愈不常用。另一方面,"藉"的引申義被頻繁使用。以《左傳》和《朱子語類》爲例,據吳崢嶸考證,《左傳》中"藉"共出現 15 次,有"巡行踐勘""墊""負載""憑藉""索取"義,"憑藉"義占 7 例。②《朱子語類》中"藉"共出現 20 次,有"墊""憑藉,依託""顧忌""顧念"等義,其中"憑藉"義占 12 例,本義僅 2 例。"藉"現爲書面用詞,有"踐踏,侮辱""墊""襯"以及"所墊之物"義;還被視爲"借"的繁體字,表"假託""憑藉;利用"等義。

---

① 〔西漢〕劉向集錄,范祥雍箋證,范邦瑾協校《戰國策箋證》,上海古籍出版社,2011 年,第 968—971 頁。
② 吳崢嶸《〈左傳〉"索取""給予""接受"義類辭彙系統研究》,巴蜀書社,2009 年,第 59 頁。

四、"藉談""籍談"辨析

"席"還可做姓氏。關於席氏的由來,有兩種説法。其一,唐虞有席公歌《擊壤歌》,堯聽後稱其席老師。凌迪知《萬姓統譜》:"唐虞席老師,襄陵人,姓席氏,其名未聞,即古之席公,以播種耕稼爲事,每擊壤而歌於路曰:'耕而食鑿而飲,出而作入而息,帝力於我何有焉!'堯聞而嘉之,尊爲老師云。"[1]其二,春秋晉國大夫籍談的祖先負責管理晉國的典籍,故稱籍氏,其後代籍環避項羽名改姓席氏。《左傳》昭公十五年:"且昔而高祖孫伯黶司晉之典籍,以爲大政,故曰籍氏。"林寶《元和姓纂》:"藉,晉文侯仇弟陽叔,生伯黶,司晉典籍,爲藉氏。元孫藉談,代爲晉大夫,晉爲趙魏所滅,藉氏播遷宋。漢有幸臣藉孺,又諫議大夫藉褘,石趙侍中藉羆。唐太常博士知微,云其後也。"王應麟《姓氏急就篇》:"席氏,其先籍氏避項羽名改爲席,後漢竇融、司馬席封、議郎席廣,晉席坦、席苾,南齊席恭穆、席豪,後魏席法友,後周席固唐、席豫、席夔、席辯、席元慶,宋席益、席平、席汝言。"凌迪知《萬姓統譜》:"席,安定商音,晉大夫籍談之祖伯儵司晉典籍因氏,裔孫環避項羽名改爲席。"[2]第二種説法正史、族譜皆有記載,可信度更高。

文獻中有"籍談"和"藉談"兩種寫法,據語境,二者表示的是同一個歷史人物,既非兩人,何故異寫?宋濂《常州晉陵游塘籍氏族譜引》:"晉籍談自九世祖孫伯黶司晉典籍,以爲大政,因以官爲氏,故曰籍氏,所從來遠矣,顯著史傳。"族譜是記載同宗共祖血緣集團世系人物和事迹等方面情況的歷史圖籍,在歷史變遷過程中,多個姓氏經或因戰亂、遷移,或因避諱改姓,但族譜都會清楚記載。據《常州晉陵游塘籍氏族譜》,應爲"籍談"。之所以寫成"藉談",除上文所述"藉""席"同源外,或也與"籍"和"藉"通用相關。

"籍""藉"音同形近義通,古代通用。二字皆音秦昔切。《廣韻·昔韻》:"藉,狼藉,秦昔切。"《廣韻·昔韻》:"籍,簿籍,秦昔切。"劉熙《釋名疏證》:"或曰簿,言可以簿疏物也。簿,俗字也。據漢夏承碑爲主薄,督郵韓敕碑主薄,魯薛陶武榮碑郡曹史主薄,古薄字皆从艸,明矣。然諸史書並从竹,如籍藉之類,亦互相通。"部件竹、艸與同一個部件組成的兩個字往往相通,因而"藉""籍"之類可通用。黃錫全《汗簡注釋》:"竹、艸形符義同,如雲夢秦簡、馬王堆漢墓帛書《經法》'藉'作'籍',銀雀山漢墓竹簡《孫子兵法》'葦'作'筆'等。因此,'席''簞'可視爲一字。鄭珍認爲'更篆,从古文席,當作⌂,寫誤'。

---

[1]《擊壤歌》反映唐虞時的太平盛世,人們生活無憂無慮。
[2]《萬姓統譜》明萬曆刻本和四庫全書本皆作"伯儵",與《左傳》等文獻異,所指爲一人,不影響本文觀點,本文不予討論,暫以《左傳》所記"伯黶"爲是。

又,楚簡󰋊、󰋋等席字,从艸與从竹同。""席""簠"如是。黄錫全數舉"簠"古文字形,小篆以後無"簠"。原文:"󰋌席,《説文》有席無簠。古文字席多从竹作,如曾侯乙墓竹簡簠作󰋍、󰋎等。此字之所以从之󰋏即󰋐形稍訛。"①類似的還有"答"和"荅","將"和"蔣"等。

"籍"和"藉"在古籍中通用。浦起龍《讀杜心解》:"跡籍(藉通)臺觀舊,氣寔海嶽深。"劉知幾《史通通釋》:"逮仲尼之修《春秋》也,乃觀周禮之舊法,遵魯史之遺文,據行事,仍人道,就敗以明罰,因興以立功,假日月而定歷數,籍(藉通)朝聘而正禮樂。"王先謙《後漢書集解》:"古者列國兵交,使在其間,所以重兵貴和而不任戰也,何況承王命籍重職而犯之哉?先謙曰:'籍、藉,通假字。'"王先謙《漢書補注》:"賈以此游漢廷公卿間,名聲籍甚。孟康曰言狼籍之甚。周壽昌曰:'籍甚,《史記》作藉盛。蓋籍即藉,用白茅之藉,言聲名得所藉而益盛也。'甚與盛意同,孟言狼籍失之。先謙曰:'籍藉通作。'""籍"和"藉"通用延續到今天,表現爲"狼藉"和"狼籍"並用,"人言藉藉"與"人言籍籍"同義等。

如此,"籍談"和"藉談"皆可,若要規範用字,宜據族譜,寫作"籍談"。

結　語

語言和文字是兩種不同的符號系統,後者唯一的存在理由是在於表現前者。② 漢字的形音義有着千絲萬縷的關聯,不同漢字間的關係錯綜複雜。本文研究的"席"字,其形音義與"巾""庶"有關,③"席"字本身又與"蓆""藉"相聯。"席""蓆"二字有部件"席","藉""籍"二字有部件"耤",共有的部件又將它們聯繫起來,同中又有異。這一組組漢字都是中華文化的載體。中華文化藉助漢字得以流長,爲世人稱頌,漢字也在傳揚和創新中愈發鮮活靈動。我們更應該釐清漢字間的聯繫與區別,管中窺豹,從中獲取其所承載的信息,爲語言、文化研究服務。

附記:劉静静副教授提供具體修改建議,謹致謝忱。文中所有錯漏之處,概由本人負責。

---

① 黄錫全《汗簡注釋》,武漢大學出版社,1990年,第82頁。
② [瑞士]索緒爾《普通語言學教程》,商務印書館,1980年,第47頁。
③ 《説文》巾部:"《禮》:'天子、諸侯席,有黼繡純飾。'"徐鍇《説文解字繫傳》:"席,從巾庶省聲,巾即純也。"王筠《説文解字句讀》:"虞禮注云:藉,古文作席。是古席有藉音,故義依聲立。"

《朱子語類》"般樣、一般、一樣、千般萬樣"及相關詞語探釋*

徐時儀

上海師範大學人文學院古籍研究所

《朱子語類》是朱熹與其門人講學問答的實錄,也是文人口語的實錄,既有講學時引經注的雅言舊詞與朱熹解說所用白話口語的歷時層次差異和歷代記錄修訂的差異,也包含不同地域、不同階層門生弟子各自慣用方俗詞語的差異,具有各種性質和各種層次的言語成分,反映了朱熹的思想演變脈絡和當時的社會生活狀況,同時也反映了當時語言的使用狀況和古今漢語文白演變的概貌。下文擬就其中"般、盤、柈、般樣、一般、一盤、一樣、盤轉、地盤、樣子、一般樣、這般樣、這般樣子、百千般樣、千般百樣、千般萬樣、千般百緒、千般萬般、百般千萬般個"及相關詞語略作探討。

一、般樣、百千般樣、百般千萬般個、千般百樣、千般萬樣、千般百種

《朱子語類》中有"般樣"26例,如:

此只當以人品賢愚清濁論。有合下發得善底,也有合下發得不善底,也有發得善而爲物欲所奪流入於不善底。極多般樣。 (4.73)[①]

如鳥獸草木有多少般樣,亦莫不有以全其性而遂其宜。 (64.1568)

---

* 本文爲國家社會科學基金重點項目"朱子語錄詞語匯釋"(18AYY018)階段性成果。
① 本文所據爲王星賢點校本,中華書局1986年版。括弧内爲卷和頁。下同。

　　　　《易》只是一陰一陽，做出許多般樣。　　　　　　　　　　　　　　（65.1606）

例中"般樣"有"種類""形狀""類型"義。
又有"百千般樣"1例：

　　　　韓文公亦見得人有不同處，然亦不知是氣稟之異，不妨有百千般樣不同，故不
　　　　敢大段説開，只説"性有三品"。　　　　　　　　　　　　　　　　（59.1383）

例中"百千般樣"有"各種各樣類型"義，強調數量之多。《朱子語類》中表達"各種各樣類型"義的不同形式還有"百千萬個"1例：

　　　　忠只是一個忠，做出百千萬個恕來。　　　　　　　　　　　　　　（27.672）

此例徽州本爲："忠是一個忠，做出百般千萬般個恕來。"①
"千般百樣"1例：

　　　　不應恁地千般百樣，藏頭伉腦，無形無影，教後人自去多方推測。　　（66.1633）

"千般萬樣"3例：

　　　　曰："若論求此心放失，有千般萬樣病，何止於三？然亦別無道理醫治，只在
　　　　專一。"　　　　　　　　　　　　　　　　　　　　　　　　　　（104.2617）
　　　　如佛經本自遠方外國來，故語音差異，有許多差異字，人都理會不得；他便撰許
　　　　多符咒，千般萬樣，教人理會不得，極是陋。　　　　　　　　　　　（125.2991）
　　　　曰："道理只是這一個道理，但看之者情僞變態，言語文章自有千般萬樣。"
　　　　　　　　　　　　　　　　　　　　　　　　　　　　　　　　　（125.2992）

例中"千般百樣""千般萬樣"的"般""樣"也有"種類""形狀""類型"義。《朱子語類》中表達"各種各樣類型""數量之多"義的不同形式還有"千般百種"1例：

　　　　然細推之，極多般樣，千般百種，不可窮究，但不離此五者爾。　　　（95.2432）

例中"千般百種"的"種"本義爲"植物的種子"。如《逸周書·大匡》："無播蔬，無食種。"②引申有"種類""類別"義。如《韓非子·外儲説左上》："鄭縣人有得車軛者，而不知其名，問人曰：'此何種也？'"《漢書·藝文志》："序六藝爲九種。"

---

① 〔宋〕黎士毅編，徐時儀、楊艷彙校《朱子語類彙校（修訂本）》，上海古籍出版社，2023年，第993頁。
② 本文所據用例如未特別注明多出自家父早年幫我抄録的卡片和中國基本古籍庫及羅竹風主編《漢語大詞典》（上海辭書出版社、漢語大詞典出版社，1986—1993年）。

二、千般百緒、千條萬緒、千 X 萬 Y、千 X 百 Y

《朱子語類》表"數量之多"義的不同形式還有"千般百緒"1 例：

> 曾子見其事事曲當如此，遂疑有許多般樣，而未知天下只是一個大道理，雖於事上有千般百緒，只共是這一個大道理。　　(27.687)

例中"千般百緒"的"緒"本義爲"絲頭"。如漢焦贛《易林·豫之同人》："饑蠶作室，緒多亂纏，緒不可得。"引申有"頭緒""類別"義。如南朝梁江淹《雜體詩·效謝混〈游覽〉》："卷舒雖萬緒，動復歸有靜。"

"千般萬樣""千般百樣""千般百種""千般百緒"諸例皆表數量之多義，形成"千 X 萬 Y""千 X 百 Y"詞語模，[①]模標"千萬""千百"爲常項，模槽"XY""X"爲變項。變項是詞語模中待嵌入相應的詞語的空位，用以表示相同的意思或不同的意思。《朱子語類》有"千條萬緒"9 例。如：

> 心之制，亦是就義之全體處説；事之宜，是就千條萬緒各有所宜處説。
> 　　(51.1220)

> 如濂溪《通書》，只是反復説這一個道理。蓋那裡雖千變萬化，千條萬緒，只是這一個做將去。　　(115.2776—2777)

"千頭萬緒"20 例。如：

> 要之，千頭萬緒，皆是從心上來。　　(5.97)
> 人之爲學，千頭萬緒，豈可無本領！　　(12.209)

例中"頭"本義爲"人體的最上部分或動物的最前部分"，引申有"方面"義，如：

> 中、庸只是一事，就那頭看是中，就這頭看是庸。　　(62.1483)
> 此只説得一頭。　　(76.1946)

又作"千頭百緒"2 例：

> 曰："定，是見得事事物物上千頭百緒皆有定理；静，只就自家一個心上説。"
> 　　(14.274)

[①] 何自然《語用三論：關聯論·順應論·模因論》，上海教育出版社，2007 年。

> 萬理雖只是一理，學者且要去萬理中千頭百緒都理會，四面湊合來，自見得是一理。　　　　　　　　　　　　　　　　　　　　　　　　　　　　　(117.2820)

"千頭萬項"1例：

> 聖賢雖千言萬語，千頭萬項，然一透都透。　　　　　　　　　　　(6.120)

"千頭萬狀"1例：

> 又云："且看《論語》，如《鄉黨》等處，待人接物，千頭萬狀，是多少般！聖人只是這一個道理做出去。"　　　　　　　　　　　　　　　　　　(27.680)①

"千頭萬件"1例：

> 惟做來做去，湊足成就一個物事貫通時，則千頭萬件，都只是這一個物事流出來。　　　　　　　　　　　　　　　　　　　　　　　　　　　　(34.868)

"千條萬目"4例。如：

> 聖人之道，見於日用之間，精粗小大，千條萬目，未始能同，然其通貫則一。
> 　　　　　　　　　　　　　　　　　　　　　　　　　　　　(27.674)

"千條萬派"1例：

> 如一源之水，流出爲千條萬派，不可謂下流者不是此一源之水。　　(27.686)

"千度萬態"1例：

> 若是自家見得是非分明，看他千度萬態，都無遯形。　　　　　　　(30.770)

"頭""條""緒""項""狀""件""目""派""度""態"在表達"種類""類別"義時與"般""樣"義近。"千條萬緒""千頭萬緒""千頭百緒""千頭萬項"等皆有"紛繁衆多"義，具有形式結構上的相似性與深層語義的相融性特徵，體現了人們交際時所表達的豐富語義可以由詞彙語法層的多個形式來表達，而不同的形式則具有表現同一意義的細膩區別功能，即可以用不同形式的詞語來表達相近概念所含語義。朱熹在講學中藉語境的需要選擇表相近語義的詞語，充分體現了說-聽雙方在講學交際時相互配合的口語色彩。

《朱子語類》中"千X百Y"詞語模在表數量衆多這一概念義的不同的形式還有"千方百種"1例：

---

① 又作"千般萬狀"。如明呂坤《呻吟語》卷六外篇："大都廣衢之中好醜醜雜遝，情態繽紛，入吾目者千般萬狀，不可勝數也。"丘濬輯《朱子學的》卷下《聖人》第十七："朱子曰：子靜之學，看他千般萬狀，病只在不知有氣稟之雜。"

如今人不静時，只爲一事至，便牽惹得千方百種思慮。　　　　　　　　　　(32.825)

"千思百算"1例：

少間才去計較利害，千思百算，不能得了，少間都滚得一齊没理會了。

(29.737)

"千委百曲"1例：

如今要説一事，要去一人，千委百曲，多方爲計而後敢説，説且不盡，是甚模樣！

(128.3069)

"千方百計"3例。如：

譬如捉賊相似，須是著起氣力精神，千方百計去趕捉他。　　　　　　(35.943)

"千枝百派"1例：

如"道路"之"道"，千枝百派，皆有一路去。　　　　　　　　　　　　(6.100)

"千了百當"4例。如：

聖人發憤便忘食，樂便忘憂，直是一刀兩段，千了百當！　　　　(34.906)①

《朱子語類》中"千 X 萬 Y"詞語模在表數量衆多這一概念義的不同的形式還有"千了萬當"2例。如：

若大知之人，一下知了，千了萬當。　　　　　　　　　　　　　　(63.1532)

"千思萬量"1例：

義剛固非欲悔，但作一事時，千思萬量，若思量不透處，又與朋友相度。

(116.2788)

"千思萬慮"1例：

性有仁義禮智之善，心却千思萬慮，出入無時，是性不能以該盡此心也。

(100.2544)

---

① 又如"千鬼百怪"意謂行爲怪異，悖於常情，易於變幻。1例：

又曰："此老千鬼百怪，如不樂道人，貶竄將去，却與他通殷勤不絶。一日，忽招和仲飯，意極拳拳。比其還家，則台章已下，又送白金爲贐。"　　　　　　　　　　　　　　　　(131.3154)

"千毛百竅"意謂全部毛孔。1例：

"涣汗其大號。"號令當散，如汗之出，千毛百竅中，迸散出來。　　　(73.1865)

"千兵萬馬"2例。如：

  他文字極是實，説得好處，如千兵萬馬，飽滿伉壯。 (101.2556)

"千軍萬馬"1例：

  如千軍萬馬，從這一條大路去，行伍紀律，自是不亂。 (121.2929)

"千騎萬乘"1例：

  魯可幾問："古之巡狩，不至如後世之千騎萬乘否？" (78.1999)

"千言萬語"44例，如：

  聖賢千言萬語，教人且從近處做去。 (8.131)

"千章萬句"1例：

  學者千章萬句，只是理會一個心。 (24.1081)

"千變萬化"12例，如：

  蓋那裡雖千變萬化，千條萬緒，只是這一個做將去。 (115.2777)

"千差萬別"1例：

  今人直是差處多，只一條大路，其餘千差萬別，皆是私路。 (60.1446)

"千派萬別"1例：

  譬如水，其出只一源，及其流出來千派萬別，也只是這個水。 (94.2390)

"千條萬別"1例：

  人之資質，千條萬別，自是有許多般，有剛於此而不剛於彼底，亦有剛而多欲，亦有柔而多欲，亦有剛而寡欲，亦有柔而寡欲，自是多般不同，所以只要學問。

 (28.723)

"千岐萬徑"1例：

  固是出於一，只緣散了，千岐萬徑。今日窮理，所以要收拾歸於一。 (18.417)

"千歧萬路"1例：

  世間千歧萬路，聖人爲甚不向別路去，只向這一路來？ (23.551)

"千歧萬轍"1例：

才出門,便千岐萬轍,若不是自家有個主宰,如何得是! (12.199)

"千蹊萬徑"2例,如:

豈不知有千蹊萬徑,不如且只就一直路去,久久自然通透。 (21.484)①

諸例皆表達數量衆多這一概念義。如"千了百當""千了萬當"表達"一切了結、完備妥帖"義,"千方百計""千委百曲""千思百算""千思萬量""千思萬慮"表達"反復思考或多方面思考"義,"千兵萬馬""千軍萬馬""千騎萬乘"形容"兵馬衆多聲勢浩大"義,"千言萬語""千章萬句"形容說的内容很多,"千枝百派""千岐萬徑""千岐萬路""千岐萬轍""千蹊萬徑"形容各種各樣的路徑等。從生成機制上説,這類待嵌模式詞群的產生是在類推基礎上仿造的結果,構成創造新詞語的一個個模型。這些模型又是開放性的,每一個詞群都有一個共同的模標,而每一個模標都有一個明確的表義模式或範圍。

三、般、般遞、般涉

"般"的甲骨文字形爲 (甲五九〇),金文字形爲 (盤瓿)。② 《説文解字》:"般,

---

① 又如"千枝萬葉"3例。如:

天下道理千枝萬葉,千條萬緒,都是這四者做出來。 (20.463)

"千條萬葉"1例:

譬如草木,理會根源,則知千條萬葉上各有個道理。 (114.2767)

"千門萬户"1例:

孟子不甚細膩,如大匠把得繩墨定,千門萬户自在。 (93.2356)

"千蹊萬壑"1例:

千蹊萬壑,所流不同,各是一川,須是知得,然其理則一。 (64.1588)

"千重萬折"1例:

如大人心千重萬折,赤子之心無恁勞攘,只不過饑便啼、寒便哭而已。 (97.2505)

"千駟萬鐘"2例。如:

曰:"不是説如此予,必如此取。只看他小事尚如此,到處千駟萬鐘,亦只是這模樣。" (29.746)

"千條萬穟"1例:

譬如禾穀一般,到秋斂冬藏,千條萬穟,自各成一個物事了;及至春,又各自發生出。 (94.2388)

② 李圃主編《古文字詁林》第7册,上海教育出版社,2002年,第712頁。

辟也。象舟之旋。从舟,从殳。"金文中常用爲器名的盤。"製盤時須旋轉陶坯成形,故般有盤旋之義"。①由"旋轉"義引申有"撥轉"義。如馬叙倫《説文解字六書疏證》卷一六:"今人言事已誤而欲正之曰般過來。音如班。江南舟人遇,則舟人相呼曰般艘,謂行舟不正往來易相觸,般其棹使舟正也。"②由"撥轉"義引申則有"搬運"義。《朱子語類》有"般遞""般涉"各1例:

> 看文字,不要般遞來説。方説這一事未了,又取那一事來比並説。般來愈多,愈理會不得。　　　　　　　　　　　　　　　　　　　　　　(48.1193)

例中"般遞"與"般"對舉,意謂輪番插進;摻合。

> 大凡讀書,不要般涉。但温尋舊底不妨,不可將新底來攙。　　(11.185)

例中"般涉"意謂牽强拉扯;摻合涉獵。又作"搬涉"。如:

> 讀書須純一,如看一般未了,又要搬涉,③都不濟事。　　　　　(104.2611)

四、盤、柈、輪盤、碁盤、釘盤、射糖盤子、盤轉、盤坐、盤據、地盤

"盤"爲淺而敞口的盛器。如《史記·滑稽列傳》:"日暮酒闌,合尊促坐,男女同席,履舄交錯,杯盤狼藉。"《平原君虞卿列傳》:"毛遂奉銅盤而跪進之楚王。"又如《朱子語類》:

> 人君于此之時,當如奉盤水,戰兢自持,方無傾側滿溢之患。　　(73.1860)

盤(盤),又作"槃""柈"等。檢成化本《朱子語類》有"柈"1例:

> 曰:"事有當怒當憂者,但過了則休,不可常留在心。顔子未嘗不怒,但不遷耳。"因舉柈中果:"怒在此,不可遷之於彼。"④

此條爲廖德明所記,王星賢點校本爲:

> 曰:"事有當怒當憂者,但過了則休,不可常留在心。顔子未嘗不怒,但不遷

---

① 徐中舒主編《甲骨文字典》卷八,四川辭書出版社,1989年,第949頁。
② 馬叙倫《説文解字六書疏證》,上海書店,1985年,第12—13頁。李圃主編《古文字詁林》第7册(第715頁)"般過來"誤爲"般遇來","江南舟人遇"誤爲"江南舟相遇"。
③ 徽州、成化、文淵閣四庫本作"般涉"。〔宋〕黄士毅編,徐時儀、楊艷彙校《朱子語類彙校(修訂本)》,第3668頁;黎靖德編《朱子語類》,正中書局,1983年影印成化本,第4151頁。
④ 黎靖德編《朱子語類》,第549—550頁。

耳。"因舉樓中:"果怒在此,不可遷之於彼。" (16.344)

例中"樓",徽州本亦作"桦"。① 王星賢點校本因誤"桦"作"樓"而誤斷。鄭明等點校《朱子語類》雖據成化本作"桦",然亦未明文意而誤斷爲"因舉桦中:'果怒在此,不可遷之於彼。'"② 據徽州本、成化本,此條是記錄朱熹拿起桦中的果子,以果喻怒,説明怒在此處,不可遷到彼處。

"盤"由盛器引申指形狀或功用像盤之物。《朱子語類》有"輪盤"2例:

> 蓋此星獨居天軸,四面如輪盤,環繞旋轉,此獨爲天之樞紐是也。 (2.18)
> 若以天運譬如輪盤,則極星只是中間帶子處,所以不動。 (101.2593)

例中"輪盤"指裝置在車輛或機器上的輪子。

"棋盤"3例,如:

> 人説棋盤中間一路無對,某説道,便與許多路爲對。 (72.1814)
> 他這個一如棋盤相似,枰布定後,棋子方有放處。 (86.2215)

例中"棋盤"指畫有格子等標記,供下棋時擺棋子用的盤。

"釘盤"1例:

> 如稱子釘盤星上加一錢,則稱一錢物便成兩錢重了。 (16.347)

例中"釘盤"指戥子的秤桿或秤錘。

"射糖盤子"1例:

> 義剛問:"極星動不動?"曰:"極星也動。只是它近那辰後,雖動而不覺。如那射糖盤子樣,那北辰便是中心椿子。極星便是近椿底點子,雖也隨那盤子轉,却近那椿子,轉得不覺。" (23.535)

例中"射糖盤子"爲一種游戲中的木盤,分隔爲數個社區,其上畫有藝人所製各種糖的圖案,中央設置竹箭類裝置,游戲者通過旋轉竹箭獲得相應圖案的糖製物。

"盤"的盤曲形狀引申有"盤繞;迴旋"義。《朱子語類》有"盤轉"1例:

> 他説須要山是如何,水須從某方位盤轉,經過某方位,從某方位環抱,方可用。
> (107.2668)

例中"盤轉"意謂"迴旋;旋轉"。

---

① 〔宋〕黄士毅編,徐時儀、楊艷彙校《朱子語類彙校(修訂本)》,第496頁。
② 鄭明等點校《朱子語類》,《朱子全書》,上海古籍出版社、安徽教育出版社,2002年,第536頁,2010年修訂版同。

"盤互"1例：

> 亦緣當時列國世卿，每國須有三兩族強大，根株盤互，勢力相依倚，卒急動他不得；不比如今大臣，才被人論，便可逐去。　　　　　　　　　　　　　　　　　　　(83.2170)

例中"盤互"意謂"交結；連結"。

"盤坐"4例。如：

> 問："盤坐，於理有害否？"曰："古人席地亦只是盤坐，又有跪坐者。"　(91.2332)
> 今人有椅子，若對賓客時，合當垂足坐；若獨居時，垂足坐難久，盤坐亦何害？
> 　　　　　　　　　　　　　　　　　　　　　　　　　　　　　　　(91.2332—2333)

例中"盤坐"意謂兩腿盤屈交叠而坐。①

由"迴旋；交結"義引申有"逗留，歇息"義。《朱子語類》有"盤桓"5例。如：

> 曰："盤桓只是欲進而難進貌，若六二則有險難矣。"　　　　　　　　　(70.1744)

"盤踞"1例：

> 東漢外戚宦官從來盤踞，軌轍相銜，未有若此之可畏。　　　　　　　　(135.3231)

"盤據"2例：

> 然當時陳氏厚施于國，根株盤據如此。　　　　　　　　　　　　　　　(42.1087)
> 成康數世之後，諸侯擅政，天子諸侯之公卿大夫，皆爲世臣盤據，豈復容外人爲之耶？　　　　　　　　　　　　　　　　　　　　　　　　　　　　　　　(84.2191)

例中"盤踞""盤據"意謂盤結據守；歇息占據。由"逗留，歇息"義則引申有"歇息的地方"義。《朱子語類》有"地盤"8例，如：

> 如人起屋相似，須先打個地盤。地盤既成，則可舉而行之矣。　　　　　(14.250)②
> 曰："此譬如人起屋，是畫一個大地盤在這裡。"　　　　　　　　　　　(14.250)

---

① 《漢語大詞典》首例引元吳師道《金華觀》詩，偏晚。又有"盤膝""盤足"各1例：

> 古人坐于地，未必是盤足，必是跪。以其慣了，故脚不痛，所以拜時易也。　(91.2330)
> 每夜與子弟賓客盤膝環坐于長連榻上，有時説得數語，有時不發一語，默坐至更盡而寢，率以爲常。
> 　　　　　　　　　　　　　　　　　　　　　　　　　　　　　　　(137.3275)

例中"盤膝""盤足"意謂兩腿盤屈相叠的坐姿。《漢語大詞典》釋"盤膝"引例爲《水滸傳》第四回，偏晚。

② 《漢語大詞典》收"地盤"，釋爲"建築物的基地"，引《朱子語類》此例爲證，似可在釋"盤"中補"逗留，歇息"和"歇息的地方"義。

例中"地盤"指"地基"。又如：

識得道理原頭，便是地盤。　　　　　　　　　　　　　　　　　　　(8.130)

這個知至、意誠，是萬善之根。有大底地盤，方立得脚住。若無這個，都靠不得。
　　　　　　　　　　　　　　　　　　　　　　　　　　　　　　(16.342)

若見得是非，方做得人。這個是處，便是人立脚底地盤。向前去，雖然更有裡面子細處，要知大原頭只在這裡。　　　　　　　　　　　　　　　　(130.3110)

例中"地盤"指"事物的基礎，根本"。

五、量詞"盤""般"、千般萬般、千 X 萬 X

"盤"由盛器引申可指盤中所盛物品。如唐李肇《唐國史補》卷下："比部得廊下食，以飯從者，號比盤。"又引申爲量詞。①《朱子語類》有 2 例：

曰："譬如一盤珍饌，五人在坐，我愛吃，那四人亦都愛吃。我伸手去拏，那四人亦伸手去拏，未必果誰得之。"　　　　　　　　　(112.2737；138.3291)

"般"有"旋轉"義，"盤"也有"盤繞；迴旋"義。據《廣韻》，"般""盤"皆爲薄官切，平桓並，元部。"般"還有北潘切，平桓幫；又布還切，元部。"般""盤"形音義相通，②"般"似受"盤"的"盤中所盛物品"義和量詞義感染有"種類""類別"義，表示品類樣式。

數詞用在"般"前組成數量短語，東漢已見。如《宅經》："其餘雜犯，火光口舌，跛蹇偏枯，衰殃疾病等，萬般皆有，豈得輕之哉！""盤""般"的量詞義沿用至今。③《朱子語類》中有數詞"一、兩、多、許多、第二、千、萬"用在量詞"般"前組成數量短語用例。如：

聖賢還是元與自家一般，還是有兩般？　　　　　　　　　　　　(121.2943)

今之學者只有兩般，不是玄空高妙，便是膚淺外馳。　　　　　　(121.2937)

如"爲人君，止於仁"，固是一個仁，然仁亦多般，須是隨處看。　　(14.270)

韓子見天下有許多般人，所以立爲三品之説。　　　　　　　　　　(4.78)

若只著得一善，第二般來又未便容得，如此，無緣心廣而道積也。　　(8.145)

若一件著一般，第二般來便未著得，如此則無緣心廣而道積也。　　(21.493)

---

① 《漢語大詞典》釋"盤"的量詞義引《西游記》和《兒女英雄傳》爲例證，偏晚。
② 劉心源《奇觚室吉金文述》卷三："般即盤。"張日升《金文詁林》卷八："般盤音近。"李圃主編《古文字詁林》第 7 册，第 714—715 頁。
③ 《現代漢語詞典(第 7 版)》，商務印書館，2016 年，第 976、33 頁。"盤"用於比賽時與"場""次""回""局"詞義相近。

> 陸子靜之學,看他千般萬般病,只在不知有氣稟之雜,把許多粗惡底氣都把做心之妙理,合當恁地自然做將去。(124.2977)

末例中"千般萬般"形成"千X萬X"詞語模,模標"千萬"爲常項,模槽X爲變項,強調數量之多。"千人萬人"3例,如:

> 自家有這仁義禮智,便知得他也有仁義禮智,千人萬人,一切萬物,無不是這道理。(116.2797)

"千卷萬卷"2例,如:

> 若記問之學,雖是記得多,雖是讀得多,雖是聞得多,雖是千卷萬卷,只是千卷萬卷,未有不窮。

"千部萬部"1例:

> 我只是一個印板印將去,千部萬部雖多,只是一個印板。(27.680)

"千個萬個"1例:

> 如一個印刊得不端正,看印在甚麼所在,千個萬個都喎斜。(106.2647)

"千里萬里"1例:

> 劄眼中便有千里萬里之遠!(35.912)

"千事萬事"1例:

> 一念之初,千事萬事,究竟於此。(30.770)

"千書萬書"1例:

> 又曰:"千書萬書,只是教人求放心。"(16.316)

"千變萬變"1例:

> 《易》不過只是一個陰陽奇耦,千變萬變,則《易》之體立。(75.1931)

"千動萬動"1例:

> 一定,則不可移易,任是千動萬動,也動搖他不得。(14.277)

"千難萬難"1例:[①]

---

① 《漢語大詞典》釋爲猶言好不容易,首例爲《水滸傳》第十五回,偏晚。

以某觀之,做個聖賢,千難萬難。 (115.2784)①

諸例亦表達數量衆多這一概念義。如"千變萬變"與上文所舉"千變萬化""千差萬別""千派萬別""千條萬別"皆形容變化差別繁多。

六、一　般

《朱子語類》中"一般"有578例。② "一般"在唐代以前尚是一個鬆散的偏正結構,表示"一種""一件"。如唐裴度《真慧寺》詩:"更有一般人不見,白蓮花向半天開。"白居易《和同州楊侍郎誇〈柘枝〉見寄》詩:"君有一般輸我事,柘枝看校十年遲。"《朱子語類》用例如:

至如伯有爲厲,伊川謂別是一般道理。 (3.37)

如水無有不清,傾放白椀中是一般色,及放黑椀中又是一般色,放青椀中又是一般色。 (4.58)

不可道我是一般道理,人又是一般道理。 (18.399)

這般處從上説下,固是一般意思;從下説上,又是一般意思。 (21.497)

今有一般人,看文字却只摸得些渣滓,到有深意好處,却全不識! (104.2615)

伊川發明道理之後,到得今日,浙中士君子有一般議論,又費力,只是云不要矯激。 (122.2957)

例中"一般"有"一番;一種"義。③ 在"一般"這個偏正詞組中,數詞"一"修飾"般"。

---

① 又如"千世萬世"形容歲月長久,2例。如:

　　非唐不濟,非宋不存,千世萬世,中原有人! (1.5)

"千古萬古"喻時間久遠,1例:

　　他便是敢恁地説,千古萬古後,你如何知得無一個人似舜! (86.2221)

"千定萬定"形容務必確定,1例:

　　人爲學,須是要知個是處,千定萬定。 (9.154)

② 羅丹《朱子語類輯略中的"般"和"一般"》(《樂山師範學院學報》2006年第10期)探討了《朱子語類輯略》中"一般"在已經固化爲一個詞時有助詞和形容詞兩種詞性,在作助詞使用時,絕大多數要與"如、譬如、相似、與"搭配使用。此從略。

③ 其中"有一般"可省作"有般"。如:

　　曰:"公江西有般鄉談,才見分段子,便説道是用,不是體。" (6.101—102)
　　有般人説與眼前事尚不曉,如何要他知得千百年英雄心事! (121.2946)

從漢語典籍記載的語言事實來看,"一般"在保持其詞組用法的同時,在唐宋已經由偏正詞組趨於凝固成詞,語義上由表"一番;一種"義而產生"一樣;同樣"義。① 如《朱子語類》:

  人物之性氣質之性,這幾個字,自古聖賢上下數千年呼喚得都一般。 (4.56)
  氣相近,如知寒暖,識饑飽,好生惡死,趨利避害,人與物都一般。 (4.57)
  如人看水一般:常人但見爲水流,聖人便知得水之發源處。 (4.79)
  這理是天下公共之理,人人都一般,初無物我之分。 (18.399)
  驕與吝是一般病,只隔一膜。 (35.939)
  大凡孔門爲仁,言雖不同,用工處都一般。 (118.2864)

唐宋由"一樣;同樣"義又引申有"普通;通常的;合於常理的"義。② 如《朱子語類》:

  看公時一般氣象如何,私時一般氣象如何。 (6.110)
  一般人看畫,只見得是畫一般;識底人看,便見得它精神妙處,知得它用心苦也。 (19.434)
  以一歲言之,一般天氣晴和,不寒不暖,却是好,能有幾時如此!看來不是夏寒,便是冬暖。 (59.1387)
  《通典》,好一般書。向來朝廷理會制度,某道却是一件事,後來只恁休了。 (84.2182)
  漢時如甚大射等禮,雖不行,却依舊令人習,人自傳得一般。 (84.2182)
  若真個看得這一件道理透,入得這個門路,以之推他道理,也只一般。 (121.2919)

"一般"在表示"一番;一種"時是數量短語,數詞"一"是實指;在表示"一樣;同樣"和"普通;通常的;合於常理的"時凝固爲一個詞,數詞"一"虛化。"一般"的"一種""一樣;同樣""普通;通常"義沿用至今。③《朱子語類》還有"一般樣"3例:

  問:"三者也似只一般樣。"曰:"是各就那事上説。" (35.914)
  如升降揖遜,古人只是誠實依許多威儀行將去,後人便自做得一般樣㡭好看了。 (39.1008)
  若不"克己復禮",別做一般樣,便是不以道。 (57.1343)

―――――――――
① 參拙文《"一味"的詞彙化與語法化考探》,《語言教學與研究》2006年第6期。
② 《漢語大詞典》釋此義首引元王旭《留別孫唐卿》詩,偏晚。第二版已補《敦煌變文集·父母恩重經講經文》例。
③ 《現代漢語詞典(第7版)》:① 形 一樣;同樣 ② 數量詞。一種 ③ 形 普通;通常(第1532頁)。

例中"一般樣"有"一種樣子,範式"義。

《朱子語類》中指示代詞"此、這、那"與"一般"組成指量短語"此一般""這一般""那一般"。如:

且如讀此一般書,只就此一般書上窮究,册子外一個字且莫兜攬來炒。
(121.2940)

先生笑云:"便是世間有這一般半間不界底人,無見識,不顧理之是非,一味謾人。"
(47.1187)

不知這般人得之未必能成事,若爲盜所得,煞會撓人。蓋是他自有這般賓客,那一般人都信向他。若被他一下鼓動得去,直是能生事。
(134.3216)

"這一般""那一般"可省作"這般""那般"。"這般"329例,如:

這般詩,一日作百首也得。
(140.3330)

"那般"12例,如:

如吃物事相似,事事道好,若問那般較好,其好是如何,却又不知。
(81.2115)

"一般"與"一般樣"、"有一般"與"有般"、"這一般""那一般"與"這般""那般"語義相似,朱熹講學時隨語境而順口選用。

七、一　樣

"一樣"與"一般"詞義相近,在表示"一種"時是數量短語,[①]數詞"一"是實指;在表示"同樣;没有差别"和"相似"時固化爲一個詞,數詞"一"虚化。《朱子語類》中"一樣"有110例,如:

鄙,便是説一樣卑底説話。
(35.914)

世間自有一樣人如此高灑,見得底,學不得也。
(40.1037)

例中"一樣"有"一種"義。[②] 在"一樣"這個偏正詞組中,數詞"一"修飾"樣"。與上文所述"一般"相似,"一樣"在保持其詞組用法的同時,在唐宋已經由偏正詞組趨於凝

[①] 如唐孫思邈輯《銀海精微》卷一《桑螵蛸酒調散》:"又有一樣,眼時時痛如針刺。"

[②] 《朱子語類》中"一種"78例,多爲"一個種類"義,表示事物的類别。如:

今有一種學者,愛説某自某月某日有一個悟處後,便覺不同。
(27.682)

某嘗見一種人汲汲營利求官職,不知勾當甚事。
(59.1404)

固成詞，語義上由表"一種"義而產生"同樣"義。如唐釋齊已《寄懷江西征岷二律師》："亂後江邊寺，堪懷二律師。幾番新弟子，一樣舊威儀。"又如《朱子語類》：

  曰："箕子、比干都是一樣心。"   （48.1194）

  "不有敬事，不敢袒裼。不涉不撅。"看來此三句文義一樣，古注誤作兩段解。
                      （87.2245）

例中"一樣"有"同樣；沒有差別"義。引申又有"相似"義。① 如《朱子語類》：

  "六言、六蔽、五美"等話，雖其意亦是，然皆不與聖人常時言語一樣。
                      （47.1185）

  若以為罪，則前後之為守者皆一樣，又何從根究？其勢不奈何，只得如此處。
                      （108.2682）

"樣"和"般"連用亦有"種類""形狀"義。如宋韓淲《感興》十首之七："百尺竿頭寸步難，從前血指漫旁觀。收來放去由誰做，底事隨人百樣般。"《水滸全傳》第十五回："王倫那廝不肯胡亂著人，因此我弟兄們看了這樣般，一齊都心懶了。"引申可表"同樣""相似"義。《雍熙樂府》卷九《一枝花・離恨》："悶和愁一樣般。"清陳端生《再生緣全傳》卷七："圓睜怪眼窺王帥，如見仇人一樣般。"華廣生輯《白雪遺音》卷一馬頭調嶺兒調《柳迎春》："猛然間想起兒夫心中慘，看他的形容好似仁貴一樣般，有心相認不敢開言無奈何。"

八、樣、樣轍、樣子

"樣"有"形狀"義。② 如唐杜甫《楊監又出畫鷹十二扇》詩："近時馮紹正，能畫鷙鳥樣。"引申有"式樣，標準"義。如唐白居易《繚綾》詩："去年中使宣口敕，天上取樣人間織。"《朱子語類》有"樣轍"1例：

  今集注解"踐迹"，不循樣轍之意，如何？   （39.1022）

例中"樣轍"有"成法，規則"義。

"樣子"59例。如：

---

① 《漢語大詞典》第一版釋此義引姚雪垠《長夜》為例證，偏晚。第二版（上海辭書出版社，2021年，第729頁）補了明楊珽《龍膏記・寵賜》例，亦偏晚。

② "樣"本義為櫟樹的果實，後寫作"橡"。《說文解字》"樣，栩實"，徐鍇繫傳："樣，今俗書作橡。"

你不會做底，我做下樣子在此，與你做。　　　　　　　　　　　　　　　　(13.230)

學者則做這一件是當了，又把這樣子去做那一件，又把這樣子去做十件、百件、千件，都把這樣子去做，便是推。到下梢都是這個樣子，便只是一個物。　(27.697)

"道性善"，是說天之所以與我者，便以堯舜爲樣子。　　　　　　　　　　(118.2844)

例中"樣子"有"榜樣；例子"義，意謂供人效法、模仿的榜樣和式樣。又如：

且如曾點與曾子，便是兩個樣子：曾點便是理會得底，而行有不揜；曾子便是合下持守，旋旋明理，到一唯處。　　　　　　　　　　　　　　　　　(9.149)

這是個答問底樣子。　　　　　　　　　　　　　　　　　　　　　　　　(41.1054)

例中"樣子"有"人或事物呈現的狀態"義。① 引申有"情形、形勢"義。② 如：

你若不恁地，後要去取斂那地來，封我功臣與同姓時，他便敢起兵，如漢晁錯時樣子。　　　　　　　　　　　　　　　　　　　　　　　　　　　(90.2300—2301)

由"情形、形勢"義又引申有"約略的情況"義。③ 如：

"知止""能得"，這處却未甚要緊。聖人但説個"知止""能得"樣子在這裡。
　　　　　　　　　　　　　　　　　　　　　　　　　　　　　　　　(14.280)

莊子云："吾與之虚而委蛇。"既虚了，又要隨他曲折恁地去。今且與公説個樣子，久之自見。　　　　　　　　　　　　　　　　　　　　　　　　　(104.2622)

古人定大難者不知是如何？不知范文正、寇萊公人物生得如何？氣貌是如何？平日飲食言語是如何樣底人？今不復得親身看，且得個依稀樣子，看是如何地。
　　　　　　　　　　　　　　　　　　　　　　　　　　　　　　　　(128.3069)

"樣"由"形狀""式樣"義引申則有"類型"義。如：

朱公掞排禪學剗子，其所以排之者甚正，只是這般樣論，如何排得他！
　　　　　　　　　　　　　　　　　　　　　　　　　　　　　　　　(107.2664)

例中"這般樣"有"這種類型"義。又作"這般樣子"。如：

不知天地如何恰生這般山，依得這般樣子，更莫管他也。　　　　　　　(107.2668)

---

① 《漢語大詞典》第一版首例爲茅盾《喜劇》，偏晚。第二版(第729頁)補了明陳龍正《幾亭外書·隨處學問·必有事》例，亦偏晚。
② 《漢語大詞典》第一版首例爲張天翼《脊背與奶子》，偏晚。第二版已補李燾《續資治通鑑長編》例。
③ 《漢語大詞典》第一版和第二版(第729頁)首例皆爲老舍《二馬》，偏晚。

由"類型"義引申又有表示事物品類的量詞義。如《寒山詩》:"封疏請名僧,襯錢兩三樣。"又如《朱子語類》:

  《周禮》所謂天神、地示、人鬼雖有三樣,其實只一般。 (3.48)

  此樣說話,孟子說得極分明。 (53.1281)

  若是他人,亦是未曉得,它須道風雷山澤之鬼神是一般鬼神,廟中泥塑底又是一般鬼神,只道有兩樣鬼神。 (63.1545)

  這樣人方是有定力,會做事。 (58.1373)

  尋常有一樣人,所爲雖不善,然其意之所發,却不是要做不善,而心終亦不安於不善。是這般樣人是如何? (24.572)

例中"樣""般"在表示事物品類的量詞義時義同,"一樣人"意謂一種類型的人,"這般樣人""這般樣人"意謂這種人或這樣類型的人。

《朱子語類》中"這般樣"與"這般樣子"、"這樣"與"這般樣"語義相似,可見其記載朱熹與門生弟子講學問答的口語色彩。

"樣"與"百千""千萬"形成"百 X 千 Y""千 X 萬 X"詞語模亦強調數量之多。如明劉效祖《良辰樂事・沉醉東風》:"巧機關百樣千樁,回首榮華不久長,都做了漁樵話講。"例中"樁"在表達"種類""類別"義時與"般""樣"義近。又如謝遷《戊寅臘月予幸七十初度同年王守溪少傅寄梁州序爲壽依韻奉答》:"茫茫江海,悠悠昏旦,嘆惜年光易換。迷途世故,從來百樣千般。"清黄宗羲《明儒學案》卷一九:"不識萬化之根源則自淪於機巧習染之中,一切天下事作千樣萬樣看,故精神眩惑,終身勞苦。"

結 語

語言是活的動態的,人們交際的言語活動在內容上是社會性的,在表現形式上多是對話性的。人們總是生活在具體的語境之中,言語形態上具有脫口而出的"活"態,即類似的內容有不同的表達形式,在一定對話語境中發出的言語或多或少產生的語義變異具體由詞彙語法層的不同形式來表達,[1]言語變異導致的語言變異正是語言系統不斷適應社會發展和交際需要的動力所在。漢語中"般""盤"形音義相通,而研究漢語詞彙,詞和語是密不可分的。《朱子語類》的"般、盤、样、般樣、一般、一盤、一樣、盤轉、地盤、樣子、一般樣、這般樣、這般樣子、百千般樣、千般百樣、千般萬樣、千般百緒、千般萬般、百

---

[1] 參拙文《習語俗諺的演變及詞語連續統探論》,《上海師範大學學報》2018 年第 5 期。

般千萬般個"等詞語間彼此錯綜複雜的關聯,既有古今詞義的演變,又有詞與語類聚組合的異同,①從中可領略朱熹與門生弟子講學問答間伴有情感、態度的鮮活對話場景和口語"活"態的豐富變異色彩,反映了言語的動態流變性和語言的有序規約性。這些既相互區別又彼此關聯的詞與語在某種程度上也揭示了言語變異打破原有的平衡,經約定俗成的語言變異形成新的平衡,而平衡—不平衡—平衡、未變—將變—已變則是語言系統保持活力的機制所在,體現了語言←→人←→客觀世界的錯綜複雜的關聯及人們具體取捨的價值取向。②

附記:原載《清華語言學》第 4 輯,中西書局,2023 年。

---

① 溫端政《語海》收"千條萬端""千頭萬緒",未收釋"百千般樣""百樣千般""千般萬樣""千般百樣""千般百種""千般百緒""千頭百緒""千頭萬項""千頭萬狀""千頭萬件""千條萬別""千條萬目""千條萬派""千度萬態""千方百種""千般萬般"等相關詞語(上海辭書出版社,2021 年,第 2480 頁)。

② 參拙著《古白話詞彙研究論稿(增訂本)》,商務印書館,2021 年。

"串"字有關的字用梳理

曾　良

安徽大學文學院

　　從規範的角度看"串"字及相關音義，從大型字典、詞典來看，似乎義項不多，形音義並不複雜。如果從漢語史和漢字史的實際情況看，因存在雅言與方言、正字與俗字、通語詞和方俗詞、正音與俗音等不同的層次，"串"相關的字形和音義關係是很複雜的。

一、"串"的字形

　　"串"字，《説文》作"毌"，對應於詞{貫}。《説文》"毌，穿物持之也"，段注："古貫穿用此字，今'貫'行而'毌'廢矣。毌之用廣，如'鼏'下云：以物橫毌鼎耳而舉之也；'軸'下云：所以持輪也，皆是。貫之用專，後有串字、有弗字，皆毌之變也。毌不見於經傳，惟《田完世家》'宣公取毌丘'，《索隱》曰：'毌音貫。'"在"貫"字下段注："串即毌之隸變。"

　　"串"的字形可以寫作"毌""电""甩""甪""甩""甪""丯"等形體。清道光刻本顧祿《清嘉録》卷三"紙錠"條："土俗家祭、墓祭皆焚化紙錠，紙以白阡，切而爲陌，俗呼白紙錠，有滿金、直电之分，以金銀紙箔糊成。其有掛於墓者，則彩箋剪長縷，俗呼掛錢，亦曰掛墓。"按語云："又《昆新合志》云：楮錠有剪長縷者，名掛錢，俗云掛墓。錢唐姚春漪詩注：电音環去聲，杭州土音也。吳人亦謂背負物曰电。""直电"即直串，將"电"讀環去聲。吳連生等編《吳方言詞典》"电"字："籃子、桶等可以手提的部分。《定海縣志》：'凡物之襻以便手提者俗多曰电。'又如：菜籃电；水桶电；茶壺电；馬桶电。"[①]《越諺》卷下《單辭隻義》"甩"字："刮患切。明才子山陰徐文長用刀殺妻，坐獄當死。張太史元汴改'用'爲'甩'，乃免。越俗'籃甩''箱子甩'等字從此。"按："甩"字並非來自"用"，只説明張太史

---

① 吳連生等編《吳方言詞典》，漢語大詞典出版社，1995年，第226頁。

當時流行有"甩"字,如果他初造一俗字,別人不認識,他改文案上的"用"字爲"甩"就沒有意義了。再說,從字形的構意上看,"electric""甩"是"串"的形變也很有理據。與其類似的,如"申"的俗寫或作"电"。《龍龕手鏡·雜部》:"电:音申。"①《中華大藏經》本可洪《新集藏經音義隨函錄》卷二一"电手"條:"上音申,舒也。"(60/191/b)②構意上看,如籃子的提手稱之"籃甩",提手就是貫串籃子的兩邊。《宋高僧傳》卷六《知玄傳》:"玄每恨鄉音不堪講貫,乃於象耳山誦《大悲呪》,夢神僧截舌換之。"③又"講貫"或作"講串"。《大正藏》本《瑜伽論記》卷一二:"既有所成之言,故串通無爲也。"(42/589/b)校勘記曰:"串"字,甲本作"貫"。脈望館本《㑳梅香騙翰林風月》楔子:"九歲貫通六經,諸子百家,無不通曉。"(13/3)④近代漢語"貫通""串通"不完全一樣。還涉及詞音的問題。《龍龕手鏡·雜部》:"卝:古。串:今。古患反,穿也。亦習也。"⑤

"貫"表示貫串、穿的意思,古籍還可寫"擐"字,而"擐"字有古患切、胡慣切兩個讀音,唐代"擐"讀古患切是正音。張參《五經文字·手部》:"擐,古患反,《釋文》並音患。"⑥我們先看看古人對"擐"字音義的論述。以下是慧琳《一切經音義》的材料:

(1) 卷一"擐鎧"條:"上音患。《桂苑珠叢》云:以身貫穿衣甲曰擐,今相傳音慣。"
(2) 卷三九"爲擐"條:"關患反,《考聲》云:擐,穿,穿衣也。《說文》作擐,擐甲執兵也。从手、睘聲也。經文从心作慣,是慣習義,非經意也。"
(3) 卷四〇"擐身"條:"上關患反,《春秋傳》云:擐甲執兵。杜預注云擐,貫也。賈注《國語》云:衣甲也。《說文》:貫之急也。从手睘聲。"
(4) 卷四八"擐甲"條:"胡慢、工患二反。《左傳》:擐甲執兵。杜預曰:擐,貫也。《國語》:服兵擐甲。賈逵曰:擐,衣甲。"
(5) 卷六三"擐體"條:"上音患。賈逵注《國語》云:擐,衣甲也。《說文》又音姑患反。从手、从環省聲也。"

"擐"字有音患和音貫兩個讀音。注意例(1)慧琳說"擐"字"今相傳音慣";這實際跟唐代的官方正字書《五經文字》也有關係。本來"擐"音患是習慣相傳的規範讀書音,但

---

① 〔遼〕行均《龍龕手鏡(高麗本)》,中華書局,1985年,第546頁。
② 文中所引各種《大藏經》,文後標明冊數、頁碼和分欄。
③ 〔唐〕道宣《續高僧傳》,中華書局,2014年,第129頁。
④ 《古本戲曲叢刊》四集,國家圖書館出版社,2016年影印。後引《古本戲曲叢刊》各集,直接在引文後標明冊數和起始頁碼。
⑤ 〔遼〕行均《龍龕手鏡(高麗本)》,第553頁。
⑥ 〔唐〕張參《五經文字》,王雲五主編《叢書集成初編》,商務印書館,1936年,第7頁。

《五經文字》是唐代官方的標準,"擐"音貫也不能説是俗音;或者説由俗音變爲正音了。以下是希麟《續一切經音義》的有關材料:

(6) 卷三"擐甲"條:"胡串反。杜注《左傳》曰:擐,貫也。賈注《國語》云:衣甲也。衣音意。案:《五經文字》'擐'亦音古患反。"

(7) 卷四"擐甲"條:"上胡慣反。《説文》云:穿甲也。案:《説文》《字林》《玉篇》皆音胡慣反,唯《五經文字》音義音古患反。"

(8) 卷八"擐甲"條:"上古患反。《左傳》云:擐,貫也。《桂苑珠叢》云:以身貫穿衣甲曰擐。衣去聲,謂著也。本音胡慣反,《説文》云:从手、瞏聲。"

從希麟的話中可知,《五經文字》"擐"古患反,影響還是很大的,這是唐代的正字、正音標準之一;而《説文》《字林》《玉篇》乃至《經典釋文》的傳統讀音是胡慣反。《高麗藏》本可洪《新集藏經音義隨函録》卷二七"而擐"條:"音患,又古還反。"(63/563/b)又卷三〇"擐身"條:"上音患,串也。又古還反。"(63/720/b)可洪也是記録了兩個讀音。《永樂北藏》本《宋高僧傳》卷一八道鑒傳:"詰旦,僧遍搜索而亡有客,見殿隅畫一梵僧,面骨權奇,膚色皴黑,眉長且垂,眸子電轉,皆間青白,昂鼻方口,張脣露齒,擎拳倚右肩之上,身屈可長一丈五寸,衣麤衲袈裟,臂擐大珠,徒跣。"(150/521/a)附《音釋》:"擐:古患切,貫也。"(150/534/b)《磧砂藏》本隋闍那崛多譯《佛本行集經》卷一三《捔術争婚品下》:"時瞿多彌右手執持須摩那鬘,遍歷大衆,向悉達所,到已立住,將此華鬘繫悉達頸,串已抱項。"(62/125/b)卷末《音釋》:"串,古患反。"這個"串"是貫掛、穿戴義,就是"貫"的異寫。"串"字,《大正藏》本作"擐"(3/714/c),校勘記曰:宋本、元本、明本作"串",宫本作"弉"。《磧砂藏》本隋闍那崛多譯《佛本行集經》卷四三《優波斯那品下》:"爾時,彼王嚴駕駟馬賢善妙車,坐於其上,身著白衣,串白瓔珞。"(62/460/b)卷末《音釋》:"串,俱患反。"(62/468/a)"串"字,《大正藏》本作"擐"(3/853/a),校勘記曰:宋本、元本、明本作"串"。按:這兩例"串"字,《高麗藏》《大正藏》作"擐"。今吴方言"擐"表示掛、搭的意思依舊音貫,或寫作"摜"①。《傅惜華藏古小説叢刊》明刻本《西漢演義傳》卷三《會角書築壇拜將》:"文臣峨冠博帶,列左而行;武將頂盔擐甲,隨右而進。"②唐道宣《續高僧傳》卷三〇《釋道積傳》:"開皇十三年,辭師擐鉢,周行採義。"③《古本戲曲叢刊》初集明刊本《王商忠節癸靈廟玉玦記》第三折:"手不把書卷,身不擐戎衣。"(18/327)這樣我們就能理解爲什麽戲曲、小説會出現那麽多"頂盔貫甲"的説法了。《古本戲曲叢刊》四集脈望館本《壓關樓叠

---

① 可參崔山佳《寧波方言詞語考釋》,巴蜀書社,2007年。
② 王文章主編《傅惜華藏古本小説叢刊》,學苑出版社,2016年,第30册第461頁。
③ 〔唐〕道宣《續高僧傳》,第1217頁。

掛午時牌》第一折:"你看我貫甲披袍整虎軀,憑着我滿腹中戰策兵書,你看我便領軍卒定計鋪謀,我看孟截海賊兵如糞土。"(23/283)《古本小説集成》清刻本《瑤華傳》第十八回:"只見蕉葉等一個個頂盔貫甲,面容修整,威武異常。"(421 頁)①

"串"及其相關字形,因記録詞的不同有多個詞音,下面我們在字用分析時,臨文講解。

二、字　用　情　況

1. "串"表示{慣}

"串"字可表示習慣義的{慣}。慧琳《一切經音義》卷八"慣習"條:"關患反,《爾雅》:慣,習也。言久習於事曰慣,从心,貫聲也。《左傳》作貫,《説文》从辵作遺,同。經作串,俗字也。"②同前卷四六"串樂"條:"古文作摜、遺二形,又作慣,同,古患反。《爾雅》:串,習也。舍人曰:串,心之習也。"③《磧砂藏》本《六門教授習定論》隨函《音義》:"串習:上俱患反,今作'慣'。"(53/621/a)可知習慣義也或寫作"串"。明顧起元《客座贅語》卷五《查八十琵琶》:"王亮卿,徽州人,能詩。入試留都,聞查八十在上河,往訪之,相期於伎館,欲聽其琵琶。查曰:'妓人琵琶,吾一掃即四弦俱絶,須攜我串用者以往。'"④"串用"即慣用。

2. "甩"表示{鐶}

贛南 L0207⑤《四言雜字》:"銅鈎鐵串,銅鉸鐵筐。"(3 頁)贛南文書 L0005《記賬雜字》:"茶盃碗托,銅箍鉄甩。"(3 頁)其中"箍"字旁注直音"枯","甩"字直音"灣"。《集韻》去聲二十九換韻:"鐶,鐶手曰鐶。"(555 頁)這裏也很難説誰是本字,蓋"毌"作動詞是貫串,也可以作名詞,則是貫串之物,"鐶"是個後起分化字。詞音可讀環去聲和音貫兩種讀法,跟"摜"字類似。如吳語可説箱鐶,或寫俗字"甩",如"桶甩"。贛南客家話"鉄甩"的"甩"音灣,是"串"胡慣切失去聲母,類似的如贛南客家話"湖"音[u],"話"音[ua]。古籍中也有"貫"作"彎"用,可爲旁證。《史記·伍子胥列傳》:"伍胥貫弓執矢嚮使者,使者不敢進,伍胥遂亡。"司馬貞《索隱》:"劉氏音貫爲彎,又音古患反。貫謂滿張弓。"《後漢書·祭肜傳》:"肜有勇力,能貫三百斤弓。"宋王十朋《傷時感懷》詩:"斬姦盍請朱雲劍,

---

① 文中所引《古本小説集成》,上海古籍出版社,1990—1995 年影印,直接在文後標明起始頁碼。下同。
② 〔唐〕慧琳《一切經音義》,日本獅谷白蓮社本,上海古籍出版社,1986 年,第 802 頁。
③ 〔唐〕慧琳《一切經音義》,第 1820 頁。
④ 〔明〕顧起元《客座贅語》,中華書局,1987 年,第 138 頁。
⑤ 帶"L"編號的,爲本人收集的清代民間文獻。

射虜宜貫李廣弓。"

L0417《四言雜字·金器門》:"钁鋤 錊 鎚,豆榾鉄鉈。"(8頁)" 錊 "字,別本作"鑽"。L0463《四言雜字》:"斧鑿鑽鎚,鋸銼鉗錐。"(9頁)L0460《新刻青錢集》:"钁頭鉄鉈,鐮鏟鑵錐。"(9頁)L1416《六言雜字》:"鋤頭鈀泥墢鏟,鑽錐羊頭鉄尖。"(4頁)

3. "甩"表示搭鈎

也有將"甩"訓讀爲{銙}者。L0179《四言雜字》:"牌甩釘鉸,鎖鑰描金。"(9頁)"牌甩"大概是牌搭子。L0220《四言雜字·治家雜物》:" 鋸 鐮鉄尺,門 鋒 門環。"(28頁)寧都L0319《四言雜字》:"蓋屋檢漏,門榙門框。"(10頁)門奄或寫"門 甩 ",清刻本L0413吳國倫《吳川樓才子雜字·補遺雜字·屋宇》:"門搭:俗作甲(甩)。"(48頁)L0414《才子雜字·補遺雜字·屋宇》作:"門搭:俗作电。"(49頁)L0413B《四言雜字》:"鏤鈕冒束,門 鈀 繚鈎。"(7頁)" 鈀 "亦是"奄"的俗字。L0466《四言雜字》:"鉄箍鉄釘,門銙銏鋸。"(23頁)L0486《六言雜字》:"門限扉扇 擾 搭,開閉出入寬容。"(3頁)或寫"榩",L0497《四言雜字》:"門框榩眼,天井堂前。"(10頁)

4. "甩"表示{摔}{甩}

抛棄義寫作"甩"字較晚,小說、戲曲裏或作"灑""洒""擺""摔"等。因"灑"有所買切的讀音。《元曲選》關漢卿《玉鏡臺》第二折:"〔官媒云〕住住!這玉鏡臺不打緊,是聖人御賜之物,不爭你摔碎了,做的個大不敬,爲罪非小。"《音釋》:"摔,音洒。"① 《爭恩報》第二折:"他將我這一雙業種陰圖害,可正是拾得孩兒落的摔。"《音釋》:"摔,升擺切。"② 《元曲選》白仁甫《墙頭馬上》第二折:"你則是拾的孩兒落的摔,你待致命圖財。"《音釋》:"摔,音洒。"③ 《元曲選》楊文奎《兒女團圓》第二折:"哎,你可便休道是拾得一個孩兒落得價摔。"《音釋》:"摔,升擺切。"④

《古本小說集成》明刊本《雲合奇蹤》第十二則:"每手用一把摺疊韭邊刀,那刀 甪 開來,二丈之内,令人跨身不得。"(123頁)" 甪 "是"角"的變形,當釋讀爲"甩"。雙紅堂本《英烈傳》正作"甩",民國石印本作"角"(19頁)。湖南民國六年抄本L1491《便用雜字》:"撈鈎戥秤, 刈 刨 甪 鎗。"(19頁)

"摔"字可以表示詞{篩}的意思,李國慶編《雜字類函》第8冊《改良日用雜字》:"掃尋掃净粒,伺候好上楸。迎風摔簸箕,揚的蛾眉彎。"(8/196)這個"摔"字,明顯是篩的音

---

① 〔明〕臧懋循《元曲選》,浙江古籍出版社,1998年影印,第56頁。
② 〔明〕臧懋循《元曲選》,第90頁。
③ 〔明〕臧懋循《元曲選》,第167頁。
④ 〔明〕臧懋循《元曲選》,第224頁。

義。《居家必須日用雜字》(8/219)、《改良繪圖日用雜字》(8/254)(8/282)等多個本子均作"摔",說明不是誤字。《古本小説集成》本《拍案驚奇》卷一〇:"對着子文施個禮,説道:'家下有一小女,今年十六歲了,若秀才官人不棄,願納爲室。'説罷,也不管子文要與不要,摸出吉帖,望子文袖中亂摔。"(384頁)這個"摔"是{塞}的意思,蓋"塞""摔"俗音近。"摔"有平聲和上聲二讀,讀平聲則"摔""篩""塞"同音。{摔}這個詞的俗寫或作"擺"字,《古本小説集成》明刊本《警世通言》卷三《王安石三難蘇學士》:"不多時,相府中有一少年人,年方弱冠,戴纏鬃大帽,穿青絹直擺,擺手洋洋,出府下階。"(73頁)同前卷二一《趙太祖千里送京娘》:"公子那裡肯依,一手擺脱了京娘,奔至柳樹下,解了赤麒麟,躍上鞍轡,如飛而去。"(799頁)"擺"實際上是今{甩}的同詞異寫。但"擺"字也可表示{篩}的含義,《清至民國嶺南雜字文獻集刊》第3册《新刻七言雜字》:"擺糠簸米入厨房。"(3/96)這個"擺"實際上就是"篩"字。《雜字類函》明末刻本《新刻增校切用正音鄉談雜字大全》"飲饌門":"【鄉】斟茶;【正】擺茶。"①"擺"字注音"篩"。贛南文書L0005《記賬雜字》:"𢬵茶斟酒,燴調精佳。"(25頁)"𢬵"是"釃"的俗寫。贛南民間文獻L1331《陸續登記考究雜字》:"𢬵:～酒。"(58頁)米篩或寫"米籭",L0172《六言雜字》:"米籭簸箕谷桶,精燥粘糯交量。"(37頁)L0453《青錢集》二:"𥬎巾布袋,作腐擺渣。"(10頁)"擺渣"即篩渣,謂過濾豆渣。

"摔"字或俗音爲"旭"[ɕyə]音,拋的意思。江西抄本L1317《四言雜字·總類》:"攬摁撥搽,摔丢拋𢰅。"(77頁)"摔"字音注"旭","𢰅"字音注"托"。

"甩"方俗音或音殺,拋棄義。民間文書《徐氏方音彙典》四删咸韻:列同音字,平聲有"山""衫""杉""芟"等諸字,上聲有"傘""饊""㯃",去聲有"訕""剡""疝"等字,入聲有"殺""㪐""撒""輆""跂""扱"和"甩";"甩"字釋義曰:"拋棄。"(18頁)説明"甩"字俗音殺。{甩}或寫"掇"。李國慶編《雜字類函》第7册《新刻萬全雜字》:"搶撙扔攞,抖擻拋掇。"②"拋掇"即拋甩義。又"逍灑"或寫"逍耍",《清至民國嶺南雜字文獻集刊》第13册《千字歌》:"作棋畫畫真逍耍,績紡針黹兼繡花。"③説明"灑""耍"音近。同前廣東佛山《初學一串珠雜字·生理類》:"賤冗羈留,難去遊耍。"④"耍"字旁注:"音洒。"

5. "甩"表示{卯}

贛南民間文獻L1331《陸續登記考究雜字》:"角:～角。"(57頁)"角"是"甩"的

---

① 李國慶編《雜字類函》第1册,學苑出版社,2009年影印。
② 李國慶編《雜字類函》第7册,第90頁。
③ 王建軍主編《清至民國嶺南雜字文獻集刊》第13册,廣西師範大學出版社,2018年,第201頁。
④ 王建軍主編《清至民國嶺南雜字文獻集刊》第10册,第307頁。

字形微變。"甩角"音義同"丱角"。L0208《官板大方撫州六言雜字辯真》:"總髻丫鬟丱角。"(9頁)"丱"注音"貫"。因"毌"或寫"串""甩"等形,音貫,與"丱"同音。"丱"本作"卝",《集韻》去聲諫韻:"卝,束髮皃。《詩》:'總角卝兮。'"《說文》:"磺,銅鐵樸石也。从石,黃聲。讀若穬。卝,古文礦。《周禮》有卝人。"段注謂"卝"是古卵字,"卵之古音讀如管","卝固讀如管、讀如關也。"① 清人馬瑞辰《毛詩傳箋通釋》"總角卝兮"對"卝"字作了較好的梳理。② 在文字使用中,"丱"與"串"產生了訛混。從字用角度看,"卝""丱"確有用作"礦"義者,《磧砂藏》本唐菩提流支譯《大寶積經》卷一一六:"猶如金鑛,先加鎚打,方知好惡;若不治打,無能知者。"(17/489/a)《高麗藏》本《可洪音義》卷二釋《大寶積經》:"金丱:古猛反,見《字樣》、《說文》、孫愐《韻》。《說文》亦作卝,金璞也。與礦同也。又串、卵二音,非呼也。"(62/303/a)《磧砂藏》本北齊那連提耶舍譯《大方等大集月藏經》卷二:"妙福衆寶研(砰),福味如巨海。"(19/535/b)卷末《音釋》:"砰:俱猛反,金玉之璞。亦作礦。"(19/536/b)《大正藏》本作"礦"(13/311/a)。《高麗藏》本《可洪音義》卷三釋此經:"寶砰:古猛反,金玉之璞也。正作磺,今作礦、鑛二形,古文作釪、卝二形。《說文》从黃。"(62/332/b)《磧砂藏》本《廣弘明集》卷二七《極大慚愧門頌》:"華容羈丱日,生平少年時。驅車追俠客,酌酒弄妖姬。"(102/56/a)"丱"字,《大正藏》本作"草"(52/315/a),非。當是"丱"訛爲"艸",再作"草"。《高麗藏》本作"丱"(60/385/b)。

6. "串""弗"字形相混

根據字書、韻書,烤肉的肉串應該寫"弗",音初限切。《廣韻》二十六產韻:"弗,炙肉弗也。""剗""鏟""弗"同一小韻。《類篇》:"弗,楚限切,燔肉器。"《齊民要術·炙法第八十六·釀炙白魚法》:"合取後背入著腹中,弗之,如常炙魚法,微火炙半熟,復以少苦酒雜魚醬,豉汁,更刷魚上,便成。"繆啓愉《齊民要術校釋》:"弗:一種穿貫炙肉的竹木串條。玄應《一切經音義》卷二二'鐵弗'條引《字苑》:'以籤貫肉炙之曰弗。'"③《齊民要術·炙法第八十·牛胘炙》"老牛胘,厚而肥。剗穿,痛蹙令聚,逼火急炙,令上劈裂,然後割之,則脆而甚美",繆啓愉校釋:"剗:同'鏟',但不是鏟削,《廣雅·釋器》:'籤謂之鏟。'這裏'剗'應作'籤'字解釋。剗又同'弗',是一種炙肉的籤子(竹、木或鐵作成),玄應《一切經音義》卷一九'如弗'條:'今之炙肉弗也,經文作剗削之剗,非體也。'說明正是以剗爲弗。'剗穿',就是用籤子穿起來炙,也就是《食經》文的'竹弗弗之'。"④宋王伯大

---

① 〔清〕段玉裁《說文解字注》,上海古籍出版社,1981年,第680頁。
② 〔清〕馬瑞辰《毛詩傳箋通釋》,中華書局,1989年,第307頁。
③ 繆啓愉《齊民要術校釋(第二版)》,中國農業出版社,1998年,第621頁。
④ 繆啓愉《齊民要術校釋(第二版)》,第618頁。

《别本韓文考異》卷五《贈張籍》"試將詩義授,如以肉貫弗",注:"初限切,炙肉弗。"《法苑珠林》卷一一:"七名衆熱地獄,亦名大燒然,山火相博,鑱炙罪人。"中古漢語"弗"字,往往訛混爲"串"字。"串"本是"貫"的異寫,但在唐宋"串"已有釧音。如《宋高僧傳》卷二"釋智慧"條:"即日賜錢一千貫,茶三十串,香一大合,充其供施。"①核《磧砂藏》本《大宋高僧傳》"串"實作"弗"(112/492/b)。《大正藏》本《大唐貞元續開元釋教録》卷上作:"同日恩賜錢一百千文,槳三十釧,香一大合,以充譯經院供養。"(55/756/b)《貞元新定釋教目録》卷一七亦作"釧"(55/892/b)。這説明"弗""串"相混,"串"可音釧。《磧砂藏》本《大宋高僧傳》卷一四"釋真表"條:"當開元中,逐獸之餘,憩于田畎間,折柳條貫蝦蟇成弗,置于水中,擬爲食調。"(113/23/b)"弗"即釧音。《永樂北藏》本作"弗"(150/383/a),卷末附《音釋》:"弗:初限切。"(150/405/a)《大正藏》本作"串"。"弗"這一詞或寫"鑱""剗"等。《北史》卷一五《魏諸宗室》:"順發矢即中,帝大悦,并賞金帛。順仍於箭孔處鑄一銀童,足蹈金蓮,手持剗炙,遂勒背上,序其射工。""剗炙"就是弗炙,今之烤肉串。

"弗"初限切表示禾串,或寫"秈"字。《清至民國嶺南雜字文獻集刊》第 3 册《新刻七言雜字》:"町裡壠田草皮,耘田攬灰秈子長。"②"秈子"即"弗子",指禾串、禾穗。同前韶關始興本《四言雜字》:"割禾攩稈,檢齊禾秈。"③贛南民間文獻 L1331《陸續登記考究雜字》:"秈:禾出~。"(58 頁)贛南 L0205《四言雜字》:"出秈結實,開花發蘂。"(3 頁)興國 L0252《民間雜字·農事》:"灌漿俵秈,結實勾頭。"(16 頁)"俵秈"即分串。L0233《音字本》:"串:釧字。弗:產字。"(19 頁)今此二詞均寫作"串"字。

7. "甩"表示{摜}

因"甩"字音貫,還表示詞{摜}爲棄擲義。《續修四庫全書》第 194 册翟灝《通俗編》卷三八"近造字"條:"棄擲曰甩,一作捹,環去聲,俱見《智燈難字》。"(664 頁)清康熙刻本《白茅堂集》卷四三顧景星《徐文長遺事二條》:"其後御史欲出文長,慮獄辭久具,一老吏云:改'用生'作'甩生',便屬誤殺。蓋俗書抛作'甩'也。文長遂得出。入出皆一俗字,甚矣,俗書之弊也。"而表示抛、扔意義的"串""电""甩"(音貫)在古籍文獻中通常寫作"摜"字爲多。明末毛氏汲古閣刻本《六十種曲》午集《飛丸記》第五出:"烹鳳先喫一大甌,嘎酒奉來鹽鴨蛋。雞又肥,肉又爛,鹿脯羊羔醬油蘸。主人意思忒殷勤,勸酒花嬌兩傍站。眼底行來步步嬌,耳邊唱的聲聲慢。滿盆五隻口裡喊,兩謊三枚手中甩。"從"甩"與"蛋""爛""蘸""站""慢"押韻來看,"甩"字音義同"摜"無疑。如清刻本《益幼雜字》"農

---

① 〔宋〕贊寧《宋高僧傳》,中華書局,1987 年,第 23 頁。
② 王建軍主編《清至民國嶺南雜字文獻集刊》第 3 册,第 94 頁。
③ 王建軍主編《清至民國嶺南雜字文獻集刊》第 14 册,第 199 頁。

类"有:"割麥、採秧、🈁稻、礱稻。"①"🈁"字即是"甩"的變形,可能今人會讀成"摔稻",我們認爲當時更有可能讀"攢稻"。四庫本《欽定授時通考》卷三九"攢稻簟圖説"條:"攢稻簟,攢,抖擻也;簟,承所遺稻也。農家禾有早晚,次第收穫,即欲隨手得糧,故用廣簟展布,置木物或石於上,各舉稻把攢之,子粒隨落,積於簟上。非惟免污泥沙,抑且不致耗失,又可曬穀物。"現代漢語中"甩"字一般作"摔"用。《古本小説集成》明刊本《雲合奇蹤》第十四則:"在那大樹下,趁著晴(睛)明,猜三🈁五,番筋斗,叠灰堆耍子。"(150頁)雙紅堂本《英烈傳》第十四回作"猜三角五",民國石印本《繪圖英烈全傳》亦作"猜三角五"(23頁)。估計今標點本亦作"猜三角五"是把"角"理解爲較量義。愚謂根據一致性原則,"🈁""角"依舊應釋讀作"甩"字,可能表示"攢"的音義。

"串"形變爲"🈁""甩",音貫,表示攢的音義,或作"拽""攃""攃"等。《古本小説集成》明刊本《西洋記》第十回:"萬歲爺一時間怒發雷霆,威摧山岳,舉了此印,望九間殿丹墀之下只是一攃,罵説道:'縱是能者,不過草仙而已,怎敢戲弄朝廷!'"(254頁)同前第十七回:"左右的捧上茶來,老爺伸手接着,還不曾到口,舉起手來,二十五里只是一攃,把個茶甌兒攃得一個粉碎。"(454頁)"攢"或俗作"扷"。又第八十八回:"一千小鬼,一手抓過一個漢子來,照坑裏一扷,坑裏那些蛇蝎蜂蠆,'嚪'一声响,群聚而來,嘬其血,串其皮,食其肉,了無人形。一手又抓過一個來,又是一扷,又是這等各樣毒物,串皮食肉,抓過許多,扷着許多。"(2398頁)"扷"是"攢"的草書所致。"攢"或作"指"。《古本小説集成》清刊本《北魏奇史閨孝烈傳》第四回:"這官兒即叫他們指掛整齊,帶領五千民兵往帥府前聽候挑選。"(61頁)同前:"到了次日黎明,俱各指掛整齊,帶至教場伺候。"(62頁)"指掛"即"攢掛",謂穿戴、穿着。

攃 攃 扷 指

8. "串"表示{釧}

{釧}可寫"串"字,或作"鉰"字,《清至民國嶺南雜字文獻集刊》第11册《蒙學演算法雜字撮要》:"頭爬髻押,玉鉰戒指。"②"鉰"即"釧"的俗寫,天頭毛筆寫:"釧,音串。""鉰"也不是誤字,蓋"串"形或作"🈁""用"等,加了形旁金。

9. "甩""角"表示脱落、褪等含義

"甩"表示滑脱、褪的意思。上文説"串"字的構形,"丨"是表示把東西貫穿上;但是,人們也可以理解將貫穿着的東西把籤條拉脱。廣東方言的"甩落"就是取這種構意。四

---

① 李國慶編《雜字類函》第2册,第253頁。
② 王建軍主編《清至民國嶺南雜字文獻集刊》第11册,第193頁。

庫全書本《廣東通志》卷五一《風俗志》談及"方言俗字"説："物之脱者曰甩(倫粒切)。此粵字之隨俗撰出者也。"《廣州話正音字典》"甩"字條："(二)lat⁷〈方〉脱落：～落嚟(脱落下來)｜～色(褪色)｜～身(脱身)｜～手(脱手)。"①

《歷代方志方言文獻集成》第 6 册浙江省民國《松陽縣志》云："𠕀，音退入聲，脱也，神不清也。"②"𠕀"表示神不清的意思在《俗語部》云："𠕀殻，十三點，六錢八，夾銅，輕分，福净，二百五，癡大腐(音欺度付)，均心神不清之謂。"③湖南婁底的抄本《六言雜字》："蜘蛛螺絲結網，褪皮蜕殻蛇蟬。""褪"字旁注音"𠕀"。讀音褪寫"甪""甩"，大概是訓讀。

贛南客家話也用"甪"等字，表示滑動的意思。L0048《四言雜字·烹飪滋味第七》："𠕀滑哈澀，餘剩可沽。"(6 頁)大概或寫作"甪"。L0207《四言雜字》："芳癎搗肉，𠛱甪皮傷。"(39 頁)上揭廣州話的"甩"這些説法在贛南也有使用，音讀[luo]。據本人的語感，應是"捋"字。例如：

(1) 雞炆煮得甩皮甩骨。(雞炆煮得脱皮脱骨。表示很爛。)
(2) 細人崽從樹上甩下。(小孩從樹上滑下。)
(3) 甩上樹取鳥蛋。(捋上樹取鳥蛋。"甩"是手脚在樹幹上滑動，意譯相當於"爬"。)
(4) 甩下衫袖。(捋下衫袖。)
(5) 甩起衫袖。(捋起袖子。)
(6) 手甩掉啦皮。(手滑脱了皮。)

上面例子，"甩"也可寫"甪"，估計有人也會寫"捋"。我疑心廣州話的"甩"大概是"捋"的音變。古籍中或寫作"甪"。如李國慶編《雜字類函》明末刻本《新刻增校切用正音鄉談雜字大全》"文史門"中提到："【鄉】甪皮；【正】皮吊了。(注：脱了。)"④這個"甪皮"，指書皮(封面)脱了；就是廣州話的"甩皮甩骨"的"甩皮"，不過後者指動物的皮脱了。又《雜字大全》"草木門"："【鄉】甪柇(注"甪"字："脱也。")；【正】離核。【鄉】不甪柇；【正】粘核(注"粘"音"輦")。"⑤很明顯這個"甪"就是脱的意思，即廣州話的"甩落"，不過這裏"甪"音録，廣州話"甩"折合讀音音拉。這是"捋"爲入聲字，有的方俗音録，有的方

---

① 詹伯慧主編《廣州話正音字典》，廣東人民出版社，2002 年，第 532 頁。
② 曹小雲、曹嫄輯校《歷代方志方言文獻集成》第 6 册，中華書局，2021 年，第 3983 頁。
③ 曹小雲、曹嫄輯校《歷代方志方言文獻集成》第 6 册，第 3987 頁。
④ 李國慶編《雜字類函》第 1 册，第 192 頁。
⑤ 李國慶編《雜字類函》第 1 册，第 83 頁。

言音拉罷了。《古本小說集成》清刊本《紅樓幻夢》第八回:"拉下一身重債。"(339頁)"拉"即落。《古本小說集成》清刊本《異說反唐全傳》第十九回:"這班強盜,他也不知我是甚麼人,到來拉虎鬚,反問我討買路錢!"(186頁)"拉虎鬚"即捋虎鬚。同前第二十六回:"尚元培左手把長鬚一拉,微微一笑。"(258頁)《再生緣》第三十九回:"王爺聞報微微笑,立起身來拉虎鬚。分付一聲請入殿,司閽答應慌忙走,武憲王爺就換衣。"或寫"跞",《古本小說集成》明刊本《新平妖傳》第十回:"心生一計,將搭膊解下,連衣包拴在腰裏,向那松樹傍一株小樹跞上去。"(262頁)眉批:"跞音陸。"同前:"此時天已大明,認得夜來這棵大松樹,正待撇下屍首,跞上去取那衣包。"(281頁)第十一回:"仍用脚手做力,像猴子跞樹一般,跞過了那三丈長、一尺闊、光如鏡、滑如油的一條石橋。"(301頁)

"甩"字或音退或捼,《徐氏彙音字典》八灰微韻:"甩:~鎖。"(31頁)與"退蛻捼"是同音字。同前:"捼:~燈杖。"(31頁)估計該方言"捼"失去鼻音韻尾與"退"同音,平聲"隤"還有"畋"字。《智燈難字·家具類》:"鎖鑰:所須。甩開:上捼。鑰匙:藥時。"(2/284)"甩開"或寫"拽開""捼開",《古本戲曲叢刊》二集明刊本《花筵賺》第十一齣:"兩個破竹箱,一定有緣故在裡頭,我且拽開這破鎖。"(30/387)又同前:"恐怕有人拽開書箱,只得忙歸檢一檢。"(30/388)《醒世恒言》卷一七《張孝基陳留認舅》:"原來過遷曉得有銀在(箱)內,私下配個匙鑰,夜間俟父親、妹子睡著,便起來悄悄拽開,偷去花費。"《儒林外史》第二十一回:"〔牛〕浦郎把鎖拽開。"《西游記》第二十五回:"好行者,把金箍棒捻在手中,使一個解鎖法,往門上一指,只聽得突跐的一聲響,幾層門雙鐶俱落,呼喇的開了門扇。八戒笑道:'好本事!就是叫小爐兒匠使捼子,便也不象這等爽利!'"《檮杌閑評》第五回:"便去尋了把捼子,等老婆睡熟了,捼開了鎖,見匣中有許多銀包。"這跟古代的開鎖方式有關,古人的管鎖是要用鑰匙捅開的,故有往一個方向頂撐、撥弄的意思。

10. "串"作{券}用

{券}或作"串"。李國慶編《雜字類函》第6冊清抄本《雜字·書籍》:"串票稟帖,本章狀呈。"①《清至民國嶺南雜字文獻集刊》第3冊《東園雜字大全》:"上忙下忙,加津串票。"②"串"字旁注音"勸",天頭注釋云:"串:支取貨物之契曰串。今官司倉庫收帖曰串子,又作券契也。"

11. "串"字作"㢊"用

因俗字具有不規範性的特點,"㢊"的俗寫也有或作"串"的。《龍龕手鏡·雜部》:

---

① 李國慶編《雜字類函》第6冊,第84頁。
② 王建軍主編《清至民國嶺南雜字文獻集刊》第3冊,第299頁。

"申、丮：徒點反，門～。二同。"①此二字則與"𢏺"音義同。但俗寫往往訛爲"串"。《法苑珠林校注》卷八七《受戒篇·勸持部第二》："沙彌入房，關撢門户，得一小刀，心甚歡喜。"②《漢語大字典》"撢"字條音 tàn，他紺切，有一義項爲：

> 串；秉持。清王筠《説文句讀·手部》："《衆經音義》'串户'，《通俗文》作'串'，門串也。《蒼頡篇》作'撢户'，撢，持也。王彪《關中賦》云：'外户不撢'是也。"漢魏伯陽《參同契·日月懸象章第二》："天地媾其精，日月相撢持。"

按：這個"撢"字不應該讀他紺切，當是"樿"的俗寫。上揭《法苑珠林》語例出自《賢愚經》，《賢愚經》卷五作："沙彌入房，關樿門户，得一剃刀，心甚歡喜。"《漢語大字典》引玄應的《衆經音義》，其諸"串"字是"𢏺"的異寫，徐時儀《一切經音義三種校本合刊》已經有注明。③ 古籍中"串""申""丮"訛混。可比較慧琳《一切經音義》卷五九"𢏺户"條："《通俗文》作串(丮)，門串(丮)也。《蒼頡篇》作樿，音簞，持也。"可参上引《龍龕手鏡·雜部》"申、丮"條。《漢語大字典》"樿"字條有義項云："門閂。清朱駿聲《説文通訓定聲·臨部》：'樿，《通俗文》作丮，訓門楗也。'"《高麗藏》本可洪《新集藏經音義隨函録》卷二一對《賢愚經》卷五音義云："關檀：上古還反，下徒點反，正作樿也。樿正體作𢏺、丮二形。"(63/324/c)可明顯看出，"關樿"作名詞就是關楗、門閂；上文是活用作動詞，即門上的意思。佛經中還有"樿"俗作"撢"者，《大正藏》本《善見律毗婆沙》卷八："法師曰：可閉者，有臼及縱容關撢，此户可閉，不閉得罪。若閉者，安撢成閉，若不安關撢，直閉著户刺者，亦成閉，頭餘少許不至，亦成閉極小不容人頭入，如是亦善。"(24/726/b)"撢"字，《大正藏》校勘記曰：宋本、元本、明本、宮本均作"𢏺"。說明"關撢"即關樿。《大正藏》本《十誦律》卷一〇："便閉房門下撢，還自房舍，獨坐床上結加趺坐。"(23/77/a)"撢"字，校勘記曰：明本、宮本作"𢏺"。玄應《一切經音義》卷一四"串(丮)户"條："《通俗文》作串(丮)，門串(丮)也。《蒼頡篇》作樿，音簞，持也。王彪《關中賦》云：'外户不樿'是也。"《可洪音義》對玄應《衆經音義》卷一四"串户"條有音義："卬户：上徒點反，正作𢏺、串二形。作卬：同上。作樿：同上。又徒南反，非藏義。音簞：徒點反。"(63/494/b)可見"串""卬"均是"丮"的訛變。古籍中"丮"混同爲"串"的例子很多，《卍新續藏》本《四分律名義標釋》卷二三："串户：串，門串也。《蒼頡篇》作樿，徒點切，音店，持也。所謂'外户不樿'，是也。《摩得勒伽論》作𢏺。云何户𢏺？若上下𢏺者，當俱下已去，使房舍堅牢故，防自身故，防卧具故。"(44/583/a)這幾個"串"也是"𢏺"的異寫。

---

① 〔遼〕行均《龍龕手鏡(高麗本)》，第 550 頁。
② 周叔迦、蘇晉仁《法苑珠林校注》，中華書局，2003 年，第 2497 頁。
③ 徐時儀《一切經音義三種校本合刊(修訂版)》，上海古籍出版社，2012 年，第 305 頁。

12. 字形造成詞音或詞義的"錯配"

例一，因爲{㧓}俗寫作"串""甩"等形，也許"甩一巴掌"讀成"㧓一巴掌"。《古本小説集成》明刊本《三寶太監西洋記通俗演義》第四十三回："照着缽盂上㧓一巴掌，只指望一巴掌打翻了它。"(1162頁)從上面語例揣摩，"㧓"字既可歸納爲擊義，又可理解爲甩義。我們看下面語例，詞義就會清楚起來。《古本小説集成》明刊本《三寶太監西洋記通俗演義》第五十二回："連忙的拜辭而去，㧓開臂膊，賣（邁）開大步。㧓臂似蛟龍出水，賣（邁）步似猛虎歸山。"(1403頁)這個"㧓"明顯是甩的意思。當然，擊與甩語義是相貫通的。《古本戲曲叢刊》初集汲古閣刊本明屠隆《綵毫記》第二十九齣："俺也曾鬧天門，驚虎豹，受波查；喝一聲，震豐隆，大地雷霆啞；㧓一脚，踢崑崙，斗杓星河瀉。"(28/188)我覺得"㧓"的擊義可能是來自"㧓"作動詞。《古本戲曲叢刊》四集脈望館本《殺狗勸夫》第一折："墳前去要㧓折臁刃骨，還家去拷斷我脊梁筋。"(12/15)"㧓折"爲打斷義。

例二，因爲"串""弗"可讀"劃"音，而"串"俗寫或作"甩"，據楊軍教授提供的材料："甩"字近代方言俗字有"劃"的讀音，西南官話如貴陽、遵義等地動詞[tsan]，上聲，義同。

(1) 甩[tsan]他一耳巴。(拍他一耳光。)

(2) 他的臉包都着甩[tsan]紅嘔。(他的臉都被拍紅了。)

例三，《漢語方言大詞典》"串"字條有一義項："〈副〉老是；每每。閩語。福建廈門[tsʻuan²¹]串食串應效(老是喫老是見效)|串講無好話。"①"串"的這個意義實際從{慣}(字形或作毌、串)的意思引申而來的。可以"串講"條爲印證："閩語。福建廈門[tsʻuan²¹ kɔŋ⁵³]①〈動〉每每説(話)：串講𣍐中人聽(每每説的話都不中聽)。②〈名〉一貫講的。"②因爲在通語中"串"字音chuàn是占絕對優勢的讀音，結果在"串"(音貫)字表示{慣}時也同化爲音讀chuàn了。

結　語

古籍文獻材料有雅有俗，俗字、俗音、俗語大量存在民間文獻中，有的可能在較雅的語料中偶露一二，部分俗字、俗音、俗語也可能被通語吸收。就像詞彙中的一般詞語能反映社會的迅速變化，但有的最後没有進入基本詞彙就被時代淘汰了。俗字、俗音、俗

---

① 許寶華、[日]宮田一郎主編《漢語方言大詞典》，中華書局，1999年，第2687頁。

② 許寶華、[日]宮田一郎主編《漢語方言大詞典》，第2687頁。

義也有這個情況,特別是民間文獻,遠比雅言文獻更能反映社會的真實語言文字面貌。從漢語史和漢字史的角度説,這些東西是需要重視和研究的。"串"字及其變體的字用情況遠比我們想象得複雜,有的不規範層面的字用不一定最終體現在通語裏。

假詞考辨三則*

張文冠

煙臺大學文學與新聞傳播學院

在辭書編撰和語言研究的過程中，偶有因不明文獻訛誤或斷句不當而誤設的詞條，這類詞條在語言實際中並不存在，我們可以稱之爲"假詞"。① 假詞的出現，無疑會影響到辭書的質量以及語言研究的準確。下面我們以"升花水""鏤子推"和"上老實"三則假詞爲例，就此問題展開討論。

一、升花水

《漢語大詞典》"升花水"條：

> 井水。《警世通言·金明池吴清逢愛愛》："〔小員外〕遂取所存玉雪丹一粒，以新汲升花水，令其送下。"嚴敦易注："升花水，井水。"②

按：其中的"升花水"，嚴敦易將其釋爲"井水"，③此《大詞典》所本。陸澹安《小説詞語匯釋》亦收有"升花水"條，引例即是《警世通言·金明池吴清逢愛愛》例，釋義亦爲"井

---

* 基金項目：山東省泰山學者工程專項經費資助項目（tsqn202408153）、2022 年度國家社科基金重大招標項目"《宋元以來民間文書異體字大字典》編纂"（22&ZD304）、2022 年度教育部人文社會科學重點研究基地重大項目"手寫紙本文獻漢字研究及資料庫建設"（22JJD740032）。

① 關於古今辭書中的"假詞"，詳可參楊寶忠《"假詞"略說》，《中國語文》2005 年第 4 期，第 355—360 頁。

② 漢語大詞典編輯委員會《漢語大詞典》（第一卷），漢語大詞典出版社，1986 年，第 639 頁；漢語大詞典編輯委員會《漢語大詞典》（第二版第二册徵求意見本），上海辭書出版社，2019 年，第 16 頁。《漢語大詞典》下簡稱作"《大詞典》"。

③ 〔明〕馮夢龍編，嚴敦義校注《警世通言》，作家出版社，1956 年，第 471 頁。

水"。① 此外，華夫主編《中國古代名物大典》、②許寶華和宮田一郎主編《漢語方言大詞典》、③白維國主編《白話小説語言詞典》、④白維國主編《近代漢語詞典》，⑤以上諸書均有"升花水"條，引例和釋義皆與《大詞典》同。王樹民《標點本〈三言〉、〈二拍〉注釋正誤》："升花水，謂自井中新汲上之水，水花未散即送到病人面前，以言其迅速。亦稱無根水，謂水自井中汲上後，更不落地，疾走與病者飲。"⑥這種觀點比較合理地解釋了"花"，但依然以"升花水"爲詞目。

從衆多辭書的收録來看，"升花水"一詞似乎確實存在。有學者在研究漢語辭彙史時，將"升花水"當作明代出現的詞語。比如閆從發就把"升花水"視作"《漢語大詞典》所收首見書證爲明代文獻的複音詞"。⑦

令人生疑的是，"升花水"一詞的例證不廣，諸多辭書所引皆爲《警世通言·金明池吴清逢愛愛》例，孤證難信。另外，"升花水"在表示"井水"時，其得名之由也難以解釋。所以，"升花水"一詞很可能並不存在。

其實早在 20 世紀 80 年代，就有學者探討過這個問題。王利器在評論《小説詞語匯釋》時指出，"'升花'當爲'井花'形近之誤""《匯釋》即不知'升花'之誤，又不知'井花'之義"，⑧此説甚是。

關於"井花水"的詞義及其詞形，辭書已經有詳細闡述。《大詞典》"井花水"條：

> 亦作"井華水"。清晨初汲的水。北魏賈思勰《齊民要術·法酒》："秔米法酒：糯米大佳。三月三日，取井花水三斗三升，絹篩麴末三斗三升，秔米三斗三升。"石聲漢注："清早從井裏第一次汲出來的水。"宋蘇軾《贈常州報恩長老》詩之一："碧玉盌盛紅馬瑙，井花水養石菖蒲。"明李時珍《本草綱目·水二·井泉水》〔集解〕引汪穎曰："井水新汲，療病利人。平旦第一汲，爲井華水，其功極廣，又與諸水不同。"……亦省作"井華""井花"。唐杜甫《大雲寺贊公房》詩之四："童兒汲井華，慣捷瓶上手。"清趙翼《兩臂風痺復發》詩："辟寒須用煖湯浴，復汲井華煮滿斛。"宋楊萬里《六月十三日立秋》詩之一："旋汲井花澆睡眼，灑將荷葉

---

① 陸澹安《小説詞語匯釋》，上海古籍出版社，1979 年，第 99 頁。
② 華夫主編《中國古代名物大典》，濟南出版社，1993 年，第 257 頁。
③ 許寶華、〔日〕宮田一郎主編《漢語方言大詞典》，中華書局，1999 年，第 860 頁。
④ 白維國主編《白話小説語言詞典》，商務印書館，2011 年，第 1365 頁。
⑤ 白維國主編《近代漢語詞典》，上海教育出版社，2015 年，第 1922 頁。
⑥ 王樹民《曙庵文史雜著》，中華書局，1997 年，第 403 頁。
⑦ 閆從發《基於〈漢語大詞典〉語料庫的明代漢語辭彙研究》，山東大學博士學位論文，2009 年，第 285 頁。
⑧ 王利器《〈水滸詞典〉序》，《四川師範學院學報（哲學社會科學版）》1989 年第 4 期，第 1 頁。

看跳珠。”①

《警世通言·金明池吳清逢愛愛》例言“以新汲升花水”服用“玉雪丹”，這和《本草綱目》中的“平旦第一汲，爲井華水，其功極廣”“井水新汲，療病利人”等記載相合。

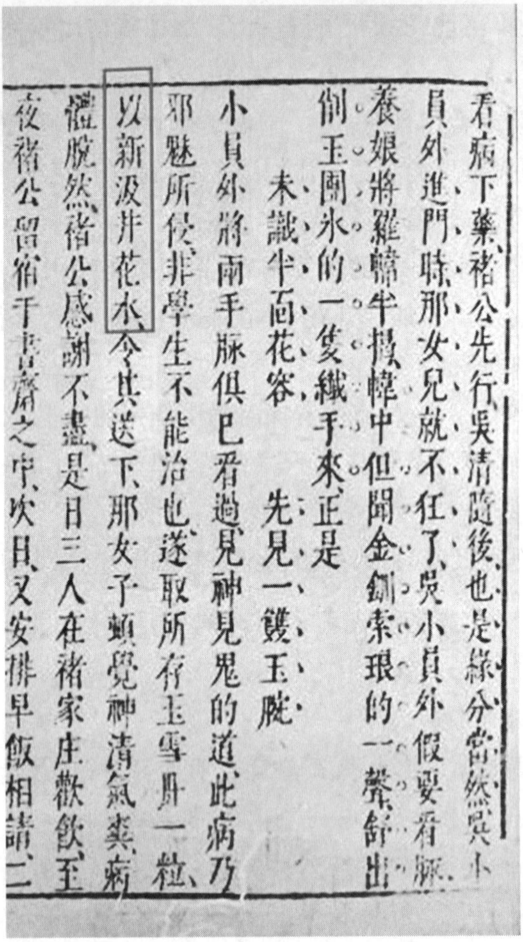
看病下藥褚公先行吳清隨後也是緣分當然吳小
員外進門時那女兒就不狂了吳小員外假要看脉
養娘將羅幃半揭幃中但聞金釧索琅的一聲舒出
側玉團冰的一隻纖手來正是
未識半面花容　先見一雙玉腕
小員外將兩手脉俱已看過見神見鬼的道此病乃
邪魅所侵非學生不能治也遂取所存玉雪丹一粒
以新汲井花水令其送下那女子頓覺神清氣爽病
體脫然褚公感謝不盡是日三人在褚家庄歡飲至
夜褚公留宿于書齋之中次日又安排早飯相請二

圖1　明天啓四年兼善堂本《警世通言》(方框爲筆者所加，下同)

至於《警世通言·金明池吳清逢愛愛》例中的“井花水”作“升花水”，當是形近而訛。檢明天啓四年兼善堂本《警世通言》字作“井”(詳參圖1)，爲“井”字無疑。“井花水”誤作“升花水”，始於1935年的《世界文庫》本《警世通言》，該本據明兼善堂本排印，排印過程中將“井”誤録爲“升”。② 1956年的作家出版社本乃承《世界文庫》本之誤，《小説詞語匯釋》則因襲了1956年本的注釋。之後在《小説詞語匯釋》

① 《大詞典》(第一卷)，第337頁。

② 鄭振鐸主編，〔明〕馮夢龍編《警世通言》，上海生活書店，1935年，第277頁。

的影響下,"升花水"這一假詞又不斷被不同時期編撰的各種辭書收錄,並誤導了漢語詞彙的研究。

二、鏤子推

《大詞典》"鏤子推"條:

> 雕刻成介子推形象的裝飾物。唐時應寒食節令用。宋龐元英《文昌雜錄》卷三:"唐歲時節物……寒食則有假花,雞毬,鏤子推,蒸餅。"①

按:"鏤子推"一詞在文獻中未見他例,故《大詞典》此條頗爲可疑。《大詞典》引例中的這段文字,清文淵閣《四庫全書》本、清《學津討原》本、《叢書集成初編》本《文昌雜錄》,以及清《海山仙館叢書》本《苕溪漁隱叢話後集》卷六引《文昌雜錄》皆作:"唐歲時節物……寒食則有假花、雞毬、鏤雞子、子推蒸餅、餳粥。"其中的"鏤雞子"和"子推蒸餅"各爲一詞。

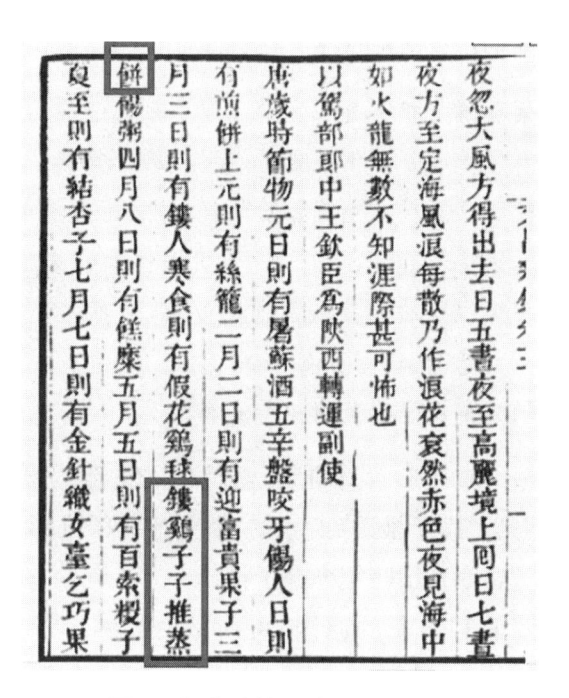

圖 2　清《學津討原》本《文昌雜錄》

《大詞典》"鏤雞子"條:

---

① 漢語大詞典編輯委員會《漢語大詞典》(第一一卷),漢語大詞典出版社,1993年,第1379頁。

刻畫花紋的雞蛋。亦指在雞蛋上刻畫花紋。古代的一種風俗,流行於六朝、唐代寒食節。南朝梁宗懍《荆楚歲時記》:"鏤雞子……古之豪家食,稱畫卵。今代猶染藍茜雜色,仍相雕鏤,遞相餉遺,或置盤俎。"唐白居易《和春深》之十六:"何處春深好,春深寒食家。玲瓏鏤雞子,宛轉綵球花。"宋龐元英《文昌雜録》卷三:"唐歲時節物,寒食則有……鏤雞子。"①

據此可知,"鏤雞子"義謂"刻畫雞蛋",是六朝、唐代寒食時的一種風俗活動。而且《大詞典》"鏤雞子"所舉的第三例同樣是《文昌雜録》,與《大詞典》"鏤子推"條相比,此處的引例符合原貌。

"子推蒸餅"則是唐代寒食時爲紀念介子推而製作的一種食品,簡稱作"子推"。宋高承《事物紀原》卷八"子推"條:

> 故俗每寒食前一日,謂之"炊熟"。則以面爲蒸餅樣,團棗附之,名爲"子推"。穿以柳條,插户牖間。相緣云介子推逃禄,晋文公焚山求之,子推焚死,文公爲之寒食斷火,故民從此物祀之,而名"子推"。②

時至今日,山西地區仍然有這種食品。韓舞鳳《山西特産風味指南》:

> 子推蒸餅,俗稱蒸餅。相傳是寒食節流傳下來的一種熟食,爲紀念晋大夫介子推而得名,距今已有二千五百多年歷史了。現在的子推蒸餅,選用精粉、猪板油、大葱、香油、花椒面、碱面爲原料。先將麵粉和起發酵,上案使碱,揉光扎匀,擀開墊進葱花、香油、調料面,然後卷起來,揪成劑子,用手拉盤成圓旋,壓成餅形,上籠蒸半小時即熟。暄軟、香綿、層多、味美。用上述方法,還可以變換外形,製成各種銀絲卷、蝴蝶卷、荷葉卷、如意卷、千層餅等多種花樣。蒸餅易於消化,也便於攜帶。目前各地旅游接待單位,常用子推蒸餅招待賓客。③

由此可知,子推蒸餅的常見形狀爲餅狀,變體有銀絲卷、蝴蝶卷和荷葉卷等。無論哪種形狀,都不是《大詞典》"鏤子推"條所説的"雕刻成介子推形象的裝飾物"。之所以稱作"子推蒸餅",是爲了在寒食節時紀念介子推。

至於"鏤子推"這一假詞出現的原因,可能是由於編撰者在參閱《文昌雜録》一書時,"鏤雞子、子推蒸餅"這段文字,所見的文本誤脱了"雞子"二字,再進一步將"鏤"與"子推"組成在一起;也有可能是所見文本不誤,但編撰者不明"鏤雞子""子

---

① 《大詞典》(第一一卷),第 1380—1381 頁。
② 清文淵閣《四庫全書》本,卷八第十一頁下。
③ 韓舞鳳《山西特産風味指南》,山西人民出版社,1985 年,第 85 頁。

推蒸餅"二詞的詞義,以爲"雞子"爲衍文,進而斷句作"鏤子推、蒸餅",並爲"鏤子推"立目。

三、上 老 實

《明清小説詞語札記》云:

> 下老實 上老實 猶言"狠狠地、賣力地"。《型世言》第五回:"後邊父死了,他接了役緝事。心兒靈,眼兒快,慣會拿賊。一日在棋盤街,見一個漢子打小廝,下老實打。"第二十七回:"陳副使叫聲打,這些管家將來下老實一頓,衣帽盡行扯碎,搜了紙牌。"……"下老實"又可作"上老實",如《型世言》第六回:"兩個吃酒説笑,道:'好官,替我上老實處這一審,這時候不知在監裏仔麽樣苦裏?'"①

按:根據該文的研究,"下老實""上老實"是一組字面義相反的同義詞。此文之後的不少論著,都將"下老實"和"上老實"放在一起進行討論。李申《漢語"反詞同指"現象探析》、②姜曉紅《略論同義詞與反義詞的關係》③都把"下老實""上老實"當作"反詞同指"或"反義同指"的例證。王本靈、李申《〈漢語大詞典〉詞目增補類析》、④李申、王本靈《〈漢語大詞典〉研究》⑤還認爲《大詞典》失收了"上老實"一詞。

"下老實"一詞在明代小説戲曲中習見,其義同"老實",義謂"着實"。"上老實"則僅見於論者所提及的《型世言》第六回這一個例子。檢于潤琦校訂本《型世言》、⑥石仁和校點本《型世言》,⑦録文皆作"上老實",但此二書的録文有誤。陳慶浩校點,王瑛、吴書蔭注釋《型世言評注》録文則作"下老實"。⑧查奎章閣藏本的影印本,亦作"下老實"(參圖3)。

---

① 武建宇《明清小説詞語札記》,《古漢語研究》1998年第4期,第74頁。
② 李申《漢語"反詞同指"現象探析》,《語言教學與研究》2000年第4期,第73頁。
③ 姜曉紅《略論同義詞與反義詞的關係》,《寧夏大學學報(人文社會科學版)》2001年第2期,第113頁。
④ 王本靈、李申《〈漢語大詞典〉詞目增補類析》,《中國訓詁學報》2018年總第3輯,第33頁。
⑤ 李申、王本靈《〈漢語大詞典〉研究》,商務印書館,2015年,第285頁。
⑥ 〔明〕陸人龍編撰,于潤琦校訂《型世言》,作家出版社,1993年,第86頁。
⑦ 〔明〕陸人龍編撰,石仁和校點《型世言》,三秦出版社,1997年,第100頁。
⑧ 〔明〕陸人龍著,陳慶浩校點,王瑛、吴書蔭注釋《型世言》,新華出版社,1999年,第107頁。

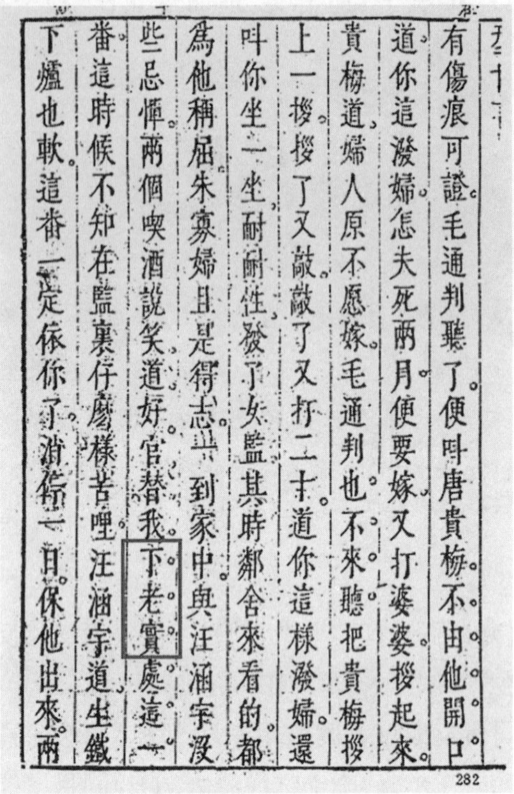
有傷痕可證。毛通判聽了。便叫唐貴梅。不由他開口
道你這潑婦。怎夫死兩月便要嫁。又打婆婆。拶起來。
貴梅道。婦人原不愿嫁。毛通判也不來聽。把貴梅拶
上一拶。拶了又敲。敲了又打二十。道你這樣潑婦。還
叫你坐一坐。耐耐性。發了女監。其時鄰舍來看的。都
爲他稱屈。朱寡婦且是得志。出到家中。與汪涵宇沒
些忌憚。兩個喫酒說笑。道好官。替我下老實處這一
番。這時候不知在監裏仔麽樣苦哩。汪涵宇道。坐鐵
下爐也軟。這番一定依你了。消停一日。保他出來。兩
282

圖 3　《古本小説集成》影陳慶浩影印本《型世言》①

由此可見,"上老實"一詞本來就不存在。一些當代的標點本將"下老實"誤録爲"上老實",相關研究者不察,將"上老實"當作明代出現的新詞,並進一步把"上老實"和"下老實"視爲一組反詞同義的典型。

諸如"升花水""鏤子推"和"上老實"之類的假詞,在辭書和研究論著中的數量並不是很多。但是這類假詞在出現之後,常常以訛傳訛,在各類辭書和論著中陳陳相因,有時甚至被語言研究者視爲漢語辭彙的研究對象。在當今和以後的辭書編撰、修訂和語言研究過程中,我們除了參照當代的整理本,更應該注意核對引例的原始出處,嚴格核查語料的抄本或刻本,並展開鑒别真僞和標點校勘等工作,從而保證研究資料的真實可靠。在此基礎上,我們可以將已有的假詞剔除,並避免新的假詞的出現,只有這樣才能不斷提高辭書的品質和語言研究的準確性。

① 陳氏影印本的底本爲奎章閣藏本。

編　後　記

　　2019年，浙江大學漢語史研究中心承辦了"首屆漢語字詞關係學術研討會"，與會學者圍繞漢語字詞關係的相關問題展開了卓有成效的討論，我很榮幸能夠參與其中。還記得在會議期間，真大成先生提出希望以後每次會議能夠出版論文集，當時就覺得這一提議非常好。此後，李運富、汪維輝先生主編的《漢語字詞關係研究（一）》及陳斯鵬先生主編的《漢語字詞關係研究（二）》先後依託兩屆漢語字詞關係學術研討會在中西書局出版。系列論文集的出版，固化了會議成果，形成、團結了學術共同體，產生了品牌效應。2023年7月，我任職的東北師範大學文學院接棒承辦了"第三屆漢語字詞關係學術研討會"，在李運富、汪維輝、劉釗、馮勝君等先生的關心和指導下，在學界同仁的大力支持下，會議取得了圓滿成功。會後，我在李運富先生的指導下開始籌備《漢語字詞關係研究（三）》的約稿、編輯工作。

　　由於篇幅有限，我們只是挑選了與漢語字詞關係研究最爲密切的一些會議論文編入本書。約稿出乎意料的順利，無論是參會的學界前輩還是年輕朋友們，都竭力支持本書的編輯，在約定期限前完成了會議論文的修訂。有的朋友因參會論文已在其他刊物發表，還特意寫就新作供本書刊用。最終，本書共收錄30篇論文。作者們的鼓勵與支持，此處無法盡述，實在讓人感動。

　　本書是"古文字工程"項目成果，是東北師範大學文學院與鄭州大學漢字文明研究中心深度合作的成果，得到了東北師範大學的資助，得到了中西書局的大力支持。對上述工程及有關機構，在此謹致謝忱。

　　近些年來，漢語字詞關係研究的廣度、深度都有所推進，我們踏浪前行，必將有更多的收穫。期望本書的編纂與發行，能夠固化成果，堅實基礎，貢獻智慧，推動漢語字詞關係研究的進一步繁榮與進步。

趙　岩

2024年1月10日

於東北師範大學文學院